# Der Besondere Vertreter nach § 147 AktG

Schriften zum Gesellschafts-, Bilanz- und Unternehmensteuerrecht

Herausgegeben von Barbara Grunewald und Joachim Hennrichs

Band 27

*Zur Qualitätssicherung und Peer Review der vorliegenden Publikation*

Die Qualität der in dieser Reihe erscheinenden Arbeiten wird vor der Publikation durch den Herausgeber der Reihe geprüft.

*Notes on the quality assurance and peer review of this publication*

Prior to publication, the quality of the work published in this series is reviewed by the editor of the series.

Moritz Beneke

# Der Besondere Vertreter nach § 147 AktG

## Der Geltendmachungsbeschluss in Hauptversammlung und Prozess und das Informationsrecht des Besonderen Vertreters

PETER LANG

**Bibliografische Information der Deutschen Nationalbibliothek**
Die Deutsche Nationalbibliothek verzeichnet diese Publikation in der Deutschen Nationalbibliografie; detaillierte bibliografische Daten sind im Internet über http://dnb.d-nb.de abrufbar.

Zugl.: Köln, Univ., Diss., 2017

Gedruckt auf alterungsbeständigem, säurefreiem Papier.
Druck und Bindung: CPI books GmbH, Leck

D 38
ISSN 1867-500X
ISBN 978-3-631-73776-7 (Print)
E-ISBN 978-3-631-73777-4 (E-PDF)
E-ISBN 978-3-631-73778-1 (EPUB)
E-ISBN 978-3-631-73779-8 (MOBI)
DOI 10.3726/b12328


PL Academic Research ist ein Imprint der Peter Lang GmbH.

Peter Lang – Frankfurt am Main · Bern · Bruxelles · New York · Oxford · Warszawa · Wien



Diese Publikation wurde begutachtet.

www.peterlang.com

# Vorwort

Diese Arbeit wurde von der Rechtswissenschaftlichen Fakultät der Universität zu Köln im Sommersemester 2017 als Dissertation angenommen. Gesetzeslage, Rechtsprechung und Literatur wurden bis einschließlich Mai 2017 berücksichtigt.

Mein Dank gilt vor allem meiner Doktormutter Frau Prof. Dr. Barbara Grunewald, die mich nicht nur zu dieser Arbeit ermutigt hat, sondern auch stets für Fragen und Anmerkungen erreichbar war und mit ihrer hervorragenden Betreuung den Arbeitsprozess maßgeblich beschleunigte. Frau Prof. Dr. Barbara Dauner-Lieb sei für die zügige Zweitbegutachtung der Arbeit gedankt.

Aufgrund der Bedeutung der Thematik für die Praxis und der Fortentwicklung der Diskussion durch diese möchte ich einigen Praktikern ausdrücklich für ihre Mithilfe danken. Besonders hervorzuheben sind dabei zwei (ehemalige) Besondere Vertreter, Herr Dr. Thomas Heidel und Herr Dr. Heinz Steinhübel, die mir – soweit möglich – über ihre Tätigkeit und Erfahrungen als Besondere Vertreter berichtet haben und so den rechtstatsächlichen Teil der Arbeit erst möglich gemacht haben. Aber auch Herrn Prof. Dr. Jochen Vetter und Herrn Dr. Daniel Lochner danke ich für viele intensive Diskussionen über die entscheidenden Punkte der Arbeit.

Meiner Verlobte Mona Patzelt danke ich von ganzem Herzen dafür, dass sie mir immer zur Seite gestanden hat, sie jede meiner Thesen kritisch auf den Prüfstand gestellt und mich zum Nachdenken gebracht hat. Vor allem kann ich ihr nicht genug dafür danken, dass sie am Schluss ohne Zögern ihre kostbare Zeit geopfert hat, um die Arbeit orthographisch und stilistisch zu verbessern.

Meiner Familie und vor allem meinen Eltern Karin und Karsten Beneke danke ich von ganzem Herzen für ihre bedingungslose Unterstützung, die ich mein gesamtes Leben erfahren habe, und stets weit darüber hinaus ging, was man von Eltern erwarten kann und darf.

Bonn im August 2017 Moritz Beneke

Meinen Eltern

# Literaturverzeichnis


Altmeppen, Holger; Roth, Günter [Hrsg.]: Gesetz betreffend die Gesellschaft mit beschränkter Haftung: GmbHG, 8. Aufl. 2015.
(zitiert: Roth/Altmeppen/*Bearbeiter*)

Anders, Monika; Gehle, Burkhard: Das Assessorexamen im Zivilrecht, 12. Auflage 2015.
(zitiert: *Anders/Gehle*, Assessorexamen)

Arnold, Michael: Verantwortung und Zusammenwirken des Vorstands und Aufsichtsrats bei Compliance-Untersuchungen, ZGR 2014, 76–106.

Ball, Jochen; Haager, Bernd Christian: Aktienrechtliche Sonderprüfung, Rechtliche Grundlagen, Prüfungspraxis, Haftungsfragen, Berlin 2007.

Balthasar, Stephan; Hamelmann, Uwe: Finanzkrise und Vorstandshaftung nach § 93 Abs. 2 AktG: Grenzen der Justiziabilität unternehmerischer Entscheidungen, WM 2010, 589–594.

Bamberger, Heinz Georg; Roth, Herbert [Hrsg.]: Kommentar zum Bürgerlichen Gesetzbuch: BGB.

Band 1: §§ 1 - 611, CISG, 3. Aufl. 2012

Band 2: §§ 611 - 1296, AGG ErbbauRG, WEG, 3. Aufl. 2012
(zitiert: Bamberger/Roth/*Bearbeiter*)

Barz, Hans; Fischer, Robert; Klug, Ulrich; Mellerowicz, Konrad; Meyer-Landrut, Joachim; Schilling, Wolfgang; Schmidt, Walter [Hrsg.]: Aktiengesetz Großkommentar.

Band 1: §§ 1 - 144, 2. Aufl. 1961
(zitiert: Großkomm-AktG/*Bearbeiter*, 2. Aufl.)

Baumbach, Adolf; Hopt, Klaus [Hrsg.]: Handelsgesetzbuch Kommentar, 36. Aufl. 2014.
(zitiert: Baumbach/Hopt/*Bearbeiter*)

Baumbach, Adolf; Hueck, Alfred; Beurskens, Michael; Fastrich, Lorenz; Haas, Ulrich; Hueck, Götz; Noack, Ulrich; Zöllner, Wolfgang [Hrsg.]: GmbHG - Gesetz betreffend die Gesellschaft mit beschränkter Haftung, 20. Aufl. 2013.
(zitiert: Baumbach/Hueck/*Bearbeiter*)

Baumbach, Adolf; Hueck, Alfred; Hueck, Götz [Hrsg.]: Aktiengesetz, 13. Aufl. 1968.
(zitiert: Baumbach/Hueck)

Baums, Theodor: Der Aufsichtsrat. Aufgaben und Reformfragen, ZIP 1995, 11–18.

Baums, Theodor; Drinhausen, Florian; Keinath, Astrid: Anfechtungsklagen und Freigabeverfahren. Eine empirische Studie, ZIP 2011, 2329–2352.

Baums, Theodor; Keinath, Astrid; Gajek, Daniel: Fortschritte bei Klagen gegen Hauptversammlungsbeschlüsse? Eine empirische Studie, ZIP 2007, 1629–1650.

Baums, Theodor; Vogel, Hans-Gert; Tacheva, Maja: Rechtstatsachen zur Beschlusskontrolle im Aktienrecht, ZIP 2000, 1649–1655.

Bayer, Walter: Anforderungen an die Geltendmachung von Ersatzansprüchen gegen den herrschenden Aktionär gem. § 147 AktG durch die Minderheit, AG 2016, 637–651.

Bayer, Walter; Lieder, Jan: Die Lehre vom fehlerhaften Bestellungsverhältnis, NZG 2012, 1–9.

Bayer, Walter; Scholz, Philipp; Weiß, Christian: Anmeldung und Berechtigungsnachweis bei Einberufung einer Hauptversammlung durch die Aktionärsminderheit gem. § 122 Abs. 3 AktG, AG 2013, 742–751.

Bender, René: Die besondere Aufgabe: HVB-Hauptversammlung wählt Meilicke-Partner Dr. Thomas Heidel zum besonderen Vertreter. Unicredit reicht Anfechtungsklage gegen seine Einsetzung ein, juve.de, 29.08.2007, abrufbar unter: http://www.juve.de/nachrichten/verfahren/2007/08/die-besondere-aufgabe-hvb-hauptversammlung-waehlt-meilicke-partner-dr-thomas-heidel-zum-besonderen-vertreter-unicredit-reicht-anfechtungsklage-gegen-seine-einsetzung-ein.

Beneke, Moritz: Anmerkung zu LG Heidelberg, Beschluss vom 6.4.2016 – 12 O 14/16: Grenzen des Informationsrechts des Besonderen Vertreters, GWR 2016, 487.

Beyer, Thomas: Vorbeugender Rechtsschutz gegen die Beschlussfassung der GmbH-Gesellschafterversammlung, GmbHR 2001, 467–471.

Bezzenberger, Gerold; Keul, Thomas: Die Aufgaben und Sorgfaltspflichten von Aufsichtsratsmitgliedern – eine Übersicht – , in : Grundmann, Stefan; Kirchner, Christian; Raiser, Thomas u.A. [Hrsg.], Unternehmensrecht zu Beginn des 21. Jahrhunderts, Festschrift für Eberhard Schwark zum 70. Geburtstag, 2009, S. 121–136.

Bicker, Eike: Legalitätspflicht des Vorstands – ohne Wenn und Aber?, AG 2014, 8–14

Binder, Jens-Hinrich: Das Informationsstatut des besonderen Vertreters (§ 147 Abs. 2 AktG), ZHR 176 (2012), 380–411.

Börsig, Clemens; Löbbe, Marc: Die gewandelte Rolle des Aufsichtsrats, 7 Thesen zur Corporate Governance Entwicklung in Deutschland, in: Krieger, Gerd; Lutter, Marcus; Schmidt, Karsten [Hrsg.], Festschrift für Michael Hoffmann-Becking zum 70. Geburtstag, 2013, S. 125–156.

Buchta, Jens: Einstweiliger Rechtsschutz gegen Fassung und Ausführung von Gesellschafterbeschlüssen, DB 2008, 913–917.

Bürgers, Tobias; Körber, Torsten [Hrsg.]: Aktiengesetz Kommentar, 4. Aufl. 2017. (zitiert: Bürgers/Körber/*Bearbeiter*).

Butzke, Volker [Hrsg.]: Die Hauptversammlung der Aktiengesellschaft, 5. Aufl. 2011. (zitiert: *Butzke*, Hauptversammlung)

Cahn, Andreas: Aufsichtsrat und Business Judgement Rule, WM 2013, 1293–1305.

Damm, Reinhard: Einstweiliger Rechtsschutz im Gesellschaftsrecht, ZHR 154 (1990), S. 413–442.

Dauner-Lieb, Barbara; Winnen, Armin: Konflikte in der GmbH – Möglichkeiten zur Streitbeilegung und Auflösung von Pattsituationen durch effektive Vertragsgestaltung, in: Rheinische Notarkammer [Hrsg.], Festschrift für Günter Brambring zum 70. Geburtstag, 2011, S. 45–69.

Dornbach, Philipp: Die aktienrechtliche Anfechtungsklage zwischen subjektivem Rechtsschutz und objektiver Rechtskontrolle, Dissertation, Köln 2013.

Dreher, Mainrad: Direktkontakte des Aufsichtsrats in der Aktiengesellschaft zu dem Vorstand nachgeordneten Mitarbeitern, in: Habersack, Mathias; Hommelhoff, Peter; Hüffer, Uwe; Schmidt, Karsten [Hrsg.], Festschrift für Peter Ulmer zum 70. Geburtstag am 2. Januar 2003, 2003, S. 87–103.

Dreher, Meinrad: Antikorruptionsuntersuchungen durch den Aufsichtsrat, Compliance und Bildung eines Antikorruptionsausschusses, in: Habersack, Mathias; Hommelhoff, Peter [Hrsg.], Festschrift für Wulf Goette zum 65. Geburtstag, 2011, S. 43–55.

Drinhausen, Florian; Marsch-Barner, Reinhard: Zur Rechtsstellung des Aufsichtsratsvorsitzenden als Leiter der Hauptversammlung einer börsennotierten Gesellschaft, AG 2014, 757–769.

Düringer, Adelbert; Hachenburg, Max [Hrsg.]: Das Handelsgesetzbuch vom 10. Mai 1897 (unter Ausschluß des Seerechts).

Band 3 / 5. Lieferung: §§ 250 – 259, 3. Aufl. 1933
(zitiert: Düringer-Hachenburg/*Bearbeiter*)

Emde, Raimond: Der Angriff eines Mitgesellschafters gegen die Beschlussfeststellungsklage, ZIP 1998, 1475–1478.

Fabritius, Andreas: Der besondere Vertreter gemäß § 147 Abs. 2 AktG, in: Baums, Theodor; Hutter, Stephan [Hrsg.], Gedächtnisschrift für Michael Gruson, 2009, S. 133–149.

Fleischer, Holger; Goette, Wulf [Hrsg.]: Münchener Kommentar zum Gesetz betreffend die Gesellschaft mit beschränkter Haftung.

Band 2: §§ 35 – 52, 2. Aufl. 2016
(zitiert: MüKoGmbH/*Bearbeiter*)

Fleischer, Holger; Wedemann, Frauke: Zur sogenannten Annexkompetenz im GmbH- und Aktienrecht, GmbHR 2010, 449–457.

Flick, Martin: Anmerkung zum OLG Köln Beschluss vom 16.6.2015 – 18 Wx 1/15 – Gerichtliche Bestimmung eines Versammlungsleiters wegen Besorgnis der Parteilichkeit des Aufsichtsratsvorsitzenden, GWR 2015, 296.

Fuhrmann, Lambertus: Internal Investigations: Was dürfen und müssen die Organe beim Verdacht von Compliance Verstößen tun?, NZG 2016, 881–889.

Fuhrmann, Lambertus: Zulässigkeit von Mitarbeiterbefragungen durch den Aufsichtsrat, Der Aufsichtsrat 2017, 24–25.

Glöckner, Thomas: Weltgrößter Gelantinehersteller: Wie ein Familienstreit Gelita erschüttert, WirtschaftsWoche online, 22.09.2014, abrufbar unter http://www.wiwo.de/unternehmen/industrie/weltgroesster-gelatinehersteller-wie-ein-familienstreit-gelita-erschuettert/10723846-all.html; abgerufen am 25.08.2016 um 08:41.

Godin, Reinhard Freiherr von; Wilhelmi, Hans [Hrsg.]: Aktiengesetz vom 6. September 1965.

Band I: §§ 1 – 178, 4. Aufl. 1971

Goette, Wulf; Habersack, Mathias [Hrsg.]: Münchener Kommentar zum Aktiengesetz.

Band 1: §§ 1 – 75, 4. Aufl. 2016

Band 2: §§ 76 – 117, 4. Aufl. 2014

Band 3: §§ 118 – 178, 3. Aufl. 2013

Band 4: §§ 179 – 277, 4. Aufl. 2016

Band 5: §§ 278 – 328, SpruchG, ÖGesAusG, 4. Aufl. 2015
(zitiert: MüKoAktG/*Bearbeiter*)

Graf, Jürgen-Peter [Hrsg.]: Beck'scher Online-Kommentar StPO mit RiStBV und MiStra, 23. Edition, 2015.
(zitiert: Graf/*Bearbeiter*)

Grunewald, Barbara: Die Bindung der Aktiengesellschaft an Beschlussanträge ihrer Aktionäre, AG 2015, 689–696.

Grunewald, Barbara: Durchsetzung von Ersatzansprüchen durch besondere Vertreter in Personengesellschaften, in: Hoffmann-Becking, Michael; Hüffer, Uwe; Reichert, Jochem [Hrsg.], Liber amicorum für Martin Winter, 2011, S. 167–175.

Gummert, Hans; Weipert, Lutz; Hoffmann-Becking, Michael [Hrsg.]: Münchener Handbuch des Gesellschaftsrechts.

Band 1: BGB-Gesellschaft; Offene Handelsgesellschaft; Partnerschaftsgesellschaft; Partenreederei; EWIV, 4. Aufl. 2014.
(zitiert: MüHdbGesR-Band 1/*Bearbeiter*)

Band 4: Aktiengesellschaft, 4. Aufl. 2015
(zitiert: MüHdbGesR-AG/*Bearbeiter*)

Habersack, Mathias: Grund und Grenzen der Compliance-Verantwortung des Aufsichtsrats der AG, AG 2014, 1–8.

Habersack, Mathias: 19 Jahre „ARAG/Garmenbeck" – und viele Fragen offen, NZG 2016, 321–327.

Habersack, Mathias: Zur Aufklärung gesellschaftsinternen Fehlverhaltens durch den Aufsichtsrat der AG, in: Habersack, Mathias; Huber, Karl; Spindler, Gerald [Hrsg.], Festschrift für Eberhard Stilz zum 65. Geburtstag, 2014, S. 191–203.

Habersack, Mathias: Enthaftung des Vorstandsmitglieds qua Anstellungsvertrag?, NZG 2015, 1297–1300.

Hannich, Rolf [Hrsg.]: Karlsruher Kommentar zur Strafprozessordnung, 7. Aufl. 2013.
(zitiert: KK-StPO/*Bearbeiter*)

Happ, Wilhelm: Zur Wirksamkeit von Rechtshandlungen eines fehlerhaft bestellten Aufsichtsrats, in: Kindler, Peter; Koch, Jens; Winter, Martin [Hrsg.], Festschrift für Uwe Hüffer zum 70. Geburtstag, 2010, S. 293–308.

Happ, Wilhelm; Groß, Wolfgang: Aktienrecht Handbuch – Mustertexte – Kommentar, 4. Aufl., 2015.
(zitiert: Happ/*Bearbeiter*)

Hasselbach, Kai: Überwachungs- und Beratungspflichten des Aufsichtsrats in der Krise, NZG 2012, 41–48.

Hauschka, Christoph E.; Moosmayer, Klaus; Lösler, Klaus [Hrsg.]: Corporate Compliance, Handbuch der Haftungsvermeidung im Unternehmen, 3. Aufl. 2016.
(zitiert: Hauschka/Moosmayer/Lösler/*Bearbeiter*)

Hecker, Andreas; Bertling, Sam: Anmerkung zu OLG Köln, Urteil vom 04. Dezember 2015 – I-18 U 149/15 – Informationsanspruch des besonderen Vertreters im einstweiligen Rechtsschutz, jurisPR-HaGesR 3/2016 Anm. 2.

Heeg, Volker: Zum Verlangen einer Minderheit auf Einberufung einer Hauptversammlung, NZG 2012, 1056–1058.

Heer, Philipp E.: Die positive Beschlussfeststellungsklage im Aktienrecht – Voraussetzungen und besondere Problemstellungen, ZIP 2012, 803–809.

Hegmann, Gerhard: Kläger des verlorenen Schatzes, Financial Times Deutschland vom 30.1.2008, S. 25.

Heidel, Thomas [Hrsg.]: Aktienrecht und Kapitalmarktrecht, 4. Aufl. 2014.
(zitiert: Heidel/*Bearbeiter*)

Heidel, Thomas; Lochner, Daniel: Die Informationsansprüche des Besonderen Vertreters, Der Aufsichtsrat 2016, 34–35.

Heidel, Thomas; Schall, Alexander [Hrsg.]: Handelsgesetzbuch Handkommentar, 2. Aufl. 2015.
(zitiert: Heidel/Schall/*Bearbeiter*)

Henn, Günter; Frodermann, Jürgen; Jannott, Dirk [Hrsg.]: Handbuch des Aktienrechts, 8. Aufl. 2009.
(zitiert: Henn/Frodermann/Jannott/*Bearbeiter*)

Henssler, Martin; Strohn, Lutz [Hrsg.]: Gesellschaftsrecht Kommentar, 2. Aufl., 2014.
(zitiert: Henssler/Strohn/*Bearbeiter*)

Herzog, Roman; Scholz, Rupert; Herdegen, Matthias; Klein, Hans [Hrsg.]: Grundgesetz Kommentar (Loseblattsammlung Stand Sep. 2016).
(zitiert: Maunz/Dürig/*Bearbeiter*)

Hippeli, Michael: Anmerkung zu OLG Köln Beschluss vom 16.06.2015 – I-18 Wx 1/15, jurisPR-HaGesR 8/2015 Anm. 2.

Hoffmann-Becking, Michael: Das Recht des Aufsichtsrats zur Prüfung durch Sachverständige nach § 111 Abs. 2 Satz 2 AktG, ZGR 2011, 136–154.

Hopt, Klaus; Wiedemann, Herbert; Hirte, Heribert; Mülbert, Peter; Roth, Markus [Hrsg.]: Großkommentar AktG.

Band 4/1: §§ 76–91, 5. Aufl. 2015

Band 5: §§ 118 – 149, 4. Aufl. 2012

Band 7/2: §§ 241 – 277, 4. Aufl. 2013
(zitiert: Großkomm-AktG/*Bearbeiter*)

Hüffer, Uwe: Die leistungsbezogene Verantwortung des Aufsichtsrats, NZG 2007, 47–53.

Hüffer, Uwe; Koch, Jens [Hrsg.]: Aktienrecht, 12. Aufl., 2016.
(zitiert: Hüffer/*Koch*)

Hügel, Stefan; Klepsch, Michael: Entlastung und Stimmverbot bei Personenidentität im Konzern, NZG 2005, 905–909.

Humrich, Henrik: Die (vermeintlichen) Informationsrechte des besonderen Vertreters nach § 147 Abs. 2 AktG, NZG 2014, 441–447.

Humrich, Henrik: Der besondere Vertreter im Aktienrecht, Dissertation, Berlin 2013.

Ihrig, Hans-Christoph; Schäfer, Carsten [Hrsg.]: Rechte und Pflichten des Vorstands, 2014.
(zitiert: *Ihrig/Schäfer*, Vorstand)

Jänig, Ronny: Die aktienrechtliche Sonderprüfung, Dissertation, Baden-Baden 2005.

Joost, Detlev; Strohn, Lutz [Hrsg.]: Ebenroth/Boujong/Joost/Strohn Handelsgesetzbuch.

Band 1: §§ 1–342e HGB, 3. Aufl. 2014
(zitiert: Ebenroth/Boujong/Joost/Strohn/*Bearbeiter*)

Karrer, Götz G.: Der besondere Vertreter im Recht der Personengesellschaften, NZG 2008, 206–210.

Kersting, Christian: Ausweitung des Fragerechts durch die Aktionärsrichtlinie, ZIP 2009, 2317–2324.

Knauer, Christoph: Interne Ermittlungen (Teil II) – Konkrete Fragen der Durchführung, ZHW 2012, 81–88.

Koch, Jens: Regressreduzierung im Kapitalgesellschaftsrecht – eine Sammelreplik, AG 2014, 513–525.

Koch, Jens: Die schleichende Erosion der Verfolgungspflicht nach ARAG/Garmenbeck, NZG 2014, 934–942.

Kocher, Dirk; Lönner, Andreas: Anforderungen an die Bestimmtheit und Verdachtsmomente bei Beschlüssen über die Bestellung eines besonderen Vertreters nach § 147 AktG, ZIP 2016, 653–658.

Koller, Ingo; Kindler, Peter; Roth, Wulf-Henning; Morck, Winfried [Hrsg.]: Handelsgesetzbuch: HGB, 8. Aufl. 2015.
(zitiert: Koller/Kindler/Roth/Morck/*Bearbeiter*)

Kort, Michael: Compliance-Pflichten von Vorstandsmitgliedern und Aufsichtsratsmitgliedern, in: Grundmann, Stefan; Haar, Brigitte; Merkt, Hanno; Mülbert, Peter O.; Wellenhofer, Marina u.A. [Hrsg.], Unternehmen, Markt und Verantwortung, Festschrift für Klaus J. Hopt zum 70. Geburtstag, 2010, S. 983–1003.

Korte, Kathrin: Die Information des Aufsichtsrats durch Mitarbeiter, Whistleblowing und Mitarbeiterbefragung als Mittel zur Verbesserung der Informationsasymmetrien in der AG, Dissertation, Frankfurt a.M. 2009.

Krieger, Gerd: Abwahl des satzungsmäßigen Versammlungsleiters?, AG 2006, 355–363.

Krieger, Gerd; Schneider, Uwe H. [Hrsg.]: Handbuch Managerhaftung, 2. Aufl. 2010.
(zitiert: Bearbeiter, in: Hdb Managerhaftung)

Kropff, Bruno: Der konzernrechtliche Ersatzanspruch – ein zahnloser Tiger?, in: Westermann, Harm Peter; Mock, Klaus [Hrsg.], Festschrift für Gerold Bezzenberger zum 70. Geburtstag am 13. März 2000, 2000, S. 233–252.

Kropff, Bruno: Aktiengesetz, Textausgabe des Aktiengesetzes vom 6.9.1965 und des Einführungsgesetzes zum Aktiengesetz vom 6.9.1965 mit Begründung des Regierungsentwurfs – Bericht des Rechtsausschusses des Deutschen Bundestages – Verweisungen und Sachverzeichnis, 1965.
(zitiert: *Kropff*, Aktiengesetz vom 6.9.1965 mit Begründung)

Kropff, Bruno: Zur Information des Aufsichtsrats über das interne Überwachungssystem, NZG 2003, 346–350.

Larenz, Karl: Methodenlehre der Rechtswissenschaft, 6. Aufl. 1991.

Leyens, Patrick: Informationen des Aufsichtsrats, Ökonomisch-funktionale Analyse und Rechtsvergleich zum englischen Board, Dissertation, Tübingen 2006.
(zitiert: *Leyens*, Informationen des Aufsichtsrats)

Lieder, Jan: Entscheidungsbesprechung zu OLG München Beschluss vom 21.10.2010 – 7 W 2040/ 10, GWR 2010, 552.

Linnerz, Markus: BB-Kommentar zu OLG Köln Urteil vom 4.12.2015 – 18 U 149/15, BB 2016, 338.

Linnerz, Markus: Isolierte Bestellung eines Versammlungsleiters in Ausnahmefällen möglich, zugleich Entscheidungsbesprechung von OLG Hamburg, Beschluss vom 16.12.2011 – 11 W 89/11, GWR 2012, 247.

Lochner, Daniel: Anmerkung zu LG Heidelberg, Urteil vom 4.12.2015 – 11 O 37/15 KfH, EWiR 2016, 169–170.

Lochner, Daniel: Anmerkung zu LG Duisburg, Urteil vom 9.6.2016 – 22 O 50/16, EWiR 2016, 625–626.

Lochner, Daniel: Anmerkung zu LG Stuttgart Urteil vom 27.10.2009 – 32 O 5/09 KfH, EWiR 2010, 3–4.

Lochner, Daniel; Beneke, Moritz: Der Besondere Vertreter in Hauptversammlung und Prozess: aktuelle Praxisfragen, ZIP 2015, 2010–2016.

Lutter, Marcus: Zur Durchsetzung von Schadensersatzansprüchen gegen Organmitglieder, in: Burgard, Ulrich; Hadding, Walther; Mülbert, Peter; Nietsch, Michael; Welter, Reinhard [Hrsg.], Festschrift für Uwe H. Schneider zum 70. Geburtstag, 2011, S. 763–770.

Lutter, Marcus; Krieger, Gerd; Verse, Dirk [Hrsg.]: Rechte und Pflichten des Aufsichtsrats, 6. Aufl. 2014.
(zitiert: Lutter/Krieger/Verse, Aufsichtsrat)

Marsch-Barner, Reinhard: Zur Information des Aufsichtsrats durch Mitarbeiter des Unternehmens, in: Grundmann, Stefan; Kirchner, Christian; Raiser, Thomas u.A. [Hrsg.], Unternehmensrecht zu Beginn des 21. Jahrhunderts, Festschrift für Eberhard Schwark zum 70. Geburtstag, 2009, S. 219–230.

Marsch-Barner, Reinhard: Zu den Rechtsfolgen von Fehlern bei der Leitung von Hauptversammlungen, in: Rheinische Notarkammer [Hrsg.], Festschrift für Günter Brambring zum 70. Geburtstag, 2011, S. 267–282.

Martens, Klaus-Peter: Die Leitungskompetenzen auf der Hauptversammlung einer Aktiengesellschaft, WM 1981, 1010–1021.

Mehrbrey, Kim Lars [Hrsg.]: Handbuch Gesellschaftsrechtliche Streitigkeiten, 2013.
(zitiert: Mehrbrey/*Bearbeiter*)

Mense, Christian; Poschitz, Thomas: Der besondere Vertreter einer Aktiengesellschaft kann dem Anfechtungsprozess gegen seine Bestellung als Nebenintervenient beitreten, GWR 2015, 293.

Meyenburg, Gerhard: Strabag fordert 81 Millionen Euro Entschädigung, General-Anzeiger Bonn vom 25.06.2016 S. 10.

Michalski, Lutz: Verbot der Stimmabgabe bei Stimmverboten und nicht nach § 16 Abs. 1 GmbHG legitimierten Nichtgesellschaftern mittels einstweiliger Verfügung, GmbHR 1991, 12–15.

Michalski; Lutz [Hrsg.]: Kommentar zum Gesetz betreffend die Gesellschaft mit beschränkter Haftung.

Band 2: §§ 35 – 85 GmbHG, §§ 1 – 4 EGGmbHG, 2. Aufl. 2010
(zitiert: Michalski/*Bearbeiter*)

Mock, Sebastian: Die Entdeckung des besonderen Vertreters, DB 2008, 393–397.

Mock, Sebastian: Inhalt und Reichweite der Ersatzansprüche in den §§ 147 f. AktG, NZG 2015, 1013–1018.

Mock, Sebastian: Der besondere Vertreter zwischen gesetzlicher Vertretung, eigener Klagebefugnis und Nebenintervention, AG 2015, 652–659.

Möhrle, Frauke; Bednarz, Sebastian: Haftungsrisiken des Hauptversammlungsleiters, Der Aufsichtsrat 2017, 52–53.

Müller-Michaels, Olaf; Wingerter, Eugen: Die Wiederbelebung der Sonderprüfung durch die Finanzkrise: IKB und die Folgen, AG 2010, 903–910.

Müller, Hans-Friedrich: Die Durchsetzung konzernrechtlicher Ersatzansprüche nach dem UMAG, Der Konzern 2006, 725–730.

Musielak, Hans-Joachim; Voit, Wolfgang [Hrsg.]: Zivilprozessordnung: ZPO, 13. Aufl. 2016.
(zitiert: Musielak/Voit/*Bearbeiter*)

Nietsch, Michael: Klageinitiative und besondere Vertretung in der Aktiengesellschaft, ZGR 2011, 589–637.

Nietsch, Michael: Einstweiliger Rechtsschutz bei Beschlussfassung in der GmbH-Gesellschafterversammlung, GmbHR 2006, 393–399.

Nikoleyczik, Tobias; Graßl, Bernd: Anmerkung zu OLG Köln Urteil vom 4.12.2015 – 18 U 149/15, EWiR 2016, 135–136.

Noack, Ulrich: Zur vorläufigen Wirksamkeit angefochtener Gesellschafterbeschlüsse – Handlungen während der Schwebezeit, DB 2014, 1851–1857.

Peltzer, Martin: Die Haftung des Aufsichtsrats bei Verletzung der Überwachungspflicht, WM 1981, 346–352.

Pöhlmann, Peter; Fandrich, Andreas; Bloehs, Joachim: Genossenschaftsgesetz: GenG, 4. Aufl. 2012.
(zitiert: Pöhlmann/Fandrich/Bloehs/*Bearbeiter*)

Priester, Hans-Joachim: Beschlussmitwirkung fehlerhaft bestellter Aufsichtsratsmitglieder, GWR 2013, 175–177.

Reichert, Jochem; Ott, Nicolas: Die Zuständigkeit von Vorstand und Aufsichtsrat zur Aufklärung von Non Compliance in der AG, NZG 2014, 241, 251.

Rieckers, Oliver: Nachlese zur Hauptversammlungssaison 2015 und Ausblick auf 2016, Der Betrieb 2015, 2131–2139.

Ritter, Carl; Ritter, Justus [Hrsg.]: Aktiengesetz, 2. Aufl. 1939.
(zitiert: Ritter, 2. Aufl. 1939)

Rose, Michael: Anträge auf Abwahl des durch die Satzung bestimmten Versammlungsleiters, NZG 2007, 241–245.

Rowedder, Heinz; Schmidt-Leithoff, Christian [Hrsg.]: Gesetz betreffend die Gesellschaft mit beschränkter Haftung: GmbHG, 5. Aufl. 2013.
(zitiert: Rowedder/*Bearbeiter*)

Rubner Daniel; Fischer, Jan-Benedikt: Erneut: Professionalisierung des Aufsichtsrats. Zu den Änderungen des DCGK 2015, NZG 2015, 782–791.

Sachs, Michael [Hrsg.]: Grundgesetz Kommentar, 7. Aufl. 2014.
(zitiert: Sachs/*Bearbeiter*)

Saecker, Franz Jürgen; Rixecker, Roland; Oetker, Hartmut; Limberg, Bettina [Hrsg.]: Münchener Kommentar zum Bürgerlichen Gesetzbuch: BGB.

Band 1: Allgemeiner Teil §§ 1 – 240, ProstG, AGG, 7. Aufl. 2015

Band 6: Schuldrecht – Besonderer Teil IV, §§ 705 – 853, PartGG, ProdHaftG, 7. Aufl. 2016
(zitiert: MüKoBGB/*Bearbeiter*)

Saenger, Ingo [Hrsg.]: Zivilprozessordnung Handkommentar, 6. Aufl. 2015.
(zitiert: Saenger/*Bearbeiter*)

Schatz, Matthias: Beschlussvereitelung durch den Versammlungsleiter und Reaktionsmöglichkeiten der Aktionäre, AG 2015, 696–708.

Schatz, Matthias: Der Missbrauch der Anfechtungsbefugnis durch den Aktionär und die Reform des aktienrechtlichen Beschlussmängelrechts, Dissertation, Köln 2012.

Schatz, Matthias: Anmerkung zu OLG Köln Beschluss vom 16.6.2015 – 18 Wx 1/15 – Zum isolierten Antrag auf gerichtliche Bestimmung eines Versammlungsleiters, EWiR 2015, 599–600.

Schenk, Kersten von [Hrsg.]: Arbeitshandbuch für Aufsichtsratsmitglieder, 4. Aufl. 2013.
(zitiert: Semler/Schenk/*Bearbeiter*, Aufsichtsrat)

Schiffer, Christiane: Zankapfel Gelita: Familienfehde beim weltgrößten Gelantinehersteller vor Gericht, juve.de, 31.07.2015, abrufbar unter http://www.juve.de/nachrichten/verfahren/2015/07/zankapfel-gelita-familienfehde-beim-weltgroesst en-gelatinehersteller-vor-gericht; abgerufen am 24.08.2016 um 23:53 Uhr.

Schlegelberger, Franz; Quassowski, Leo; Herbig, Gustav; Geßler, Ernst; Hefermehl, Wolfgang [Hrsg.]: Aktiengesetz, 3. Aufl. 1939.
(zitiert: Schlegelberger/Quassowski)

Schlitt, Michael; Seiler, Oliver: Einstweiliger Rechtsschutz im Recht der börsennotierten Aktiengesellschaft, ZHR 166 (2002), S. 544–584.

Schmidt, Karsten: Gesellschaftsrecht, 4. Aufl. 2002.

Schmidt, Karsten [Hrsg.]: Münchener Kommentar zum Handelsgesetzbuch.

Band 2: §§ 105–160 HGB, 3. Aufl. 2011
(zitiert: MüKoHGB/*Bearbeiter*)

Schmidt, Karsten; Lutter, Marcus [Hrsg.]: Aktiengesetz Kommentar.

Band 1: §§ 1 – 149, 3. Aufl. 2015

Band 2: §§ 140 – 410, SpruchG, 3. Aufl. 2015
(zitiert: Schmidt/Lutter/*Bearbeiter*)

Schmitt, Günther: Aktionäre für Sonderprüfungen, General Anzeiger Bonn, 10.10.2014, abrufbar unter http://www.general-anzeiger-bonn.de/region/ahr-und-rhein/bad-neuenahr-ahrweiler/Aktionäre-für-Sonderprüfungen-article1471621.html.

Schmolke, Klaus Ulrich: Die Aktionärsklage nach § 148 AktG, ZGR 2011, 398–442.

Schneider, Hartmut [Hrsg.]: Münchener Kommentar zur Strafprozessordnung.
Band 2: §§ 151 – 332
(zitiert: MüKoStPO/*Bearbeiter*)

Schneider, Sven H.: Informationspflichten und Informationssystemeinrichtungspflichten im Aktienkonzern. Überlegungen zu einem Unternehmensinformationsgesetzbuch, Dissertation, Berlin 2006.

Schneider, Uwe: Der mühsame Weg der Durchsetzung der Organhaftung durch den besonderen Vertreter nach § 147 AktG, ZIP 2013, 1985–1991.

Scholz, Franz [Hrsg.]: GmbHG Kommentar.

Band 2: §§ 35 – 53, 11. Aufl. 2013
(zitiert: Scholz/*Bearbeiter*)

Scholz, Kai-Steffen: Unzulässigkeit der Beschlussfassung der Hauptversammlung gem. § 124 Abs. 4 AktG, AG 2008, 11–17.

Schürnbrand, Jan: Sonderprüfung und Sondervertretung in der GmbH, ZIP 2013, 1301–1309.

Schürnbrand, Jan: Zur fehlerhaften Bestellung von Aufsichtsratsmitgliedern und fehlerhaften Abberufung von Vorstandsmitgliedern, NZG 2008, 609–612.

Schürnbrand, Jan: Noch einmal: Das fehlerhaft bestellte Aufsichtsratsmitglied, NZG 2013, 481–484.

Schürnbrand, Jan: Organschaft im Recht der privaten Verbände, Habilitation, Tübingen 2007.

Schürnbrand, Jan: Rechtsstellung und Verantwortlichkeit des Leiters der Hauptversammlung, NZG 2014, 1211–1213.

Schwab, Martin: Das Prozeßrecht gesellschaftsinterner Streitigkeiten, Habilitationsschrift, Tübingen 2005.

Spindler, Gerald; Stilz, Eberhard [Hrsg.]: Kommentar zum Aktiengesetz.

Band 1: §§ 1 – 149, 3. Aufl. 2015

Band 2: §§ 150–410, 3. Aufl. 2015
(zitiert: Spindler/Stilz/*Bearbeiter*)

Stallknecht, Alexander Heinrich: Der Besondere Vertreter nach § 147 AktG, Dissertation, Baden-Baden 2015.

Stein, Friedrich; Jonas, Martin [Hrsg.]: Kommentar zur Zivilprozessordung: ZPO.

Band 9: §§ 916–1066, EG ZPO, 22. Aufl. 2002
(zitiert: Stein/Jonas/*Bearbeiter*)

Steinhübel, Heinz: Die Arbeit des Besonderen Vertreters bei der DIS Deutscher Industrie Service AG und der Ed. Züblin AG, Gespräch mit dem ehemaligen Besonderen Vertreter bei beiden Gesellschaften, 22.09.2016, durchgeführt von Moritz Beneke.

Stürner, Rolf [Hrsg.]: Jauernig Bürgerliches Gesetzbuch Kommentar, 16. Aufl. 2015.
(zitiert: Jauernig/*Bearbeiter*)

Stützle, Rudolf; Walgenbach, Joachim: Leitung der Hauptversammlung und Mitspracherechte der Hauptversammlung in Fragen der Versammlungsleitung, ZHR 155 (1991), 516–544.

Theisen, Manuel R.: Gesetzliche versus funktionsgerechte Informationsversorgung. Eine Einladung zur interdisziplinären Diskussion, ZGR 2013, 1–25.

Theisen, Manuel R.: Mein Name ist Hase..., Der Aufsichtsrat 2017, 49.

Theusinger, Ingo; Schilha, Ralf: Gerichtliche Bestimmung eines unparteiischen Versammlungsleiters für einzelne Tagesordnungspunkte der Hauptversammlung, NZG 2016, 56–59.

Theusinger, Ingo; Schilha, Ralph: Die Leitung der Hauptversammlung – eine Aufgabe frei von Haftungsrisiken?, BB 2015, 131–141.

Thielbeer, Michael: Die Unternehmensplanung im Pflichtenkreis von Vorstand und Aufsichtsrat der Aktiengesellschaft – ein Beitrag zur Konkretisierung gesellschaftsrechtlicher Verantwortlichkeiten im Lichte der Aktienrechtsreformen 1998, Dissertation, Frankfurt a.M. 2002.

Tielmann, Jörgen: Anmerkung zu LG Köln Urteil vom 14.01.2016 – 91 O 31/15: Voraussetzungen für eine Beschlussfassung nach § 147 Abs. 1 AktG, IWRZ 2016, 127–130.

Tielmann, Jörgen; Gahr, Christian: Erstreckung des Stimmverbots der Verwaltungsorganmitglieder auf den beherrschenden Aktionär – Sippenhaft im Konzern?, AG 2016, 199–209.

Ulmer, Peter; Habersack, Mathias; Löbbe, Marc [Hrsg.]: GmbHG – Gesetz betreffend die Gesellschaft mit beschränkter Haftung.

Band 2: §§ 29 – 52, 2. Aufl. 2014
(zitiert: Ulmer/*Bearbeiter*)

Verhoeven, Thomas: Der Besondere Vertreter nach § 147 AktG: Erwacht ein schlafender Riese?, ZIP 2008, 245–255.

Volhard, Rüdiger; Reichert, Jochem [Hrsg.]: Arbeitshandbuch für die Hauptversammlung, 3. Aufl. 2011.
(zitiert: Semler/Vollhard/Reichert/*Bearbeiter*, Hauptversammlung)

Von der Linden, Klaus: Unzulässigkeit der Bestellung von Sonderprüfern in der Publikums-KG, zugleich Besprechung von OLG Hamm ZIP 2013, 976, GWR 2013, 135.

Von der Linden, Klaus: Haftung für Fehler bei der Leitung der Hauptversammlung, NZG 2013, 208–212.

Von Staudinger, Julius [Hrsg.]: J. von Staudingers Kommentar zum Bürgerlichen Gesetzbuch mit Einführungsgesetz und Nebengesetzen.

Einleitung zum Bürgerlichen Gesetzbuch; Buch 1 Allgemeiner Teil §§ 1–14: Verschollenheitsgesetz, 15. Aufl. 2013.
(zitiert: Staudinger/*Bearbeiter*)

Wachter, Thomas [Hrsg.]: Kommentar zum Aktiengesetz, 1. Aufl. 2012.
(zitiert: Wachter/*Bearbeiter*)

Wagner, Gerhard: Organhaftung im Interesse der Verhaltenssteuerung – Skizze eines Haftungsregimes, ZHR 178 (2014), 227–281.

Werner, Rüdiger: Einstweiliger Rechtsschutz im Gesellschafterstreit in der GmbH, NZG 206, 761–765.

Westermann, Harm Peter: Der Besondere Vertreter im Aktienrecht, AG 2009, 237–247.

Wicke, Hartmut: Die Leitung der Hauptversammlung einer Aktiengesellschaft – Praxisrelevante Fragen und neuere Entwicklungen, NZG 2007, 771–774.

Wiedemann, Herbert: Gesellschaftsrecht.

Band 1: Grundlagen, 1. Aufl. 1980

Wilsing, Hans-Ulrich [Hrsg.]: Deutscher Corporate Governance Kodex, 2012.
(zitiert: Wilsing/*Bearbeiter*, DCGK)

Wilsing, Hans-Ulrich; Von der Linden, Klaus : Debatte und Abstimmung über Geschäftsordnungsanträge in der Hauptversammlung der Aktiengesellschaft, ZIP 2010, 2321–2330.

Winter, Martin: Die Verantwortlichkeit des Aufsichtsrats für „Corporate Compliance", in: Kindler, Peter; Koch, Jens; Winter, Martin [Hrsg.], Festschrift für Uwe Hüffer zum 70. Geburtstag, 2010, S. 1103–1127.

Wirth, Gerhard: Der „besondere Vertreter" nach § 147 Abs. 2 AktG. Ein neuer Akteur auf der Bühne?, in: Kindler, Peter; Koch, Jens; Winter, Martin [Hrsg.], Festschrift für Uwe Hüffer zum 70. Geburtstag, 2010, S. 1129–1151.

Zimmermann, Klaus: Vertrauensentzug und Stimmrechtsausübung, in: Pfeiffer, Gerd [Hrsg.], Festschrift für Heinz Rowedder zum 75. Geburtstag, 1994, S. 593–604.

Zöller, Richard [Hrsg.]: ZPO Zivilprozessordnung Kommentar, 31. Aufl. 2016.
(zitiert: Zöller/*Bearbeiter*)

Zöllner, Wolfgang: Die Schranken mitgliedschaftlicher Stimmrechtsmacht bei den privatrechtlichen Personenverbänden, Habilitationsschrift, München 1963.

Zöllner, Wolfgang; Noack, Ulrich [Hrsg.]: Kölner Kommentar zum Aktienrecht.

Band 1: §§ 1 – 147, 1. Aufl. 1970

Band 3/2: §§ 142 – 178, 3. Aufl. 2015

Band 3: §§ 291–410, 1. Aufl. 1971

Band 6: §§ 15 – 22, 291 – 328, 3. Aufl. 2004
(zitiert: KK-AktG/*Bearbeiter*)

# Inhaltsübersicht

# Inhaltsverzeichnis

# A Einleitung

Die (Organ-)Haftung im Gesellschaftsrecht ist Stoff vieler Diskussionen. Betrifft ein Aspekt die Frage der unbeschränkten Haftung von Organmitgliedern schon bei leichter Fahrlässigkeit,[1] problematisieren andere die unzulängliche Verfolgung und Durchsetzung von Ersatzansprüchen gegen Organmitglieder.[2] Der Bundesgerichtshof hat zwar in seiner viel beachteten ARAG/Garmenbeck-Entscheidung[3] statuiert, dass Pflichtverletzungen von Organen generell zu verfolgen sind; diese grundsätzliche Entscheidung wurde jedoch von der Literatur über die Zeit mehr und mehr relativiert, sodass fraglich ist, was von dem wegweisenden Urteil geblieben ist.[4] Auch die Finanzkrise zog – obgleich Unternehmensführer offensichtliche Fehlentscheidungen getroffen hatten – keine gehäufte Anzahl von Haftungsklagen nach sich.[5] Diese Entwicklungen sieht auch *Lutter* und konstatiert:

> „Die Möglichkeit der Durchsetzung von Schadensersatzansprüchen gegen Organmitglieder ist theoretisch gegeben und ist ebenso theoretisch vom Bundesgerichtshof verlangt, faktisch aber nicht gegeben. Obwohl Aktien-Banken im Zusammenhang mit den heute *toxisch* genannten amerikanischen Wertpapieren Milliarden an Euro verloren haben, hört man nicht von Organklagen bei der HRE, der IKB, der WestLB oder der Commerzbank: missverstandene Loyalität mit Kollegen spielt da gewiss genauso eine Rolle wie die Vorstellung vom Tropfen auf den heißen Stein und die Mühen eines langjährigen Prozesses.“[6]
>
> „Wissen wir somit, dass die Fälle und Fragen zur sorgfältigen Unternehmensführung aus den unterschiedlichsten Gründen der gerichtlichen Entscheidung bedürfen und wissen wir weiter, dass es zu diesen Entscheidungen mangels Kläger praktisch nicht kommen wird, dann müssen wir auf Abhilfe sinnen.“[7]

Abhelfen könnte beispielsweise die Bestellung eines Besonderen Vertreters nach § 147 AktG, um Ersatzansprüche der Gesellschaft geltend zu machen. Das Institut des Besonderen Vertreters basiert auf Normen des Allgemeinen Deutschen Handelsgesetzbuches (ADHGB) von 1861 und ist damit über 150 Jahre alt.[8] Handelte es sich jahrzehntelang um praktisch totes Recht, erlebt der Besondere Vertreter seit den

1 Vgl. nur beispielhaft *Habersack*, NZG 2015, 1297; *Koch*, AG 2014, 513.
2 Beispielhaft *Lutter*, FS Uwe H. Schneider, S. 763.
3 BGHZ 135, 244.
4 Vgl. *Habersack*, NZG 2016, 321; kritisch *Koch*, NZG 2014, 934.
5 *Lutter*, FS Uwe H. Schneider, S. 763, 766.
6 Ebd.
7 AaO, S. 767.
8 Zur Entstehungsgeschichte der Norm ausführlich *Stallknecht*, Der besondere Vertreter nach § 147 AktG, S. 34 ff.; KK-AktG/*Rieckers/Vetter*, § 147 Rn 27 ff.

Aufsehen erregenden Prozessen[9] rund um die HypoVereinsbank AG (HVB) eine Renaissance. Bei der HVB prüfte zum ersten Mal in jüngerer Vergangenheit ein Besonderer Vertreter den Vorwurf von Unter-Wert-Verkäufen von Beteiligungen der Aktiengesellschaft an ihre Muttergesellschaft auf deren Veranlassung hin und machte Ersatzansprüche geltend. Diese Reanimation führte zwangsläufig zu heftigem Streit über seine Rechte und Pflichten. Der Besondere Vertreter ist nach langer Diskussion und nun gefestigter Rechtsprechung des Bundesgerichtshofs Organ der Gesellschaft.[10] Diese Erkenntnis soll in der Arbeit als solche nicht mehr hinterfragt werden, doch ist fraglich, ob sich allein aus der Organstellung gewichtige Rechtsfolgen ergeben.[11] Dass sowohl Vorstand als auch Aufsichtsrat und Hauptversammlung Organe der Aktiengesellschaft sind, hat keinen Einfluss auf ihre Aufgaben, Rechte und Pflichten in der Gesellschaft. Diese begründen sich vielmehr in ihren vom Gesetzgeber erhaltenen Funktionen und rechtlichen Regelungen. Für den Vorstand statuieren sie sich in § 76 AktG, für den Aufsichtsrat in § 111 Abs. 1 AktG und für die Hauptversammlung ergeben sie sich aus § 119 AktG und einzelnen Sondervorschriften (z.B. §§ 142 Abs. 1 S. 1; 147 Abs. 1; 174 Abs. 1 S. 1; 179 AktG).[12]

Die Aufgabe des Besonderen Vertreters ist gemäß § 147 Abs. 2 S. 1 AktG die Ausführung eines Geltendmachungsbeschlusses nach § 147 Abs. 1 S. 1 AktG anstelle des sonst zuständigen Vorstands oder Aufsichtsrats. Weitergehende Rechte und Pflichten bestimmt das Gesetz nicht. Doch daraus folgt keinesfalls eine weitere Recht- und Pflichtlosigkeit, vielmehr stellte schon das Reichsgericht 1913 fest, „wem die Gesetze ein Recht geben, dem bewilligen sie auch die Mittel, ohne welche daßselbe [sic!] nicht ausgeübt werden kann".[13] Das zur Zeit mit Abstand umstrittenste Recht des Besonderen Vertreters ist die Befugnis zur Informationserlangung, denn ohne Informationen kann der Besondere Vertreter oftmals nicht die Ersatzansprüche mittels substantiierter Klageschrift geltend machen und damit seinen Auftrag erfüllen. Die Problematik aufgrund seiner exponierten Stellung und der spärlichen gesetzlichen Regelung liegt auf der Hand: Der Besondere Vertreter kommt von außen in ein Unternehmen und sieht sich Vorstand und Aufsichtsrat gegenüber, die regelmäßig in ihm einen Eindringling sehen. Verdrängt er sie im besten Fall nur

---

9 Bezüglich verschiedener Anfechtungsklagen LG München I ZIP 2007, 2420; OLG München ZIP 2008, 1916; BGH ZIP 2011, 2195; LG München I ZIP 2008, 55; OLG München ZIP 2008, 2173; LG München I ZIP 2009, 2198; OLG München ZIP 2010, 725; BGH AG 2011, 702; bezüglich einstweiliger Verfügungen LG München I ZIP 2007, 1809; OLG München ZIP 2008, 73; LG München I ZIP 2008, 1588; ausführliche Darstellung auch bei KK-AktG/*Rieckers/Vetter*, § 147 Rn 300; eine Zusammenfassung dreier wichtiger Judikate bei *Wirth*, FS Hüffer, 1129, 1134 ff.

10 BGH ZIP 2015, 1286; ZIP 2013, 1467; ZIP 2011, 2195; ZIP 1981, 178. Vgl. für die Literatur Hüffer/*Koch*, § 147, Rn 8.

11 Ebenso Hüffer/*Koch*, aaO.

12 Ebenso *Stallknecht*, Der besondere Vertreter nach § 147 AktG, S. 289.

13 RGZ 83, 248, 252 unter Bezugnahme des § 89 der Einleitung des Allgemeinen Preußischen Landrechts (ALR) von 1794.

teilweise aus ihrem Amt, so ermittelt er schlimmstenfalls direkt gegen sie.[14] Darüber hinaus verlangt er regelmäßig Informationen von beiden Organen, um Pflichtverletzungen substantiiert belegen zu können; er verpflichtet sie eventuell, sich selbst zu belasten. Einer solchen Konstellation wohnt zwangsläufig der Konflikt beider Seiten inne.[15] Die Betroffenen wehren sich regelmäßig dadurch, dass sie ihm Informationen verweigern oder den Geltendmachungsbeschluss per Anfechtungs- und Nichtigkeitsklage rechtlich angreifen. Der häufigste Anfechtungsgrund ist hierbei die Missbräuchlichkeit des Beschlusses aufgrund eines angeblich unbestimmten Beschlussinhalts.[16] Es existiert jedoch noch keine zufriedenstellende, eindeutige Antwort auf die Frage, was unter „Bestimmtheit" des Geltendmachungsbeschlusses zu verstehen ist, sodass die inhaltlichen Anforderungen an den Geltendmachungsbeschluss noch unklar sind. Dies zu ändern ist ein Ziel der vorliegenden Arbeit.

In jüngerer Vergangenheit haben sich Gerichte mit mehreren Problemen beschäftigt, die aufgrund des divergierenden Bestimmtheitsverständnisses bestehen: Einerseits mit der Verhinderung der Bestellung eines Besonderen Vertreters überhaupt,[17] andererseits mit der Anfechtung der Geltendmachungs- und Bestellungsbeschlüsse[18] und zuletzt mit der Weigerung der Gesellschaft, Informationen herauszugeben.[19] Die Monographien von *Böbel*[20], *Humrich*[21] und *Stallknecht*[22] haben die Tätigkeit des Besonderen Vertreters in ihrer Breite untersucht. In Anknüpfung an die Rechtsprechung und in Anbetracht der schon vorhandenen Werke wird sich diese Arbeit umfassend mit den Hauptversammlungsbeschlüssen und der Informationsbeschaffung des Besonderen Vertreters befassen, den zur Zeit besonders umstrittenen und praxisrelevanten Themen.

Dabei soll die Gesamtproblematik gedrittelt werden: Zunächst wird allein der Geltendmachungsbeschluss nach § 147 Abs. 1 S. 1 AktG untersucht, danach der Bestellungsbeschluss nach § 147 Abs. 2 S. 1 AktG und im Anschluss werden

14 Ebenso *Nietsch*, ZGR 2011, 589, 592.

15 *Schneider*, ZIP 2013, 1985 spricht insofern zu Recht von einer „Obstruktion in jeder Weise". Dabei wird allzu schnell vergessen, dass Vorstand, Aufsichtsrat und Besonderer Vertreter jeweils allein dem Unternehmenswohl verpflichtet sind.

16 Zur HVB LG München I ZIP 2007, 2420; OLG München ZIP 2008, 1916; zur ähnlichen Problematik beim Minderheitsbegehren zur Einberufung einer Hauptversammlung gemäß § 122 Abs. 3 AktG zur Geltendmachung von Ersatzansprüchen und der Bestellung eines Besonderen Vertreters im Fall Züblin LG Stuttgart AG 2008, 757; OLG Stuttgart AG 2009, 169; zuletzt zur Gelita AG LG Heidelberg ZIP 2016, 471.

17 OLG Köln ZIP 2015, 1585.

18 OLG München ZIP 2008, 1916; LG München I ZIP 2007, 2420; OLG Köln AG 2017, 351; LG Köln ZIP 2016, 162.

19 OLG Köln ZIP 2015, 2470; LG Duisburg ZIP 2016, 1970; LG Heidelberg ZIP 2016, 471.

20 *Böbel*, Die Rechtsstellung der besonderen Vertreter gem. § 147 AktG, Frankfurt am Main 1999.

21 *Humrich*, Der besondere Vertreter im Aktienrecht, Berlin 2013.

22 *Stallknecht*, Der besondere Vertreter nach § 147 AktG, Köln 2015.

die Informationsrechte des Besonderen Vertreters beleuchtet. Einer besonderen Betrachtung wird die Frage der Konnexität der drei Materien unterzogen, was zur weiteren Frage führt, ob Argumente der einen Thematik Probleme der anderen lösen können. Plakativ wird dies z.B. bei der Frage, ob der Inhalt des Geltendmachungsbeschlusses von dem Informationsrecht des Besonderen Vertreters abhängt oder umgekehrt das Informationsrecht vom Inhalt des Geltendmachungsbeschlusses.

# B Geltendmachung von Ersatzansprüchen und Bestellung des Besonderen Vertreters durch die Hauptversammlung

Bevor ein Besonderer Vertreter überhaupt in Erscheinung treten kann und Fragen bezüglich seiner Rechte und Pflichten aufwirft, muss sein Amt entstehen. Dies geschieht entweder gemäß § 147 Abs. 2 S. 1 AktG durch Hauptversammlungsbeschluss oder gemäß 147 Abs. 2 S. 2 AktG aufgrund gerichtlicher Entscheidung. Jeder Bestellung muss jedoch ein Geltendmachungsbeschluss nach § 147 Abs. 1 S. 1 AktG vorhergehen.

Bei jedweder Bestellung eines Besonderen Vertreters durch die Hauptversammlung ist somit zwischen dem Geltendmachungsbeschluss nach § 147 Abs. 1 S. 1 AktG und dem Bestellungsbeschluss nach § 147 Abs. 2 S. 1 AktG zu unterscheiden. Der Geltendmachungsbeschluss verpflichtet die zuständigen Organe zur Verfolgung von Ersatzansprüchen und schafft damit das rechtliche Fundament für den Besonderen Vertreter, während durch den Bestellungsbeschluss selbst nur das Organ Besonderer Vertreter mitsamt Organwalter entsteht.[23] Kann der Bestellungsbeschluss nach § 147 Abs. 2 S. 1 AktG durch eine gerichtliche Bestellung ersetzt werden, ist der Geltendmachungsbeschluss nur durch die Hauptversammlung möglich.[24] Die einzige Alternative zum Geltendmachungsbeschluss ist die erfolgreiche Beantragung eines Klagezulassungsverfahrens nach § 148 Abs. 1 AktG durch Aktionäre.[25]

## I Formelle Voraussetzungen

Für beide Beschlüsse gelten die allgemeinen Vorschriften (§§ 118 ff. AktG).[26] Nach § 124 Abs. 4 S. 1 AktG kann die Hauptversammlung nur Beschlüsse fassen über Gegenstände der Tagesordnung, die ordnungsgemäß bekanntgemacht worden sind. Die Erweiterung der Tagesordnung und die Bekanntmachung ist zu beantragen, antragsbefugt sind sowohl die teilnahmeberechtigten Aktionäre und Aktionärsvertreter, als auch die Organe Vorstand und Aufsichtsrat.[27] Regelmäßig werden Vorstand und Aufsichtsrat jedoch nicht von sich aus die Tagesordnung um die „Geltendmachung von Ersatzansprüchen und Bestellung eines Besonderen Vertreters“ erweitern.[28] In einem solchen Fall muss eine qualifizierte Minderheit, die mindestens

---

23 *Stallknecht*, aaO, S. 110 spricht von der „Kreation“ des Amtes durch die Hauptversammlung.

24 MüKoAktG/*Schröer*, § 147 Rn 64.

25 MüKoAktG/*Schröer*, § 147 Rn 2.

26 KK-AktG/*Rieckers/Vetter*, § 147 Rn 167.

27 Großkomm-AktG/*Grundmann*, § 133 Rn 61; Spindler/Stilz/*Rieckers*, § 133 Rn 13.

28 So auch KK-AktG/*Rieckers/Vetter*, § 147 Rn 170.

fünf Prozent am Grundkapital oder einen anteiligen Betrag von 500.000 Euro hält, gemäß § 122 Abs. 2 S. 1 AktG die Ergänzung der Tagesordnung oder gar nach § 122 Abs. 1 S. 1 AktG die Einberufung einer außerordentlichen Hauptversammlung verlangen und dies gegebenenfalls nach Abs. 3 gerichtlich durchsetzen.[29]

Ausnahmsweise kann gemäß § 124 Abs. 4 S. 2 AktG die Beschlussfassung über einen Antrag nach § 147 AktG auch bekanntmachungsfrei sein und somit spontan in der Hauptversammlung gestellt werden. In Betracht kommt dies jedoch nur, wenn die Anträge in sachlichem Zusammenhang mit einem anderen Tagesordnungspunkt (TOP) stehen.[30] Nach überwiegender Ansicht greift die Ausnahme nach § 124 Abs. 4 S. 2 Var. 2 AktG bei Beschlüssen nach § 147 AktG nicht bei Anträgen zum TOP „Entlastung", da dies zu unbestimmt sei, wohl aber zum TOP „Sonderprüfungsbericht".[31] Teilweise wird zusätzlich gefordert, dass sich aus dem Sonderprüfungsbericht Ersatzansprüche ergeben.[32] Existiert weder ein TOP „Ersatzansprüche", noch ein TOP „Sonderprüfungsbericht" und auch sonst kein Anknüpfungspunkt an andere Tagesordnungspunkte, oder wurde dem Aktionärsverlangen auf Ergänzung der Tagesordnung nicht entsprochen, so sind die Aktionäre darauf verwiesen, die Einberufung einer außerordentlichen Hauptversammlung mit dem einzigen Thema „Ersatzansprüche" nach § 122 Abs. 1, 2 AktG (notfalls gerichtlich, Abs. 3) durchzusetzen.[33] Die gesamte Problematik im Rahmen von § 122 AktG wird ausführlich unter CII behandelt.

## II Stimmverbote

Beschlüsse nach § 147 AktG bedürfen mangels anderweitiger Bestimmungen gemäß § 133 Abs. 1 AktG der Mehrheit der in der Hauptversammlung abgegebenen Stimmen, einfache Stimmmehrheit genannt. Diese Stimmmehrheit ist losgelöst von der Anteilsmehrheit und wird beeinflusst durch Stimmverbote nach § 136 Abs. 1 AktG. Das Gesetz statuiert damit einen relativen Mehrheitsbegriff.

Gemäß § 136 Abs. 1 S. 1 Var. 3 AktG kann ein Aktionär dann nicht mitstimmen, wenn Beschluss darüber gefasst wird, dass ein Anspruch gegen ihn geltend gemacht werden soll. Genau dies ist der Inhalt eines Geltendmachungsbeschlusses nach § 147 Abs. 1 S. 1 AktG. Anspruchsgegner nach § 147 AktG unterliegen damit einem Stimmverbot nach § 136 Abs. 1 S. 1 Var. 3 AktG. Dies ist Ausdruck des allgemeinen gesellschaftsrechtlichen Prinzips, dass in bestimmten Fällen die Willensbildung

---

29 Vgl. dazu noch ausführlich CIII.

30 LG München I AG 2007, 255, 256; Hüffer/*Koch*, § 124 Rn 29; Spindler/Stilz/*Rieckers* Rn 52.

31 Hüffer/*Koch*, § 147 Rn 4; Henssler/Strohn/*Liebscher*, § 147 Rn 6; Hölters/*Hirschmann*, § 147 Rn 4; MüKoAktG/*Schröer* § 147 Rn 37, 61; Spindler/Stilz/*Mock*, § 147 Rn 32.

32 Hüffer/*Koch*, § 147 Rn 4; Henssler/Strohn/*Liebscher*, § 147 Rn 6; MüKoAktG/*Schröer* § 147 Rn 37, 61; *Bungert*, in: Hdb Managerhaftung, § 13 Rn 56; *Humrich*, aaO, S. 60.

33 Vgl. dazu die OLG Karlsruhe ZIP 2015, 125 und OLG Stuttgart AG 2009, 169 zugrunde liegenden Sachverhalte.

in der Gesellschaft nicht durch sachfremde Interessen gestört werden soll, damit niemand Richter in eigener Sache sein kann.[34] Stimmverbote sollen damit „richtige" Beschlüsse im Gesellschaftsinteresse gewährleisten.[35] Ihre praktische Relevanz ist enorm,[36] kann doch ein Beschluss zur Geltendmachung von Ersatzansprüchen gegen den Mehrheitsaktionär mit 95 Prozent Anteil an der Gesellschaft theoretisch von einer Minderheit von 2,5 Prozent plus einer Stimme erfolgen.[37] Um die herausragende Bedeutung der Stimmverbote in der Praxis mitsamt der Frage ihrer Reichweite zu veranschaulichen, sollen sie an dieser Stelle nur angesprochen und im Abschnitt CII1) umfassend behandelt werden.

## III Der Geltendmachungsbeschluss nach § 147 Abs. 1 S. 1 AktG

Der Geltendmachungsbeschluss ist für den Besonderen Vertreter und damit auch für diese Arbeit von zentraler Bedeutung: Er bildet das Fundament, auf dem sich der Besondere Vertreter bewegt und legt dabei nicht nur den Auftrag, sondern auch seine Grenzen fest.[38] Mit der Rechtmäßigkeit des Geltendmachungsbeschlusses steht und fällt eine erfolgreiche Arbeit des Besonderen Vertreters. Ist der Geltendmachungsbeschluss unwirksam, so teilt der Bestellungsbeschluss sein Schicksal.[39]

Wie in der Einleitung schon angesprochen, sind die Voraussetzungen eines wirksamen Geltendmachungsbeschlusses ausgesprochen umstritten. Der Streit über diesen grundlegenden Beschluss führt im Ergebnis oftmals dazu, dass die gesamte Tätigkeit des Besonderen Vertreters dem Vorwurf der Rechtswidrigkeit ausgesetzt ist. Wenn indes klar wäre, unter welchen Voraussetzungen der Geltendmachungsbeschluss wirksam ist und damit auch die Bestellung des Besonderen Vertreters,

---

34 Hüffer/*Koch*, § 136 Rn 3; MüKoAktG/*Schröer*, § 147 Rn 1; Spindler/Stilz/*Mock*, § 147 Rn 1; zur GmbH BGHZ 9, 157, 178; 97, 28, 33; MüKoGmbH/*Drescher*, § 47 Rn 5; Michalski/*Römermann*, § 47 Rn 74 ff.; Roth/Alpmeppen/*Roth*, § 47 Rn 55; zum Verein MüKoBGB/*Arnold*, § 34 Rn 1; Bamberger/Roth/*Schöpflin*, § 34 Rn 1 f.; zur Genossenschaft Henssler/Strohn/*Geibel*, § 43 GenG Rn 19; Pöhlmann/Fandrich/Bloehs/*Fandrich*, § 43 GenG Rn 56 ff.; zu den Personengesellschaften MüKoBGB/*Schäfer*, § 709 Rn 65; Bamberger/Roth/Schöne, § 709 Rn 49; Baumbach/Hopt/*Roth*, § 119 HGB Rn 8; Koller/Kindler/Roth/Morck/*Kindler*, § 119 HGB Rn 3. Ausführlich zum dahinter stehenden gesellschaftsrechtlichen Prinzip *K. Schmidt*, GesR, § 21 II 2.

35 *K. Schmidt*, GesR, § 21 II 2; *Hügel/Klepsch*, NZG 2005, 905, 906.

36 So auch *Wiedemann*, GesR, § 8 I 4 (S. 421), der von einem vollständigen Rollentausch spricht.

37 So in etwa geschehen bei der Hauptversammlung der HVB AG am 26.06.2007. Vgl. dazu noch ausführlich BIII2)l)cc)(6).

38 KG Berlin NZG 2011, 1429, 1430; OLG Stuttgart AG 2009, 169, 170; OLG Frankfurt AG 2004, 104; *Böbel*, aaO, S. 77; *Stallknecht*, aaO, S. 68; Großkomm-AktG/*Bezzenberger*, § 147 Rn 19; Heidel/*Lochner*, § 147 Rn 9.

39 Unstreitig. Statt aller KK-AktG/*Rieckers/Vetter*, § 147 Rn 456.

würde die spätere Tätigkeit und vor allem die Informationsbeschaffung des Besonderen Vertreters (dazu mehr unter D) enorm erleichtert werden und sich bestenfalls die Zusammenarbeit zwischen ihm und den übrigen Organen entspannen.

Wurden oben allgemeine Anforderungen an die Beschlüsse nach § 147 AktG behandelt, liegt nun das Augenmerk auf spezifischen inhaltlichen Anforderungen an den Geltendmachungsbeschluss nach § 147 Abs. 1 S. 1 AktG.

## 1) Ersatzansprüche

Nach allgemeiner Ansicht kann die Hauptversammlung nicht über die Geltendmachung eines jeden Anspruchs der Gesellschaft beschließen.[40] Schon nach dem Gesetzeswortlaut ist die Geltendmachung auf „Ersatzansprüche" beschränkt. Nach ganz überwiegender Ansicht in Rechtsprechung und Literatur fallen unter Ersatzansprüche i.S.v. § 147 Abs. 1 AktG Beseitigungs-, Ausgleichs-, Unterlassungs- und Schadensersatzansprüche der Gesellschaft zuzüglich der notwendigen Hilfsansprüche auf Auskunft und Rechenschaft.[41] Nach immer noch bestrittener, aber heute wohl ganz überwiegender Ansicht sind auch konzernrechtliche Ansprüche gegen das herrschende Unternehmen und seine Verwaltungsorgane von der Geltendmachung umfasst.[42] Ansprüche nach §§ 310, 318 AktG betreffen die Haftung der Organe der (abhängigen) Gesellschaft und stellen insoweit Ersatzansprüche der Gesellschaft aus der Geschäftsführung gegen die Mitglieder von Vorstand und Aufsichtsrat dar. Sie sind schon nach dem Wortlaut des § 147 Abs. 1 S. 1 AktG von der Geltendmachung erfasst.[43] Aus dem Wortlaut des § 147 Abs. 1 S. 1 AktG heraus ergibt sich jedoch nicht unmittelbar die Geltendmachung von Ansprüchen gegen das herrschende Unternehmen und seine gesetzlichen Vertreter nach §§ 309, 317 AktG. Es sprechen jedoch gewichtige systematische und teleologische Wertungen dafür, dass auch diese Ansprüche einem Geltendmachungsbeschluss nach § 147 Abs. 1 S. 1 AktG zugänglich sind: Nach § 317 Abs. 3 AktG haften die Organe der abhängigen Gesellschaft und das herrschende Unternehmen als Gesamtschuldner.

---

40 Ausführlich über Inhalt und Reichweite dieser Ersatzansprüche *Mock*, NZG 2015, 1013 ff.

41 Hüffer/*Koch*, § 147 Rn 2; Heidel/*Lochner*, § 147 Rn 3; KK-AktG/*Rieckers/Vetter*, § 147 Rn 129; *Stallknecht*, aaO, S. 73 ff.; differenzierend *Mock*, NZG 2015, 1013; MüKoAktG/*Schröer*, § 147 Rn 18 f.; *Humrich*, aaO, S. 41 ff.

42 OLG München ZIP 2008, 1916 (juris Rz 35 ff.); KK-AktG/*Rieckers/Vetter*, § 147 Rn 140 ff.; Großkomm-AktG/*Bezzenberger*, § 147 Rn 13; Hüffer/*Koch*, § 147 Rn 3; Spindler/Stilz/*Mock*, § 147 Rn 13; Schmidt/Lutter/*Spindler*, § 147 Rn 4; MüKoAktG/*Schröer*, § 147 Rn 20; Heidel/*Lochner*, § 147 Rn 4; Grigoleit/*Herrler*, § 147 Rn 5; *Kropff*, FS Bezzenberger, S. 233, 249 ff.; *Fabritius*, GS Gruson, S. 133, 143 f.; *Bayer*, AG 2016, 637, 641; *Nietsch*, ZGR 2011, 589, 598 f.; *Müller*, Konzern 2006, 725, 728 ff.; *Stallknecht*, aaO, S. 73 ff.; aA Hölters/*Hirschmann*, § 147 Rn 3; *Humrich*, aaO, S. 49 ff.; offengelassen bei MüHdbGesR-AG/*Bungert*, § 43 Rn 28; Henssler/Strohn/*Liebscher*, § 147 Rn 3.

43 *Kropff*, FS Bezzenberger, S. 233, 244 f.; KK-AktG/*Rieckers/Vetter*, § 147 Rn 141.

Da die Geltendmachung von Ansprüchen gegen diese Organe schon dem Wortlaut nach von § 147 Abs. 1 S. 1 AktG erfasst ist, müssen aufgrund der Anordnung der Gesamtschuld in § 317 Abs. 3 AktG auch Ansprüche nach § 317 Abs. 1 AktG von der Geltendmachung umfasst sein.[44] Auch ist die allgemeine Haftung des Aktionärs gemäß § 117 AktG ausdrücklich von § 147 Abs. 1 S. 1 AktG umfasst. Bei faktischer Beherrschung entsprechen sich die Ansprüche aus § 117 AktG und § 317 Abs. 1 AktG jedoch weitgehend,[45] sodass es willkürlich und wenig prozessökonomisch erscheint, lediglich Ansprüche nach § 117 AktG nach § 147 Abs. 1 S. 1 AktG zu verfolgen.[46] Darüber hinaus wäre es wertungswidersprüchlich und auch diesbezüglich wenig prozessökonomisch, wenn die Hauptversammlung zwar die Anspruchsverfolgung gegen ihre eigenen Organe nach §§ 310, 318 AktG beschließen könnte, die wirtschaftlich zumeist wesentlich werthaltigeren Ansprüche gegen die herrschende Gesellschaft mitsamt ihrer Organe dagegen nicht.[47] Zuletzt wäre es auch unverständlich, wenn die Hauptversammlung nicht die Geltendmachung von konzernrechtlichen Ansprüchen der Gesellschaft erzwingen und einen Besonderen Vertreter bestellen könnte, da gerade in der Konzernsituation ein hohes Risiko besteht, dass Vorstand und Aufsichtsrat, die dem herrschenden Unternehmen ihre Stellung verdanken, eventuell bestehende Ersatzansprüche gegen eben dieses Unternehmen nicht verfolgen werden.[48]

Entgegen teilweiser Behauptung basiert die Einbeziehung konzernrechtlicher Ansprüche nicht auf richterrechtlicher Rechtsfortbildung,[49] sondern entspricht dem Willen des historischen Gesetzgebers, wie sich aus der Begründung des Regierungsentwurfes zum AktG von 1965 ergibt: Laut Begründung ist es in Konzernsituationen notwendig, „über die sonst bei der Geltendmachung von Ersatzansprüchen der Gesellschaft bestehenden Minderheitsrechte[50] (§ 147) hinauszugehen".[51] Die Wortwahl deutet darauf hin, dass die konzernrechtlichen Ansprüche selbstredend nach § 147 Abs. 1 AktG aufgrund eines Hauptversammlungsbeschlusses oder eines (damals noch möglichen) qualifizierten Minderheitsverlangens geltend gemacht werden können und des Weiteren noch nach §§ 317 Abs. 1, 4 i.V.m. 309 Abs. 4 S. 1 AktG von jedem einzelnen Aktionär. Keinesfalls sollten die konzernrechtlichen Ansprüche der Hauptversammlung oder qualifizierten Aktionärsminderheiten entzogen werden, sondern zudem noch durch einzelne Aktionäre verfolgt werden können.[52] Denn

---

44 *Kropff*, FS Bezzenberger, S. 233, 245.

45 Ebd.

46 KK-AktG/*Rieckers/Vetter*, § 147 Rn 147; MüKoAktG/*Altmeppen*, § 317 Rn 65.

47 KK-AktG/*Rieckers/Vetter*, § 147 Rn 148.

48 Ebenso MüKoAktG/*Altmeppen*, § 317 Rn 66.

49 So *Bayer*, AG 2016, 637, 648 f. Gegen eine Einbeziehung *de lege lata* KK-AktG/*Koppensteiner*, § 317 Rn 35.

50 Gemeint ist das überholte Minderheitsverlangen nach § 147 Abs. 1 S. 1 Var. 2 AktG a.F., das sich nun in abgewandelter Form in § 148 AktG wiederfindet.

51 Vgl. bei *Kropff*, Aktiengesetz vom 6.9.1965 mit Begründung, S. 405.

52 Ebenso *Kropff*, FS Bezzenberger, S. 233, 244, 249.

das einzelne Verfolgungsrecht des Aktionärs, das aus § 309 Abs. 4 S. 1 AktG folgt, ist nicht gleichwertig mit dem Verfolgungsrecht aus § 147 Abs. 1 S. 1 AktG, da es einem prohibitiven Prozesskostenrisiko unterliegt.[53] Wären also konzernrechtliche Ansprüche nur durch einzelne Aktionäre verfolgbar, so würde nicht über § 147 AktG „hinausgegangen“ werden.

Im Ergebnis kann die Hauptversammlung in einem Beschluss nach § 147 Abs. 1 S. 1 AktG auch eine konzernrechtliche Anspruchsverfolgung beschließen.

## 2) Bestimmbarkeit des Geltendmachungsbeschlusses

Wie oben dargelegt, gelten die allgemeinen Regeln über Hauptversammlungsbeschlüsse nach §§ 118 ff. AktG. Eine dieser allgemeinen Regeln ist, dass ein Beschluss „hinreichend bestimmt“ zu sein hat. Gemeint ist damit das Erfordernis, dass jeder Beschluss so klar gefasst sein muss, dass er auch ausgeführt werden kann.[54] Analog zum Vertragsrecht muss auch im Beschlussrecht erkennbar sein, worauf sich die Parteien geeinigt haben.

Bei der Beschlussfassung nach § 147 Abs. 1 AktG entbrennt jedoch an dieser Stelle ein Streit darüber, wie bestimmt der Beschluss zu sein hat, wann er hinreichend bestimmt ist. Kern des Streits ist die Frage, über wie viele anspruchsrelevante Informationen die Aktionäre vor der Beschlussfassung nach § 147 Abs. 1 AktG verfügen müssen. Dabei spielt die Informationsasymmetrie – als immer wiederkehrendes Problem in der Aktiengesellschaft[55] – eine große Rolle: Das Recht, Ersatzansprüche geltend zu machen, liegt bei der Hauptversammlung, die regelmäßig kaum über stichhaltige Informationen bezüglich des möglicherweise bestehendes Ersatzanspruchs verfügt und deren Informationsquellen[56] limitiert sind.[57] Gleichzeitig richten sich die Ersatzansprüche (oftmals) gegen Mitglieder des Vorstands, des Aufsichtsrats oder gegen das herrschende Unternehmen i.S.v. §§ 15 ff. AktG. Der Vorstand und in Grenzen auch der Aufsichtsrat sind Hüter aller relevanten Informationen, die die Gesellschaft und damit auch den Lebenssachverhalt, der die Ersatzansprüche umfassen soll, betreffen. Richten sich Ansprüche zudem gegen das herrschende Unternehmen als direkt beteiligte Partei des zu untersuchenden Vorgangs, so verfügt

53 MüKoAktG/*Altmeppen*, § 317 Rn 66. Zum Prozesskostenrisiko auch ausführlich *Kropff*, FS Bezzenberger, S. 233, 240 ff.

54 *Nietsch*, ZGR 2011, 589, 596.

55 Vgl. bezüglich des Streits bei der Überwachung des Vorstands durch den Aufsichtsrat Wilsing/*Johannsen-Roth*, DCGK, Nr. 3.4 Rn 1; *Marsch-Barner*, FS Schwark, S. 219, 220; *Winter*, FS Hüffer, S. 1103, 1113.

56 Z.B. das Auskunftsrecht in § 131 AktG und die Jahresabschlüsse. Die Informationen aus der Sonderprüfung sind hier nicht hinzuzuzählen, da dasselbe Spannungsverhältnis auch bei der Bestellung nach § 142 AktG besteht, vgl. exemplarisch Spindler/Stilz/*Mock*, § 147 Rn 29, § 142 Rn 73.

57 So auch ausdrücklich KG ZIP 2012, 1029 (juris Rz 22). Vgl. ebenso *Wagner*, ZHR 178 (2014), 227, 240 f.

dieses aufgrund seiner Parteistellung schon über die entsprechenden Informationen. Zudem ist es nicht ausgeschlossen, dass es über seinen beherrschenden Einfluss auf die Organe Kenntnis von weiteren relevanten Informationen erhält. Damit haben die potentiellen Anspruchsgegner, anders als die außenstehenden, beschlussfassenden Aktionäre, Zugriff auf die notwendigen Informationen.

Niedrige Anforderungen an die Bestimmtheit sind damit Minderheitsaktionären vorteilhaft, die durch die Behauptung, der Mehrheitsaktionär habe in einem bestimmten Sachverhalt zum Ersatz führende Pflichtverletzungen begangen, diesen gemäß § 136 Abs. 1 S. 1 Var. 3 AktG mit einem Stimmverbot belegen und von der Abstimmung nach § 147 Abs. 1 AktG ausschließen könnten.[58] Sie könnten folglich mit einer geringen Kapitalbeteiligung ein Mehrheitsrecht ausüben. Damit einher ginge freilich eine Missbrauchsgefahr, dass Beschlüsse aus sachwidrigen Gründen gefasst würden.[59]

Hohe Anforderungen an die Bestimmtheit würden demgegenüber den potentiellen Anspruchsgegnern die Möglichkeit geben, aufgrund ihrer Informationshoheit eine Geltendmachung im Keim zu ersticken.[60] Damit würden die Gruppen, die entweder qua Gesetzes (Vorstand und Aufsichtsrat) oder faktisch (durch den Einfluss des herrschenden Unternehmens auf die Organe) über alle relevanten Informationen verfügen, diese von jenen verlangen, die gerade keinen Zugriff auf sie haben. Bildlich gesprochen würde ein tiefer Graben zwischen den Aktionären und den potentiellen Anspruchsgegnern gezogen werden, der nur über die (eingeholte) Zugbrücke der Informationen überwunden werden könnte. In dieser Situation bestünde die Gefahr der missbräuchlichen Nichtverfolgung bestehender Ersatzansprüche.

Die Brisanz der Beschlussfassung über die Geltendmachung von Ersatzansprüchen nach § 147 Abs. 1 AktG entsteht durch die enormen Hebel, mit denen die Beschlussfassung einhergeht: Gesetzt den Fall, dass tatsächlich Vorstand, Aufsichtsrat und/oder das herrschende Unternehmen bzw. ein Mehrheitsaktionär gemäß § 117 AktG Pflichtverletzungen begangen hätten, es aber mangels (notwendig im Beschluss zu nennender) verfügbarer Informationen zu keiner Beschlussfassung der Hauptversammlung nach § 147 Abs. 1 AktG kommen könnte, würden die Ersatzansprüche wohl endgültig nicht geltend gemacht werden und die Pflichtverstöße blieben sanktionslos. Es gäbe damit einen Anreiz für diese Gruppen, sich in gewissen Konstellationen pflichtwidrig zu verhalten, da sie keine Verfolgung befürchten müssten.

Hätten sich andererseits weder Vorstand noch Aufsichtsrat und herrschendes Unternehmen objektiv etwas zu Schulden kommen lassen und ist eine Pflichtverletzung auch nicht ersichtlich, so könnten dennoch bei niedrigen Bestimmtheitsvoraussetzungen anderweitig motivierte Minderheitsaktionäre durch Kreation eines Stimmverbots für das herrschende Unternehmen einen Geltendmachungsbeschluss

58 Siehe soeben unter BII. Die Stimmverbote werden ausführlich in Teil CII1) behandelt.
59 Dazu später unter BIII2)l) ausführlich.
60 Spindler/Stilz/*Mock*, § 147 Rn 29.

fassen, der die Verwaltung zwingt, dennoch Ersatzansprüche geltend zu machen. Zudem könnten sie einen Besonderen Vertreter bestellen, der Vorstand und Aufsichtsrat aus ihrer Geltendmachungskompetenz verdrängt. Damit könnten sie mit geringem Aufwand erheblich in das Kompetenzgefüge der Gesellschaft eingreifen.[61] Insofern kann ein solch scharfes Schwert auch hier zum Missbrauch verleiten.[62]

Schlussendlich also stehen sich zwei Missbrauchsrisiken gegenüber, die es notwendig machen, eine Lösung zu finden, die beiden Gefahren gerecht wird.

Innerhalb dieses Spannungsverhältnisses wird die hinreichende Bestimmtheit teils bei einer „Individualisierung der Ansprüche" angenommen,[63] teils dann, wenn die anspruchsbegründenden Tatsachen „schlüssig" vorgetragen seien;[64] nach dem Landgericht Stuttgart muss gar ein „Anfangsverdacht" bestehen,[65] nach dem Landgericht Köln eine „konkrete Wahrscheinlichkeit" auf „hinreichende Verdachtsmomente".[66] Öfter fällt die Umschreibung, dass der den Anspruch begründende Lebenssachverhalt ausreichend klar und konkret beschrieben sein muss.[67] Vereinzelt wird sogar gefordert, die Ansprüche müssten „hinreichend begründet" werden.[68]

Einigkeit besteht in einigen Negativmerkmalen: So braucht der Beschluss nicht die Anspruchsgrundlage zu nennen und muss der Höhe nach auch nicht beziffert sein. Auch müssen im Beschluss keine Beweismittel angegeben werden oder das zuständige Gericht benannt sein.[69] Zudem ist es nicht erforderlich, dass die geltend gemachten Ansprüche Aussicht auf Erfolg haben oder gar bestehen.[70]

Nicht unumstritten ist schließlich die Frage, ob die Anspruchsgegner bestimmt genannt oder nur bestimmbar sein müssen.[71] Einhelliger Auffassung nach müssen jedenfalls Verwaltungsmitglieder oder Anspruchsgegner nach §§ 310, 318 AktG nur bestimmbar sein.[72] Bestimmbar müssen selbstredend auch außenstehende Anspruchsgegner sein, woraus teilweise abgeleitet wird, in einem solchen Fall habe zwingend eine namentliche Nennung zu erfolgen.[73] Dem kann nur insoweit gefolgt

---

61 Ebenso MüKoAktG/*Schröer*, § 147 Rn 28.

62 Auch *Kropff*, FS Bezzenberger, S. 233, 248 f.

63 Hessler/Strohn/*Liebscher*, § 147 Rn 8.

64 KK-AktG/*Rieckers/Vetter*, § 147 Rn 182.

65 LG Stuttgart ZIP 2010, 329, 330 f.

66 LG Köln ZIP 2016, 162 (juris Rz 154 ff.).

67 OLG Köln AG 2017, 351; KK-AktG/*Rieckers/Vetter*, § 147 Rn 173; MüHdbGesR-AG/*Bungert*, § 43 Rn 32; *Linnerz*, BB 2016, 338; ähnlich Spindler/Stilz/*Mock*, § 147 Rn 29; MüKoAktG/*Schröer*, § 147 Rn 38; *Humrich*, aaO, S. 61.

68 *Linnerz*, BB 2016, 338.

69 KK-AktG/*Rieckers/Vetter*, § 147 Rn 175.

70 KG AG 2005, 246 (juris Rz 7); OLG Frankfurt AG 2004, 104 (juris Rz 8); MüKoAktG/*Schröer*, § 147 Rn 39; Spindler/Stilz/*Mock*, § 147 Rn 31; KK-AktG/*Rieckers/Vetter*, § 147 Rn 184; Großkomm-AktG/*Bezzenberger*, § 147 Rn 20.

71 Vgl. dazu KK-AktG/*Rieckers/Vetter*, § 147 Rn 177; MüKoAktG/Schröer, § 147 Rn 27.

72 KK-AktG/*Rieckers/Vetter*, § 147 Rn 177 mwN.

73 So anscheinend OLG München ZIP 2008, 1916.

werden, als eine namentliche Nennung teilweise die einzige Möglichkeit ist, eine Person hinreichend bestimmbar zu machen; wo dies jedoch nicht notwendig ist, reicht anderweitige Bestimmbarkeit.[74]

Verneint man eine Bestimmbarkeit und fordert die Bestimmtheit der Anspruchsgegner, so schießt man über das Ziel hinaus, geht es doch bei der Identifizierung der Anspruchsgegner lediglich darum, dem beschlussausführenden Organ (Vorstand, Aufsichtsrat oder ggf. Besonderem Vertreter) einen erkennbaren und damit ausführbaren Auftrag zu erteilen. Eine solche Erkennbarkeit existiert schon bei eindeutig bestimmbaren Anspruchsgegnern. Im Übrigen wäre es doch formalistisch zu fordern, dass anstelle einer bestimmbaren Benennung (z.B. „die Mitglieder des Vorstands") alle diese Mitglieder namentlich zu benennen seien („Die Vorstandsmitglieder A, B, C, ..."), um einen wirksamen Beschluss fassen zu können. Es gäbe keinen weiteren Erkenntnisgewinn bezüglich solch „bestimmter" Anspruchsgegner, sondern würde den Beschluss nur künstlich aufblähen. Freilich darf die Bestimmbarkeit nicht so weit gehen, dass dem Organ nicht mehr ohne weiteres klar ist, gegen wen es vorgehen soll.[75] Die Anspruchsgegner müssen aus dem Beschluss heraus unzweifelhaft bestimmbar sein.[76]

Anscheinend vollkommen losgelöst von dem Streit über die inhaltlichen Anforderungen ist allgemeine Ansicht, der Beschluss bedürfe keinerlei sachlicher Rechtfertigung, da der Gesetzgeber eine abschließende Abwägung aller relevanten Belange in der Norm vorgenommen habe.[77] Die Hauptversammlung beschließt somit allein darüber, *ob* Ersatzansprüche geltend gemacht werden, nicht *weshalb*.[78] Diese Einigkeit legt den Schluss nahe, dass Bestimmtheit und sachliche Rechtfertigung unterschiedliche Aspekte der Beschlussfassung beträfen. Das Gegenteil ist der Fall: Je bestimmter ein Beschluss zu sein hat, desto eher erklären sich die antragstellenden Aktionäre über das *weshalb* der Anspruchsverfolgung. Je konkreter der Beschluss ist, desto mehr rechtfertigen sich die Aktionäre sachlich.

Abermals muss man sich Sinn und Zweck des Bestimmtheitserfordernisses vor Augen führen: Es dient im Allgemeinen dazu, dass der Beschluss ausführbar ist, dass das zuständige Organ weiß, was es zu tun hat.[79] Bei der Geltendmachung von

74 *Humrich*, aaO, S. 62.

75 Vgl. auch OLG München ZIP 2008, 1916 (juris Rz 40 ff.).

76 Ebenfalls Henn/Frodermann/Jannott/*Heider*, Teil 10 Rn 108.

77 *Humrich*, aaO, S 72; *Stallknecht*, aaO, S. 67; MüKoAktG/*Schröer*, § 147 Rn 39; KK-AktG/*Rieckers/Vetter*, § 147 Rn 199; Hüffer/*Koch*, § 147 Rn 4; Spindler/Stilz/*Mock*, § 147 Rn 31; Großkomm-AktG/*Bezzenberger*, § 147 Rn 20; Heidel/*Lochner*, § 147 Rn 9; zu den sich daraus für die Anfechtung ergebenden Folgen ausführlich Großkomm-AktG/*K. Schmidt*, § 243 Rn 45 f. und *Lochner/Beneke* ZIP 2015, 2010, 2011 f.

78 *Wirth*, FS Hüffer, S. 1129, 1137. Freilich bleibt es ihr unbenommen, den Antrag zu begründen; dies ist jedoch rein fakultativ.

79 Spindler/Stilz/*Mock*, § 147 Rn 29; Großkomm-AktG/*Bezzenberger*, § 147 Rn 20; Henn/Frodermann/Jannott/*Heider*, Teil 10 Rn 108; *Binder*, ZHR 176 (2012), 380, 394; *Böbel*, aaO, S. 77.

Ersatzansprüchen nach § 147 Abs. 1 AktG im Besonderen legt die Bestimmtheit des Beschlusses zudem den Rahmen fest, in dem ein eventuell bestellter Besonderer Vertreter handeln kann.[80] Kommt es zu einer Klage des Besonderen Vertreters, muss das Gericht im Haftungsprozess aus dem Beschluss heraus erkennen können, ob die eingeklagten Ansprüche gegen die Anspruchsgegner von dem Beschluss gedeckt sind,[81] ob der Besondere Vertreter bevollmächtigt ist, im Namen der Gesellschaft zu handeln.

Aus der Natur eines ausführungsbedürftigen Beschlusses und der Prämisse, dass der Beschluss nach § 147 Abs. 1 AktG keiner sachlichen Rechtfertigung bedarf, ergibt sich demnach folgender Mindestinhalt für einen Geltendmachungsbeschluss: Ein solcher Beschluss muss den Lebenssachverhalt, d.h. das Geschäft oder die Handlung bzw. Unterlassung benennen, aufgrund dessen oder aufgrund derer der Ersatzanspruch geltend gemacht werden soll. Zudem sind die Anspruchsgegner bestimmbar zu benennen. Zuletzt ist noch abstrakt eine Pflichtverletzung vorzuwerfen. Mithilfe dieses Mindestinhalts kann das zuständige Organ sodann seinen Auftrag ausführen.[82]

Vertreter in Rechtsprechung und Literatur, die dennoch höhere Anforderungen an die Bestimmtheit stellen, begründen dies zumeist mit zwei Argumenten: Zum einen müsse bei einem solch offenen Auftrag der Besondere Vertreter erst Sachverhaltsermittlungen anstellen. Für eine umfassende Ausermittlung noch unklarer Sachverhalte sei jedoch allein der Sonderprüfer nach § 142 AktG[83] und nicht der Besondere Vertreter zuständig.[84] Zum anderen müsse das Recht nach § 147 AktG vor einem Missbrauch der Minderheit geschützt werden.[85] Ob dies noch Fragen der Bestimmtheit oder doch schon der sachlichen Rechtfertigung sind, soll zunächst dahingestellt bleiben; die Validität dieser Argumente wird im Folgenden einer eingehenden Überprüfung unterzogen.

Die nachstehende Auseinandersetzung über die Frage der Bestimmtheitsanforderungen bei der Beschlussfassung nach § 147 Abs. 1 AktG geht von folgenden Prämissen aus:[86] Die Beschlussfassung über die Geltendmachung von Ersatzansprüchen

---

80 LG Heidelberg ZIP 2016, 471 (juris Rz 31); *Kocher/Lönner*, ZIP 2016, 653, 654.

81 OLG Köln AG 2017, 351 (juris Rz 310); KG NZG 2011, 1429, 1430; OLG Stuttgart AG 2009, 169, 170 (juris Rz 16); OLG München ZIP 2008, 1916 (juris Rz 51); OLG Frankfurt AG 2004, 104, 105; *Böbel*, aaO, S. 77; *Stallknecht*, aaO, S. 68; Großkomm-AktG/Bezzenberger, § 147 Rn 19; Heidel/*Lochner*, § 147 Rn 9; *Nietsch*, ZGR 2011, 589, 596; *Westermann*, AG 2009, 237, 240.

82 Ebenso auch OLG Köln AG 2017, 351 (juris Rz 310 ff.).

83 Zu diesem sogleich unter BIII2)c)aa).

84 LG Duisburg ZIP 2013, 1379, 1380 f.; KK-AktG/*Rieckers/Vetter*, § 147 Rn 69 ff.; § 142 Rn 16 ff.; ähnlich Hüffer/*Koch*, § 147 Rn 7; *Binder*, ZHR 176 (2012), 380, 393 ff.

85 *Stallknecht*, aaO, S. 67.

86 In den nächsten Abschnitten wird jede dieser Aussagen eingehend untersucht. Es sollen an dieser Stelle keine Ergebnisse vorweggenommen werden, sondern dem Leser eine Gedankenstruktur an die Hand gegeben werden, um die Argumentation im Folgenden besser nachvollziehen zu können.

ist ein Mehrheitsrecht der Hauptversammlung. Die Mehrheitsverhältnisse bei der Beschlussfassung sind aufgrund der Wirkung von Stimmverboten nach § 136 Abs. 1 S. 1 Var. 3 AktG relativ. Das wirkt sich jedoch nicht auf die Qualifizierung als Mehrheitsrecht aus. Grundsätzlich haben die ordentlichen Organe Vorstand und Aufsichtsrat den Beschluss nach § 147 Abs. 1 AktG auszuführen. Mittels eines weiteren Beschlusses nach § 147 Abs. 2 S. 1 AktG kann ein Besonderer Vertreter bestellt werden, der die ordentlichen Organe insoweit verdrängt.

Die Frage, die in den nachfolgenden Abschnitten immer mitschwingt, lautet: Macht es für die Bestimmtheitsanforderung an den Geltendmachungsbeschluss einen Unterschied, ob die Anteilsmehrheit einen Beschluss nach § 147 Abs. 1 AktG fasst, den sodann die ordentlichen Organe verfolgen, oder ob der Beschluss aufgrund von Stimmverboten durch eine Anteilsminderheit ergeht, die zudem zur Verfolgung noch einen Besonderen Vertreter bestellt?

### *a) Hinreichende Begründetheit*

Teilweise wird gefordert, der Geltendmachungsbeschluss müsste hinreichend begründet sein. Eine solche Forderung ist problematisch und muss aus zweierlei Gründen abgelehnt werden: Müsste der Beschluss hinreichend begründet sein, so müssten sich die Aktionäre inzident erklären, *weshalb* Ersatzansprüche geltend zu machen sind. Daraus folgt also eine sachliche Rechtfertigung, die nach allgemeiner Meinung nicht erforderlich ist.[87] Zum anderen ist die Frage der Begründetheit bei der Beschlussfassung irrelevant, da nach allgemeiner Ansicht die Wirksamkeit des Geltendmachungsbeschlusses nicht davon abhängt, ob die Ansprüche wirklich bestehen.[88] Diese Frage wird erst vom Gericht im Rahmen der späteren Haftungsklage beantwortet.[89] Der Forderung einer hinreichenden Begründetheit kann daher nicht gefolgt werden.

### *b) Schlüssigkeit und Verdacht*

Bezüglich der Kriterien für eine weitergehende Bestimmtheit gehen die Ansichten in Rechtsprechung und Literatur weit auseinander. Besonders deutlich wird dies bei einem Vergleich von Schlüssigkeits- und Verdachtsforderungen.

Schlüssigkeit im prozessualen Sinne liegt dann vor, wenn Tatsachen behauptet werden, die – als wahr unterstellt – einen Anspruch begründen;[90] auf den Grad der Wahrscheinlichkeit der Sachverhaltsschilderung kommt es nicht an.[91] Dem

87 Vgl. Fn 77.

88 Vgl. nur Fn 70.

89 *Lochner/Beneke*, ZIP 2015, 2010, 2012.

90 BGH NJW 2012, 1647, 1648; VersR 2011, 1384, 1385; 2000, 3286, 3287; Saenger/*Saenger*, ZPO, Vor. §§ 253–494a Rn 38.

91 BGH NJW 1984, 2888, 2889; NJW 1992, 3106; NJW-RR 1996, 1402; Vorwerk/Wolf/*Bacher*, § 253 ZPO Rn 22.

diametral entgegengesetzt ist ein Verdacht. Gerade beim Verdacht geht es um die Wahrscheinlichkeit und Möglichkeit von Tatsachen in unterschiedlicher Intensität. Die Tatsachen werden bezüglich ihres Wahrheits- bzw. Wahrscheinlichkeitsgehaltes im Hinblick auf ein Delikt bzw. einen Tatbestand untersucht.[92] Damit schließen sich Verdacht und prozessuale Schlüssigkeit notwendigerweise gegenseitig aus.[93]

Eine prozessuale Schlüssigkeitsprüfung ist eine eingeschränkte Begründetheitsprüfung.[94] Der geltend gemachte Ersatzanspruch muss jedoch – wie soeben unter a) festgestellt – im Beschluss nicht begründet werden. Damit muss der Beschluss nach § 147 Abs. 1 AktG keinen prozessual schlüssigen Inhalt aufweisen.

Man könnte Schlüssigkeit jedoch nicht nur als Terminus technicus verstehen, sondern auch als ein Synonym für „plausibel". Eine Überprüfung des Beschlusses auf Plausibilität zu fordern ist unter Bestimmtheitsgesichtspunkten sinnvoll und unter Missbrauchsaspekten geboten: Wenn der Beschluss keinen Inhalt aufweist, aus dem sich – als wahr unterstellt – ein Ersatzanspruch ergeben könnte[95], würde in der Tat vom ausführenden Organ erwartet, überhaupt erst einen sinnvollen Auftrag zu formulieren. Dazu müsste das Organ zunächst mehrere Sachverhalte erschließen, um zu erkennen, aufgrund welchen Sachverhalts es sodann Ersatzansprüche zu verfolgen hätte. Dazu ist es jedoch nicht ermächtigt. Eine solche Sachverhaltsaufklärung obliegt dem Sonderprüfer gemäß § 142 AktG.[96] Vielmehr begrenzt sich seine Aufgabe in der Ausführung eines spezifischen Auftrags.[97] Damit der Beschlussinhalt plausibel ist, muss zu einem erkennbar abgrenzbaren Vorgang in Kombination mit der Behauptung, innerhalb dieses Vorganges wäre es zu Pflichtverletzungen gekommen, hinzukommen, dass diese Behauptung – als wahr unterstellt – auch zu einem gemäß § 147 Abs. 1 AktG verfolgbaren Ersatzanspruch führen könnte. Ein solcher Vortrag ist plausibel, womit gleichzeitig keine Behauptung „ins Blaue hinein"[98] auf Tatsachenebene vorliegen kann.[99]

Diese Plausibilitätsprüfung darf nicht mit der prozessualen Schlüssigkeitsprüfung verwechselt werden. Die Plausibilitätsprüfung beschränkt sich darauf, ob bei als wahr unterstelltem Sachverhaltskomplex die Pflichtverletzungen überhaupt

---

92 KK-StPO/*Diemer*, § 152 Rn 7 zum strafrechtlichen Anfangsverdacht.

93 AA LG Köln ZIP 2016, 162; *Kocher/Lönner*, ZIP 2016, 653, 656 f.

94 *Anders/Gehle*, Assessorexamen, S. 46 ff.

95 Eine solche Situation entsteht dann, wenn der Beschluss zu einzelnen Tatbestandsmerkmalen (z.B. der konkreten Pflichtverletzung oder dem konkreten Verschulden) schweigt, die übrigen Tatbestandsmerkmale – als wahr unterstellt – jedoch vorliegen.

96 Dazu sogleich unter BIII2)c)aa).

97 Ebenfalls OLG Köln AG 2017, 351 (juris Rz 313).

98 LG Köln ZIP 2016, 162; unklar bei KK-AktG/*Rieckers/Vetter*, § 147 Rn 180.

99 Die Frage, ob Ersatzansprüche „ins Blaue hinein" behauptet werden oder nicht, ist keine Frage der Bestimmtheit, sondern eine Erklärung der Hauptversammlung darüber, *weshalb* sie Ansprüche verfolgt sehen will, sprich eine sachliche Rechtfertigung der Anspruchsverfolgung.

*objektiv möglich* erscheinen und der eventuell bestehende Anspruch überhaupt einer Beschlussfassung nach § 147 Abs. 1 AktG zugänglich ist.[100]

Damit verbleibt die Frage, ob die Beschlussfassung nach § 147 Abs. 1 AktG einen Verdacht bezüglich bestehender Ersatzansprüche erfordert. Dem Wortlaut des § 147 Abs. 1 AktG lässt sich ein solches Erfordernis nicht entnehmen.[101] Vielmehr findet sich ein solches nur bei der gerichtlichen Bestellung von Sonderprüfern nach § 142 Abs. 2 S. 2 AktG und dem Klagezulassungsverfahren nach § 148 Abs. 1 S. 2 Nr. 3 AktG. Ob sich ein Verdachtserfordernis dennoch aus systematischen Gründen bei der Beschlussfassung nach § 147 Abs. 1 AktG ergibt, ist eine komplexe Frage, die zunächst zurückgestellt und unter g) beantwortet wird.

### *c) Verhältnis Sonderprüfer und Besonderer Vertreter*

Hoch umstritten ist das Verhältnis zwischen Sonderprüfer und Besonderem Vertreter. Der Sonderprüfer soll gemäß § 142 Abs. 1 S. 1 AktG Vorgänge in der Gesellschaft prüfen. Der Besondere Vertreter soll nach § 147 Abs. 2 S. 1 AktG Ersatzansprüche geltend machen. Die wohl noch überwiegende Meinung geht dementsprechend davon aus, dass ein Stufenverhältnis zwischen beiden Instituten derart bestehe, dass grundsätzlich zunächst ein Sonderprüfer den relevanten Sachverhalt aufklärt und ein Besonderer Vertreter aufgrund dieser Prüfung Ersatzansprüche geltend macht.[102] Eine wachsende Gegenansicht verneint ein solches Stufenverhältnis.[103] Befürworter eines Stufenverhältnisses tragen vor, dass ein Geltendmachungsbeschluss erhöhten inhaltlichen Anforderungen unterliege, da die Ermittlung eines Sachverhalts Aufgabe des Sonderprüfers sei und nicht des Besonderen Vertreters.[104] Dem wird entgegnet, dass Sonderprüfer und Besonderer Vertreter zueinander ein Aliud seien und sich nicht beeinflussen würden.[105]

Würde allein der Sonderprüfer den Sachverhalt ermitteln dürfen, so würde sich dies tatsächlich auf den Geltendmachungsbeschluss auswirken, da nur ein bereits

---

100 Eine Anspruchsverfolgung nach § 147 Abs. 1 AktG ist objektiv unmöglich, wenn beispielsweise behauptet wird, dass die Pflichtverletzung an Ort X begangen wurde, der fragliche Anspruchsgegner sich jedoch nachweislich an Ort Y aufgehalten hat. Oder es sollen Organhaftungsansprüche gegen V geltend gemacht werden, der zum fraglichen Zeitpunkt jedoch noch gar kein Organmitglied war und es so schon an einer § 147 Abs. 1 AktG überhaupt zugänglichen Anspruchsgrundlage fehlt.

101 OLG Köln AG 2017, 351 (juris Rz 316).

102 LG Köln AG 2016, 162 (juris Rz 150 ff.); *Humrich*, aaO, S. 85; ; KK-AktG/*Rieckers/Vetter*, § 147 Rn 187 ff.; *Binder*, ZHR 176 (2012), 380, 395; differenzierend *Stallknecht*, aaO, S. 68, 288 ff.

103 OLG Köln ZIP 2015, 2470; LG München I ZIP 2007, 1809 (juris Rz 99 ff.); *Böbel*, aaO, S. 44; Spindler/Stilz/*Mock*, § 147 Rn 29 ff.; *Mock*, DB 2008, 393, 396; MüHdbGesR-AG/*Bungert*, § 43 Rn 32; Henn/Frodermann/Jannott/*Heider*, Teil 10 Rn 107.

104 Vgl. nur KK-AktG/*Rieckers/Vetter*, § 147 Rn 180.

105 Vgl. *Böbel*, aaO, S. 44.

ermittelter Sachverhalt, und damit ein konkret bestimmter Beschluss, den Besonderen Vertreter in die Lage versetzen würde, seinen Auftrag zu erledigen. Insofern müsste vor der Bestellung eines Besonderen Vertreters regelmäßig ein Sonderprüfer bestellt worden sein. Auch wenn der Wortlaut von § 147 Abs. 1 S. 1 AktG keine erhöhten Bestimmtheitsanforderungen statuiert, würden sich solche aus dem systematischen Verhältnis beider Institute ergeben. Dieser Streit wird zumeist unter dem Gesichtspunkt der Informationsrechte des Besonderen Vertreters geführt.[106] Das problematische Verhältnis zwischen Sonderprüfer und Besonderem Vertreter taucht jedoch schon bei der Bestimmtheit des Geltendmachungsbeschlusses auf.[107]

Die Annahme eines Stufenverhältnisses hat dabei weitreichende Konsequenzen: Während bei einer Beschlussfassung nach § 147 AktG jeder Anspruchsgegner in seiner Aktionärseigenschaft einem Stimmverbot unterliegt, ist bei einem Beschluss nach § 142 AktG nach ganz vorherrschender Ansicht das Stimmverbot gemäß § 142 Abs. 1 S. 2 AktG auf Aktionäre als vom Prüfungsauftrag betroffene Mitglieder des Vorstands und Aufsichtsrats beschränkt. Ein Stimmrechtsausschluss für andere Aktionäre scheidet nach der überwiegenden Ansicht aus, da § 136 Abs. 1 S. 1 Var. 3 AktG ausdrücklich nur Geltendmachungsbeschlüsse beträfe und eine Sonderprüfung lediglich die Anspruchsvorbereitung beinhalte.[108]

Sollten lediglich Ersatzansprüche gegen Verwaltungsmitglieder geltend gemacht werden, wäre ein solches Stufenverhältnis unproblematisch. Die Mehrheitsverhältnisse bei der Bestellung eines Sonderprüfers und eines Besonderen Vertreters wären identisch und die Hauptversammlung könnte beide hintereinander bestellen bzw. ein und dieselbe Person zum Sonderprüfer und Besonderen Vertreter bestellen. In dem tatsächlich häufig vorkommenden Fall, dass zudem auch Ersatzansprüche gegen den Mehrheitsaktionär, der nicht zugleich Verwaltungsmitglied ist und damit bei der Beschlussfassung nach § 142 Abs. 1 S. 1 stimmberechtigt sein soll, in Betracht kommen, entsteht bei der Annahme hoher Bestimmtheitsvoraussetzungen die Situation, dass ein Beschluss nach § 142 Abs. 1 AktG mangels Mehrheit nicht zustande käme, und ein nach § 147 Abs. 1 AktG zu fassender Beschluss zu unbestimmt wäre, sodass eine zuvor zu erfolgende Sonderprüfung notwendig wäre.[109] Aufgrund dieser weitreichenden Konsequenzen ist eine ausführliche Betrachtung der beiden Institute schon im Rahmen der Bestimmtheit des Geltendmachungsbeschlusses unbedingt notwendig.

---

106 Zuletzt *Stallknecht*, aaO, S. 288 ff.

107 Und wie sich im zweiten Teil zu den Informationsrechten unter DI3)c) zeigen wird, nur hier.

108 OLG Hamburg NZG 2002, 244; LG Düsseldorf AG 1999, 94; Spindler/Stilz/*Mock*, § 142 Rn 81; KK-AktG/*Rieckers/Vetter*, § 147 Rn 210 ff.; zu dem Problem noch ausführlich unter BIII2)c)cc).

109 Vgl. auch *Stallknecht*, aaO, S. 292 f.

#### *aa) Sonderprüfer nach § 142 AktG*

Der Sonderprüfer wird gemäß § 142 Abs. 1 S. 1 AktG „zur Prüfung von Vorgängen bei der Gründung oder Geschäftsführung, namentlich auch bei Maßnahmen der Kapitalbeschaffung und Kapitalherabsetzung", bestellt. Er soll die tatsächlichen Vorkommnisse des zu prüfenden Vorgangs herausarbeiten, grundsätzlich ohne diesen rechtlich zu bewerten.[110] Der zu prüfende Vorgang kann darin bestehen, einen Lebenssachverhalt zu untersuchen, innerhalb dessen im Anschluss ein Besonderer Vertreter Ersatzansprüche geltend machen soll. Jedoch ist die Sonderprüfung nicht auf die Untersuchung von Geschehnissen beschränkt, die einer Rechtsverfolgung nach § 147 AktG zugänglich sind, sondern geht in ihrem Anwendungsbereich darüber hinaus:[111] Sie kann sowohl Vorgänge gegenüber außenstehenden Personen, die nicht taugliche Anspruchsgegner eines Beschlusses nach § 147 Abs. 1 AktG sein können, auf deren Fehlverhalten hin untersuchen, als auch Sachverhalte prüfen, aufgrund derer Ansprüche entstanden sind, die nicht von § 147 Abs. 1 AktG umfasst sind (z.B. nach ganz überwiegenden Ansicht Ansprüche nach § 62 AktG).[112] Auch kann der Sonderprüfer einen Sachverhalt umfassend beurteilen und ist anders als der Besondere Vertreter nicht darauf beschränkt, einem bestimmten Pflichtverletzungsvorwurf nachzugehen.[113]

Die Sonderprüfung kann zudem anderen Zwecken dienen, z.B. der reinen Informierung der Aktionäre zum Zwecke der sachgerechten Stimmausübung.[114] Des Weiteren muss sie nicht auf die Geltendmachung von Ersatzansprüchen gerichtet sein, sondern kann auch nur zu rein personellen Konsequenzen führen.[115] Darüber hinaus untersucht der Sonderprüfer im Gegensatz zum Besonderen Vertreter nicht die Erfolgsaussichten einer zukünftigen Haftungsklage oder die Durchsetzbarkeit eines Anspruchs.[116] Auch unterliegt der Sonderprüfer keiner zeitlichen Vorgabe wie der Besondere Vertreter in § 147 Abs. 1 S. 2 AktG. Zur Erfüllung dieser Aufgabe gewährt das Gesetz dem Sonderprüfer in § 145 Abs. 1 bis 3 AktG ausdrücklich normierte Informationsrechte.

Schlussendlich liegt der Schwerpunkt des Sonderprüfers nicht auf der rückwärts gerichteten Tatsachenermittlung, vielmehr dient sein Amt dem *präventiven* Schutz der Gesellschaft.[117] Sein Aufgabenfeld ist somit ausgesprochen weitläufig und die

---

110 MüKoAktG/*Schröer*, § 142 Rn 7; KK-AktG/*Rieckers/Vetter*, § 142 Rn 20.

111 KK-AktG/*Rieckers/Vetter*, § 142 Rn 22; Heidel/*Wilsing/von der Linden*, § 142 Rn 2 ff.; Henn/Frodermann/Jannott/*Heider*, Teil 10 Rn 5 ff.

112 *Mock*, NZG 2015, 1013, 1016.

113 OLG Köln AG 2017, 351 (juris Rz 312 ff.).

114 Ebd.

115 KG AG 2012, 412, 413; OLG München AG 2010, 598, 600; KK-AktG/*Rieckers/Vetter*, § 142 Rn 22; Hüffer/*Koch*, § 142 Rn 2; MüKoAktG/*Schröer*, § 142 Rn 5; Heidel/*Wilsing/von der Linden*, § 142 Rn 3.

116 Henssler/Strohn/*Liebscher*, § 147 Rn 10.

117 KG AG 2012, 412; OLG Frankfurt ZIP 2011, 1764, 1770; OLG Stuttgart AG 2009, 169, 171; LG Dortmund AG 2009, 881, 883; KK-AktG/*Rieckers/Vetter*, § 142 Rn 23;

Ausermittlung von Sachverhalten, die später Gegenstand eines Geltendmachungsbeschlusses nach § 147 Abs. 1 S. 1 AktG sind, stellt nur einen kleinen Teil dar.

*Hüffer* legt insofern völlig zu Recht (bei der Frage, ob der Besondere Vertreter die Informationsrechte des Sonderprüfers hat)[118] dar:

> „Für eine analoge Anwendung des § 145 Abs. 1–3 AktG spricht schon deshalb nichts, weil Sonderprüfung und Geltendmachung von Ersatzansprüchen nach Zielsetzung und Aufgabenschwerpunkt durchaus verschieden sind, es also an der Vergleichbarkeit der Sachverhalte fehlt."[119]

### *bb) Kein Stufenverhältnis zum Besonderen Vertreter*

Dass der Geltendmachungsbeschluss zwingend ein gewisses inhaltliches Niveau erreichen muss, weil ein Stufenverhältnis zwischen Besonderem Vertreter und Sonderprüfer derart besteht, dass im Falle unzureichender Informationen der Hauptversammlung eine Sonderprüfung notwendigerweise vorgeschaltet sein muss, ergibt sich aus dem Wortlaut von § 147 Abs. 1 AktG selbst nicht.[120] Gegen ein solches Stufenverhältnis spricht ebenfalls das weite Aufgabenfeld des Sonderprüfers, das sich nicht auf Vorbereitungshandlungen zur Geltendmachung von Ersatzansprüchen beschränkt und damit weit über den Aufgabenbereich des Besonderen Vertreters hinausgeht. Es braucht daher mehr, um ein solches Stufenverhältnis zu begründen.[121]

#### (1) Wertungen des Gesetzgebers

Ein systematisches Argument könnte die Angleichung der Quoren für eine gerichtliche Bestellung des Sonderprüfers und des Klagezulassungsverfahrens durch eine Minderheit durch das UMAG[122] sein. Der Gesetzgeber harmonisierte die Voraussetzungen für die gerichtliche Bestellung von Sonderprüfern und der Zulassung von Aktionären, in eigenem Namen die Ansprüche der Gesellschaft aus § 147 Abs. 1 AktG einzuklagen.[123] Die Vereinheitlichung der Quoren zur Ausübung der Minderheitsrechte könnte in der Tat dafür sprechen, dass der Gesetzgeber eine gewisse Abhängigkeit zwischen der Sonderprüfung und der Anspruchsdurchsetzung annimmt. Auch wenn die Voraussetzungen der Minderheitsrechte angeglichen wurden, geschah dies jedoch nicht bei der Beschlussfassung durch die Mehrheit der Stimmen: Da Stimmverbote nach § 136 Abs. 1 S. 1 Var. 3 AktG nur

---

MüKoAktG/*Schröer*, § 142 Rn 4; MüHdbGersR-AG/*Bungert*, § 43 Rn 4; Heidel/*Wilsing/von der Linden*, § 142 Rn 4; Henssler/Strohn/*Liebscher*, § 142 Rn 1.

118 Dazu später unter DI3)c).

119 *Hüffer*, ZHR 174 (2010), 642, 674.

120 Ebenso OLG Köln ZIP 2015, 2470.

121 So auch *Böbel*, aaO, S. 44 ff.

122 Gesetz zur Unternehmensintegrität und Modernisierung des Anfechtungsrechts (UMAG) vom 1. November 2005, BGBl. I, 2802.

123 Regierungsbegründung vom 14.03.2005, BT-Drucks. 15/5092, S. 18.

für Beschlussfassungen nach § 147 AktG gelten sollen und für die Sonderprüfung eine spezielle Regelung gemäß § 142 Abs. 1 AktG gilt,[124] existiert nach ganz überwiegender Ansicht keine Harmonisierung beider Institute bei der Beschlussfassung durch die Hauptversammlung. Die Ausübung der Mehrheitsrechte unterliegt damit bezüglich desselben Sachverhalts unterschiedlichen Mehrheitskonstellationen. Ein zwingendes, allumfassendes Stufenverhältnis ergibt sich aus der Angleichung der Quoren und damit lediglich der Minderheitsrechte nicht.

Im Gegenteil spricht eine entscheidende Stelle in der Gesetzesbegründung gegen ein solches Stufenverhältnis bei der Beschlussfassung nach § 147 Abs. 1 AktG durch die Hauptversammlung. Auf S. 18 der Gesetzesbegründung wird insoweit ausgeführt:

> „Eine Angleichung der Schwellenwerte ist aber systematisch geboten. Oft wird die Minderheit der Aktionäre, die nach § 148 [AktG] für die Gesellschaft zur gerichtlichen Durchsetzung von Ersatzansprüchen gegen die Organe der Gesellschaft befugt ist, nur Aussicht auf Erfolg haben, wenn sie den Sachverhalt in den Grenzen des § 145 Abs. 4 und 5 [AktG] durch eine vorausgehende Sonderprüfung ermittelt hat."[125]

An dieser Stelle wird das Verständnis des Gesetzgebers bezüglich des Verhältnisses zwischen Sonderprüfung und Anspruchsverfolgung deutlich. § 148 AktG normiert das Klagezulassungsverfahren und ist ein echtes Minderheitsrecht.[126] Nach § 148 Abs. 1 S. 2 Nr. 3 AktG ist für die Klagezulassung unter anderem notwendig, dass „Tatsachen vorliegen, die den Verdacht rechtfertigen, dass der Gesellschaft [...] ein Schaden entstanden ist." Die Minderheit muss demnach die Hürde des Verdachts nehmen.[127] Für einen Verdacht reicht es nicht aus, Tatsachen schlicht zu behaupten, diese Tatsachen müssen auch hinreichend wahrscheinlich sein. Dafür ist es zwingend erforderlich, schon im Vorfeld des Verfahrens nach § 148 AktG ein erhöhtes Maß an Informationen zu besitzen. Für eben diesen Fall sieht der Gesetzgeber die gerichtliche Bestellung von Sonderprüfern als systematisch korrekt an. Dem ist auch beizupflichten, ist doch die Sonderprüfung hier die einzige Möglichkeit, die Fülle an Informationen zu erlangen, die für ein erfolgreiches Zulassungsverfahren nach § 148 AktG notwendig ist.

Bemerkenswerterweise beschränkt sich der Gesetzgeber bei seiner systematischen Betrachtung auf das Klagezulassungsverfahren nach § 148 AktG und stellt das (Mehrheits-)Recht der Geltendmachung von Ersatzansprüchen nach § 147 Abs. 1 AktG durch einen Hauptversammlungsbeschluss und die Bestellung von Sonderprüfern durch die Hauptversammlung gerade nicht in einen systematischen Zusammenhang. Damit wird indiziert, dass eine vorherige Sonderprüfung bei der Beschlussfassung nach § 147 Abs. 1 AktG aus Sicht des Gesetzgebers gerade nicht

---

124 Dazu sogleich unter BIII2)c)cc) mehr.

125 Regierungsbegründung vom 14.03.2005, BT-Drucks. 15/5092, S. 18.

126 Ausführlich zu § 148 AktG noch BIII2)e).

127 Wie hoch diese liegt, wird sogleich unter BIII2)e)aa) untersucht.

erforderlich ist. Das ist auch konsequent, da der Hauptversammlungsbeschluss nach § 147 Abs. 1 AktG nach dem klaren Wortlaut des Gesetzes keinen Verdacht fordert, der Beschluss somit auch keiner vorgeschalteten Informationsbeschaffung bedarf. Damit spricht sehr viel dafür, dass der Gesetzgeber wie selbstverständlich von geringen inhaltlichen Anforderungen an den Geltendmachungsbeschluss ausgegangen ist. Insofern spricht die Gesetzesbegründung der letzten Normänderung dafür, dass kein Stufenverhältnis zwischen der Beschlussfassung nach § 147 Abs. 1 AktG und § 142 Abs. 1 AktG besteht.

(2) Informationsrechte des Sonderprüfers

Andererseits könnte man jedoch aus den Informationsrechten des Sonderprüfers nach § 145 Abs. 1 bis 3 AktG und dem Fehlen solcher ausdrücklichen Bestimmungen für den Besonderen Vertreter ableiten, dass nur der Sonderprüfer und nicht der Besondere Vertreter den Sachverhalt ermitteln darf, sodass vor einem Geltendmachungsbeschluss so viele Informationen durch den Sonderprüfer zu sammeln sind, dass sich der Besondere Vertreter auf die Geltendmachung der Ersatzansprüche beschränken kann und daher inzident erhöhte Bestimmtheitserfordernisse gelten.[128]

Diese Argumentation erscheint zunächst durchaus plausibel, ist jedoch nicht zwingend: Einerseits könnte man zwar annehmen, ein solch ausdrückliches Recht solle nur dem Sonderprüfer zuteilwerden und sei daher einer analogen Anwendung auf den Besonderen Vertreter nicht zugänglich.[129] Folglich wäre der Besondere Vertreter auf die Ergebnisse der Sonderprüfung angewiesen, die fast immer vorher durchzuführen wäre. Andererseits ließe sich erwidern, dass Sonderprüfer und Besonderer Vertreter zueinander ein Aliud seien, dass die Informationsrechte des Sonderprüfers in § 145 Abs. 1 bis 3 AktG geregelt seien, sich die Informationsrechte des Besonderen Vertreters jedoch aus § 147 Abs. 1, 2 AktG i.V.m. seinem Prüfauftrag als Annexkompetenz zur Geltendmachung ergäben.[130] Dies eröffnet eine Argumentation in beide Richtungen.

Was jedoch entscheidend gegen das erstgenannte Argument spricht, ist die systemwidrige Vermischung von Geltendmachungs- und Bestellungsbeschluss, die dieses Argument impliziert.

Die gesetzliche Systematik ist eindeutig: Zunächst ist stets ein Geltendmachungsbeschluss nach § 147 Abs. 1 AktG zu fassen. Danach kann die Hauptversammlung zusätzlich einen Besonderen Vertreter bestellen. Der Bestellungsbeschluss ist damit optional. Das (wie auch immer geartete) Informationsrecht des Besonderen Vertreters kann nicht auf den Geltendmachungsbeschluss wirken, da dieser Beschluss unabhängig von einer Bestellung eines Besonderen Vertreters ist. Würde einzig ein Geltendmachungsbeschluss gefasst, so würden diesen nach allgemeinen

128 So beispielsweise KK-AktG/*Rieckers/Vetter*, § 147 Rn 180.
129 *Hüffer* ZHR 174 (2010), 642, 674.
130 OLG Köln ZIP 2015, 2470 (juris Rz 42); *Mock*, DB 2008, 393, 396.

Vertretungsregeln Vorstand oder Aufsichtsrat ausführen. Deren umfassendes Informationsrecht soll jedoch nach allgemeiner Ansicht nicht die Bestimmtheit des Geltendmachungsbeschlusses beeinflussen.

Würde nun allein das Informationsrecht des Besonderen Vertreters die Bestimmtheit des Geltendmachungsbeschlusses beeinflussen, so gäbe es unterschiedliche Anforderungen an den Geltendmachungsbeschluss, je nachdem, ob später ein Besonderer Vertreter bestellt wird oder nicht.[131] Eine solche Diskrepanz bei der Beschlussfassung ergibt sich jedoch nicht aus dem Gesetz. Die oben genannte Argumentation verkennt damit, dass das Informationsrecht des Besonderen Vertreters keinen Einfluss auf die Bestimmtheit des Geltendmachungsbeschlusses nehmen kann. Kann aber das Informationsrecht des Besonderen Vertreters keinen Einfluss auf die Bestimmtheit des Beschlusses haben, so muss gleiches auch für das Informationsrecht des Sonderprüfers gelten.[132]

#### (3) Aussagekraft der Sechs-Monats-Frist

Zuletzt wird teilweise ein Stufenverhältnis damit begründet, dass der Besondere Vertreter gemäß § 147 Abs. 1 S. 2 AktG den Anspruch innerhalb von sechs Monaten geltend machen soll, sodass er bei komplizierten Sachverhalten gar nicht die Zeit habe, innerhalb dieses Rahmens sowohl Informationen zu erlangen, als auch die Ansprüche durchzusetzen, mithin notwendigerweise der Sonderprüfer zuvor diese Informationen zu erlangen habe.[133] Für diese Sichtweise spricht zunächst, dass es eine solche Frist im Rahmen der Sonderprüfung gerade nicht gibt und man annehmen könnte, dass der Gesetzgeber davon ausging, dass für eine Geltendmachung im Grunde keine intensive Aufklärung mehr erforderlich sei.[134] Dagegen spricht jedoch, dass es sich bei der Sechs-Monats-Frist um eine Soll-Vorschrift handelt und nicht um eine materielle Ausschlussfrist, die es unbedingt zu beachten gilt.[135] Zudem verkennt die Argumentation die Schutzrichtung der Sechs-Monats-Frist: Die Hauptversammlung beschließt zwar bindend, dass Ersatzansprüche geltend zu machen sind, ist aber selbst im Übrigen handlungsunfähig und auf die pflichtbewusste Durchsetzung durch den Vorstand, Aufsichtsrat oder Besonderen Vertreter angewiesen. Zweck der Frist ist damit der Schutz der Aktionäre vor schlichter Untätigkeit des Besonderen Vertreters oder Verschleppung durch Verwaltungsorgane

---

131 Zu dieser Argumentation sogleich ausführlich unter BIII2)d).

132 Zu einem etwaigen Einfluss des Sonderprüfungsbeschlusses auf den Geltendmachungsbeschluss vgl. sogleich Abschnitt BIII2)d).

133 Z.B. OLG München ZIP 2008, 73; LG Köln ZIP 2016, 162 (juris Rz 151); zustimmend *Kling* ZGR 2009, 190.; KK-AktG/*Rieckers/Vetter*, § 147 Rn 181.

134 KK-AktG/*Rieckers/Vetter*, § 147 Rn 181.

135 MüKoAktG/*Schröer*, § 147 Rn 40.

und der Verzögerung des Verfahrens, nicht vor gewissenhafter Ermittlungstätigkeit des Vorstands, Aufsichtsrats oder Besonderen Vertreters.[136]

Demnach hält die Frist die zuständigen Durchsetzungsorgane dazu an, besonders schnell und effizient Informationen zu sammeln und die Geltendmachung zu betreiben, haften sie doch bei schuldhafter Überschreitung der Frist gegenüber der Gesellschaft.[137] Eine Aussage über die inhaltlichen Anforderungen an den Geltendmachungsbeschluss trifft die Frist jedoch nicht.

### (4) Historische Entwicklung

Bislang besteht kein abschließendes, zwingendes Argument dafür, dass ein Stufenverhältnis existiert. Ganz im Gegenteil spricht einiges dagegen.

Dieser Befund wird durch ein weiteres historisches Argument bekräftigt:[138] Vor der Neufassung des Aktiengesetzes 1965 enthielt die Vorgängervorschrift § 122 Abs. 1 S. 2 AktG v. 1937 eine spezielle Art des Minderheitenschutzes: Wurden in einem Prüfungsbericht Tatsachen festgestellt, aus denen sich Ersatzansprüche gegen die von § 122 AktG v. 1937 erfassten Klagegegner ergaben, so konnte schon eine Minderheit von fünf Prozent des Grundkapitals die Geltendmachung verlangen. Aus dem Bericht musste eine objektive Pflichtverletzung hervorgehen.[139] Zwar genügte keine von der Hauptversammlung bestellte Prüfung, vielmehr war ein vom Gesetz vorgesehener Prüfungsbericht erforderlich,[140] die Systematik war jedoch klar: Ein (Sonder-)Prüfungsbericht war zur Anspruchsverfolgung nur dann erforderlich, wenn sich weder eine Hauptversammlungsmehrheit, noch eine Minderheit von zehn Prozent des Grundkapitals gefunden hatte, sondern nur eine Minderheit von fünf Prozent. Dahinter stand wohl die Wertung, dass umso höhere Anforderungen an die Tatsachenbehauptung zu stellen sind, je geringere das Quorum erfüllen muss.

Der Gesetzgeber von 1965 hat diese Vorschrift nicht übernommen. Daraus folgt jedoch nicht, dass er fortan in jedem Fall einen vorherigen Sonderprüfungsbericht fordern wollte. Vielmehr sah er durch das Absenken der Schwelle auf einen Aktienbesitz von mindestens zwei Millionen DM zur gerichtlichen Bestellung eines Besonderen Vertreters einen genügenden Minderheitenschutz.[141] Und wie sich eben unter (1) gezeigt hat, besteht auch heute noch ein systematisches Verhältnis

---

136 OLG Köln ZIP 2015, 2470; ebenfalls *Stallknecht*, aaO, S. 291; vgl. dazu auch die Gesetzesbegründung zu § 140 AktG RegE v. 1965, BT-Drucks. IV/171, S. 164; abgedruckt bei *Kropff*, Aktiengesetz vom 6.9.1965 mit Begründung, S. 214.

137 MüKoAktG/*Schröer*, § 147 Rn 40; Hüffer/*Koch*, § 147 Rn 6.

138 Zu weiteren historischen Argumenten sogleich unter BIII2)g).

139 Schlegelberger, 3. Aufl. 1939, § 122 Anm. 4; Großkomm-AktG/*Schmidt/Meyer-Landrut*, 2. Aufl. 1961, § 122 Anm. 10.

140 Großkomm-AktG/*Schmidt/Meyer-Landrut*, 2. Aufl. 1961, § 122 Anm. 10.

141 *Kropff*, Aktiengesetz vom 6.9.1965 mit Begründung, S. 214.

zwischen den aktuellen Minderheitsrechten aus § 142 Abs. 2 AktG und § 148 AktG: Ein Klagezulassungsverfahren wird grundsätzlich nur Erfolg haben, wenn vorher ein gerichtlich bestellter Sonderprüfer den Sachverhalt ermittelt hat.

(5) Zwischenergebnis

Der Wortlaut von § 147 AktG lässt keinerlei Konnexität zum Sonderprüfer erkennen. Auch die Gesetzesmaterialien schweigen zu einem systematischen Verhältnis zwischen § 147 Abs. 1 AktG und § 142 Abs. 1 AktG. Und das Informationsrecht des Sonderprüfers kann keinen Einfluss auf den Geltendmachungsbeschluss nehmen. Zwingende Argumente, die eine notwendige Abhängigkeit begründen, sind nicht ersichtlich.

Das offene Verhältnis zwischen Sonderprüfer und Besonderem Vertreter und die historische Entwicklung gehen aufgrund des Wortlauts von § 147 Abs. 1 AktG zu Lasten der Befürworter eines Stufenverhältnisses. Das Argument, an die Bestimmtheit der Beschlüsse seien höhere Anforderungen eben wegen dieses Stufenverhältnisses zu stellen, greift nicht. Unabhängig davon kann selbstredend jederzeit ein Sonderprüfungsbeschluss vor einem Geltendmachungsbeschluss gefasst werden.[142]

*cc) Konsequenz bei Bejahung eines Stufenverhältnisses: Anwendung des § 136 Abs. 1 AktG bei einem Sonderprüfungsbeschluss*

Die Wurzel des Streites über ein Stufenverhältnis und seine Brisanz liegen wie oben unter c) angesprochen nicht im Verhältnis zwischen den beiden Institutionen, sondern in der laut überwiegender Ansicht bestehenden unterschiedlichen Reichweite der Stimmverbote. Eine vollständige Betrachtung von Sonderprüfer und Besonderem Vertreter muss damit auch die Stimmverbote bei der Beschlussfassung untersuchen.

Bezüglich der Beschlussfassung über eine Sonderprüfung normiert § 142 Abs. 1 S. 2 AktG besondere Regelungen zum Stimmverbot: Verwaltungsmitglieder, die zugleich Aktionäre sind, unterliegen dann einem Stimmverbot, wenn die zu untersuchenden Vorgänge mit der Entlastung eines Verwaltungsmitglieds oder der Einleitung eines Rechtsstreits zusammenhängen. Dabei kommt es nicht auf eine unmittelbare Betroffenheit an, denn allein der Berührpunkt zu einem Verwaltungsmitglied führt nach dem klaren Wortlaut von § 142 Abs. 1 S. 2 AktG zu einem Stimmverbot für jedes Mitglied des Kollegialorgans. Insofern wird auch davon gesprochen, dass das Stimmverbot eine „Verschärfung von § 136 AktG“[143] sei, diesen „erweitere“[144] und „erheblich“ über § 136 AktG hinausginge.[145]

142 *Böbel*, aaO, S. 44.
143 Spindler/Stilz/*Mock*, § 142 Rn 81.
144 Hüffer/*Koch*, § 142 Rn 13; *Butzke*, Hauptversammlung, E Rn 38.
145 MüKoAktG/*Schröer*, § 142 Rn 39.

So richtig diese Aussage dann ist, wenn Pflichtverletzungen von Organen zu untersuchen sind, die selbst Aktionäre sind, so sehr relativiert sich die Reichweite, sobald es um Vorgänge geht zwischen Verwaltungsmitgliedern, die selbst keine Aktien halten, und dem Mehrheitsaktionär, der kein Verwaltungsmitglied ist.[146] In diesem Fall greift für ihn kein Stimmverbot nach § 142 Abs. 1 S. 2 AktG.[147] Fraglich ist aber, ob er im Fall einer später beabsichtigten Anspruchsdurchsetzung nach § 147 AktG bei der Beschlussfassung über die Sonderprüfung nach § 142 Abs. 1 S. 1 AktG schon einem Stimmverbot nach § 136 Abs. 1 S. 1 Var. 3 AktG unterliegt.

Nach überwiegender Ansicht ist ein solches Stimmverbot abzulehnen, da dem Wortlaut nach nur Beschlüsse über die Geltendmachung von Ansprüchen erfasst seien und Aufgabe des Sonderprüfers nur die Sachverhaltsaufklärung sei.[148] Eine Gegenmeinung widerspricht diesem Verständnis, da eine Sonderprüfung, die eine spätere Geltendmachung vorbereiten soll, sich auf diesen Beschluss beziehe und daher auch für den vorbereitenden Beschluss ein Stimmverbot nach § 136 AktG notwendig sei.[149] Eine Stimmverbotserstreckung auf vorbereitende Maßnahmen erkennt auch die überwiegende Ansicht im Schrifttum im Rahmen von § 136 Abs. 1 S. 1 AktG grundsätzlich an,[150] interpretiert § 142 Abs. 1 S. 2 AktG jedoch als *lex specialis.*[151]

Von dem generellen Ausschluss des Stimmverbots nach § 136 Abs. 1 S. 1 AktG bei der Beschlussfassung über die Sonderprüfung machen Teile des Schrifttums dann eine (Rück-)Ausnahme, wenn der Mehrheitsaktionär einen solch großen Stimmrechtsanteil hält, dass die Minderheit auch das Quorum für die gerichtliche Bestellung nach § 142 Abs. 2 AktG nicht erfüllen kann und eine Sonderprüfung faktisch nie gegen den Willen des Hauptaktionärs angeordnet werden könnte.[152]

Im Übrigen wird diskutiert, ob ein Verwaltungsmitglied, das zudem Organ einer weiteren Gesellschaft (z.B. des herrschenden Unternehmens) ist, dazu führt, dass

146 Ebenso *Nietsch,* ZGR 2011, 589, 605, der klarstellt, dass bei einer Beschlussfassung nach § 147 AktG gemäß § 136 Abs. 1 S. 1 Var. 3 AktG erheblich weitere Stimmverbote greifen als bei der Bestellung von Sonderprüfern.

147 *Stallknecht,* aaO, S. 62.

148 OLG Hamburg NZG 2002, 244; LG Düsseldorf AG 1999, 94; Spindler/Stilz/*Mock,* § 142 Rn 81; *Humrich,* aaO, S. 85; *Stallknecht,* aaO, S. 63; KK-AktG/*Rieckers/Vetter,* § 147 Rn 187 ff.; *Binder,* ZHR 176 (2012), 380, 395.

149 Brandenburgisches OLG NZG 2002, 476; LG Frankfurt a.M. AG 2005, 545; *Ball/Haager,* Aktienrechtliche Sonderprüfung, S. 47.

150 Hüffer/*Koch,* § 136 Rn 23; MüKoAktG/*Schröer,* § 136 Rn 13; K. Schmidt/Lutter/*Spindler,* § 136 Rn 28; Bürgers/Körber/*Holzborn,* § 136 Rn 7.

151 Hüffer/*Koch,* § 136 Rn 23; Spindler/Stilz/*Rieckers,* § 136 Rn 21. Demgegenüber spricht derselbe in Rn 2 von einer „Ergänzung" von 136 AktG durch § 142 Abs. 1 S. 2 AktG; dies impliziert keinen Ausschluss der Norm.

152 OLG Frankfurt ZIP 2006, 370 (juris Rz 78); Heidel/*Krenek/Pluta,* § 136 Rn 11 mit Hinweis auf LG München I Urt. v. 28.8.2012 – 5 HK O 12861/07. Mit dieser Erwägung bejahte das LG Frankfurt a.M. AG 2005, 545 eine generelle Anwendung von § 136 Abs. 1 S. 1 AktG bei der Sonderprüfung als vorbereitende Maßnahme.

diese weitere Gesellschaft einem Stimmrechtsausschluss unterliegt.[153] Dies ist besonders bedeutsam bei Konzernverhältnissen, in denen der Aufsichtsratsvorsitzende der Gesellschaft oftmals im Vorstand des herrschenden Unternehmens sitzt. Eine solche Stimmrechtsbeschränkung wird jedoch von der überwiegenden Ansicht erst dann bejaht, wenn das Verwaltungsmitglied einen „beherrschenden Einfluss" auf das Unternehmen hat.[154] Ein solcher Einfluss kann nur dann angenommen werden, wenn das Verwaltungsmitglied das herrschende Unternehmen kontrolliert, z.B. als Alleingeschäftsführer bzw. -vorstand, nicht jedoch als Einzelperson in einem mehrgliedrigen Organ.[155] Aufgrund der häufig anzutreffenden Mehrgliedrigkeit[156] der Organe wird diese Erstreckung des Stimmrechtsausschlusses regelmäßig ins Leere gehen, es sei denn, es gebe ausnahmsweise eine mehrheitliche Personenidentität innerhalb beider Organe.

(1) Verhältnis von § 142 Abs. 1 S. 2 AktG und § 136 AktG

Die Frage, ob § 142 Abs. 1 S. 2 AktG *lex specialis* zu § 136 Abs. 1 S. 1 AktG ist, ist nicht so leicht und eindeutig zu beantworten, wie große Teile des Schrifttums und der Rechtsprechung es suggerieren. Abstrakt treffen zwei Rechtssätze mit unterschiedlichen Regelungen aufeinander, die sich in ihren Rechtsfolgen jedoch nicht gegenseitig logisch ausschließen. In einer solchen Konstellation tritt keine automatische Verdrängungswirkung ein. Vielmehr ist fraglich, ob beide Rechtssätze nebeneinander treten oder der eine den anderen verdrängt.[157] Es ist somit zu bestimmen, ob die Rechtsfolgen der spezielleren Norm die der allgemeineren Norm nur ergänzen, modifizieren oder verdrängen sollen. Das ist eine Frage der systematischen und teleologischen Auslegung.[158]

Die Annahme, § 142 Abs. 1 S. 2 AktG verdränge § 136 Abs. 1 S. 1 AktG, findet weder im Gesetz noch in den Kommentierungen selbst Rückhalt. § 142 Abs. 1 S. 2 AktG verschärft in einer bestimmten Konstellation die Reichweite von Stimmverboten, trifft aber keine Aussage darüber, ob die allgemeinen Regeln des § 136 Abs. 1 S. 1 AktG Anwendung finden.[159] Kein Argument liefert der Wortlaut von § 136 Abs. 1 S. 1 AktG („Geltendmachung"), da auslegungsfähig ist, ob vorbereitende

153 KK-AktG/*Rieckers/Vetter*, § 142 Rn 159 ff.

154 BGHZ 36, 296, 313 (juris Rz 41); MüKoAktG/*Schröer*, § 142 Rn 41; KK-AktG/*Rieckers/Vetter*, § 142 Rn 162; Spindler/Stilz/*Mock*, § 142 Rn 84.

155 KK-AktG/*Rieckers/Vetter*, § 142 Rn 162; Spindler/Stilz/*Mock*, § 142 Rn 84.

156 Nach § 95 Abs. 1 AktG besteht ein Aufsichtsrat zwingend aus mindestens drei Personen; in einer nicht außergewöhnlich kleinen AG wird der Vorstand faktisch aus mehreren Personen bestehen, vgl. nur MüKoAktG/*Spindler*, § 76 Rn 97.

157 *Larenz*, Methodenlehre, S. 266.

158 *Larenz*, aaO, S. 268; Staudinger/*Honsell*, Einl. zum BGB, Rn 148.

159 Insofern ist es wenn nicht gar falsch dann irreführend, dass *Tielmann*, IWRZ 2016, 127, 129 f. behauptet, dass die Nichtanwendung von § 136 AktG bei der Beschlussfassung über die Bestellung von Sonderprüfern nach § 142 AktG „gesetzgeberisch gewollt" sei.

Maßnahmen auch zur Geltendmachung gehören oder nicht. Entgegen mancher Stimmen in der Literatur geht es damit nicht um die Frage der analogen Anwendung von § 136 Abs. 1 S. 1 Var. 3 AktG im Rahmen von § 142 Abs. 1 AktG, sondern um die Erweiterung des Anwendungsbereichs von § 136 Abs. 1 S. 1 Var. 3 AktG auf die Beschlussfassung über die Sonderprüfung aufgrund Gesetzesauslegung.[160] Letztlich ist die Aussage, § 142 Abs. 1 S. 1 AktG sei *lex specialis* zu § 136 Abs. 1 S. 1 AktG, mit dem Argument, die „Geltendmachung" von Ansprüchen beziehe sich nicht auf vorbereitende Maßnahmen, da § 142 Abs. 1 S. 2 AktG die abschließende Regelung sei, eine schlichte *Petitio Principii.* Mit einer umgekehrten Argumentationsfigur ließe sich auch die Anwendung von § 136 Abs. 1 S. 1 Var. 3 AktG bei der Bestellung von Sonderprüfern bejahen.

Systematisch befindet sich § 136 AktG im Unterabschnitt „Stimmrecht" und gilt somit grundsätzlich für jeden Beschluss. Zudem kann die Sonderprüfung der Vorbereitung von Geltendmachungsbeschlüssen dienen, bei deren Beschlussfassung nach § 136 Abs. 1 S. 1 Var. 3 AktG niemand Richter in eigener Sache sein kann; dass auch § 142 AktG grundsätzlich von diesem Gedanken ausgeht, findet sich schon in § 142 Abs. 1 S. 2 AktG selbst.

Zuletzt wählt das Schrifttum selbst den Terminus „Verschärfung" bei § 142 Abs. 1 S. 2 AktG. Von einer Verschärfung kann jedoch nur die Rede sein, wenn der „Grundtatbestand" von § 136 Abs. 1 S. 1 Var. 3 AktG Anwendung findet und zudem noch der Ausnahmetatbestand von § 142 Abs. 1 S. 2 AktG greift.

Damit spricht wenig gegen und viel für eine Anwendung von § 136 Abs. 1 S. 1 Var. 3 AktG bei der Beschlussfassung über eine Sonderprüfung.

### (2) Wertungswiderspruch zwischen Minderheits- und Kleinstaktionär

Im Übrigen kann der Ansicht im Schrifttum aus einem normimmanenten und einem logischen Grund nicht gefolgt werden: Zunächst besteht ein Wertungswiderspruch zwischen Kleinstaktionären und anderen Minderheitsaktionären. Wie soeben unter cc) angesprochen, soll eine Rückausnahme vom Stimmverbot dann gemacht werden, wenn der Mehrheitsaktionär einen so hohen Anteil an der Gesellschaft hält, dass die Minderheit nicht einmal das Quorum nach § 142 Abs. 2 S. 1 AktG erfüllen kann.

Während ein Minderheitsaktionär (z.B. mit 25 Prozent Anteilsbesitz) mangels Stimmverbot des Mehrheitsaktionärs keine Mehrheit für die Prüfung von Vorgängen mit dem Mehrheitsaktionär nach § 142 Abs. 1 AktG findet und auf das gerichtliche Verfahren nach Abs. 2 mit seinen höheren Anforderungen verwiesen wird, könnte ein Kleinstaktionär mit unter einem Prozent Anteil (wenn der Mehrheitsaktionär mehr als 99 Prozent der Anteile hielte) eine Sonderprüfung nach § 142 Abs. 1 AktG veranlassen, da in diesem Falle der Mehrheitsaktionär ausnahmsweise

---

160 Zur Abgrenzung von teleologischer Extension und Analogie siehe Staudinger/*Honsell*, Einl zum BGB Rn 157.

einem Stimmverbot nach § 136 Abs. 1 AktG unterliegt, und wäre damit gegenüber dem „größeren“ Kleinaktionär privilegiert.

### (a) Faktische sachliche Rechtfertigung eines Geltendmachungsbeschlusses nach § 147 Abs. 1 AktG

Unabhängig davon ist die Nichtanwendung von § 136 Abs. 1 S. 1 Var. 3 AktG bei der Beschlussfassung über eine Sonderprüfung zum Zwecke der Geltendmachung von Ersatzansprüchen nach § 147 Abs. 1 AktG inkonsequent, weil sie dazu führt, dass die Voraussetzungen einer Beschlussfassung nach § 147 Abs. 1 AktG, die die allgemeine Meinung aufstellt, tatsächlich keine Anwendung finden. Dies soll ein Beispiel verdeutlichen:

> Aktionär A hält 10 Prozent der Anteile an der AG, Mehrheitsaktionär M (der kein Verwaltungsmitglied ist) hält 85 Prozent. Die restlichen 5 Prozent befinden sich im Streubesitz. Aktionär A vermutet, dass es zwischen M und der AG, vertreten durch den Vorstand, zu Geschäften zum Nachteil der AG gekommen ist und will daraufhin handeln.

A könnte die Tagesordnung nach § 122 AktG erweitern lassen und aufgrund des Stimmverbotes bei M einen Beschluss nach § 147 Abs. 1 AktG fassen. Problematisch ist, ob der Beschluss erhöhten Bestimmtheitsanforderungen genügte. In der Annahme, dies wäre nicht der Fall, würden ihn Teile des Schrifttums und auch der Rechtsprechung auf die Sonderprüfung verweisen. Ihr Argument wäre, dass schließlich ein Stufenverhältnis bestehe und der Sonderprüfer gerade dazu da sei, die Anspruchsverfolgung vorzubereiten. Mit diesem Argument würde folglich eine Konnexität von Sonderprüfer und Besonderem Vertreter angenommen werden. Würde A daraufhin den Antrag auf Beschlussfassung über eine Sonderprüfung auf die Tagesordnung setzen, unterläge M bei der Beschlussfassung keinem Stimmverbot mehr, da § 136 Abs. 1 S. 1 Var. 3 AktG nur die Geltendmachung im engeren Sinne beträfe und der Sonderprüfer einen gänzlich anderen Auftrag hätte. Kern dieses Argumentes wäre somit die Wesensverschiedenheit und Unvergleichbarkeit von Sonderprüfung und Besonderem Vertreter.

Aktionär A müsste somit zur Anspruchsvorbereitung die gerichtliche Bestellung eines Sonderprüfers nach § 142 Abs. 2 AktG beantragen. Dazu müsste er jedoch konkrete Tatsachen vortragen, „die den Verdacht rechtfertigen, dass bei dem Vorgang Unredlichkeiten oder grobe Verletzungen des Gesetzes oder der Satzungen vorgekommen sind.“[161] Folglich müsste er erklären, *weshalb* er einen Sachverhalt aufgeklärt sehen möchte.[162] Zudem wäre die Sonderprüfung auf Unredlichkeiten und grobe Pflichtverletzungen beschränkt. Diese Hürde ist bedeutend höher als

161 § 142 Abs. 1 S. 1 AktG.

162 Die Frage nach dem *weshalb* ist zwingend verbunden mit einer sachlichen Rechtfertigung.

die eines Hauptversammlungsbeschlusses und schränkt zudem den Prüfauftrag ein. Darüber hinaus hätte das Gericht nach überwiegender Ansicht selbst bei Vorliegen der verdachtsbegründenden Tatsachen eine Verhältnismäßigkeitsprüfung vorzunehmen.[163] Abgewogen würde dabei der potentielle Nutzen der Sonderprüfung gegen die Kosten einer solchen. Dies solle sogar dann gelten, wenn zwar erhebliche Forderungen im Raum stünden, diese jedoch aufgrund zu erwartender geringer Haftungsmasse nicht durchsetzbar seien.[164] Bei einer solchen Verhältnismäßigkeitsprüfung werden damit die Motive der Antragsteller beurteilt, ebenfalls das *weshalb* der Sonderprüfung untersucht. All dies entspricht faktisch einer sachlichen Rechtfertigung des Antrags.

Im Endeffekt folgt aus der Ansicht der überwiegenden Meinung, dass an die Vorbereitungsmaßnahmen zur Anspruchsverfolgung höhere Anforderungen gestellt werden, als an den Geltendmachungsbeschluss selbst; um überhaupt Informationen zu erlangen, benötigt der Aktionär noch mehr Informationen.[165]

In der Praxis würde dies dazu führen, dass das Recht einer Anteilsminderheit, über Stimmverbote einen Mehrheitsbeschluss nach § 147 Abs. 1 AktG zu fassen, stark erschwert würde, da zunächst die Hürde der gerichtlichen Bestellung nach § 142 Abs. 2 AktG zu nehmen wäre.[166] Jeder Beschluss einer Kapitalminderheit nach § 147 Abs. 1 S. 1 AktG, die jedoch im Zusammenspiel mit § 136 Abs. 1 S. 1 Var. 3 AktG die Stimmenmehrheit hat, unterläge damit über § 142 Abs. 2 AktG einer sachlichen Rechtfertigung. Dies widerspricht jedoch der allgemeinen Meinung zu den Anforderungen an einen Beschluss nach § 147 Abs. 1 S. 1 AktG.

#### *dd) Zwischenergebnis*

Zwischen Besonderem Vertreter und Sonderprüfer besteht kein Stufenverhältnis, das sich auf die Bestimmtheitsanforderungen an den Geltendmachungsbeschluss auswirken würde.

Sähe man dennoch die Sonderprüfung als (unterstellt) notwendige vorbereitende Maßnahme für die Geltendmachung von Ansprüchen, so ist auch sie in den Anwendungsbereich von § 136 Abs. 1 S. 1 AktG einzubeziehen. Ausschließlich diese Lösung erkennt eine Konnexität zwischen Sonderprüfer und Besonderem Vertreter in beide Richtungen an.

---

163 Gesetzesbegründung zum UMAG, BT-Drucks. 15/5092, S. 18; KK-AktG/*Rieckers/Vetter*, § 142 Rn 272, 299 ff.

164 *Müller-Michaels/Wingerter*, AG 2010, 903, 909; *Hüffer*, ZHR 174 (2010), 642, 660.

165 Vgl. nur KK-AktG/*Rieckers/Vetter*, § 142 Rn 293, die „hohe Anforderungen“ an die Überzeugung des Gerichts fordern.

166 Davon geht das LG Köln ZIP 2016, 162 (juris Rz 155) aus, das jedoch verschweigt, dass sich der Verdacht bei § 142 AktG nur auf das Minderheitsrecht bezieht. Zustimmend *Tielmann*, IWRZ 2016, 127, 129 f.

### d) *Kein Stufenverhältnis zwischen Geltendmachungsbeschluss und Sonderprüfungsbeschluss*

Wie oben unter c)bb)(2) schon angesprochen, ist das Argument von Teilen des Schrifttums nicht einschlägig, der Geltendmachungsbeschluss bedürfe einer erhöhten Bestimmtheit aufgrund des Informationsrechtes des Sonderprüfers, das der Besondere Vertreter eben nicht habe. Der Geltendmachungsbeschluss regelt einzig, dass die Hauptversammlung abschließend über das *ob* der Geltendmachung entschieden hat. Über die Frage, *wer* diesen Anspruch verfolgt, trifft § 147 Abs. 1 S. 1 AktG keine Aussage.[167] Aus § 78 und § 112 AktG ergibt sich, dass grundsätzlich Vorstand und Aufsichtsrat den Ersatzanspruch zu verfolgen haben.[168] Bei der Beurteilung des Geltendmachungsbeschlusses muss man demnach zunächst davon ausgehen, dass ihn der Vorstand oder der Aufsichtsrat ausführt und nur gegebenenfalls ein Besonderer Vertreter.

Zwischen Sonderprüfer einerseits und Vorstand und Aufsichtsrat andererseits besteht jedoch nach allgemeiner Ansicht kein Stufenverhältnis dergestalt, dass Vorstand und Aufsichtsrat erst dann handeln können, wenn ein Sonderprüfer den Vorgang aufgeklärt hat,[169] da Vorstand und Aufsichtsrat unstreitig eigene Prüfungsrechte[170] besitzen.[171] Damit führt das Argument des angeblichen Stufenverhältnisses bei konsequenter Anwendung zu unterschiedlichen Beschlussvoraussetzungen:

Sollte lediglich ein isolierter Geltendmachungsbeschluss nach § 147 Abs. 1 S. 1 AktG gefasst werden, so würde dieser von Vorstand bzw. Aufsichtsrat durchgesetzt werden. Diese Organe sind anerkanntermaßen völlig unabhängig von einer Sonderprüfung. Zwischen ihnen und dem Sonderprüfer besteht kein Stufenverhältnis. Wenn aber kein Stufenverhältnis zum Sonderprüfer existiert, kann es auch nicht zu erhöhten Bestimmtheitserfordernissen bei der Beschlussfassung nach § 147 Abs. 1 AktG kommen, da diese erhöhten Erfordernisse durch ein (angebliches) Stufenverhältnis zwischen Sonderprüfer und Besonderem Vertreter erst begründet werden. Der Besondere Vertreter spielt in dieser Konstellation aber keine Rolle. Falls also die Anspruchsverfolgung in den Händen der ordentlichen Organe bliebe, müsste

---

167 Hüffer/*Koch*, § 147 Rn 6.

168 Großkomm-AktG/*Bezzenberger*, § 147 Rn 36; KK-AktG/*Rieckers/Vetter*, § 147 Rn 230, 281; MüKoAktG/*Schröer*, § 147 Rn 33; Heidel/*Lochner*, § 147 Rn 5; Lutter/Krieger/Verse, Aufsichtsrat, § 7 Rn 447; *Böbel*, aaO, S. 38.

169 Mit diesem Argument lässt sich auch ein eigenständiger Informationsanspruch des Besonderen Vertreters begründen, vgl. nur *Heidel/Lochner*, Aufsichtsrat 2016, 34, 35.

170 Auch hier wird klar, dass die Frage nach dem Beschlussinhalt eng verwoben ist mit der Frage nach Prüfungsrechten. An dieser Stelle sei das Prüfungsrecht des Aufsichtsrat nur erwähnt, ohne dass auf das Prüfungsrecht (und somit die Vergleichbarkeit von Besonderem Vertreter und Aufsichtsrat) des Besonderen Vertreters einzugehen ist. Diese Thematik wird in Teil D ausführlich behandelt.

171 Statt aller MüKoAktG/*Habersack*, § 111 Rn 60.

der Beschluss nur den oben beschriebenen Mindestinhalt haben und den Auftrag erkennen lassen.

Würde die Hauptversammlung jedoch zugleich einen Bestellungsbeschluss fassen, so würde der Besondere Vertreter Vorstand und Aufsichtsrat verdrängen und an deren Stelle den Anspruch verfolgen. In einem solchen Falle bestünde das Stufenverhältnis zum Sonderprüfer, weswegen erhöhte Anforderungen an den Beschluss gestellt würden.

Um die Folgen einer solchen Rechtsansicht aufzuzeigen, stelle man sich vor, dass zunächst die Hauptversammlung nur einen Geltendmachungsbeschluss fasst und in der Hauptversammlung des nächsten Jahres aufgrund der ihrer Meinung nach mangelhaften Verfolgung durch die regelmäßigen Organe zudem einen Bestellungsbeschluss nach § 147 Abs. 2 S. 1 AktG fasst. Nach dieser Meinung müsste der Bestellungsbeschluss ein Jahr später Auswirkungen auf den Geltendmachungsbeschluss des letzten Jahres entfalten; nachträglich müsste sich der Geltendmachungsbeschluss an höheren Anforderungen messen. Jedoch wäre der Geltendmachungsbeschluss schon in Bestandskraft erwachsen und unanfechtbar geworden, sodass konsequenterweise der Bestellungsbeschluss nun die höheren Bestimmtheitserfordernisse des Geltendmachungsbeschlusses beinhalten müsste.[172] Ein solcher Beschlussinhalt ergibt sich jedoch weder aus dem Gesetz, noch wird er von irgendeiner Stimme in Rechtsprechung oder Literatur verlangt.

Letztendlich läuft das Argument dieser Ansicht darauf hinaus, dass unterschiedliche Bestimmtheitserfordernisse existierten, je nachdem, ob der Besondere Vertreter den Anspruch geltend macht oder Vorstand und Aufsichtsrat. Dies widerspricht jedoch dem Wortlaut, der Systematik und dem Telos des Gesetzes: Der Bestellungsbeschluss dient einzig und allein dazu, den Vorstand bzw. Aufsichtsrat aus ihrer Aufgabe zu verdrängen,[173] um beispielsweise die „Bisssperre“[174] des Aufsichtsrats gegenüber dem Vorstand zu umgehen.[175] Veränderte Anforderungen an den Geltendmachungsbeschluss werden dadurch gerade nicht determiniert.[176]

Erhöhte Bestimmtheitsvoraussetzungen könnten sich damit nicht aufgrund eines Stufenverhältnisses zwischen Sonderprüfer und Besonderem Vertreter ergeben, sondern nur aufgrund eines Stufenverhältnisses zwischen Sonderprüfungsbeschluss und Geltendmachungsbeschluss.[177]

---

172 Was sich auch auf die Anfechtungsgründe auswirken würde: Der Bestellungsbeschluss könnte wegen Missbräuchlichkeit angefochten werden, da er neben der Bestellung des Besonderen Vertreters den Geltendmachungsbeschluss nicht weiter konkretisiert.

173 Allg. Ansicht, vgl. nur Großkomm-AktG/*Bezzenberger*, § 147 Rn 41.

174 Ein Begriff, der wohl auf *Peltzer*, WM 1981, 346, 348 f. zurückgeht.

175 *Wagner*, ZHR 178 (2014), 227, 236, 239 f.

176 Ebenso Henn/Frodermann/Jannott/*Heider*, Teil 10 Rn 107.

177 In diese Richtung geht wohl auch MüKoAktG/*Schröer*, § 147 Rn 28 f.

### e) *Der Beschlussinhalt im Vergleich zum Minderheitsrecht nach § 148 AktG*

Eine solche Annahme müsste streng genommen dazu führen, dass jeder Geltendmachungsbeschluss so viele Tatsachen enthalten müsste, wie ein Sonderprüfer herausgefunden hätte; fehlte diese Art der Bestimmtheit (bzw. inhaltlichen Fülle), müsste zunächst eine Sonderprüfung durchgeführt werden. Dies wird jedoch in dieser Schärfe nicht verlangt, vielmehr soll nur eine gewisse inhaltliche Substantiierung erfolgen (wo genau diese liegt und wie sie bestimmt wird, ist jedoch unklar). Sollte diese Substantiierung scheitern, müsste eine Sonderprüfung vorgeschaltet werden, die den Sachverhalt gründlich aufarbeitet. Der Wortlaut selbst gibt das nicht her; zwar heißt es „müssen die Ersatzansprüche [...] geltend gemacht werden", jedoch nimmt keine Stimme in der Diskussion an, dass die Ansprüche notwendigerweise wirklich zu bestehen haben.[178] Auch das Wortlautargument, dass „*die* Ersatzansprüche" und nicht „*etwaige* Ersatzansprüche" geltend zu machen sind,[179] und daher erhöhte Konkretisierungsanforderungen gelten müssten, führt nicht weiter. Wird man nicht vertreten wollen, dass die Ansprüche wirklich zu bestehen haben, so wird aus „die" in seiner Bedeutung automatisch „etwaig". Man könnte nur noch darüber diskutieren, mit welcher Wahrscheinlichkeit etwaige Ansprüche zu existieren haben. Diese Frage sprengt jedoch den Wortlaut und führt zurück zum restlichen Kanon der Auslegungsmethoden, im Besonderen der Systematik.

Die Betrachtung allein des Verhältnisses zwischen Sonderprüfung und Geltendmachung ist unvollständig, hinzukommen muss gleichzeitig das Verhältnis zwischen Mehrheits- und Minderheitsrecht. Die Debatte dreht sich – soweit ersichtlich – lediglich um das erste Verhältnis, dabei muss doch folgende Prämisse gelten: Die Ausübung eines Minderheitsrechtes bedarf höherer Anforderungen als die des Mehrheitsrechts.[180] So ist bei der gerichtlichen Bestellung eines Sonderprüfers nach § 142 Abs. 2 S. 1 AktG Grundvoraussetzung, dass ein ablehnender Hauptversammlungsbeschluss vorliegt. Beim Klagezulassungsverfahren muss nach § 148 Abs. 1 S. 2 Nr. 2 AktG zuvor die Gesellschaft aufgefordert worden sein, die Ersatzansprüche selbst geltend zu machen. Die Minderheitsrechte sind damit subsidiär.[181]

Der Geltendmachungsbeschluss nach § 147 Abs. 1 S. 1 AktG als Mehrheitsrecht bedarf somit niedrigerer Anforderungen als die funktionell gleichwertige Zulassung

---

178 So auch *Humrich*, aaO, S. 72 ff., 86 f., der ansonsten augenscheinlich die strengsten Anforderungen an die Bestellung und Rechte des Besonderen Vertreters stellt.

179 *Kocher/Lönner*, ZIP 2016, 653, 655.

180 Vgl. dazu nur die unterschiedlichen Anforderungen bei der Bestellung eines Sonderprüfers durch die Hauptversammlung nach § 142 Abs. 1 S. 1 AktG und durch das Gericht nach § 142 Abs. 2 S. 1 AktG.

181 Vgl. auch Spindler/Stilz/*Mock*, § 142 Rn 116; Hüffer/*Koch*, § 148 Rn 6.

der Aktionärsklage gemäß § 148 AktG.[182] Im Folgenden werden zunächst die Anforderungen an ein solches Zulassungsverfahren herausgearbeitet, die dadurch eine Obergrenze für die inhaltlichen Anforderungen an einen Mehrheitsbeschluss festlegen. In einem zweiten Schritt sind auf Grundlage dieser Festlegungen Schlüsse auf den notwendigen Inhalt des Geltendmachungsbeschlusses zu ziehen.

### *aa) Die Anforderungen an den Verdacht bei § 148 AktG*

§ 148 Abs. 1 S. 2 Nr. 3 AktG normiert, dass unter anderem „Tatsachen vorliegen [müssen], die den Verdacht rechtfertigen, dass der Gesellschaft durch Unredlichkeit oder grobe Verletzung des Gesetzes oder der Satzung ein Schaden entstanden ist". Damit erfordert auch das Minderheitsrecht nicht, dass die Ansprüche wirklich bestehen.[183] Fraglich ist dennoch, welche Anforderungen an einen solchen Verdacht zu stellen sind. Der Verdacht selbst bezieht sich (nur) auf das Vorliegen von Tatsachen, die – falls sie wirklich vorlägen – einen Ersatzanspruch begründen würden.[184] Bezüglich der Intensität des Verdachtes schweigt das Gesetz. Aus der Gesetzesbegründung ergibt sich, dass eine Klage erst bei „hinreichender Aussicht auf Erfolg" zuzulassen ist.[185] Diese Wortwahl impliziert eine Nähe zum strafrechtlichen „hinreichenden Tatverdacht" nach § 203 StPO. Systematisch sind beide Normen vergleichbar: Während § 203 StPO die Hürde bestimmt, ab der das Hauptverfahren zu eröffnen ist, regelt § 148 Abs. 1 AktG die Voraussetzungen für die Zulassung einer zivilrechtlichen Klage.[186] Nach vorherrschender Ansicht[187] liegt hinreichender Tatverdacht nach § 203 StPO dann vor, wenn die Wahrscheinlichkeit einer Verurteilung die des Freispruchs überwiegt.[188] Insofern ist bei § 148 Abs. 1 S. 2 Nr. 3 AktG zu verlangen, dass zu mehr als fünfzig Prozent Wahrscheinlichkeit Tatsachen vorliegen, die den Verdacht rechtfertigen, dass die Gesellschaft Ersatzansprüche gegen die Anspruchsgegner hat.[189]

---

182 Dieses Klagezulassungsverfahren ersetzt die frühere Möglichkeit einer Minderheit, die Geltendmachung durch die Gesellschaft zu erzwingen, vgl. Heidel/*Lochner*, § 147 Rn 13; *Humrich*, aaO, S. 22; *Schmolke*, ZGR 2011, 398, 402. Insofern kann auch auf die Literatur und Rechtsprechung zum Minderheitenverlangen nach § 147 Abs. 1 S. 1 Var. 2 AktG a.F. zurückgegriffen werden.

183 Großkomm-AktG/*Bezzenberger/Bezzenberger*, § 148 Rn 142.

184 Großkomm-AktG/*Bezzenberger/Bezzenberger*, § 148 Rn 144 f.

185 BT-Drucks. 15/5092, S. 22.

186 Ebenso Großkomm-AktG/*Bezzenberger/Bezzenberger*, § 148 Rn 147.

187 Ausführliche Darstellung des Meinungsstandes bei KK-StPO/*Schneider*, § 203 Rn 4 ff.

188 BGHSt 54, 275, 281; BGH StV 2001, 579, 580; KK-StPO/*Schneider*, § 203 Rn 4; Graf/*Ritscher*, § 203 StPO Rn 4.

189 So auch KK-AktG/*Rieckers/Vetter*, § 148 Rn 331; Großkomm-AktG/*Bezzenberger/Bezzenberger*, § 148 Rn 146 f.; unklar aber im Ergebnis wohl ebenso MüKoAktG/*Schröer*, § 148 Rn 38; Heidel/*Lochner*, § 148 Rn 15.

### *bb) Folgerung für die Anforderungen an den Beschlussinhalt*

Diese Anforderungen nach § 148 Abs. 1 AktG wirken sich auf die inhaltlichen Anforderungen an den Beschluss nach § 147 Abs. 1 AktG aus. Keinesfalls müssen die Tatsachen im Beschluss eine überwiegende Wahrscheinlichkeit für das Bestehen von Ersatzansprüchen erkennen lassen, da die Anforderungen an das Minderheitsrecht nach § 148 Abs. 1 AktG insoweit die Obergrenze bilden.

Wollte man aus systematischen Erwägungen vor der Beschlussfassung über die Geltendmachung von Ersatzansprüchen grundsätzlich einen Sonderprüfungsbeschluss fordern, so würde diese eben genannte Grenze regelmäßig überschritten werden: Sollte ein Sonderprüfer den Sachverhalt vorher einer eingehenden Tatsachenprüfung unterziehen, so wären grundsätzlich beinahe sämtliche Tatsachen aufgeklärt.[190] Dann wäre die Existenz bestimmter Tatsachen nicht nur überwiegend wahrscheinlich,[191] sondern es stünde fest, dass diese Tatsachen bestehen. Es wäre somit die Anforderungsgrenze des Minderheitsrechts weit überschritten. Dies kann aus den oben genannten Gründen nicht sein.

Daraus ist zu folgern, dass ein stetes Stufenverhältnis zwischen Sonderprüfungs- und Geltendmachungsbeschluss nicht vorliegen kann.

Zu beleuchten ist nur noch die Frage, ob sich eventuell dennoch aus der Systematik beider Vorschriften eine höhere inhaltliche Anforderung ergibt, die zwischen der hinreichenden Wahrscheinlichkeit von Tatsachen und der einfachen Darstellung des zu untersuchenden Lebenssachverhaltes liegt. Die Problematik dabei ist, dass dieser Bereich völlig undefinierbar ist. Wie wahrscheinlich soll das Vorliegen von Tatsachen sein? Reichen zehn Prozent oder doch erst dreißig Prozent an Wahrscheinlichkeit und wie lässt sich sicher bestimmen, dass diese Wahrscheinlichkeitsschwelle überschritten wurde? Es würde faktisch bei der derzeit vorliegenden Einzelfallbetrachtung bleiben, die mit großen Rechtsunsicherheiten behaftet ist und von Gericht zu Gericht stark variiert.[192]

Eine solche Rechtsunsicherheit kann nicht mit systematischen Erwägungen zu einem etwaigen Stufenverhältnis zwischen Sonderprüfungs- und Geltendmachungsbeschluss gerechtfertigt werden, das weder im Wortlaut noch der Historie der Norm

---

190 Dass der Sonderprüfer nie alle Tatsachen herausarbeiten wird, die der Besondere Vertreter für die Anspruchsverfolgung benötigt, wurde oben unter BIII2)c)aa) herausgearbeitet.

191 Großkomm-AktG/*Bezzenberger/Bezzenberger*, § 148 Rn 145.

192 Man vergleiche nur die unterschiedlichen Maßstäbe, die einerseits OLG Köln ZIP 2015, 2470 und LG Duisburg ZIP 2013, 701 anwenden. Insofern ist *Kocher/Lönner*, ZIP 2016, 653, 655 zuzustimmen, dass eine Entscheidung des BGH zur AG wünschenswert wäre. Dass sich der BGH im Rahmen der GmbH schon diesbezüglich geäußert hat (BGHZ 97, 28 (juris Rz 14)), wird weiter unten unter BIII2)i) herausgearbeitet, hat aber ersichtlich noch nicht dazu geführt, dass diese Rechtsprechung auf die AG angewandt wird. Auch die unter BIII2)k) besprochene Rechtsprechung des BGH zum Besonderen Vertreter im Personengesellschaftsrecht fand keine Adaption im Recht der AG.

eine Stütze findet. Vielmehr muss man sich am Sinn und Zweck des § 147 Abs. 1 S. 1 AktG orientieren: Der Beschluss muss so bestimmt sein, dass das ausführende Organ erkennt, welchen Auftrag es auszuführen hat. Diese Voraussetzung ist einfach und rechtssicher zu beantworten. Das klare Telos der Norm setzt sich damit gegenüber der unsicheren Systematik durch.

#### *cc) Zwischenergebnis*

Auch die Betrachtung von Sonderprüfungs- zu Geltendmachungsbeschluss unter Beachtung des Verhältnisses zwischen Minderheits- und Mehrheitsrechten spricht gegen ein Stufenverhältnis zwischen Sonderprüfungsbeschluss nach § 142 Abs. 1 S. 1 AktG und Geltendmachungsbeschluss nach § 147 Abs. 1 S. 1 AktG und daraus folgenden erhöhten Bestimmtheitserfordernissen. Damit hat das Institut der Sonderprüfung nach § 142 Abs. 1 S. 1 AktG keinen Einfluss auf die Bestimmtheitsanforderungen des Geltendmachungsbeschlusses.

### *f) Keine Kompetenzüberschreitung der Hauptversammlung*

Nach einer Ansicht in der Literatur ergeben sich die erhöhten Anforderungen an die Bestimmtheit bei einer reinen Beschlussfassung nach § 147 Abs. 1 S. 1 AktG nicht aus dem eben erörterten und verneinten Stufenverhältnis zum Sonderprüfer, sondern aus den Grenzen der Beschlussfassungskompetenz der Hauptversammlung.[193] Nach dieser Ansicht würde die Hauptversammlung der Verwaltung bei Fehlen konkreter Anhaltspunkte selbst einen Quasi-Sonderprüfungsauftrag erteilen, wofür ihr jedoch mangels gesetzlicher Regelung die Kompetenz fehlte.

Für eine solche Sichtweise spricht, dass der Gesetzgeber in den §§ 142 ff. ausschließlich neutrale, externe Personen für die Position eines Sonderprüfers bestimmt hat. Vorstand und Aufsichtsrat können gemäß § 143 Abs. 2 S. 1 i.V.m. § 319 Abs. 3 S. 1 Nr. 2 AktG keine Sonderprüfer sein. Daraus zu folgern, dass die Hauptversammlung Vorstand und Aufsichtsrat nicht verpflichten kann, aus einem Sachverhalt, der noch weiter aufzuklären ist, Ersatzansprüche geltend zu machen,[194] ist jedoch fraglich.

Zum einen gibt der Geltendmachungsbeschluss einen spezifischen Sachverhalt und Anspruchsgegner vor, sodass die Verwaltung von Anfang an weiß, in welcher Angelegenheit sie gegen wen tätig werden muss. Dies ist bei einem Sonderprüfungsbeschluss gerade anders, aufgrund dessen ein Themenkomplex umfassend aufzuarbeiten ist. Zum anderen spricht gegen diese Folgerung, dass Auftrag und Auftragserfüllung verwechselt werden: Die Hauptversammlung beauftragt Vorstand, Aufsichtsrat oder einen Besonderen Vertreter, Ersatzansprüche geltend zu machen. Diese Kompetenz hat sie unstreitig aus § 147 Abs. 1, 2 AktG. Um diesen Auftrag zu erfüllen, folgt sodann die dem Grunde nach ebenfalls unstreitige (Annex-) Kompetenz bzw. Pflicht, alle notwendigen Schritte für eine ordentliche

193 *Kocher/Lönner*, ZIP 2016, 653, 656.
194 Ebd.

Anspruchsverfolgung einzuleiten.[195] Dazu gehört – außer im wohl theoretischen, absoluten Ausnahmefall, dass die Hauptversammlung den gesamten Sachverhalt restlos kennt und der Hauptversammlungsbeschluss quasi die Klage beinhaltet – auch eine Ermittlungstätigkeit des zuständigen Organs.[196]

Die Hauptversammlung weist das zuständige Organ nicht an, Ermittlungen aufzunehmen, sondern Ersatzansprüche geltend zu machen. Zur pflichtgemäßen Aufgabenerfüllung hat das zuständige Organ sodann Ermittlungen aufzunehmen. Damit umfasst die Kompetenz der Hauptversammlung nach § 147 Abs. 1 AktG auch mittelbar, die ordentlichen Organe zu Ermittlungstätigkeiten zu verpflichten. Von einer fehlenden Beschlussfassungskompetenz der Hauptversammlung und einem Eingriff in §§ 76 bzw. §§ 111, 112 AktG kann daher nicht gesprochen werden.[197]

Im Grunde betrachtet dieses Argument das streitige Verhältnis zum Sonderprüfer aus einer anderen Perspektive: Sollte allein der Sonderprüfer die Befugnis haben, die Sachverhalte aufzuarbeiten, die der Geltendmachung von Ersatzansprüchen dienen, so wäre er in diesem Bereich ausschließlich zuständig. Die Hauptversammlung hätte damit in der Tat keine Kompetenz, die Verwaltung zur Ermittlung solcher Sachverhalte mittelbar zu verpflichten. Jedoch ist dieses Argument streng davon abhängig, in welchem Verhältnis man §§ 142 ff. AktG und § 147 AktG zueinander sieht. Dies wurde in den Abschnitten c) ff. ausführlich behandelt.

Befürworter erhöhter Bestimmtheitserfordernisse erwägen zudem, es sei nicht sinnvoll, der Verwaltung die Erstermittlung neutraler Sachverhalte in die Hand zu geben, da schlechterdings nicht überprüft werden könne, ob die ggf. gegen sich selbst ermittelnden Organe diese Aufgabe gewissenhaft erfüllen würden. Dies sei bei einer Anspruchsverfolgung mit einem bereits im Kern bekannten Sachverhalt anders.[198]

Zunächst ist es irreführend, von „neutralen Sachverhalten“ zu sprechen, da diesen Sachverhalten ein Pflichtverletzungsvorwurf anhaftet, sie gerade nicht mehr neutral betrachtet werden. Den Sachverhalt als „neutral“ zu bezeichnen, trägt die Wertung in sich, es gebe keine Anzeichen für eine Pflichtverletzung. Diese Einschätzung überlässt der Gesetzgeber jedoch im Rahmen von § 147 Abs. 1 AktG der Hauptversammlung.

In der Tat ist es aber ein konzeptionelles Problem, dass der Geltendmachungsbeschluss von der Hauptversammlung gefasst wird, die Ausführung desselben jedoch den ordentlichen Organen obliegt. Genau dies ist der Grund, weshalb „typischerweise“ Besondere Vertreter zu bestellen sind.[199] Anders jedoch als bei der Sonderprüfung überlässt der Gesetzgeber der Hauptversammlung die Entscheidung, welches Vorgehen sie für zielführender hält. Daraus zu folgern, dass

195 Zu dieser Annexkompetenz später ausführlich unter D.

196 KK-AktG/*Rieckers/Vetter*, § 147 Rn 235.

197 So aber *Kocher/Lönner*, ZIP 2016, 653, 655.

198 Ebd.

199 UMAG Regierungsbegründung vom 14.03.2005, BT-Drucks. 15/5092, S. 20.

der Anspruch schon bekannt sein muss, ist nicht zwingend. Selbst in dem Fall, dass die Hauptversammlung einen objektiv vorliegenden Verdacht hat, dass Ansprüche existieren, ist damit noch nichts darüber gesagt, ob dieser Verdacht sich im späteren Verlauf auch erhärtet. Die Existenz des Anspruchs ist unstreitig keine Rechtmäßigkeitsanforderung an den Beschluss.[200] Die ordentlichen Organe könnten damit zu dem Ergebnis kommen, dass trotz des Vorliegens eines Verdachts kein Anspruch besteht. Auch dies muss die Hauptversammlung grundsätzlich hinnehmen und kann es schlecht überprüfen. Insofern ist beiden Fällen eine mangelhafte Überprüfbarkeit immanent, die freilich bei wenig konkretisierten Sachverhalten offensichtlicher ist. Jedoch liegt die Lösung dieses Problems nicht darin, leicht konkretere Beschlüsse zu fassen. Vielmehr ist die einzige Reaktion auf dieses systemimmanente Risiko nicht die vorherige gänzliche Ausermittlung des Sachverhaltes, sondern die Bestellung eines Besonderen Vertreters, der bei Sachverhalten, in denen die ordentlichen Organe potenziell involviert sind, einzig die neutrale und gewissenhafte Durchführung des Beschlusses garantieren kann. Insofern dient dieses Argument weniger der Begründung erhöhter Bestimmtheitserfordernisse, als vielmehr der Notwendigkeit der Bestellung eines Besonderen Vertreters in bestimmten Konstellationen.

### *g) Das Verhältnis von Mehrheits- zu Minderheitsrechten*

Der Unterschied zwischen dem Geltendmachungsbeschluss als Mehrheitsrecht und dem Klagezulassungsverfahren als Minderheitsrecht wurde schon ausgeführt. Aufgrund der großen Relevanz von Stimmverboten bei Beschlussfassungen nach § 147 AktG und des dadurch gesetzlich festgelegten relativen Mehrheitsbegriffs muss jedoch der Unterschied zwischen Mehrheits- und Minderheitsrechten nochmals umfassend betrachtet werden. Dies gilt insbesondere bei der Geltendmachung von Ersatzansprüchen und der Bestellung eines Besonderen Vertreters, bei der – wie im Folgenden dargelegt wird – Mehrheitsrechte regelmäßig zu Minderheitsrechten gemacht werden.[201]

Die Möglichkeit, einen Sonderprüfer nach § 142 Abs. 1 AktG zu bestellen oder einen Geltendmachungsbeschluss nach § 147 Abs. 1 AktG zu fassen, ist ein Mehrheitsrecht der Hauptversammlung. Der Gesetzgeber hat eine abschließende Abwägung aller relevanten Belange in der Norm vorgenommen und entschieden, dass diese Mehrheitsbeschlüsse keiner sachlichen Rechtfertigung bedürfen und die Aktionäre nur über das *ob* und nicht das *weshalb* beschließen.[202]

200 Unstreitig, vgl. nur KK-AktG/*Rieckers/Vetter*, § 147 Rn 184; *Humrich*, aaO, S. 72 ff., 86 f.

201 Zuletzt LG Köln ZIP 2016, 162 mit zustimmender Anmerkung von *Tielmann*, IWRZ 2016, 127; *Bayer* AG 2016, 637.

202 *Stallknecht*, aaO, S. 67; *Humrich*, aaO, S. 72; GroßkommAktG/*Bezzenberger*, § 147 Rn 20.

Konsequenterweise bedürfen Minderheitsrechte wie die gerichtliche Bestellung eines Sonderprüfers nach § 142 Abs. 2, § 147 Abs. 2 AktG und das Klagezulassungsverfahren nach § 148 Abs. 1 S. 2 Nr. 3 AktG eines hinreichenden Verdachtes, folglich einer sachlichen Rechtfertigung der Rechtsausübung. Damit stehen Hauptversammlungsbeschluss und hinreichender Verdacht in einem Alternativverhältnis; es bedarf entweder eines Hauptversammlungsbeschlusses oder eines Verdachtes.[203] Durch die Anwendung von § 136 Abs. 1 S. 1 Var. 3 AktG bei Beschlüssen nach § 147 AktG kommt es zu einer Diskrepanz von Mehrheitsrecht und Ausübungsmehrheit; die Vorkommnisse z.B. bei der HVB (dazu sogleich ausführlich unter l)cc)(6)) haben gezeigt, dass auch eine Anteilsminderheit eine Stimmrechtsmehrheit erlangen und folglich Mehrheitsrechte ausüben kann.[204] Durch die Ausübung eines Mehrheitsrechts durch die Anteilsminderheit ändert sich freilich nicht der Inhalt des Mehrheitsrechts, lediglich die Rollen werden vertauscht.[205]

Das Argument, Beschlüsse nach § 147 Abs. 1 AktG bedürften einer gewissen Bestimmtheit, um Missbräuchen vorzubeugen,[206] könnte als vermeintlich notwendiges Korrektiv dieser Divergenz verstanden werden. Diese Interpretation bestätigt sich, wenn man die historischen Kommentierungen zu § 142 und § 147 AktG und deren Vorgängervorschriften im Hinblick auf die Bestimmtheit untersucht. Teilweise wurde die Frage der Bestimmtheit gar nicht besprochen,[207] teilweise ausdrücklich nur bei den Minderheitsverlangen (der Vorgängervorschrift von § 148 AktG).[208] Zweck des Bestimmtheitserfordernisses war dabei nicht der Schutz vor Missbrauch, sondern, dass über die im Prozess zu stellenden Anträge und über den Klagegrund kein Zweifel bestehen sollte.[209] Eine Selbstverständlichkeit, die – wie oben unter 2) gezeigt – auch für die Geltendmachungsbeschlüsse heutzutage gilt.

In Anbetracht der Entwicklung in den Kommentaren und insgesamt in der Diskussion kann davon ausgegangen werden, dass die zum Teil geforderten erhöhten Bestimmtheitsanforderungen aus der Ausübung von Mehrheitsrechten durch eine Anteilsminderheit resultieren.

Das verletzt jedoch gesetzgeberische Wertungen: Nach § 133 Abs. 1 AktG bedarf ein (Mehrheits-)Beschluss grundsätzlich der Annahme durch die Mehrheit der *abgegebenen Stimmen.* Auf eine Kapitalmehrheit kommt es gerade nicht an.[210] § 136

203 KK-AktG/*Rieckers/Vetter*, § 142 Rn 272.

204 *Nietsch*, ZGR 2011, 589, 603; *Verhoeven*, ZIP 2008, 245.

205 *Wiedemann*, GesR Band 1, § 8 I 4 (S. 421).

206 *Stallknecht*, aaO, S. 67.

207 Großkomm-AktG/*Barz*, 3. Aufl. 1973, § 147 Anm. 3 f.; *Baumbach/Hueck*, AktG, 13. Aufl. 1968, § 147 Rn 4 f.; *Godin/Wilhelmi*, 3. Aufl. 1967, § 147 Anm. 3 ff.; *Godin/Wilhelmi*, 4. Aufl. 1971, § 147 Anm. 4 f.

208 Geßler/Hefermehl/*Hefermehl*, 1. Aufl. 1973/1974, § 147 Rn 7; KK-AktG/*Kronstein/Zöllner*, 1. Aufl. 1970, § 147 Rn 7.

209 Großkomm-AktG/*Schmidt/Meyer-Landrut*, 2. Aufl. 1961, § 122 Anm. 6; Großkomm-AktG/*Barz*, 3. Aufl. 1973, § 147 Anm. 6.

210 Hüffer/*Koch*, § 133 Rn 11.

Abs. 1 AktG verbietet in Fällen, in denen sich der Aktionär in einem Interessenkonflikt befindet, die Ausübung des Stimmrechtes und damit die *Abgabe* der Stimme. Dadurch statuiert der Gesetzgeber einen relativen Mehrheitsbegriff. Entscheidend ist die Mehrheit der Aktionärsstimmen, die keiner Interessenkollision unterliegen.[211] Dieses Verbot des Richtens in eigener Sache ist ein allgemeines Rechtsprinzip, das sich in jeder Gesellschaftsform findet,[212] und wurde für die Aktiengesellschaft schon in § 114 Abs. 5 AktG v. 1937[213] und § 252 Abs. 3 S. 2 HGB v. 1897 normiert.

Ein Wille des Gesetzgebers, dass ein von der Anteilsminderheit im Zusammenspiel mit einem Stimmrechtsverbot ausgeübtes Mehrheitsrecht gesteigerten Anforderungen unterliege, lässt sich nirgends erkennen und entspricht auch nicht dem Sinn und Zweck des Stimmrechtsverbots. Insofern führte ein solcher Maßstab zur Umgehung gesetzlicher Vorstellungen. Eine solche Handhabung könnte daher allein durch eine Gesetzesänderung Geltung erlangen, nicht aber durch eine Gesetzesauslegung, die gesetzgeberischen Entscheidungen zuwider läuft.[214] Daraus folgt, dass nach geltendem Recht ein Mehrheitsrecht auch dann Mehrheitsrecht bleibt, wenn es durch eine Anteilsminderheit ausgeübt wird.[215] Die Forderung, die Beschlüsse nach § 147 Abs. 1 AktG vor dem Missbrauch durch eine Minderheit dadurch zu schützen, dass die Minderheit erhöhte Beschlussanforderungen zu erfüllen hat,[216] geht damit fehl. Es besteht grundsätzlich keine Möglichkeit, die Bestimmtheitserfordernisse des Geltendmachungsbeschlusses dann zu erhöhen, wenn eine Anteilsminderheit diesen Beschluss rechtmäßig fasst. Daher ist die Forderung eines Verdachtes oder auch einer „konkreten Wahrscheinlichkeit" auf „hinreichende Verdachtsmomente"[217] bei der Beschlussfassung nach § 147 Abs. 1 S. 1 AktG verfehlt, da solche Anforderungen nur bei originären Minderheitsrechten gestellt werden.

### *h) Keine erhöhte Bestimmtheit bei Konzernersatzansprüchen*

In jüngerer Vergangenheit wurde vereinzelt vertreten, erhöhte Anforderungen an den Beschluss ergäben sich dann, wenn eine Anteilsminderheit die Geltendmachung eines konzernrechtlichen Ersatzanspruches über die Beschlussfassung nach § 147 Abs. 1 S. 1 AktG anordnen will.[218] Begründet wird dies damit, der historische Gesetzgeber habe nicht vor Augen gehabt, dass auch konzernrechtliche Ansprüche über § 147 AktG verfolgt werden können. Dies sei richterrechtlich entwickelt worden

211 Statt aller Hüffer/*Koch*, § 136 Rn 3.
212 Vgl. dazu Fn 34.
213 Vgl. dazu auch MüKoAktG/*Schröer*, § 136 Rn 3.
214 Maunz/Dürig/*Jachmann*, Art. 95 GG Rn 16.
215 Ebenfalls *Wiedemann*, GesR Band 1, § 8 I 4 (S. 421); *Kropff*, FS Bezzenberger, S. 233, 249.
216 So aber anscheinend *Stallknecht*, aaO, S. 67.
217 LG Köln ZIP 2016, 162 (juris Rz 154 ff.).
218 *Bayer*, AG 2016, 637, 648 ff.

und bedürfe daher einer Korrektur.[219] Der extensiven Erweiterung des Anwendungsbereiches von § 147 Abs. 1 AktG müsse mit erhöhten Tatbestandsanforderungen begegnet werden.

Der Ansicht ist zuzugestehen, dass sich gerade in einer Konzernsituation Mehrheits- und Minderheitsaktionäre mit unterschiedlichen Interessen gegenüber stehen. Damit ist auch eine abstrakte Missbrauchsgefahr verbunden. Auf diese Konfliktsituation im (faktischen) Konzern wird sogleich auch im Rahmen der Missbrauchsgefahr unter l)aa) ausführlich eingegangen.

Die Argumentation der Ansicht ist jedoch nicht überzeugend, da sie zunächst von einer falschen Annahme ausgeht: Wie unter 1) herausgearbeitet, finden sich in der Regierungsbegründung zum Aktiengesetz von 1965 stichhaltige Anhaltspunkte dafür, dass der historische Gesetzgeber sehr wohl eine Geltendmachung konzernrechtlicher Ersatzansprüche über § 147 AktG im Blick hatte und wollte, auch wenn diese nicht in den Wortlaut der Norm aufgenommen wurden.[220] Vor diesem Hintergrund kann also nicht von einer richterrechtlichen Rechtsfortbildung gesprochen werden, sondern von einer teleologisch-systematischen Auslegung des Gesetzes unter Zugrundelegung der Historie. Die Verfasser des Aktiengesetzes von 1965 hatten damit einerseits die Geltendmachung konzernrechtlicher Ersatzansprüche über § 147 AktG vor Augen, als auch die Geltung von Stimmverboten bei eben solchen Beschlussfassungen, die dazu führen, dass lediglich die außenstehenden Aktionäre über die Beschlussfassung entscheiden.[221]

Abgesehen davon kann das vorgeschlagene Mittel der Korrektur nicht wirklich überzeugen: Es sollen die Wertungen von § 142 Abs. 2 S. 1 AktG bzw. § 148 Abs. 1 S. 2 Nr. 3 AktG in modifizierter Form entsprechende Anwendung finden und sich in das vorhandene Schutzsystem einpassen.[222] Dabei wird im Grunde willkürliche Rosinenpickerei betrieben, da ohne Begründung einzelne Tatbestandsvoraussetzungen wie die Verhältnismäßigkeitsprüfung übertragen werden und andere wie die Unredlichkeit oder grobe Verletzung des Gesetzes nicht.[223] Doch muss die Frage gestellt werden, ob § 142 Abs. 2 S. 1 AktG sich überhaupt entsprechend anwenden lässt. Schon der vergleichbare Sachverhalt ist angesichts dessen, dass § 142 Abs. 2 S. 1 AktG zunächst einen abgelehnten Hauptversammlungsbeschluss voraussetzt, mehr als fraglich. Die Norm setzt voraus, dass die Mehrheit des stimmberechtigten und in der Hauptversammlung vertretenen Kapitals gegen eine Sonderprüfung

219 *Ders.*, AG 2016, 637, 648.

220 Vgl. hierzu abermals *Kropff*, FS Bezzenberger, S. 233, 244 ff. *Bruno Kropff* verfasste gemeinsam mit *Ernst Geßler* und *Ernst Döllerer* den Referentenentwurf zum Aktiengesetz von 1965 und wird daher wohl von allen Stimmen in der Literatur am ehesten wissen können, welche Motive der Gesetzgeber bei der Schaffung der entsprechenden aktienrechtlichen Normen hatte.

221 Abermals *Kropff*, FS Bezzenberger, S. 233, 244 f., 248 f., der die große Macht der Stimmverbote sieht und als gesetzgeberische Wertung annimmt.

222 *Bayer*, AG 2016, 637, 648 f.

223 Vgl. dafür *Bayer* AG 2016, 637, 649.

stimmt. Bei § 147 Abs. 1 S. 1 AktG wird dies weder vom Gesetz noch von Stimmen in der Literatur gefordert. Damit schützt § 142 Abs. 2 S. 1 AktG eine rechtmäßige Mehrheitsentscheidung vor einem Minderheitsbegehren. Bei § 147 Abs. 1 S. 1 AktG ist aber aufgrund von § 136 Abs. 1 S. 1 Var. 3 AktG der Wille des Mehrheitsaktionärs bei der Beschlussfassung irrelevant. Auch die Rekurrierung auf § 148 Abs. 1 S. 2 Nr. 3 AktG verfängt nicht, da auch hier die Minderheit zunächst die Gesellschaft vergeblich aufgefordert haben muss, selbst Klage zu erheben.

§ 148 Abs. 1 S. 1 AktG normiert zudem ausdrücklich, dass die Aktionäre die Zulassung beantragen können, im eigenen Namen die in *§ 147 Abs. 1 S. 1 AktG* bezeichneten Ansprüche geltend zu machen. Nach Ansicht der Befürworter einer entsprechenden Anwendung hat der Gesetzgeber damit aber keine konzernrechtlichen Ansprüche gemeint. Was soll also passieren, wenn einzelne Aktionäre nun solche vermeintlich richterrechtlich fortgebildeten Ansprüche im Wege von § 148 AktG geltend machen wollen? Sollen nun noch höhere Anforderungen greifen? Und aufgrund welchen Schutzsystems? Die §§ 309 Abs. 4 S. 1, 310 Abs. 4 AktG können noch höhere Anforderungen jedenfalls nicht begründen.

Die Befürworter dieser Ansicht übersehen damit die Tatsache, dass § 142 Abs. 2 S. 1 AktG und § 148 Abs. 1 AktG in einer Situation Anwendung finden, in der Aktionäre versucht haben, einen Hauptversammlungsbeschluss zu fassen bzw. die Gesellschaft vergeblich zum Handeln aufgefordert wurde, in der das Schutzsystem ein völlig anderes ist als bei § 147 Abs. 1 S. 1 AktG. Im Rahmen von § 142 Abs. 2 S. 1 AktG hat die Hauptversammlung mit der Mehrheit der berechtigten Stimmen eine Sonderprüfung abgelehnt. Die Befürworter dieser Ansicht vergleichen damit das gesetzmäßige Zustandekommen eines Beschlusses nach § 147 Abs. 1 S. 1 AktG mit der gesetzmäßigen Ablehnung eines Beschlusses nach § 142 Abs. 1 S. 1 AktG. Die Unvergleichbarkeit beider Sachverhalte liegt jedoch auf der Hand, womit Wertungen des § 142 Abs. 2 S. 1 AktG nicht entsprechend anwendbar sind. Dasselbe gilt für § 148 Abs. 1 S. 2 Nr. 3 AktG, in dessen Rahmen noch nicht einmal ein Hauptversammlungsbeschluss gleich welchen Ergebnisses Voraussetzung ist, sondern einzig eine erfolglose Aufforderung an die Gesellschaft.

Eine Verschärfung der Bestimmtheitsanforderungen bei Beschlüssen, die konzernrechtliche Ansprüche beinhalten, verbietet sich deshalb.

Dieses Ergebnis erhärtet sich auch noch weiter, wenn man die übrigen Anforderungen an einen Beschluss nach § 147 Abs. 1 AktG beachtet. Nach – soweit ersichtlich – einhelliger Ansicht braucht im Rahmen des Geltendmachungsbeschlusses nur der Lebenssachverhalt dargestellt, nicht aber die Anspruchsgrundlage genannt werden.[224] Damit könnte ein Lebenssachverhalt beschrieben werden, der sowohl Ersatzansprüche nach § 117 AktG möglich erscheinen lässt, als auch solche aus Konzernhaftung. Die Anspruchsverfolgung aus § 117 AktG ergibt sich unmittelbar

224 Vgl. nur KK-AktG/*Rieckers/Vetter*, § 147 Rn 175; Spindler/Stilz/*Mock*, § 147 Rn 30; MüKoAktG/*Schröer*, § 147 Rn 26, 38; *Kling*, ZGR 2009, 190, 194; *Stallknecht*, aaO, S. 68.

aus § 147 Abs. 1 S. 1 AktG und konsequenterweise unterläge der Geltendmachungsbeschluss diesbezüglich keiner weiteren Bestimmtheitsanforderung. Aber bezüglich der Konzernhaftung unterläge der Sachverhalt erhöhten Bestimmtheitsanforderungen. Damit wäre der Beschluss bezüglich § 117 AktG rechtmäßig gefasst, aber nicht in Bezug auf die Konzernersatzansprüche. Derselbe Beschluss wäre aufgrund desselben Lebenssachverhalts zeitgleich rechtmäßig und rechtswidrig. Das kann nicht sein, insbesondere ist das kein Fall der Teilnichtigkeit gemäß § 139 BGB, da es sich um denselben Sachverhalt gegen denselben Anspruchsgegner handelt. Auch unter diesem Gesichtspunkt kann es bei Konzernsachverhalten keine erhöhten Bestimmtheitsanforderungen für den Geltendmachungsbeschluss geben.

Das abstrakte Risiko eines Rechtsmissbrauchs einer Anteilsminderheit durch Stimmverbote des Mehrheitsaktionärs in Konzernsachverhalten muss man damit aufgrund der gesetzlichen Anordnung grundsätzlich hinnehmen.[225] Damit ist jedoch noch nicht geklärt, ob dieses Institut in der Rechtstatsächlichkeit nicht doch missbraucht wird.[226] Auf diese Problematik wird später unter l) eingegangen.

### *i) Keine (unzumutbare) Erschwerung der Durchsetzung von Ersatzansprüchen*

Hohe Bestimmtheitsanforderungen dienen schlussendlich zwei Zwecken: Zum einen ziehen die potentiellen Anspruchsgegner einen Graben der Vorabverteidigung um sich, zum anderen lassen sich Fragen der Begründetheit des Anspruchs in den Anfechtungsprozess vorverlagern.

Die Vorabverteidigung zielt darauf ab, sich bei der Beschlussfassung schon damit zu verteidigen, dass der Antragsteller nicht darlegt, dass der Anspruch wirklich besteht. Im Anfechtungsprozess könnte dieser Gesichtspunkt dann gerichtlich überprüft werden. Das führt dazu, dass sich zwei Gerichte – das Anfechtungsgericht und das Gericht im späteren Haftungsprozess – mit denselben Fragen beschäftigen würden.

Der Bundesgerichtshof hatte sich in einem Fall zu einer GmbH mit genau dieser Argumentation auseinanderzusetzen. Er erkannte den Konflikt und erteilte hohen Bestimmtheitsanforderungen eine klare Absage:

> „Geht es um die gerichtliche Geltendmachung von Ersatzansprüchen gegen Gesellschafter oder Geschäftsführer, so reicht es grundsätzlich aus, daß [sic!] der die Abstimmung beantragende Gesellschafter im einzelnen umreißt, worin die Pflichtverletzung und der Tatbeitrag der einzelnen Mitgesellschafter besteht; ähnlich wie bei der von einer Minderheit nach § 147 AktG zu erzwingenden Geltendmachung von Ersatzansprüchen gegen Gründer, Vorstandsmitglieder, etc. (vgl. hierzu Hefermehl in: Geßler/Hefermehl/Eckhardt/Kropff, AktG, § 147 Anm. 2) kommt es auch im GmbH-Recht nicht darauf an, ob der Prozeß [sic!] Aussicht auf Erfolg hat (Scholz/K. Schmidt, GmbHG, § 47

225 *Kropff*, FS Bezzenberger, S. 233, 249.
226 So *Bayer*, AG 2016, 637.

> Anm. 119). Es würde die Durchsetzung der Ersatzansprüche unzumutbar erschweren, wenn schon im Anfechtungsprozeß [sic!] und – mangels Rechtskrafterstreckung – im nachfolgenden Prozeß [sic!] nochmals gerichtlich geklärt werden müßte [sic!], ob der Haftungsgrund besteht."[227]

Der Bundesgerichtshof sieht das Problem der vorgezogenen Selbstverteidigung und der doppelten gerichtlichen Überprüfung von überhöhten Bestimmtheitsanforderungen und löst es, indem die Antragsteller den Sachverhalt nur zu „umreißen" haben, damit klar ist, auf welchen Sachverhalt sich die Geltendmachung von Ersatzansprüchen stützt.

Bemerkenswert ist überdies, dass der Bundesgerichtshof diese niedrigen Bestimmtheitsanforderungen für das ehemalige Minderheitsbegehren nach § 147 Abs. 1 S. 1 Var. 2 AktG a.F. aufstellt. Wenn diese Anforderungen schon für ein Minderheitsrecht Anwendung finden, so darf in Bezug auf die Stimmrechtsmehrheit nichts anderes gelten, sind doch an ein Minderheitsrecht grundsätzlich höhere Anforderungen zu stellen als an ein Mehrheitsrecht.

### *j) Harmonisierung der inhaltlichen Beschlussanforderungen an das Auskunftsrecht der Aktionäre nach § 131 AktG*

Kommt man zu dem Schluss, dass kein Stufenverhältnis zum Sonderprüfer besteht, so ist die primäre Informationsquelle der Aktionäre über die Aktivitäten der Gesellschaft und Organe neben dem Jahresabschluss[228] das Auskunftsrecht nach § 131 AktG.[229] Dieses Auskunftsrecht dient nach Vorstellung des Gesetzgebers der ausreichenden Informierung der Aktionäre zur sinnvollen Ausübung ihrer Rechte in der Hauptversammlung.[230] Das Auskunftsrecht soll folglich der kollektiven Willensbildung in der Hauptversammlung förderlich sein.[231] Die Reichweite des Auskunftsrechts gibt damit einen groben Anhaltspunkt dafür, welche Art der Bestimmtheit man regelmäßig von einem Beschlussantrag erwarten darf.

Dem Grunde nach eröffnet § 131 Abs. 1 S. 1 AktG ein weitreichendes Informationsrecht des Aktionärs über Angelegenheiten der Gesellschaft, soweit die Informationen zur sachgemäßen Beurteilung des Gegenstands der Tagesordnung erforderlich sind. Angelegenheiten der Gesellschaft sind all solche Umstände von einigem Gewicht, die die Gesellschaft betreffen.[232] „Angelegenheiten der Gesellschaft" ist weit zu verstehen, sodass ein Informationsbegehren schwerlich an dieser

---

227 BGHZ 97, 28 (juris Rz 14).

228 Im faktischen Konzern kommt noch die Erklärung zum Abhängigkeitsbericht im Lagebericht hinzu. Vgl. dazu BIII2)l)aa).

229 *Binder*, ZHR 176 (2012), 380, 383 f.

230 *Kropff*, Aktiengesetz vom 6.9.1965 mit Begründung, S. 184. Vgl. auch Hüffer/*Koch*, § 131 Rn 1; MüHdbGesR-AG/*Hoffmann-Becking*, § 38 Rn 2.

231 MüKoAktG/*Kubis*, § 133 Rn 43.

232 MüHdbGesR-AG/*Hoffmann-Becking*, § 38 Rn 9 ff.

Hürde scheitert.[233] Die erste bedeutende Wegscheide, die zulässige von unzulässigen Informationsbegehren trennt, ist die Erforderlichkeit[234] des Informationsbegehrens.[235] Dieses Tatbestandsmerkmal soll nach dem historischen Gesetzgeber von 1965 dazu dienen, „Missbräuche des Auskunftsrechts [zu] verhindern und einen ordnungsgemäßen Ablauf der Hauptversammlung [zu] gewährleisten."[236] Wann eine Information erforderlich ist, wurde und wird in Rechtsprechung und Literatur ausführlich diskutiert[237] und soll an dieser Stelle nicht vertieft werden. Die Rechtsprechung hat herausgearbeitet, dass

> „entsprechend der Funktion des Auskunftsrechts, das auch zur Meinungs- und Urteilsbildung anderer Aktionäre, insbesondere der Minderheitsaktionäre, in der Hauptversammlung beitragen soll, Maßstab für die „Erforderlichkeit" eines Auskunftsverlangens der Standpunkt eines objektiv urteilenden Aktionärs [ist], der die Gesellschaftsverhältnisse nur auf Grund allgemein bekannter Tatsachen kennt und daher die begehrte Auskunft als nicht nur unwesentliches Beurteilungselement benötigt. Durch dieses Kriterium wird das Informationsrecht gemäß § 131 AktG in qualitativer und quantitativer Hinsicht sowie hinsichtlich seines Detaillierungsgrads begrenzt."[238]

Um den Bogen wieder zu § 147 Abs. 1 AktG zu schlagen, wird ein Aktionär regelmäßig Fragen stellen zu Geschäften oder Handlungen, von denen er ausgeht, dass sie zu einer Schädigung der Gesellschaft geführt haben. Solche Fragen betreffen die Rechtmäßigkeit des Handelns der Gesellschaftsorgane und damit regelmäßig den Tagesordnungspunkt „Entlastung".[239] Gerade aber bei diesem Tagesordnungspunkt soll ein strenger Maßstab anzulegen sein:[240] So sollen nur Auskünfte zu solchen Vorgängen „von einigem Gewicht" gegeben werden.[241] Ein solches Gewicht liegt vor, wenn sich die Frage auf mögliche Pflichtverletzungen der Organe bezieht.[242] Damit wird man annehmen können, dass Fragen zur Pflichtwidrigkeit von Organen

---

233 Heidel/*Heidel*, § 131 Rn 29.

234 Zur umstrittenen Frage, ob das Kriterium der Erforderlichkeit im Lichte von Art. 9 Aktionärsrechte-Richtlinie (RL 2007/36/EG, ABl. EG Nr. L 184 vom 14.7.2007, S. 17) noch mit Europarecht vereinbar ist, Heidel/*Heidel*, § 131 Rn 6a, 35.

235 Heidel/*Heidel*, § 131 Rn 33; Hüffer/*Koch*, § 131 Rn 12; *Kersting*, ZIP 2009, 2317.

236 *Kropff*, Aktiengesetz vom 6.9.1965 mit Begründung, S. 185.

237 Vgl. z.B. die ausführliche Darstellung bei MüKoAktG/*Kubis*, § 131 Rn 48 f., 182–238.

238 BGH ZIP 2014, 671. Ständige Rspr., vgl. nur BGHZ 198, 354 = ZIP 2013, 2454; BGHZ 180, 9 = ZIP 2009, 460; BGHZ 160, 385, 389 = ZIP 2004, 2428.

239 Vgl. dazu BGH ZIP 2004, 2428 (juris Rz 15).

240 Hüffer/*Koch*, § 131 Rn 12a unter Verweis auf OLG Düsseldorf AG 1992, 34 (juris Rz 82, 86, 98).

241 BGH ZIP 2004, 2428 (juris Rz 10).

242 BGH aaO (juris Rz 10 ff.) zu möglichen unternehmerischen Fehlleistungen der Organe im Rahmen einer Verschmelzung.

im Rahmen der Entlastung grundsätzlich erforderlich sind.[243] Selbiges muss auch gelten für Fragen zu möglichen Pflichtverletzungen eines Mehrheitsaktionärs, der die Organe zu pflichtwidrigen Handlungen bestimmt haben könnte. Denn auch solche Handlungen betreffen die Angelegenheiten der Gesellschaft gemäß § 131 Abs. 1 S. 1 AktG.[244]

Doch selbst grundsätzlich erforderlichen Informationsbegehren muss der Vorstand nicht entsprechen, soweit er gemäß § 131 Abs. 3 S. 1 AktG ein Auskunftsverweigerungsrecht hat. Nach § 131 Abs. 3 S. 1 AktG darf der Vorstand die Auskunft verweigern, soweit die Erteilung der Auskunft nach vernünftiger kaufmännischer Beurteilung geeignet ist, der Gesellschaft oder einem verbundenen Unternehmen einen nicht unerheblichen Nachteil zuzufügen. Mutmaßliche Pflichtverletzungen von Vorstands- und/oder Aufsichtsratsmitgliedern bestehen bei Geschäften mit dem Mehrheitsaktionär vor allem darin, entweder einen Unternehmensteil zu günstig ver- oder zu teuer gekauft zu haben.[245] Die Entscheidung, ob ein Geschäft (mit einem Aktionär) geschlossen wird, geschieht im Gremium Vorstand ggf. in Zusammenarbeit mit dem Aufsichtsrat. Die Arbeit von Vorstand und Aufsichtsrat unterliegt grundsätzlich der Vertraulichkeit, was sich aus § 93 Abs. 1 S. 3 AktG (i.V.m. § 116 AktG) ergibt. In der Rechtsprechung hat sich in diesem Zusammenhang die Ansicht herauskristallisiert, dass die Vertraulichkeit innerhalb des Vorstands und Aufsichtsrats und bei einer Zusammenarbeit beider Organe auch gegenüber der Hauptversammlung zu schützen sei, um eine „vertrauensvolle Zusammenarbeit und offene Diskussion zwischen den Organen“ nicht zu gefährden, sodass aus diesem Grunde grundsätzlich ein Auskunftsverweigerungsrecht des Vorstands gegeben sei.[246] Damit besteht das Risiko, dass der Vorstand Pflichtverletzungen hinter dem Mantel der Verschwiegenheit versteckt.

Dieses Problem erkennt auch der Bundesgerichtshof und konstatiert, dass die Auskunftsverweigerung „kein Mittel des Vorstands sein darf, eigenes pflichtwidriges Fehlverhalten vor der Hauptversammlung zu verbergen und sich dadurch der Verantwortung zu entziehen.“[247] Andererseits muss der Vorstand das Auskunftsverweigerungsrecht nicht darlegen und beweisen, sondern nur plausibilisieren.[248] Der Aktionär ist damit faktisch in einer argumentativen Bringschuld, will er den Vorstand auf Erteilung der Informationen gemäß § 132 AktG verklagen. Im Übrigen wird der Aktionär bei einer Auskunftserzwingungsklage gemäß § 132 Abs. 5 AktG

---

243 Heidel/*Heidel*, § 131 Rn 62; Einschränkend MüKoAktG/*Kubis*, § 131 Rn 233, der bei Veräußerungserlösen für die Erforderlichkeit noch weitere qualifizierte Merkmale wie z.B. einen außerordentlichen Ertrag in Höhe von mindestens 25 % des Jahresüberschusses der Gesellschaft fordert.

244 MüKoAktG/*Hoffmann-Becking*, § 38 Rn 10; Heidel/*Heidel*, § 131 Rn 28.

245 Zumeist werden gerade aufgrund solcher Geschäfte Beschlüsse nach § 147 Abs. 1, 2 AktG gefasst, vgl. dazu sogleich noch unter BIII2)l)cc).

246 BGH ZIP 2014, 671 (juris Rz 67); BGH ZIP 2013, 2454 (juris Rz 47).

247 BGHZ 86, 1 = WM 1983, 54 (juris Rz 49).

248 BGH ZIP 2014, 671 (juris Rz 42).

mit einem Kostenrisiko belegt, falls seine Klage abgewiesen wird.[249] Er wird insofern überlegen müssen, ob er die Rechtswidrigkeit der Auskunftsverweigerung durch den Vorstand wird belegen können, schließlich muss er im Umkehrschluss darlegen und beweisen, dass die Vertraulichkeit nur vorgeschoben ist und sich dahinter eine Pflichtwidrigkeit verbirgt.

Zuletzt ist noch Folgendes zu berücksichtigen: Selbst wenn der Aktionär aufgrund seines Auskunftsrechts vom Vorstand Informationen erhält, die seinen Verdacht erhärten, dass Pflichtverletzungen geschehen sind, so sind ihm dennoch für diese Hauptversammlung die Hände gebunden: Um Beschlüsse nach § 147 AktG zu fassen, muss der Beschlussgegenstand gemäß § 124 AktG grundsätzlich vor der Hauptversammlung bekanntgemacht werden. Ist dies nicht geschehen, so darf gemäß § 124 Abs. 4 S. 1 AktG nicht über diese Anträge abgestimmt werden, es sei denn, es besteht gemäß Abs. 4 S. 2 ein Bezug zu einem angekündigten Tagesordnungspunkt. Nach ganz vorwiegender Ansicht reicht der Tagesordnungspunkt „Entlastung" für eine Beschlussfassung nach § 147 AktG jedoch nicht aus.[250] Damit muss der Aktionär auf die Hauptversammlung im nächsten Jahr warten oder die Einberufung einer außerordentlichen Hauptversammlung gemäß § 122 Abs. 1, 3 AktG anstreben, will er aufgrund der erteilten Informationen eine Beschlussfassung nach § 147 Abs. 1 AktG erreichen.

Das theoretisch weite Informationsrecht des Aktionärs unterliegt damit in der Praxis umfassenden Einschneidungen und Auskunftsverweigerungsmöglichkeiten des Vorstands. Dahinter steht die Befürchtung, dass Geheimnisse der Gesellschaft und vertrauliche Gespräche der Verwaltung an die Öffentlichkeit und damit auch an Konkurrenten gelangen. Wenn man diese Befürchtung akzeptiert, muss man konstatieren, dass der Aktionär wenige Möglichkeiten hat, über § 131 AktG an – im Hinblick auf § 147 Abs. 1 AktG brauchbare – Informationen zu kommen.

Im Umkehrschluss darf man aber auch nicht verlangen, dass der Aktionär bei einem Beschlussantrag nach § 147 Abs. 1 AktG substantiiert zu einer angeblichen Pflichtverletzung vorträgt. Die Rechtsprechung des Bundesgerichtshofs, dass sich der Vorstand nicht hinter seinem Auskunftsverweigerungsrecht verstecken darf, um Pflichtverletzungen zu kaschieren,[251] unterstützt insofern ebenfalls das Ergebnis, dass an den Geltendmachungsbeschluss nach § 147 Abs. 1 AktG keine höheren inhaltlichen Anforderungen zu stellen sind als solche, die ausreichen, dass das ausführende Organ seinen Auftrag erkennt und weiß, was es zu tun hat.

---

249 Zum Kostenrisiko und der Höhe der Kosten MüKoAktG/*Kubis*, § 132 Rn 55 ff.

250 Hüffer/*Koch*, § 147 Rn 4; Henssler/Strohn/*Liebscher*, § 147 Rn 6; Hölters/*Hirschmann*, § 147 Rn 4; MüKoAktG/*Schröer* § 147 Rn 37, 61; Spindler/Stilz/*Mock*, § 147 Rn 32.

251 BGHZ 86, 1 = WM 1983, 54 (juris Rz 19).

### *k) Die Geltendmachung von Ersatzansprüchen im Personengesellschaftsrecht*

Der Bundesgerichtshof hat sich, soweit ersichtlich, ein Mal mit der Bestellung eines Besonderen Vertreters zur Geltendmachung von Ersatzansprüchen in einer Personengesellschaft (Kommanditgesellschaft) befasst.[252] Wie sich aus der Vorinstanz Oberlandesgericht Bremen[253] ergibt, hatte die Komplementärin als Geschäftsführerin eine Kommissionsvereinbarung mit einer GmbH abgeschlossen und dadurch nach Meinung des Beirats der Kommanditgesellschaft gegen ihre Pflicht zur eigenständigen Geschäftsführung verstoßen.[254] Daraufhin fasste der Beirat den Beschluss, Ersatzansprüche gegen die Komplementärin wegen Zahlung der Kommission zu verfolgen.[255] Im Anschluss daran wurde eine Gesellschafterversammlung einberufen, die unter anderem beschloss:

> „Der Beirat wird beauftragt – rein vorsorglich aufgefordert und ermächtigt – alle Ansprüche der Gesellschaft gegenüber der Komplementärin und/oder gegenüber der Gesellschaft O.-GmbH ... aus und im Zusammenhang mit der Kommissionsvereinbarung vom 24. Februar 2005 und ihre Durchführung zu verfolgen."[256]

Der Bundesgerichtshof qualifizierte diesen Beschluss als die Geltendmachung von Ersatzansprüchen und die Bestellung des Beirats als Besonderen Vertreter entsprechend § 46 Nr. 8 GmbHG, § 147 AktG.[257] Da Beschlüsse von Personengesellschaften entweder wirksam oder nichtig sind (eine Unterscheidung von Anfechtungs- und Nichtigkeitsklage wie im Kapitalgesellschaftsrecht existiert nicht),[258] hatte der Bundesgerichtshof inzident zu prüfen, ob der Gesellschafterbeschluss wirksam war und bejahte dies.

Der Gesellschafterbeschluss beschränkte sich jedoch nur darauf, den Beirat als Besonderen Vertreter zu ermächtigen, alle Ersatzansprüche, die im Zusammenhang mit der Kommissionsvereinbarung standen, zu verfolgen. Der Beirat konnte damit erkennen, auf welche Handlung und welche Anspruchsgegner sich seine Ermächtigung bezog. Weitergehende Anforderungen, wie die Darlegung konkreter Pflichtverletzungen oder ähnliche Begründungen, waren nicht vonnöten. Eine besondere Art der Bestimmtheit statuierte der Bundesgerichtshof gerade nicht.

252 BGH ZIP 2010, 2345.
253 OLG Bremen NZG 2010, 181.
254 OLG Bremen NZG 2010, 181 (juris Rz 25).
255 OLG Bremen NZG 2010, 181 (juris Rz 17 f.).
256 OLG Bremen NZG 2010, 181 (juris Rz 21).
257 BGH ZIP 2010, 2345 (juris Rz 8, 15 ff.).
258 Ständige Rechtsprechung des BGH, vgl. nur BGH BB 1966, 1169; BGHZ 81, 264; BGHZ 85, 353 (juris Rz 11); BGH WM 1990, 675; BGH NJW-RR 1992, 227 (juris Rz 8 f.); BGH WM 1999, 1619 (juris Rz 4); BGH DStR 2003, 699 (juris Rz 16). Vlg. auch MüKoHGB/*Enzinger*, § 119 Rn 94 mwN.

Noch eindeutiger ist eine Entscheidung des Landgerichts Karlsruhe,[259] auf die sich der Bundesgerichtshof ausdrücklich bezieht.[260] Auch dort wurde ein Beschluss gefasst, Ersatzansprüche durch einen Besonderen Vertreter zu verfolgen. Inhalt des Beschlusses war die Behauptung, dass sich der Geschäftsführer durch bestimmte Handlungen schadensersatzpflichtig gemacht hatte.[261] Dies allein reichte nach dem Landgericht aus, den Gegenstand folgender Prozesse ausreichend zu umreißen:[262]

> „Weitere Einzelheiten [...] mussten im Rahmen der Beschlussanträge und bei der Beschlussfassung noch nicht festgelegt, sondern konnten der anschließenden rechtlichen Prüfung vor der Klageerhebung überlassen werden. Die Gesellschafter sind i.d.R. keine Juristen, und es kann von ihnen schon aus Zeit- und Kostengründen nicht verlangt werden, dass sie sich vor der Beschlussfassung über die Erhebung der Klage im Einzelnen rechtlich beraten lassen und der Gesellschafterversammlung quasi eine fertige Klageschrift vorlegen."[263]

Schließlich stellte das Landgericht noch klar, dass die Erfolgsaussichten und die Frage der Begründetheit nicht Gegenstand der Beschlussprüfung seien, sondern des späteren Haftungsprozesses.[264]

Auch wenn der Bundesgerichtshof die Entscheidung des Landgerichts Karlsruhe nicht im Rahmen der Bestimmtheitserfordernisse zitierte, sondern bzgl. der Frage, ob die Bestellung eines Besonderen Vertreters auch bei Personengesellschaften zulässig ist, so hatte er die Entscheidung in ihrer Gesamtheit doch wohl vor Augen. Zudem bestanden große Ähnlichkeiten zwischen den Beschlüssen, die der Bundesgerichtshof und das Landgericht Karlsruhe zu prüfen hatten: Beide Beschlüsse zeichneten sich dadurch aus, dass nur der Kreis der Anspruchsgegner und die angeblich zum Ersatz führende Handlung bestimmt waren und infolgedessen ein Pflichtwidrigkeitsvorwurf erhoben wurde. Die Frage, ob die Pflichtverletzung wirklich gegeben war, wurde weder gestellt noch problematisiert. Dies sei schließlich eine Frage des späteren Haftungsprozesses.

Damit ist festzustellen, dass auch die Rechtsprechung des Bundesgerichtshofs und anderer Instanzgerichte zum Besonderen Vertreter im Personengesellschaftsrecht von einem schwachen Bestimmtheitserfordernis im Sinne einer Erkennbarkeit des Auftrags ausgehen. Da die Entscheidungen nicht zur Aktiengesellschaft

259 LG Karlsruhe NZG 2001, 169.
260 BGH ZIP 2010, 2345 (juris Rz 8).
261 LG Karlsruhe NZG 2001, 169, 171: „Durch die Übernahme des Karlsruher Logo's nach Lübben, des Know-How's und der Kundenbeziehungen ohne entsprechende Gegenleistungen hat sich G.F. als GF der Komplementär-GmbH und damit auch als mittelbarer GF der beiden KG's nach § 43 GmbHG persönlich schadensersatzpflichtig gemacht."
262 LG Karlsruhe NZG 2001, 169, 171.
263 Ebd.
264 LG Karlsruhe NZG 2001, 169, 172.

ergingen, bleibt noch zu prüfen, ob diese Bestimmtheitserfordernisse nur bei Personengesellschaften oder auch bei Kapitalgesellschaften gelten sollen.

Man könnte argumentieren, dass bei der Personengesellschaft keine Sonderprüfung möglich sei und damit das (vermeintliche) Argument des Stufenverhältnisses zwischen Sonderprüfer und Besonderem Vertreter nicht greife. Insofern könnte man die Bestimmtheitsvoraussetzungen aus dem Personengesellschaftsrecht nicht übertragen.

Dem ist jedoch dreierlei entgegen zu halten: Zum einen ist es umstritten, ob es überhaupt ein solches Stufenverhältnis gibt, das im Übrigen nach der hier vertretenen Ansicht abgelehnt wird.[265] Zum anderen wird auch bei Publikumspersonengesellschaften vertreten, dass dort Sonderprüfer entsprechend § 142 AktG bestellt werden können,[266] sodass die Entscheidung des Bundesgerichtshofs auch auf das Recht der Aktiengesellschaft angewendet werden kann. Die Vergleichbarkeit der Sachverhalte und die Übertragbarkeit der Voraussetzungen begründet sich jedoch entscheidend in den umfassenden Einsichts- und Informationsrechten des Kommanditisten nach § 166 HGB. Er kann zur Überprüfung des Jahresabschlusses die Bücher und Schriften der Gesellschaft einsehen, auch Prüfberichte und „Geheimbücher" der Gesellschaft.[267] Aus diesen Schriftstücken kann der Kommanditist frei wählen und ist nur unter dem Gesichtspunkt des Rechtsmissbrauchs beschränkt.[268] Sein Einsichtsrecht ist damit vergleichbar mit dem des Sonderprüfers.[269] Aus diesem Grund hätten der Bundesgerichtshof und die anderen Instanzgerichte die Beschlüsse wegen Unbestimmtheit mit der Begründung abweisen können, dass der oder die Gesellschafter zunächst von ihrem Recht nach § 166 Abs. 1 (eventuell i.V.m. Abs. 3)[270] HGB Gebrauch hätten machen müssen, um den Beschluss weiter zu konkretisieren. Diese Erwägung findet sich jedoch nicht, vielmehr die Feststellung, dass eine solche Ausforschung im Vorfeld nicht notwendig sei.[271] Mithin kann die Entscheidung des Bundesgerichtshofs zur Publikums-Kommanditgesellschaft und allgemein zum Personengesellschaftsrecht auf das Recht der Aktiengesellschaft übertragen werden, sodass auch nach den Maßgaben des Bundesgerichtshofs keine

265 Vgl. dazu ausführlich S. 19 ff.

266 Spindler/Stilz/*Mock*, § 142 Rn 35; Heidel/Schall/*Heidel*, § 105 HGB Rn 243b; aA aber OLG Hamm ZIP 2013, 976 (juris Rz 66); BayObLGZ 1985, 257, 260 f.; KK-AktG/*Rieckers/Vetter*, § 142 Rn 98; Ebenroth/Boujong/Joost/Strohn/*Henze/Notz*, Anh. B § 177a, Rn 181.

267 BGH ZIP 1989, 768 (juris Rz 18); OLG München WM 2008, 2211 (juris Rz 11); Baumbach/Hopt/*Roth*, § 166 HGB Rn 4 mwN; Ebenroth/Boujong/Joost/Strohn/*Weipert*, § 166 HGB Rn 5 ff.

268 OLG München WM 2008, 2211 (juris Rz 11); Baumbach/Hopt/*Roth*, § 166 HGB Rn 4.

269 So auch OLG Hamm ZIP 2013, 976; *Von der Linden*, GWR 2013, 135.

270 Vgl. zur Reichweite des Informationsanspruches nach § 166 Abs. 3 HGB BGH ZIP 2016, 1769.

271 LG Karlsruhe NZG 2001, 169, 171.

hohen Anforderungen an die Bestimmtheit des Geltendmachungsbeschlusses zu stellen sind. Entscheidendes Kriterium ist nur die Erkennbarkeit des Auftrags.

### *l) Missbrauchspotential der Minderheit*

Nachdem viele Argumente der bisherigen Auseinandersetzung beeinflusst waren von angeblichen Missbrauchsmöglichkeiten eines Geltendmachungsbeschlusses, wird dem Vorwurf des Rechtsmissbrauchs im Folgenden die volle Aufmerksamkeit zuteil.

Die Grenzen des Erlaubten auszuloten und ausnahmsweise zu überschreiten ist eine allzu menschliche Eigenschaft. Jedes Recht und jede Rechtsposition kann potentiell missbraucht werden. Im Umkehrschluss ist eine Welt ohne Rechtsmissbrauch nur denkbar in einer Welt ohne Rechte. Nicht zuletzt für den juristischen Berufsstand eine wenig erstrebenswerte Alternative. Unter dieser Prämisse ist eine Rechtsausübung dann missbräuchlich, „wenn sie beachtliche Interessen eines anderen verletzt[272], ihr aber kein schutzwürdiges Eigeninteresse zugrunde liegt."[273] Ein Rechtsmissbrauch darf indes nicht verwechselt werden mit der erlaubten Ausnutzung eines Rechts: Auch wenn die Rechtsausübung den Gesellschaftsorganen oder der Anteilsmehrheit lästig ist, ist dies noch kein Anzeichen für einen Missbrauch.[274]

Bei der Beschlussfassung nach § 147 AktG ist zudem eine Besonderheit zu beachten: Nach allgemeiner Ansicht ist die Beschlussfassung unabhängig davon rechtmäßig, ob die Ersatzansprüche wirklich bestehen.[275] Damit führt alleine eine abgewiesene Klage eines Besonderen Vertreters nicht zu dem Ergebnis, dass die Beschlussfassung nach § 147 AktG rechtsmissbräuchlich geschehen ist. Dazu bedarf es mehr.

#### *aa) Dogmatische Herangehensweise*

Es besteht das Risiko, dass das scharfe Schwert des Besonderen Vertreters von einer Minderheit missbraucht werden könnte. Offenbar wird dies insbesondere im faktischen Konzern.[276] In einem solchen hat der Vorstand gemäß § 312 Abs. 1 AktG in jedem Jahr einen Abhängigkeitsbericht zu erstellen, in dem alle Rechtsgeschäfte zwischen abhängiger Gesellschaft und herrschendem Unternehmen aufzustellen sind. Der Abhängigkeitsbericht selbst wird nicht veröffentlicht, sondern verbleibt

---

272 [Sic!]. Passender wäre wohl der Begriff „Eingriff" statt „Verletzung", da ein Eingriff (ebenso wie in der Grundrechtsdogmatik) dann vorliegt, wenn Interessen eines anderen beeinträchtigt sind, eine Verletzung jedoch schon die Wertung in sich trägt, dass der Eingriff rechtswidrig war. Gerade dies ist in diesem Fall jedoch nicht gegeben.

273 BGH ZIP 1994, 654 (juris Rz 18).

274 Ebenso zum Missbrauch des Minderheitsrechts bei § 122 AktG MüHdbGesR-AG/*Bungert*, § 36 Rn 29.

275 Vgl. dazu Fn 70.

276 Ebenfalls *Rieckers*, DB 2015, 2131, 2134; *Bayer*, AG 2016, 637 ff.

gesellschaftsintern.[277] Jedoch hat sich der Vorstand nach § 312 Abs. 3 S. 1, 2 AktG zum Abhängigkeitsbericht zu erklären. Diese Erklärung ist nach § 312 Abs. 3 S. 3 AktG in den Lagebericht (§§ 264 Abs. 1, 289 HGB) aufzunehmen, ebenso wie die Erklärung des Aufsichtsrats nach § 314 Abs. 3 AktG. Der Lagebericht ist sowohl nach § 325 Abs. 1 HGB im elektronischen Bundesanzeiger zu veröffentlichen, als auch der Hauptversammlung nach § 175 Abs. 1, 2 S. 1 AktG vorzulegen. Damit wird die Erklärung zum Abhängigkeitsbericht publik. In dieser Erklärung hat der Vorstand zu jedem Geschäft der Gesellschaft mit dem herrschenden Unternehmen dahingehend Stellung zu nehmen, ob eine angemessene Gegenleistung gezahlt wurde bzw. ob die Gesellschaft nicht benachteiligt wurde. Dazu gehört notwendig, dass er jedes Geschäft benennt.[278]

Nach dem hier vertretenen Bestimmtheitserfordernis muss der Geltendmachungsbeschluss nur erkennen lassen, aus welchem abgrenzbaren Lebenssachverhalt sich gegen bestimmbare Personen Ersatzansprüche ergeben könnten. Durch einen solchen Beschluss wüsste der Besondere Vertreter, welche Aufgabe er hat, und das Gericht im Haftungsprozess könnte überprüfen, ob die spätere Haftungsklage vom Hauptversammlungsbeschluss gedeckt ist. Die Brisanz entsteht dadurch, dass nach ganz überwiegender und richtiger Ansicht auch konzernrechtliche Ansprüche nach §§ 311, 317 AktG von einem Geltendmachungsbeschluss nach § 147 Abs. 1 AktG umfasst sind:[279] Damit könnte die Mehrheit der Minderheitsaktionäre Geschäfte aus der Erklärung auswählen und gepaart mit dem Vorwurf, bei diesen Geschäften hätten Verwaltung und herrschendes Unternehmen die Gesellschaft geschädigt, einen Geltendmachungsbeschluss nach § 147 Abs. 1 S. 1 AktG fassen und einen Besonderen Vertreter nach § 147 Abs. 2 AktG einsetzen. Das herrschende Unternehmen unterläge einem Stimmverbot nach § 136 Abs. 1 S. 1 Var. 3 AktG und der Beschlussantrag fände mit einem (regelmäßig wirtschaftlich nicht unbedeutenden)[280] Bruchteil des stimmberechtigten Kapitals Zustimmung. Die außenstehenden Aktionäre könnten folglich ohne Weiteres einzelne Geschäfte des herrschenden Unternehmens mit der Gesellschaft überprüfen lassen und einen Lästigkeitswert schaffen.

Andererseits birgt der faktische Konzern auch große Gefahren für die abhängige Gesellschaft. Ohne Beherrschungsvertrag darf das herrschende Unternehmen gemäß § 311 Abs. 1 AktG seinen Einfluss ausdrücklich nicht dazu benutzen, die abhängige Gesellschaft zu schädigen. Das Gesetz erkennt somit den immanenten Interessenskonflikt zwischen dem herrschenden Unternehmen als Aktionär der Gesellschaft einerseits und andererseits als außerhalb der Gesellschaft am wirtschaftlichen Leben teilnehmenden Akteur an.[281] Durch die Konzernbildung entstehen

277 Vgl. auch Hüffer/*Koch*, § 312 Rn 38.
278 Hüffer/*Koch*, § 312 Rn 35.
279 Vgl. dazu schon BIII1).
280 Dazu sogleich unter BIII2)l)cc).
281 Hüffer/*Koch*, § 311 Rn 1.

damit idealiter zwei Aktionärsgruppen; die Minderheitsaktionäre, die neben ihrem Eigeninteresse[282] an dem Unternehmenswohl interessiert sind, und das herrschende Unternehmen, das neben dem Unternehmenswohl der beherrschten Gesellschaft sein Konzernwohl (also sein Eigeninteresse) im Blick hat. Beide Gruppen haben damit konfligierende Interessen.[283] Der große Unterschied zwischen beiden Gruppen ist, dass grundsätzlich nur das herrschende Unternehmen seine Eigeninteressen durchsetzen kann, nicht die Minderheitsaktionäre. Die Gefahr eines Missbrauches durch die Mehrheit ist im faktischen Konzern besonders groß, da der Mehrheitsaktionär gemäß §§ 101, 119 Abs. 1 Nr. 1 AktG per Hauptversammlungsbeschluss den Aufsichtsrat besetzen kann und darüber mittelbar steuert, wen der Aufsichtsrat nach § 84 Abs. 1 AktG zum Vorstand bestellt. Der Mehrheitsaktionär hat damit großen Einfluss auf die Besetzung der Verwaltungsorgane der Gesellschaft, die ihm folglich ihre Stellung verdanken.

Die Willensbildung der Gesellschafter untereinander geschieht in allen Gesellschaften und somit auch in der Aktiengesellschaft per Beschluss und zumeist mit der Mehrheit der abgegebenen Stimmen (§ 133 Abs. 1 AktG). Einem solchen Beschluss, auf den sich mehrere Gesellschafter untereinander einigen, kommt eine ähnliche Richtigkeitschance zu wie einem ausgehandelten Vertrag.[284] Im Falle eines herrschenden Unternehmens verfängt diese Chance nicht mehr; wie *Wiedemann* klarstellt,

> „verbürgt das Beschlußergebnis [sic!] jedoch so wenig eine Richtigkeitschance wie das In-sich-Geschäft oder der diktierte Vertrag: der herrschende Gesellschafter beschließt nicht, sondern ordnet an. In den genannten Fällen liegen nur der Form nach Beschlüsse oder Verträge vor, dem Inhalt nach einseitige Willensakte."[285]

Die Gefahr des immanenten Rechtsmissbrauchs durch die Minderheit aufgrund anderweitig motivierter Beschlussfassungen nach § 147 AktG relativiert sich angesichts des hohen Missbrauchspotentials durch das herrschende Unternehmen (Mehrheitsaktionär). Die Forderung hoher Bestimmtheitsanforderungen trägt die Wertung in sich, dass jedes Minderheitsverlangen potenziell missbräuchlich ist. Die Forderung niedriger Voraussetzungen trägt die Wertung in sich, dass ein effektiver Minderheitenschutz das notwendige Korrektiv zur Informationsasymmetrie und dem Machtgefälle in der Gesellschaft, sprich zum Missbrauchspotential des Mehrheitsaktionärs, darstellt.

Mithin ist zu entscheiden, welches Missbrauchsrisiko die Regel und welches die Ausnahme ist. Das ist keinesfalls nur eine rechtstatsächliche, sondern auch eine dogmatische Frage. Entscheidend zur Beantwortung der Dogmatik ist der Umstand, dass ein von der stimmberechtigten Mehrheit gefasster Beschluss grundsätzlich

282 Beispielsweise hohe Abfindungen.
283 *Wiedemann*, GesR Band 1, § 8 I 1 (S. 407).
284 *Wiedemann*, GesR Band 1, § 8 I 1 (S. 406).
285 *Wiedemann*, aaO, (S. 406).

keiner sachlichen Rechtfertigung bedarf. Diese Aussage geht auf BGHZ 76, 352, 353 zurück: „Ein mit der nötigen Mehrheit gefasster [Auflösungs]beschluss bedarf keiner sachlichen Rechtfertigung; er trägt seine Rechtfertigung in sich."[286] Bei einer solchen Wertung muss nicht die Stimmrechtsmehrheitsentscheidung im Einzelfall gerechtfertigt werden, sondern im Gegenteil ihre Begrenzung durch die Annahme einer Missbräuchlichkeit.[287] Mit den Worten des Bundesgerichtshofs ist festzuhalten:

> „Wer ein ihm gesetzlich zustehendes Recht ausübt, handelt grundsätzlich in Übereinstimmung mit der Rechtsordnung; bezeichnet ein anderer dieses Handeln als mißbräuchlich [sic!], so ist es Sache des anderen, den Rechtsmißbrauch [sic!] darzutun."[288]

So kann eine Missbräuchlichkeit im Rahmen von § 147 Abs. 1 S. 1 AktG nur in Ausnahmefällen vorliegen, so z.B. wenn die Ersatzansprüche offensichtlich und objektiv nicht gegeben sind, oder eine klare Schikane der beschlussfassenden Gesellschafter vorliegt.[289]

Dieser allgemeine Rechtsgedanke verfestigt sich durch die Entstehungsgeschichte der jüngsten Normänderung: Der Gesetzgeber wollte ausweislich der Begründung zum UMAG, dass die Überwachungsrechte der Minderheit nicht (mehr) leerlaufen, sondern effektiv sind.[290] Damit trifft er zugleich die Wertungsentscheidung, dass ein effektiver Minderheitsschutz einem Missbrauchsrisiko vorzuziehen ist, womit der Rechtsmissbrauch durch eine Minderheit nicht von vornherein vermutet und durch hohe Bestimmtheitsanforderungen vermeintlich korrigiert werden muss, sondern jeweils im Einzelfall nachzuweisen ist.

Die Grenze zum Missbrauch ist jedenfalls dann überschritten, wenn es um die Geltendmachung von Ersatzansprüchen aus Sachverhalten geht, die objektiv so nicht geschehen sein können. In diesen Fällen ist von einer offensichtlichen Missbräuchlichkeit auszugehen.

#### *bb) Der Besondere Vertreter als Korrektiv missbräuchlicher Beschlussfassungen: Der Unterschied zwischen „missbräuchlichen Anfechtungsklagen" und der Beschlussfassung nach § 147 AktG*

Trotz dieses dogmatischen Ergebnisses ist die Diskussion um die Anforderungen an den Geltendmachungsbeschluss augenscheinlich getrieben von der Furcht vor

---

286 In dem vom BGH entschiedenen Fall ging es um die Auflösung einer GmbH durch Mehrheitsbeschluss nach § 60 Abs. 1 Nr. 2 GmbHG. Der BGH hob darauf ab, dass weder Gesetz noch Satzung weitere Anforderungen an den Beschluss stellten (juris Rz 6). Ebendies gilt auch für den Beschluss nach § 147 Abs. 1 AktG, sodass die Wertungen des BGH auch auf diesen Fall übertragbar sind.

287 *K. Schmidt*, GesR, § 21 II 3 a) (S. 614 f.); Großkomm-AktG/*Schmidt*, § 243 Rn 47.

288 BGHZ 29, 113 (juris Rz 28).

289 Ebenso LG Karlsruhe NZG 2001, 169, 172.

290 Regierungsbegründung vom 14.03.2005, BT-Drucks. 15/5092, S. 20.

einem Missbrauch des Instituts durch eine Minderheit.[291] Dies ist nicht sonderlich verwunderlich, war das Aktienrecht immer schon mit hohem Konfliktpotential aufgeladen und basierten in der Vergangenheit doch viele Änderungen im Aktiengesetz darauf, sogenannten „räuberischen Aktionären" das Wasser abzugraben.[292] Durch die Provokation vor allem von Verfahrensfehlern oder angeblich unzureichender Auskunft erhoben diese Aktionäre mit einem geringen Kapitalanteil an der Gesellschaft Anfechtungsklagen und führten so bei eintragungsbedürftigen Beschlüssen eine faktische Registersperre herbei. Dadurch wurde die Gesellschaft teilweise handlungsunfähig, was sie erpressbar machte.[293] Diese wenigen „Berufskläger" verdienten mutmaßlich dadurch ihr Geld, dass sie sich den Lästigkeitswert ihrer Klage mehr oder weniger offensichtlich hatten abkaufen lassen. Dies mag der Grund sein, warum die meisten Klagen von Berufsklägern durch Vergleich beendet worden sind.[294] Dennoch sind bei 490 durch Studien untersuchten Anfechtungsklagen nach Überzeugung der Gerichte lediglich 21 Klagen rechtsmissbräuchlich erhoben worden, was einem Anteil von gerade einmal 4,3 Prozent entspricht.[295] Aufgeschlüsselt nach den einzelnen Studien wurden im Zeitraum von 1980 bis einschließlich 1999 207 Verfahren untersucht, bei denen 18 unter anderem aufgrund von Rechtsmissbrauch abgewiesen worden sind,[296] was einem Anteil von knapp 8,7 Prozent entspricht. In der zweiten Studie, die einen Zeitraum vom 1.1.2003 bis zum 30.6.2007 erfasste, war von 97 untersuchten Verfahren ein einziges rechtsmissbräuchlich geführt worden,[297] somit ein Anteil von 1,03 Prozent. Die bislang letzte Studie untersuchte 186 Verfahren in einem Zeitraum vom 1.7.2007 bis zum 31.7.2011 und stellte dabei zwei missbräuchliche Klagen fest, die einen Anteil von 1,07 Prozent der untersuchten Verfahren ausmachten.[298]

Der Beschluss zur Geltendmachung von Ersatzansprüchen und die Einsetzung eines Besonderen Vertreters führen zu Beeinträchtigungen der Gesellschaft, denn ein Besonderer Vertreter kann durch seine Tätigkeit zu Unruhe im Unternehmen führen und bindet mit seiner Arbeit Ressourcen der Gesellschaft. Zwar ist ein Besonderer Vertreter nicht mit nur einer Aktie bestellbar, dennoch führen Stimmverbote

291 Vgl. *Stallknecht*, aaO, S. 67.

292 Hier sticht vor allem das UMAG vom 22.09.2005 (BGBl. I, S. 2802) mit der Einführung des Freigabeverfahrens nach § 246a AktG hervor.

293 Vgl. dazu mit kritischer Würdigung Hüffer/*Koch*, § 246a Rn 1 f.

294 Nach *Dornbach*, Die aktienrechtliche Anfechtungsklage zwischen subjektivem Rechtsschutz und objektiver Rechtskontrolle, S. 59, der die Zahlen von *Baums/Keinath/Gajek*, ZIP 2007, 1629, 1644 verwendet hat, sind im Zeitraum 2003–2007 92 % dieser Klagen per Vergleich beendet worden.

295 *Baums/Vogel/Tacheva*, ZIP 2000, 1649, 1655; *Baums/Keinath/Gajek*, ZIP 2007, 1629, 1642; *Baums/Drinhausen/Keinath*, ZIP 2011, 2329, 2341. Dabei mag die Dunkelziffer höher liegen.

296 *Baums/Vogel/Tacheva*, ZIP 2000, 1649, 1655.

297 *Baums/Keinath/Gajek*, ZIP 2007, 1629, 1631 f.,1642.

298 *Baums/Drinhausen/Keinath*, ZIP 2011, 2329, 2341.

in Konzernsachverhalten regelmäßig dazu, dass Mehrheitsbeschlüsse durch eine – gemessen am Grundkapital vergleichsweise – geringe Anteilseignerschaft gefasst werden.[299] Dabei darf jedoch keinesfalls unberücksichtigt bleiben, dass die Beschlussfassung über die Geltendmachung von Ersatzansprüchen und die Bestellung eines Besonderen Vertreters wohl nie freiwillig von der Verwaltung auf die Tagesordnung gesetzt wird, sondern grundsätzlich auf Verlangen von Aktionären nach § 122 Abs. 2, 3 AktG.[300] Diese müssen jedoch nach dem Wortlaut von § 122 Abs. 2 AktG mindestens den zwanzigsten Teil des Grundkapitals oder den anteiligen Betrag von 500.000 Euro hinter sich vereinen, um dieses Recht ausüben zu können. Reicht für eine Anfechtungsklage somit ein Investment in eine Aktie, müssen Minderheitsaktionäre einen Anteil an der Gesellschaft halten, der regelmäßig einige Millionen Euro Börsenwert widerspiegelt, bevor sie überhaupt eine Abstimmung über einen Beschlussantrag nach § 147 Abs. 1, 2 AktG erreichen können. Es ist unter diesem Aspekt fraglich, ob tatsächlich ein ökonomischer Anreiz besteht, eine Beteiligung diesen Maßes aufzubauen, nur um danach eine missbräuchliche Beschlussfassung nach § 147 AktG zu initiieren.[301]

Überdies ist die Arbeit des Besonderen Vertreters rückgerichtet und beschäftigt sich mit Sachverhalten aus der Vergangenheit. Anders als die Erhebung einer Anfechtungsklage gegen auszuführende unternehmerische Maßnahmen hindert seine Bestellung nicht das zukunftsgerichtete operative Geschäft der Gesellschaft.[302] Auch die Fallzahlen zum Besonderen Vertreter sind mit dem Aufkommen von Anfechtungsklagen nicht zu vergleichen. Während im Zeitraum von 1980 bis Mitte 2011 mehr als 2.869 Anfechtungsklagen erhoben wurden,[303] von denen die meisten zwischen 2006 und 2009 (1.600) rechtshängig wurden, existierte in den letzten zwanzig Jahren nur eine Handvoll Verfahren über die Geltendmachung von Ersatzansprüchen und die Bestellung Besonderer Vertreter nach § 147 AktG.[304]

---

299 Wie z.B. bei der HVB und der Strabag AG; dazu sogleich mehr.

300 So auch Happ/*Möhrle*, 11.16 Anm. 7.1.

301 Diesen Aspekt übergeht *Bayer*, AG 2016, 637, 642 und stellt das Risiko missbräuchlicher Klagen auf eine Ebene mit der missbräuchlichen Geltendmachung von Ersatzansprüchen.

302 Wobei man sicherlich nicht die abstrakte Gefahr von „Einschüchterungen" der Verwaltung durch die Gefahr einer nachfolgenden Untersuchung von Geschäftsführungsmaßnahmen durch Besondere Vertreter völlig unbeachtet lassen darf, MüKoAktG/*Schröer*, § 147 Rn 17. In einer Situation, in der jede kontroverse Entscheidung zu einer Bestellung von Besonderen Vertretern führt, wirkt sich dies natürlich präventiv auf operative Entscheidungen aus. Eine solche Gefahr wird jedoch aufgrund der geringen Fallzahlen kaum bestehen können.

303 *Baums/Vogel/Tacheva*, ZIP 2000, 1649, 1650; *Baums/Keinath/Gajek*, ZIP 2007, 1629, 1633; *Baums/Drinhausen/Keinath*, ZIP 2011, 2329, 2331. Für die Jahre 2000 bis 2002 liegt keine Untersuchung vor.

304 Dazu sogleich unter BIII2)l)cc).

Ein besonders gewichtiger Unterschied ist schließlich die (Organ-)Stellung des Besonderen Vertreters, der ebenso wie Vorstand und Aufsichtsrat ausschließlich dem Unternehmenswohl (und nicht dem Wohl der ihn bestellenden Aktionäre) verpflichtet ist[305] und bei Pflichtverletzungen ebenso wie ein Vorstand bzw. Aufsichtsrat gegenüber der Gesellschaft haftet.[306] Selbst wenn Aktionäre die Geltendmachung von Ersatzansprüchen und die Bestellung eines Besonderen Vertreters missbräuchlich beschließen, können sie den Beschluss nicht selbst ausführen, sondern sind auf die Ausführung durch den Besonderen Vertreter angewiesen. Das bedeutet gerade nicht, dass die Beschlussfassung endgültig erfolgreich ist und der Besondere Vertreter blind den Auftrag entgegen aller Vorbehalte auch bis zum Ende ausführt und sich durch mutwillige Klageerhebung persönlich unbegrenzter Haftung aussetzt.[307]

Das Gegenteil ist der Fall: Ein Gericht muss jede Anfechtungsklage entscheiden, ein Besonderer Vertreter darf einen zu nichts führenden Auftrag nicht bedingungslos verfolgen, sondern muss, sobald er zu der Ansicht kommt, dass an den Vorwürfen nichts dran ist, von dem Auftrag Abstand nehmen und sein Amt niederlegen.[308] Widersetzt er sich einem missbräuchlichen Beschluss, entstehen der Gesellschaft keine weiteren Kosten und keine weiteren Beeinträchtigungen. Führt er ihn wider besseren Wissens doch aus, so erlangt die Gesellschaft selbst einen Ersatzanspruch gegen ihn. Das Unternehmenswohl verpflichtet den Besonderen Vertreter daher ebenso wie den Vorstand und Aufsichtsrat, die Ersatzansprüche der Gesellschaft so effektiv wie nur möglich zu verfolgen, dabei der Gesellschaft aber keine unnötigen Kosten zu verursachen. Das gilt auch für die Kosten einer zur Geltendmachung der Ersatzansprüche notwendigen Sachverhaltsaufklärung.[309] Ebenso wie Vorstand und Aufsichtsrat hat sich der Besondere Vertreter eine ausreichende Informationsgrundlage zu verschaffen. Dabei hat er im Interesse des Unternehmens schonend vorzugehen, wobei ihm ein Ermessen dahingehend eingeräumt werden muss, wie er sich

---

305 KK-AktG/*Rieckers/Vetter*, § 147 Rn 583 ff.; MüHdbGesR-AG/*Bungert*, § 43 Rn 37; MüKoAktG/*Schröer* § 147 Rn 45; Schmidt/Lutter/*Spindler* § 147 Rn 23; Hüffer/*Koch*, § 147 Rn 10; Spindler/Stilz/*Mock*, § 147 Rn 92; *Kling* ZGR 2009, 190, 213.

306 Die unbeschränkte Haftung gilt unabhängig von dem gewählten Haftungsregime. Für eine Haftung entsprechend §§ 93, 116 AktG KG AG 2012, 328 (juris Rz 20); *Böbel*, aaO, S. 114; *Humrich*, aaO, S. 155; Spindler/Stilz/*Mock*, § 147 Rn 96; Heidel/*Lochner*, § 147 Rn 24; Schmidt/Lutter/*Spindler*, § 147 Rn 23; *Schneider* ZIP 2013, 1985, 1991; *Kling* ZGR 2009, 190, 226. Für eine Haftung nach allgemeinen schuldrechtlichen Kriterien Hüffer/*Koch*, § 147 Rn 10; MüKoAktG/*Schröer*, § 147 Rn 59; *Verhoeven*, ZIP 2008, 245, 251; ebenso *Stallknecht*, aaO, S. 334 ff., 341; KK-AktG/*Rieckers/Vetter*, § 147 Rn 731 ff. jeweils mit ausführlicher Problembetrachtung.

307 Spindler/Stilz/*Mock*, § 147 Rn 96; *Kling* ZGR 2009, 190, 226.

308 OLG Hamburg AG 2007, 331 (juris Rz 35); Großkomm-AktG/*Bezzenberger*, § 147 Rn 56; KK-AktG/*Rieckers/Vetter*, § 147 Rn 541; Spindler/Stilz/*Mock*, § 147 Rn 86; MüKoAktG/*Schröer*, § 147 Rn 46; Bürgers/Körber/*Holzborn/Jänig*, § 147 Rn 14a; MüHdbGesR-AG/*Bungert*, § 43 Rn 37.

309 Zum Informationsrecht des Besonderen Vertreters später unter D.

seine Informationsgrundlage schafft (dazu noch DII3). Ausufernde Kosten werden somit dadurch verhindert, dass der Besondere Vertreter zum Wohl des Unternehmens verhindern muss, dass objektiv unnötige Kosten verursacht werden. Entstehen solche dennoch, so kann die Gesellschaft den Besonderen Vertreter dafür haftbar machen.

Der Besondere Vertreter als im Gesellschaftsinteresse tätig werdendes Organ stellt damit ebenso wie Vorstand und Aufsichtsrat einen Schutz gegen potentiell missbräuchliche Beschlussfassungen nach § 147 Abs. 1 S. 1 AktG dar.

### *cc) Rechtstatsächliche Situation*

Dient das Recht nicht dem Selbstzweck, sondern der Regelung unseres Zusammenlebens, so finden dogmatische Ergebnisse doch nur dann fruchtbaren Boden und Akzeptanz, wenn sie sich (wenigstens grundsätzlich) in der Rechtstatsächlichkeit widerspiegeln. Schon abstrakte Vergleiche zwischen Anfechtungsklagen und Beschlüssen nach § 147 AktG haben gezeigt, dass eine geringe Missbrauchsgefahr besteht. Dieses Ergebnis erhärtet sich durch einen sogleich geworfenen Blick auf die konkrete rechtstatsächliche Vergangenheit und Gegenwart des Instituts des Besonderen Vertreters. Dabei darf die folgende Aufzählung von Fällen keinesfalls als abschließend betrachtet werden, vielmehr handelt es sich um die Fälle, zu denen es entweder veröffentlichte Rechtsprechung gab oder die sich durch eine Recherche vor allem beim Bundesanzeiger ermitteln ließen.[310] Der Stand der Bearbeitung ist der 24. April 2017.

### (1) Mobilcom AG

Im April 2005 wurde auf der Hauptversammlung der Mobilcom AG von einer Anteilsminderheit die Geltendmachung von Ersatzansprüchen beschlossen und ein Besonderer Vertreter bestellt, um Ansprüche gegen die Mehrheitsaktionärin France Télécom S.A. durchzusetzen.[311] Die Bestellung wurde jedoch wenige Monate später auf der außerordentlichen Hauptversammlung im August 2005 widerrufen, nachdem die France Télécom ihre Beteiligung an die Texas Pacific Corp. übertragen hatte.[312] Ob die Bestellung missbräuchlich geschah, ist aufgrund der kurzen Bestellung nicht überprüfbar.

---

310 Vgl. dazu auch *Fabritius*, Der besondere Vertreter gemäß § 147 Abs. 2 AktG, GS Gruson, S. 133 f.

311 Vgl. dazu das Minderheitsverlangen nach § 122 Abs. 2 zur Erweiterung der Tagesordnung, abrufbar unter https://www.bundesanzeiger.de/ebanzwww/wexsservlet?session.sessionid=12dc9115d8b241b59f27f6f242637469&page.navid=detailsearchlisttodetailsearchdetail&fts_search_list.selected=9319143cf48e43b3&fts_search_list.destHistoryId=50386; abgerufen am 24.08.2016 um 11:28 Uhr.

312 Vgl. dazu die Einladung zur außerordentlichen Hauptversammlung am 23. August 2005, abrufbar unter https://www.bundesanzeiger.de/ebanzwww/wexsservlet?session.sessionid=5346d4ad817ac2de847d2e324b9a40f6&page.navid=detailsearchlisttodetailsearchdetail&fts_search_list.selected=b72232ba9804356b&fts_search_list.destHistoryId=56603; abgerufen am 24.08.2016 um 13:53 Uhr.

Interessant ist, dass zwei Aktionäre trotz Abberufung des Besonderen Vertreters die mutmaßlichen Konzernersatzansprüche der Gesellschaft gegen die France Télécom mittels Aktionärsklage nach §§ 317 Abs. 1 S. 1, Abs. 4, 309 Abs. 4 AktG weiterverfolgt und dabei das volle Prozesskostenrisiko getragen haben.[313] Die Aktionärsklage wurde abgewiesen mit der Begründung, die France Télécom sei gegenüber der Mobilcom kein herrschendes Unternehmen im Sinne von § 317 AktG gewesen.[314] Trotz Klageabweisung stellte das Oberlandesgericht Schleswig fest, dass die Klage nicht bereits aufgrund des geringfügigen Aktienbesitzes oder einer verwerflichen Gesinnung und damit eines Rechtsmissbrauchs unzulässig sei, sondern die Kläger ihre Motivation zur Prozessführung „hinreichend dargelegt" hätten.[315]

Dass die Aktionärsklage laut dem Oberlandesgericht Schleswig nicht missbräuchlich erhoben worden ist, ist ein Indiz dafür, dass selbiges auch für die vorherige Beschlussfassung nach § 147 AktG gelten könnte.

### (2) Hoechst AG

Bei der Hoechst AG wurde die Tagesordnung für die Hauptversammlung am 29. Juli 2005 durch ein Minderheitsverlangen nach § 122 Abs. 2 S. 1 AktG erweitert. Inhalt des Minderheitsverlangens waren Beschlussanträge zur Geltendmachung von Ersatzansprüchen gegen ehemalige und gegenwärtige Mitglieder des Vorstands und Aufsichtsrats und den Mehrheitsaktionär sowie zur Bestellung eines Besonderen Vertreters.[316]

Die Mehrheitsaktionärin hielt 98,09 Prozent der Anteile und hatte in der vorherigen Hauptversammlung am 20./21. Dezember 2004 einen Squeeze-out-Beschluss nach § 327a Abs. 1 S. 1 AktG gefasst gegen eine Abfindung von 56,50 Euro pro Aktie.[317] Von dem Ausschluss waren ca. 10.701.838 Aktien betroffen. Gegen diesen Beschluss erhoben mehrere Minderheitsaktionäre Anfechtungsklage. Die Anfechtungsklage führte zu einer faktischen Registersperre und damit einer Undurchführbarkeit der Maßnahme, da die Möglichkeit des Freigabeverfahrens nach § 246a AktG noch nicht bestand.[318] Das Anfechtungsverfahren wurde durch einen

---

313 LG Kiel Urteil v. 20.03.2009 – 14 O 90/05, juris; OLG Schleswig Urteil v. 28.10.2010 – 5 U 55/09, juris; BGH Beschluss v. 23.04.2012 – II ZR 229/10 (Nichtzulassungsbeschwerde), juris.

314 OLG Schleswig Urteil v. 28.10.2010 – 5 U 55/09 (juris Rz 60 ff.).

315 OLG Schleswig Urteil v. 28.10.2010 – 5 U 55/09 (juris Rz 57).

316 Vgl. dazu das Minderheitsverlangen nach § 122 Abs. 2 zur Erweiterung der Tagesordnung, abrufbar unter https://www.bundesanzeiger.de/ebanzwww/wexsservlet?session.sessionid=3c310a902dfed59a8547688e4b0b7f24&page.navid=detailsearchdetailtodetailsearchdetailprint&fts_search_list.destHistoryId=88940&fts_search_list.selected=56269f41181f1764; abgerufen am 13.02.2017 um 09:48 Uhr.

317 Der weitere Sachverhalt ergibt sich aus OLG Frankfurt NZG 2014, 464 (juris Rz 1–12).

318 § 246a wurde erst eingeführt mit Wirkung vom 1.11.2005 durch das UMAG (BGBl. I S. 2802).

Prozessvergleich vor dem Landgericht Frankfurt a.M. beendet, der eine Abfindungserhöhung von 7,30 Euro pro Aktie vorsah. Aufgrund dessen konnte der Ausschluss der Minderheitsaktionäre am 12. Juli 2005 in das Handelsregister der AG eingetragen werden. Die Angemessenheit der Abfindung von nun insgesamt 63,80 Euro pro Aktie wurde im Rahmen eines Spruchverfahrens vom Oberlandesgericht Frankfurt rechtskräftig bestätigt.[319] Zu der Hauptversammlung am 29. Juli 2005 und der Beschlussfassung nach § 147 AktG kam es aufgrund der Eintragung nicht mehr. Weder wurde ein Geltendmachungsbeschluss gefasst, noch ein Besonderer Vertreter bestellt.

Aufgrund der zeitlichen Nähe zwischen der Ergänzung der Tagesordnung und dem Vergleich im Anfechtungsprozess kann vermutet werden, dass die Ergänzung der Tagesordnung und die „angedrohten" Beschlussfassungen nach § 147 AktG weniger dazu dienten, Ersatzansprüche zu verfolgen, als vielmehr die Vergleichsverhandlungen zu beschleunigen. Insofern könnte das Institut des Besonderen Vertreters im weiteren Sinne sachfremd eingesetzt worden sein.

Andererseits haben die Minderheitsaktionäre eine Abfindung durchgesetzt, die knapp 13 Prozent über der angebotenen Abfindung lag und die das Oberlandesgericht Frankfurt für angemessen erachtete. Daraus folgt gleichzeitig, dass die zunächst angebotene Abfindung unangemessen niedrig war. Damit haben sich die Minderheitsaktionäre keinen unrechtmäßigen Vorteil verschafft, sondern vielmehr ihr Recht auf eine angemessene Abfindung durchgesetzt.

Es bleibt die Frage, ob die mutmaßlich sachfremde Androhung eines Instituts zur Durchsetzung berechtigter Ansprüche zu einer Missbräuchlichkeit führt. Um die Definition der Missbräuchlichkeit von oben nochmals zu bemühen, ist eine Rechtsausübung dann missbräuchlich, „wenn sie beachtliche Interessen eines anderen verletzt[320], ihr aber kein schutzwürdiges Eigeninteresse zugrunde liegt."[321] Es muss beachtet werden, dass kein Besonderer Vertreter bestellt, sondern lediglich die Tagesordnung ergänzt wurde. Die Frage einer missbräuchlichen Bestellung stellt sich mangels Hauptversammlungsbeschlusses gar nicht. Die Ergänzung der Tagesordnung ist ein Minderheitsrecht, das der Gesellschaft, abgesehen von der Veröffentlichung im Bundesanzeiger, keine Kosten verursacht. Die schutzwürdigen Interessen der Gesellschaft sind damit kaum tangiert. Andererseits ist nicht auszuschließen, dass Ersatzansprüche gegen die Mehrheitsaktionärin bestanden. Jedenfalls hatte diese ihr Recht auf Squeeze-Out mit einem unangemessenen Abfindungsangebot verbunden.

---

319 OLG Frankfurt NZG 2014, 464 (juris Rz 13).

320 [Sic!]. Passender wäre wohl der Begriff „Eingriff" statt „Verletzung", da ein Eingriff (ebenso wie in der Grundrechtsdogmatik) dann vorliegt, wenn Interessen eines anderen beeinträchtigt sind, eine Verletzung jedoch schon die Wertung in sich trägt, dass der Eingriff rechtswidrig war. Gerade dies ist in diesem Fall jedoch nicht gegeben.

321 BGH ZIP 1994, 654 (juris Rz 18).

Damit ist in diesem Fall in Anbetracht aller Umstände auch nicht von einer missbräuchlichen Ergänzung der Tagesordnung auszugehen. Diese Auffassung teilte wohl auch der Vorstand der Hoechst AG, der die Tagesordnung schließlich selbst ergänzte.

#### (3) DIS AG

Wohl einzigartig reibungslos verlief die Arbeit des Besonderen Vertreters, der 2007 bei der DIS Deutscher Industrie Service AG bestellt worden war, um Ersatzansprüche gegen die Mehrheitsaktionärin Adecco Germany Holding GmbH geltend zu machen.[322] Diese unterlag bei den Beschlussfassungen nach § 147 Abs. 1 S. 1, Abs. 2 S. 1 AktG einem Stimmverbot, womit auch in diesem Fall die Bestellung durch eine Anteilsminderheit geschah. Der Mehrheitsaktionärin wurde vorgeworfen, dass die Gesellschaft aufgrund ihrer Einflussnahme ermessensfehlerhaft delistet worden war und der Gesellschaft durch diese Einflussnahme ein Schaden entstanden sei, der gemäß §§ 311, 317 AktG zu ersetzen sei. Die Beschlüsse nach § 147 AktG wurden nicht angefochten.

Der Besondere Vertreter erhielt im Anschluss an seine Bestellung ohne gerichtlichen Druck Zugang zu jeglichen geforderten Informationen. Diese umfassten nicht nur Vorstands- und Aufsichtsratsprotokolle, sondern auf Nachfrage die gesamte diesbezügliche E-Mail-Korrespondenz. Überdies wurden dem Besonderen Vertreter Interviews mit allen Beteiligten gewährt.[323] Nur aufgrund dieser Informationen und seiner „Detektivarbeit“[324] konnte der Besondere Vertreter die Vorwürfe substantiiert nachweisen. Seine Ergebnisse fasste er in einem Gutachten zusammen. Auf Grundlage dieses Gutachtens schlossen die Gesellschaft und die Mehrheitsaktionärin im Mai 2007 einen Kooperationsvertrag, in dem sich die Aktionärin verpflichtete, jedweden Schaden, der im Zusammenhang mit dem Delisting entstanden war, zu ersetzen.[325] Damit veranlasste die Arbeit des Besonderen Vertreters die Mehrheitsaktionärin letztendlich außergerichtlich zur Zahlung von Schadensersatz gemäß §§ 311, 317 AktG.[326]

322 Vgl. dazu die Ergänzung der Tagesordnung, abrufbar unter https://www.bundesanzeiger.de/ebanzwww/wexsservlet?session.sessionid=940b08cb85297fa4143f6802ca96ac94&page.navid=detailsearchlisttodetailsearchdetail&fts_search_list.selected=862173263c449d3f&fts_search_list.destHistoryId=15726; abgerufen am 24.08.2016 um 13:49; ebenfalls consultingstar.com, DIS AG: Rechtsanwalt Steinhübel setzt sich gegen Zeitarbeitsfirma durch, abrufbar unter http://consultingstar.com/nachrichten/20217; abgerufen am 24.08.2016 um 14:09 Uhr.

323 So *Steinhübel*, Interview, 22.09.2016.

324 So ausdrücklich ebd.

325 Gedächtnisprotokoll der Rede des Besonderen Vertreters Dr. Steinhübel vor der Hauptversammlung der DIS AG am 05.06.2007.

326 Vgl. dazu die Presseerklärung des Besonderen Vertreters vom 13.03.2008, Mehr Kompetenzen für besonderen Vertreter, abrufbar unter http://www.firmenpresse.de/pdf-pressinfo44770.pdf; abgerufen am 24.08.2016 um 14:06 Uhr.

Erstaunlicherweise wurde dieser Fall in Fachkreisen – soweit ersichtlich – nicht besprochen.[327] Die Frage, ob die Bestellung durch eine Minderheit missbräuchlich war, stellt sich angesichts der erfolgreichen Geltendmachung ersichtlich nicht. Umso mehr zeigt der Fall, dass der Besondere Vertreter für die erfolgreiche Geltendmachung von Ersatzansprüchen auf Informationen der Gesellschaft angewiesen ist. Schließlich hat die Kooperation der Gesellschaft mit dem Besonderen Vertreter die erfolgreiche Geltendmachung maßgeblich unterstützt.

#### (4) Ed. Züblin AG

In der Hauptversammlung vom 22. Juni 2006 wurde bei der Ed. Züblin AG die Geltendmachung von Ersatzansprüchen beschlossen und ein Besonderer Vertreter bestellt. Dabei handelte es sich um dieselbe Person, die auch schon bei der DIS als Besonderer Vertreter tätig geworden war. 2005 hatte die BAUHOLDING Strabag SE (später Strabag SE) an der Ed. Züblin ein Aktienpaket von 57,3 Prozent erworben.[328] Der Auftrag des Besonderen Vertreters umfasste zunächst die Geltendmachungen von Ersatzansprüchen gegen die Strabag SE und ihre Organe in Bezug auf den Erwerb von Beteiligungen an der DYWIDAG Bau GmbH und der N.V. STRABAG Belgium S.A.[329] In der außerordentlichen Hauptversammlung vom 3. Dezember 2007 wurde der Auftrag nach § 147 Abs. 1 AktG erweitert und bezog sich nun auch auf die Abwerbung von Mitarbeitern und den vermuteten Verrat von Betriebs- und Geschäftsgeheimnissen.[330] Beide Geltendmachungsbeschlüsse waren wirksam: Während der erste Beschluss gar nicht angefochten und vom Vorstand überdies als wirksam betrachtet wurde,[331] wurde die Erweiterung des Auftrags erfolglos angefochten. So bestätigte das Landgericht Stuttgart in erster Instanz den Beschluss der Hauptversammlung, während die Berufung vor dem Oberlandesgericht Stuttgart zurückgenommen wurde.[332]

Kontrovers wurde die Arbeit des Besonderen Vertreters erst, als dieser Informationen verlangte. Erhielt er anfangs noch vereinzelt Informationen, die jedoch nicht ausreichten, um die Beschlüsse ordnungsgemäß auszuführen, wurde schnell deutlich, dass auf freiwilliger Basis keine weiteren Informationen fließen

327 Abgesehen von einer Erwähnung bei *Fabritius*, Der besondere Vertreter gemäß § 147 Abs. 2 AktG, GS Gruson, S. 133 f.

328 Dies ergibt sich aus LG Stuttgart ZIP 2010, 329 (juris Rz 3).

329 Vgl. dazu die Presseerklärung des Besonderen Vertreters vom 13.03.2008, Mehr Kompetenzen für besonderen Vertreter, abrufbar unter http://www.firmenpresse.de/pdf-pressinfo44770.pdf; abgerufen am 24.08.2016 um 14:06 Uhr.

330 Ebd.

331 *Steinhübel*, Interview, 22.09.2016.

332 LG Stuttgart Beschluss v. 09.02.2007, n.v., zitiert nach der Presseerklärung des Besonderen Vertreters vom 13.03.2008, Mehr Kompetenzen für besonderen Vertreter, abrufbar unter http://www.firmenpresse.de/pdf-pressinfo44770.pdf; abgerufen am 24.08.2016 um 14:06 Uhr.

würden.[333] Aufgrund dessen klagte der Besondere Vertreter auf die Erteilung von Informationen vor dem Landgericht Stuttgart. Dieses verwehrte ihm, obwohl er wirksam bestellt[334] worden war und der Geltendmachungsbeschluss nach Ansicht des Gerichts auch bestimmt genug[335] war, den Informationsanspruch jedoch unter Hinweis darauf, dass kein „Anfangsverdacht"[336] vorliege. Aufgrund dieses Urteils konnte der Besondere Vertreter seine Aufgabe nicht erfüllen und legte infolgedessen sein Amt nieder.[337]

Es muss die Frage gestellt werden, ob es wirklich richtig sein kann, eine wirksame Bestellung anzunehmen, dem Besondern Vertreter jedoch keine (unbedingt notwendigen) Informationsrechte zuzusprechen, da etwaige erhöhte Anforderungen nicht eingehalten worden seien.[338] Sie soll jedoch an dieser Stelle noch offen bleiben und in Teil D beantwortet werden.

An dieser Stelle soll vielmehr die Frage der Missbräuchlichkeit beantwortet werden. Betrachtet man isoliert nur das Urteil des Landgerichts Stuttgart über die Informationsrechte des Besonderen Vertreters, so kann man auf die Idee kommen, dass die Bestellung missbräuchlich geschah, konnte doch der Besondere Vertreter „keinen Anfangsverdacht für das Bestehen eventueller Ersatzansprüche im Zusammenhang mit den streitgegenständlichen Lebenssachverhalten substantiiert [darlegen]."[339] Mit dem Erfordernis eines Anfangsverdachts betrat das Landgericht juristisches Neuland im Rahmen von § 147 AktG.[340] Doch der mangelnde Anfangsverdacht alleine kann einen Missbrauch noch nicht begründen.

Eine hohe Aussagekraft hat im Rahmen der Missbrauchskontrolle indes der Umstand, dass der erste Geltendmachungs- und Bestellungsbeschluss vom Vorstand als wirksam betrachtet und schon gar nicht angefochten wurde und auch die Erweiterung der Beschlüsse sowohl gerichtlich bestätigt als auch Berufungsklagen von der Gegenseite zurückgenommen wurden. Die Beschlüsse über die Geltendmachung der Ersatzansprüche und die Bestellung des Besonderen Vertreters waren damit rechtlich wirksam.[341] Eine (gerichtlich festgestellte) wirksame Bestellung ist ein sehr starkes Indiz gegen eine missbräuchliche Verwendung. Damit spricht im Fall Ed. Züblin alles gegen eine missbräuchliche Bestellung eines Besonderen Vertreters.

---

333 *Steinhübel*, Interview, 22.09.2016.
334 LG Stuttgart ZIP 2010, 329 (juris Rz 33).
335 LG Stuttgart ZIP 2010, 329 (juris Rz 32).
336 Ebd.
337 *Steinhübel*, Interview, 22.09.2016.
338 So ausdrücklich LG Stuttgart ZIP 2010, 329 (juris Rz 39).
339 LG Stuttgart ZIP 2010, 329 (juris Rz 42).
340 *Lochner*, EWiR 2010, 3 f.
341 Ebenso LG Stuttgart ZIP 2010, 329 (juris Rz 33).

### (5) AMB Generali Holding AG

Bei der AMB Generali Holding AG wurde in der Hauptversammlung 2008 versucht, einen Besonderen Vertreter für Ersatzansprüche gegen ihre Organe, die Mehrheitsaktionärin Generali Beteiligungs GmbH und andere Gesellschaften zu bestellen.[342] Obwohl die Mehrheitsaktionärin einem Stimmverbot nach § 136 AktG unterlag, fand der Antrag dennoch keine Mehrheit.[343]

Auch wenn der Mehrheitsaktionär vom Stimmrecht ausgeschlossen ist, führen Anträge nach § 147 AktG damit nicht ohne Weiteres zu einer positiven Beschlussfassung durch die übrigen Aktionäre. Vielmehr zeigt dieser Fall, dass das Mehrheitsprinzip auch bei Abstimmungen durch eine Anteilsminderheit (immer noch) eine Korrektivwirkung hat und nicht jeder gegen einen Mehrheitsaktionär gerichteter Beschlussantrag ungeprüft erfolgreich ist. Diese Korrektivwirkung dürfte ebenfalls gegen das Bedürfnis sprechen, jede Bestellung durch eine Anteilsminderheit per se argwöhnisch und als potentiell missbräuchlich zu betrachten.[344]

### (6) HVB AG

Der wohl bekannteste Fall ist derjenige der Bayerischen Hypo- und Vereinsbank (HVB) gegen ihre Mehrheits- und später Alleinaktionärin UniCredit Italiano S.p.A (UniCredit).[345] Diese hielt einen Anteil an der HVB in Höhe von ca. 95 Prozent. Der Vorstand der HVB verkaufte mit Zustimmung des Aufsichtsrats und der Hauptversammlung im September/Oktober 2006 die Anteile der Gesellschaft an der Bank Austria Creditanstalt AG (BACA) an die Unicredit.

In der Hauptversammlung der HVB vom 26./27. Juni 2007 bestellte die Hauptversammlung einen Besonderen Vertreter zur Geltendmachung von Ersatzansprüchen gegen die Mehrheitsaktionärin und andere Anspruchsgegner. Die UniCredit unterlag bei den Beschlussfassungen einem Stimmverbot nach § 136 Abs. 1 S. 1 Var. 3 AktG. Ihr wurde im Geltendmachungsbeschluss vorgeworfen, den Vorstand veranlasst zu haben, die Beteiligung deutlich unter Wert an sie verkauft zu haben

---

342 Vgl. TOP 13 der Einladung zur ordentlichen Hauptversammlung am 6. Mai 2008, abrufbar unter https://www.bundesanzeiger.de/ebanzwww/wexsservlet?session.sessionid=12dc9115d8b241b59f27f6f242637469&page.navid=detailsearchlisttodetailsearchdetail&fts_search_list.selected=7c5955da5bb04032&fts_search_list.destHistoryId=78228; abgerufen am 24.08.2016 um 11:20 Uhr.

343 *Fabritius*, GS Gruson, S. 133, 134.

344 Vgl. zu den Rechtsfolgen fehlender Korrektivwirkungen noch Abschnitt BIII2)n)aa).

345 Der Sachverhalt und die zur Ersatzpflicht führenden Vorwürfe finden sich in komprimierter Form in der Presseerklärung des Besonderen Vertreters der HVB: HVB fordert von UniCredit BACA-Beteiligung zurück, 09.01.2008, abrufbar unter http://www.presseportal.de/print.htx?nr=1114150, abgerufen am 28.09.2016 um 08:30 Uhr.
Vgl. zu einer Liste der geführten Rechtsstreitigkeiten KK-AktG/*Rieckers/Vetter*, § 147 Rn 300.

und Aufsichtsrat und Hauptversammlung getäuscht zu haben.[346] Der Besondere Vertreter forderte im Anschluss daran Schadensersatz durch Naturalrestitution im Wege der Rückübertragung der BACA-Beteiligung von der UniCredit an die HVB.[347]

Die Beschlüsse nach § 147 AktG wurden angefochten. Während in erster Instanz die Anfechtungsklagen vollumfänglich zurückgewiesen wurden,[348] erklärte das Berufungsgericht einen Teil des Geltendmachungsbeschlusses mangels Bestimmtheit für nichtig, wies die Klage im Übrigen jedoch ab.[349] Damit wurde die Wirksamkeit der Beschlüsse nach § 147 AktG gerichtlich festgestellt.

Der zuständige Vorsitzende Richter des Landgerichts München I *Krenek* hatte in der mündlichen Verhandlung im Rahmen der Anfechtungsklage mehrfach zu erkennen gegeben, dass UniCredit seiner Meinung nach bei dem Kaufpreis nachbessern müsse, da es sich um eine „extreme Unterbewertung" handele,[350] was nichts anderes bedeutete, als dass er die Entscheidung der Hauptversammlung zur Geltendmachung von Ersatzansprüchen nicht nur für rechtmäßig, sondern dem Grunde nach auch für begründet hielt. Das Gericht schlug eine Vergleichssumme in einer Größenordnung von 4–5 Mrd. Euro vor, die die UniCredit an die HVB zahlen sollte.[351] Auch andere Missbrauchsvorwürfe wehrten die Gerichte ab: So war es z.B. nicht missbräuchlich, en bloc über die Ansprüche gegen alle Anspruchsgegner abzustimmen, sondern vielmehr statthaft.[352]

Auch wenn der Besondere Vertreter in diesem Fall von einer relativ geringen Minderheit (ca. drei Prozent des Grundkapitals) bestellt worden war,[353] liegt in Anbetracht der gerichtlich überprüften Beschlüsse kein Rechtsmissbrauch der Minderheit

346 Vgl. dazu die Erweiterung der Tagesordnung der Hauptversammlung der HVB am 26./27. Juni 2007, abrufbar unter: https://www.bundesanzeiger.de/ebanzwww/wexsservlet?session.sessionid=4d2cfff2d760dd78c6dae718917be3dd&page.navid=detailsearchlisttodetailsearchdetail&fts_search_list.selected=a5ad59e6e5e12fc9&fts_search_list.destHistoryId=18459; abgerufen am 28.09.2016 um 09:17 Uhr.

347 Vgl. dazu die Presseerklärung des Besonderen Vertreters der HVB: HVB fordert von UniCredit BACA-Beteiligung zurück, 09.01.2008, abrufbar unter http://www.presseportal.de/print.htx?nr=1114150, abgerufen am 28.09.2016 um 08:30 Uhr.

348 LG München I ZIP 2007, 2420.

349 OLG München ZIP 2008, 1916 (juris Rz 50 ff.).

350 Vgl. *Hegmann*, Kläger des verlorenen Schatzes, Financial Times Deutschland vom 30.1.2008, S. 25.

351 Ebd. Ebenso *Bender*, Die besondere Aufgabe: HVB-Hauptversammlung wählt Meilicke-Partner Dr. Thomas Heidel zum besonderen Vertreter. Unicredit reicht Anfechtungsklage gegen seine Einsetzung ein, juve.de, 29.08.2007, abrufbar unter: http://www.juve.de/nachrichten/verfahren/2007/08/die-besondere-aufgabe-hvb-hauptversammlung-waehlt-meilicke-partner-dr-thomas-heidel-zum-besonderen-vertreter-unicredit-reicht-anfechtungsklage-gegen-seine-einsetzung-ein; abgerufen am 03.03.2017 um 11:58 Uhr.

352 LG München ZIP 2007, 2420 (juris Rz 47); OLG München ZIP 2008, 1916 (juris Rz 27).

353 Vgl. dazu LG München I ZIP 2007, 2420 (juris Rz 2 ff.).

vor. Im Übrigen muss man sich vergegenwärtigen, welcher Börsenwert sich hinter diesen drei Prozent verbarg: Die HVB hatte am Tag der Hauptversammlung, dem 26. Juli 2007, eine Börsenkapitalisierung von 33,61 Mrd. Euro.[354] Die Minderheit von drei Prozent vereinte damit 1,01 Mrd. Euro hinter sich.[355] Bei einer Aktionärsminderheit, die mit über einer Milliarde Euro investiert ist, – so könnte man wenigstens annehmen – relativiert sich das Risiko, dass aus reinem Missbrauch ohne jeden Anhaltspunkt Beschlüsse nach § 147 Abs. 1 und 2 S. 1 AktG gefasst werden.

Der Besondere Vertreter erhob zunächst mehrere Haftungsklagen. Nach einem Squeeze-Out wurde die UniCredit Alleinaktionärin der HVB und berief den Besonderen Vertreter wirksam ab. Sie unterlag aufgrund einer teleologischen Reduktion von § 136 Abs. 1 S. 1 Var. 3 AktG bei der Beschlussfassung eines Alleingesellschafters keinem Stimmverbot mehr.[356] Ungefähr ein halbes Jahr nach der Abberufung des Besonderen Vertreters nahmen Vorstand und Aufsichtsrat die Klagen des Besonderen Vertreters zurück.

Die Frage, ob die damalige BACA-Beteiligung zu günstig an die Unicredit verkauft wurde, wird nun im Rahmen eines Spruchverfahrens gerichtlich geklärt.[357] Zum Zeitpunkt der Fertigstellung der Arbeit war dieses Verfahren noch nicht abgeschlossen.

In Anbetracht all dieser Umstände ist aber davon auszugehen, dass das Institut des Besonderen Vertreters bei der HVB nicht missbräuchlich verwendet worden ist.

#### (7) Ehlebracht AG

Auch bei der Ehlebracht AG wurde die Geltendmachung von Ersatzansprüchen beschlossen und ein Besonderer Vertreter bestellt. Zwar fanden in der Hauptversammlung vom 16. Februar 2010 die Anträge nach § 147 AktG keine Mehrheit, jedoch konnte eine klagende Aktionärin durch eine Nichtigkeits- und positive Beschlussfeststellungsklage das Beschlussergebnis korrigieren und damit erreichen, dass dennoch Ersatzansprüche geltend zu machen waren und ein Besonderer Vertreter bestellt wurde.[358] Das Gericht stellte zudem mit einem Satz fest, dass keine Bedenken bezüglich der Rechtmäßigkeit (geschweige denn Missbräuchlichkeit) der Beschlüsse bestünden.[359] Soweit ersichtlich verlief das Verfahren später im Sande, da über das Vermögen der klagenden Aktionärin das Insolvenzverfahren eröffnet

354 Der Börsenschlusskurs an diesem Tag betrug 41,89 €. Laut Satzung der HVB war das Grundkapital zerlegt auf 802.383.672 Stückaktien. 41,89 € x 802.383.672 = 33.611.852.020 €.

355 33.611.852.020 € x 3/100 = 1.008.355.561 €.

356 BGH AG 2011, 702 in Fortführung von BGH ZIP 1989, 29 (juris Rz 22); OLG München ZIP 2010, 725 (juris Rz 27 ff.); aA noch LG München I ZIP 2009, 2198 (juris Rz 45 ff.).

357 Anhängig bei LG München I, Az. 5 HK O 16226/08.

358 OLG Hamm ZIP 2013, 1024.

359 OLG Hamm ZIP 2013, 1024 (juris Rz 64).

wurde und das Verfahren nach § 240 S. 1 ZPO unterbrochen wurde.[360] Nachfragen des Autors beim damals bestellten Besonderen Vertreter zum Verfahrensstand blieben unbeantwortet.

(8) Conergy AG

Bei der Conergy AG wurde zunächst in der Hauptversammlung vom 25. Februar 2011 und anschließend mittels einer Nichtigkeits- und positiven Beschlussfeststellungsklage versucht, eine Sonderprüfung nach § 142 AktG und die Geltendmachung von Ersatzansprüchen mitsamt einer Bestellung eines Besonderen Vertreters durchzusetzen. Die Klagen waren beim Oberlandesgericht Hamburg anhängig und wurden durch einen Vergleich beendet.[361] Die Conergy AG verpflichtete sich als Gegenleistung für die Klagerücknahme zu einer freiwilligen Sonderprüfung der fraglichen Sachverhalte und der Veröffentlichung der Ergebnisse auf der Homepage der Gesellschaft.[362] Da die Veröffentlichung vertraglich befristet war, kann auf den Prüfungsbericht nicht mehr zugegriffen werden.[363] Aufgrund dessen ist es nicht möglich, eine Aussage darüber zu treffen, ob das Verlangen missbräuchlich war. Jedenfalls hatte sich die Gesellschaft auf Druck der Aktionäre freiwillig dazu verpflichtet, eine Sonderprüfung durchzuführen.

(9) Easy Software AG

In einem weiteren Fall wurden 2012 die Geltendmachung von Ersatzansprüchen und die Bestellung eines Besonderen Vertreters bei der Easy Software AG in Mühlheim an der Ruhr beschlossen.[364] Gegenstand der Geltendmachung waren mehrere pflichtwidrige Handlungen vom damaligen Vorstand und Aufsichtsrat. Der damalige Vorstandsvorsitzende wurde 2014 vom Landgericht Essen wegen Untreue in einer Vielzahl von Fällen zu einer Freiheitsstrafe von drei Jahren und sechs Monaten rechtskräftig verurteilt.[365] Nach Erhebung mehrerer Haftungsklagen wurde der Besondere Vertreter in der Hauptversammlung vom 8. August 2014 abberufen. Die Geltendmachungsbeschlüsse nach § 147 Abs. 1 AktG wurden indes nicht aufgehoben, sodass die (neu bestellten) ordentlichen Organe die Ansprüche weiterverfolgten. Das Landgericht Duisburg verurteilte den früheren Aufsichtsratsvorsitzenden und

---

360 Vgl. BGH Beschluss v. 05.02.2013 – II ZR 318/12.

361 Einsehbar im Bundesanzeiger, abrufbar unter https://www.bundesanzeiger.de/ebanzwww/wexsservlet?session.sessionid=14eaca5f2aee8a9bc6a6d7c506ee2a45&page.navid=detailsearchlisttodetailsearchdetail&fts_search_list.selected=198be2ccd0c164ce&fts_search_list.destHistoryId=45267; abgerufen am 02.09.2016 um 08:40 Uhr.

362 Vgl. § 1 des Vergleichvertrags.

363 Laut Vergleichsvertrag war dieser unter http://www.conergy-group.com/Vergleich_Anfechtungsklagen_2010_bis_2012 abrufbar.

364 Hauptversammlung vom 26.07.2012.

365 LG Essen 56 KLs 17/12, n.v.

Mehrheitsaktionär durch Urteile vom 13.01.2016[366] und 11.02.2016[367] zur Zahlung von ca. 2 Mio. Euro Schadensersatz. Gegen die Urteile wurde Berufung eingelegt.[368]

In diesem Fall kam es – soweit ersichtlich erstmals – neben einer (bislang noch nicht rechtskräftigen) erstinstanzlich erfolgreichen Haftungsklage zudem zu einer rechtskräftigen strafrechtlichen Verurteilung. Unabhängig vom endgültigen Ausgang der Haftungsklage spricht auch in diesem Fall alles gegen eine missbräuchliche Beschlussfassung nach § 147 Abs. 1 und 2 AktG.

### (10) Haupt Pharma AG

Bei der Haupt Pharma AG wurden in der außerordentlichen Hauptversammlung vom 17. Oktober 2011 durch eine Minderheit von ca. 17,5 Prozent Anteilsbesitz[369] Geltendmachungsbeschlüsse gefasst und ein Besonderer Vertreter bestellt. Dieser sollte Ersatzansprüche gegen den damaligen Aufsichtsratsvorsitzenden geltend machen, dem vorgeworfen wurde, im Jahr 2005 ein Unternehmen, das eigentlich durch die Gesellschaft übernommen werden sollte, über eine eigene Beteiligungsgesellschaft gekauft zu haben. Dieses Unternehmen verkaufte er zwei Jahre später mit einem Erlös in dreistelliger Millionenhöhe weiter.[370]

Die Beschlussfassungen nach § 147 AktG selbst verliefen holprig: Auf der ersten Hauptversammlung am 31. März 2011 bekamen die Anträge nach § 147 AktG keine Mehrheit, da der Versammlungsleiter die Stimmen der Antragstellerin aufgrund angeblicher Treuwidrigkeit nicht zur Abstimmung zuließ.[371] Diese Entscheidung wurde mit einer Anfechtungs- und positiven Beschlussfeststellungsklage erfolgreich angegriffen.[372] Überdies beantragte die Minderheitsaktionärin die Ermächtigung zur Einberufung einer außerordentlichen Hauptversammlung, um abermals Beschlüsse nach § 147 AktG fassen zu können.[373] Nachdem die Verwaltung selbst eine ordentliche Hauptversammlung für den 30. August 2011 einberufen hatte, wurde dem gerichtlichen Antrag auf Ermächtigung zur Einberufung einer außerordentlichen Hauptversammlung durch das Kammergericht Berlin nicht mehr stattgegeben und stattdessen die Tagesordnung der ordentlichen Hauptversammlung erweitert.[374] Diese (zweite) Hauptversammlung fand jedoch nie statt, da der Vorstand sie kurze Zeit nach der Entscheidung des Kammergerichts absagte.[375] Daraufhin rief die

366 LG Duisburg Urt. v. 13.01.2016 – 25 O 41/12, n.v.

367 LG Duisburg Urt. v. 11.02.2016 – 21 O 20/14, n.v.

368 OLG Düsseldorf I-17 U 29/16. Ad-hoc-Mitteilung der Easy Software AG nach § 15 WpHG vom 12.02.2016, abrufbar unter https://easy.de/2016/02/12/ehemaliger-auf sichtsratsvorsitzender-legt-berufung-ein/; abgerufen am 29.07.2016 um 14:57 Uhr.

369 KG ZIP 2012, 1029 (juris Rz 20).

370 Vgl. *Heeg*, NZG 2012, 1056.

371 Vgl. BGH ZIP 2012, 1313 (juris Rz 1 ff.).

372 LG Berlin ZIP 2012, 1034; anhängig bei KG Berlin Az. 19 U 219/11.

373 AG Berlin-Charlottenburg HRB 77581, n.v.

374 KG ZIP 2012, 1029 (juris Rz 13).

375 BGH ZIP 2012, 1313 (juris Rz 2).

Minderheitsaktionärin das Amtsgericht Berlin-Charlottenburg erneut an, welches am 12. September 2011 eine Ermächtigung zur Einberufung einer außerordentlichen Hauptversammlung aussprach. Im dritten Anlauf konnten dann die Beschlüsse nach § 147 AktG gefasst werden.[376]

Das Kammergericht setzte sich im Rahmen seiner Entscheidung zur Ermächtigung der Aktionäre, die Tagesordnung gemäß § 122 Abs. 3 S. 1 AktG zu erweitern, ausführlich mit der Frage des Rechtsmissbrauches durch die Minderheit und der Bestimmtheit des Geltendmachungsbeschlusses auseinander. Es verneinte einen Rechtsmissbrauch und stellte klar, dass der Beschlussantrag überdies ausreichend konkret sei, da der Besondere Vertreter erkennen könne, welche Ansprüche er zu verfolgen habe.[377]

### (11) Aktiengesellschaft Bad Neuenahr

Bei der Aktiengesellschaft Bad Neuenahr wurde für die Hauptversammlung am 10. Oktober 2014 durch die Aktionärin Stadt Bad Neuenahr die Tagesordnung um die Bestellung eines Sonderprüfers und die Geltendmachung von Ersatzansprüchen sowie die Bestellung eines Besonderen Vertreters ergänzt.[378] Die Stadt ist mit 27,4 Prozent der Anteile die größte Einzelaktionärin und richtete sich mit den Beschlüssen gegen die Interessengemeinschaft von Aktionären der Aktiengesellschaft Bad Neuenahr GbR, die insgesamt 53,9 Prozent der Anteile hinter sich vereint, und deren Gesellschafter. Sie warf den Antragsgegnern vor, der Spielbank GmbH & Co. KG Räumlichkeiten der Aktiengesellschaft Bad Neuenahr unentgeltlich überlassen zu haben.[379] Die Gesellschafter der GbR waren offenbar weitgehend personenidentisch mit den Kommanditisten und den Gesellschaftern der Komplementär-GmbH der Spielbank GmbH & Co. KG.[380] Die Beschlüsse wurden auf der Hauptversammlung 2014 gefasst und soweit ersichtlich nicht angefochten. Die Arbeit des Besonderen Vertreters wurde jedoch unterbrochen, da der Vorstand der Gesellschaft am

---

376 BGH ZIP 2012, 1313 (juris Rz 4).

377 KG ZIP 2012, 1029 (juris Rz 24, 31 ff.).

378 Vgl. die Erweiterung der Tagesordnung unter https://www.bundesanzeiger.de/ebanzwww/wexsservlet?session.sessionid=3c310a902dfed59a8547688e4b0b7f24&page.navid=detailsearchdetailtodetailsearchdetailprint&fts_search_list.destHistoryId=15812&fts_search_list.selected=225f2de349a23638; abgerufen am 13.02.2017 um 11:28 Uhr.

379 Vgl. dazu *Schmitt*, Aktionäre für Sonderprüfung, General-Anzeiger Bonn Online, 10.10.2014, abrufbar unter http://www.general-anzeiger-bonn.de/region/ahr-und-rhein/bad-neuenahr-ahrweiler/Aktion%C3%A4re-f%C3%BCr-Sonderpr%C3%BCfungen-article1471621.html; abgerufen am 20.02.2017 um 14:10 Uhr.

380 Vgl. dazu die detaillierte Darstellung in der Ergänzung der Tagesordnung, abrufbar unter: https://www.bundesanzeiger.de/ebanzwww/wexsservlet?session.sessionid=050370fe10cbb48979273c89346e3607&page.navid=detailsearchlisttodetailsearchdetail&fts_search_list.selected=e8cfab0d439d62de&fts_search_list.destHistoryId=32463; abgerufen am 20.02.2017 um 16:08 Uhr.

28. August 2015 einen Insolvenzantrag beim Amtsgericht Bad Neuenahr-Ahrweiler stellte und das Gericht das Regelverfahren anordnete.[381] Durch die Eröffnung des Insolvenzverfahrens erlangte der Insolvenzverwalter gemäß § 80 InsO die Verwaltungs- und Verfügungsbefugnis, was dazu führte, dass er die zuständigen Organe einschließlich des Besonderen Vertreters verdrängte.[382]

In diesem Fall gibt es keinen Hinweis auf einen Missbrauch der Minderheit. Die Stadt Bad Neuenahr als größte Einzelaktionärin hatte Beschlüsse nach § 147 AktG gefasst, die nicht angefochten wurden. Damit sind sie rechtlich wirksam. Auch wurde der Stadt weder öffentlich Rechtsmissbrauch vorgeworfen, noch ist ein solcher aus anderen Umständen ersichtlich.

### (12) Aleo solar AG

Bei der aleo solar Aktiengesellschaft wurde die Tagesordnung der Hauptversammlung am 17. Dezember 2014 um die Beschlussfassung zur Geltendmachung von Ersatzansprüchen gegen die Mehrheitsaktionärin Robert Bosch GmbH mitsamt weiterer Anspruchsgegner und um die Bestellung eines Besonderen Vertreters ergänzt.[383] Zu einer Beschlussfassung kam es jedoch nie, da die die Tagesordnung ergänzende Aktionärin Deutsche Balaton AG am 16. Dezember 2014 und damit einen Tag vor der Hauptversammlung ihr gesamtes Aktienpaket an die Robert Bosch GmbH verkauft hatte.[384] Da es nie zu einer Bestellung eines Besonderen Vertreters kam, kann dieser Fall keine Aussage zur Missbräuchlichkeit der Beschlussfassung treffen. Insofern ist lediglich anzumerken, dass der Vorstand auf Verlangen der Deutschen Balaton gemäß § 122 Abs. 2 AktG die Tagesordnung ergänzt hatte und kein gerichtliches Verfahren nach § 122 Abs. 3 AktG angestrebt werden musste. Da der Vorstand bei der Ergänzung der Tagesordnung inzident die offensichtliche

381 Vgl. dazu *Adams*, Die AG Bad Neuenahr ist im Insolvenzverfahren, Rhein-Zeitung Online, 01.12.2015, abrufbar unter: http://www.rhein-zeitung.de/region/lokales/bad-neuenahr_artikel,-die-ag-bad-neuenahr-ist-im-insolvenzverfahren-_arid,1406506.html, abgerufen am 22.02.2017 um 11:51 Uhr.

382 OLG Frankfurt AG 2004, 104 (juris Rz 12); KK-AktG/*Rieckers/Vetter*, § 147 Rn 761; MüKoAktG/*Schröer*, § 147 Rn 24; Spindler/Stilz/*Mock*, § 147 Rn 90.

383 Vgl. die Ergänzung der Tagesordnung unter https://www.bundesanzeiger.de/ebanzwww/wexsservlet?session.sessionid=3c310a902dfed59a8547688e4b0b7f24&page.navid=detailsearchdetailtodetailsearchdetailprint&fts_search_list.destHistoryId=88661&fts_search_list.selected=a7cf2483780a74ce; abgerufen am 13.02.2017 um 11:54 Uhr.

384 Vgl. dazu den Aktienkauf- und Übertragungsvertrag zwischen der Deutschen Balaton AG, der DELPHI Unternehmensberatung AG und der Robert Bosch GmbH; abrufbar unter https://www.bundesanzeiger.de/ebanzwww/wexsservlet?session.sessionid=25c3e9e249cc3585ae9e6a11baa6a249&page.navid=detailsearchdetailtodetailsearchdetailnprint&fts_search_list.destHistoryId=61505&fts_search_list.selected=2f211d32ae894e80; abgerufen am 15.03.2017 um 15:44 Uhr.

Missbräuchlichkeit des Verlangens prüft,[385] lag eine solche nach seiner Einschätzung offenbar nicht vor.

### (13) Gelita AG

Bei der Gelita AG, einer Familiengesellschaft, besteht die Besonderheit, dass zur Zeit zwei Besondere Vertreter für unterschiedliche Sachverhalte bestellt sind. Die verschiedenen Familienstämme sind schon lange untereinander zerstritten.

Zunächst wurde in der Hauptversammlung am 30. Juni 2014 durch eine Anteilsminderheit in Höhe von ca. 32 Prozent am Grundkapital ein erster Geltendmachungsbeschluss gefasst und ein Besonderer Vertreter bestellt. Konkret soll der Besondere Vertreter den Verkauf der Beteiligung an der R.P. Scherer auf Pflichtverletzungen von Vorstand, Aufsichtsrat und dem Mehrheitsaktionär hin überprüfen und Ersatzansprüche geltend machen.[386] Die Beschlüsse nach § 147 AktG wurden nicht angefochten. Der Besondere Vertreter erhob 2015 Haftungsklage gegen Mitglieder des Vorstands und Aufsichtsrats und forderte einen Teilbetrag von zehn Mio. Euro.[387] Die Klage wurde erstinstanzlich abgewiesen.[388] Dem Landgericht Heidelberg nach handelten die Organmitglieder im Rahmen der Business Judgement Rule gemäß § 93 Abs. 1 S. 2 AktG, sodass eine zum Ersatz führende Pflichtverletzung zu verneinen sei[389].[390] Gegen die Entscheidung wurde Berufung eingelegt.

Unabhängig von diesem Rechtsstreit wurde in der nächsten Hauptversammlung am 6. Mai 2015 ein weiterer Geltendmachungsbeschluss gefasst und ein weiterer Besonderer Vertreter bestellt. Dieser soll Ansprüche gegen einen ehemaligen und einen aktuellen Aktionär ebenso wie gegen Vorstand und Aufsichtsrat geltend machen wegen verbotener Ausschüttungen von Dividenden. Auch diese Beschlüsse nach § 147 AktG wurden nicht angefochten. Dieser Besondere Vertreter erhob ebenfalls Klage gegen eben genannte Anspruchsgegner. Das Landgericht Heidelberg wies die Klage jedoch mangels Aktivlegitimation des Besonderen Vertreters

385 Vlg. dazu noch ausführlich CII2)b)dd).

386 Vgl. die Einberufung einer außerordentlichen Hauptversammlung mit dem einzigen TOP Geltendmachung von Ersatzansprüchen und Bestellung eines Besonderen Vertreters, abrufbar unter https://www.bundesanzeiger.de/ebanzwww/wexsservlet?session.sessionid=9c3c0e14c175b5e3710be93b680aadfc&page.navid=detailsearchlisttodetailsearchdetail&fts_search_list.selected=c5cc85d53e5adb17&fts_search_list.destHistoryId=97990; abgerufen am 25.08.2016 um 00:01 Uhr.

387 LG Heidelberg Urteil v. 26.08.2016 – 11 O 8/15 KfH, n.v. Vgl. dazu *Schiffer*, Zankapfel Gelita: Familienfehde beim weltgrößten Gelantinehersteller vor Gericht, juve.de, 31.07.2015, abrufbar unter http://www.juve.de/nachrichten/verfahren/2015/07/zankapfel-gelita-familienfehde-beim-weltgroessten-gelatinehersteller-vor-gericht; abgerufen am 24.08.2016 um 23:53 Uhr.

388 LG Heidelberg Urteil v. 26.08.2016 – 11 O 8/15 KfH, n.v.

389 LG Heidelberg Urteil v. 26.08.2016 – 11 O 8/15 KfH, n.v., S. 22, 41.

390 Zu der problembehafteten Informationsbeschaffung des Besonderen Vertreters in diesem Verfahren vgl. unten unter DII3)b).

als unzulässig ab.[391] Seiner Ansicht nach waren die Beschlüsse nach § 147 AktG nichtig, da sie gemäß § 241 Nr. 3 AktG mit dem Wesen der Aktiengesellschaft nicht vereinbar seien. Begründet wurde dies damit, dass der Besondere Vertreter teilweise Ansprüche verfolgen sollte, die keine „Ersatzansprüche" im Sinne von § 147 Abs. 1 S. 1 AktG seien.[392] Auch eine Teilnichtigkeit der Beschlüsse entsprechend § 139 BGB lehnte das Gericht ab.[393] Aufgrund der Nichtigkeit sei der Besondere Vertreter nicht bestellt worden und könne die Gesellschaft nicht wirksam vertreten. Über die Begründetheit der Ansprüche urteilte das Gericht folglich nicht. Auch gegen diese Entscheidung wurde Berufung eingelegt.

Die erstinstanzlich abgewiesenen Klagen der Besonderen Vertreter könnten ein Indiz dafür sein, dass das Institut des Besonderen Vertreters eventuell missbräuchlich verwendet worden ist. Dabei ist jedoch zu berücksichtigen, dass die Rechtmäßigkeit und damit auch Missbräuchlichkeit der Beschlussfassung nach § 147 Abs. 1 AktG nach allgemeiner Ansicht nicht davon abhängt, ob die Ersatzansprüche wirklich bestehen und damit eine spätere Haftungsklage erfolgreich ist.[394] Es braucht daher mehr als das, um einen Rechtsmissbrauch annehmen zu können. Interessant ist jedoch der Bestellungsvorgang und im Hinblick auf den Vorwurf des Missbrauchs erhellend:

Die Tagesordnung der ordentlichen Hauptversammlung am 9. April 2014 wurde am 14. März durch eine Minderheit unter anderem um Beschlussfassungen nach § 147 AktG ergänzt. Dieses Ergänzungsverlangen stellte der satzungsmäßige Versammlungsleiter, der, kurz bevor er Aufsichtsratsvorsitzender geworden war, noch dem Vorstand der Gesellschaft angehört hatte,[395] gar nicht erst zur Abstimmung. Er begründete dies mit der angeblichen Missbräuchlichkeit des Verlangens.[396] Diese Einschätzung teilte jedoch das Amtsgericht Mannheim nicht.[397] Dieses wurde

---

391 LG Heidelberg Urteil v. 21.03.2017 – 11 O 11/16 (juris Rz 114).

392 LG Heidelberg Urteil v. 21.03.2017 – 11 O 11/16 (juris Rz 117 ff.).

393 Ebd. (juris Rz 126 ff.).

394 Vgl. dazu Fn 70.

395 Vgl. dazu die Bekanntmachung der Gesellschaft gemäß § 106 AktG, abrufbar unter https://www.bundesanzeiger.de/ebanzwww/wexsservlet?session.sessionid=5f4fddd2c4d4d6a828e91838e7517361&page.navid=detailsearchlisttodetailsearchdetail&fts_search_list.selected=7267ce28380c104e&fts_search_list.destHistoryId=86607; abgerufen am 25.08.2016 um 08:47 Uhr.

396 *Glöckner*, Weltgrößter Gelantinehersteller: Wie ein Familienstreit Gelita erschüttert, WirtschaftsWoche online, abrufbar unter http://www.wiwo.de/unternehmen/industrie/weltgroesster-gelatinehersteller-wie-ein-familienstreit-gelita-erschuettert/10723846-all.html; abgerufen am 25.08.2016 um 08:41 Uhr.

397 AG Mannheim, Beschluss vom 12.05.2014, HRB 333796, angehängt an die Ausübung der Ermächtigung zur Einberufung der Hauptversammlung, abrufbar unter https://www.bundesanzeiger.de/ebanzwww/wexsservlet?session.sessionid=9c3c0e14c175b5e3710be93b680aadfc&page.navid=detailsearchlisttodetailsearchdetail&fts_search_list.selected=c5cc85d53e5adb17&fts_search_list.destHistoryId=97990; abgerufen am 25.08.2016 um 08:54 Uhr.

angerufen, um die Minderheitsaktionäre nach § 122 Abs. 1, 3 S. 1 AktG zu ermächtigen, eine außerordentliche Hauptversammlung mit dem einzigen Tagesordnungspunkt „Geltendmachung von Ersatzansprüchen und Bestellung eines Besonderen Vertreters“ einzuberufen. Das Amtsgericht Mannheim vertrat „nicht die Auffassung, dass das Einberufungsverlangen auf einen gesetzes- und satzungswidrigen Beschluss abzielt und daher unbeachtlich sei“ oder gar „rechtsmissbräuchliches Verhalten der Antragstellerin bei ihrem Einberufungsverlangen“ vorliege.[398] Ganz im Gegenteil war das Gericht der Auffassung, dass „das Begehren, den Anteilsverkauf, mag er auch 2 Jahre zurückliegen und bereits Gegenstand der Hauptsammlung im Jahre 2012 gewesen sein, einer Überprüfung auf pflichtwidriges Verhalten der Organe bzw. einzelner Aktionäre der Antragsgegnerin zu unterziehen, [...] für sich betrachtet nachvollziehbar [ist] und [...] nicht jeglicher vernünftiger Grundlage [entbehrt].“[399] Gegen diesen Beschluss wurde Beschwerde nach §§ 58 ff. FamFG eingelegt, doch das Oberlandesgericht Karlsruhe bestätigte die Vorinstanz in jeder Hinsicht[400] und verwarf ausdrücklich den Vorwurf der Missbräuchlichkeit des Verlangens.[401]

Aufgrund der eindeutigen Judikate spricht alles dafür, dass die Bestellung des Besonderen Vertreters nicht missbräuchlich geschah. Der Fall Gelita dient somit nicht als Beispiel für missbräuchliches Verhalten von Minderheitsaktionären, sondern eher für fragwürdige Verhaltensweisen der Verwaltung der Gesellschaft.[402]

### (14) DKM Deutsche Kreditmanagement AG

Völlig undurchsichtig für Außenstehende ist die Situation bei der DKM. Bei dieser wurde in der Hauptversammlung vom 2. Februar 2015 zunächst sowohl ein Sonderprüfungsbeschluss als auch ein Geltendmachungsbeschluss gefasst sowie ein Besonderer Vertreter bestellt. Die Bestellung des Besonderen Vertreters wurde in der außerordentlichen Hauptversammlung vom 3. September 2015 widerrufen und die Wahl eines neuen Besonderen Vertreters vorgeschlagen. Nach weiteren Recherchen des Verfassers kam es jedoch zu keiner Neubestellung. Was nun aus dem verbleibenden Geltendmachungsbeschluss nach § 147 Abs. 1 AktG wird, ist unklar, da sich die Ansprüche gegen Vorstands- und Aufsichtsratsmitglieder richten. Auch über den Fortgang der Sonderprüfung ließ sich nichts herausfinden.

Aus der Veröffentlichung des Ergänzungsverlangens lässt sich zwar mangels anderer Angaben nicht unmittelbar erkennen, ob das Verlangen missbräuchlich ist. Anscheinend wurden die Beschlüsse nach § 147 AktG jedoch nicht angefochten und sind damit wirksam. Mangels Anfechtung ist davon auszugehen, dass die Beteiligten

398 Ebd.
399 Ebd.
400 OLG Karlsruhe ZIP 2015, 125.
401 OLG Karlsruhe ZIP 2015, 125 (juris Rz 49 ff.).
402 Zu diesem Punkt der versuchten Verhinderung von Beschlussfassungen siehe noch Abschnitt CII2).

davon ausgingen, dass die Beschlussfassung nicht missbräuchlich geschah. Jedenfalls ist die fehlende Anfechtung ein starkes Indiz gegen eine Missbräuchlichkeit. Bemerkenswert ist überdies, dass die einzelnen angeblichen Pflichtverletzungen im Ergänzungsverlangen auf 23 Seiten nach Komplexen und Personen aufgegliedert sind, mit jeweiliger Begründung.[403] Diese Ausführlichkeit an Informationen ist ebenfalls ein Indiz gegen eine missbräuchliche Verwendung.

### (15) Ecolutions GmbH & Co. KGaA

Bei der Ecolutions GmbH & Co. KGaA ist der Sachverhalt ebenfalls sehr verworren. Geprägt zu sein scheint er von einem Streit zwischen den zwei größten Aktionären, der Altira AG und der Theolia S.A.

Für die außerordentliche Hauptversammlung am 19. September 2012 beantragte die Altira unter anderem die Erweiterung um den TOP „Auflösung der Gesellschaft", während die Theolia Beschlüsse nach §§ 142, 147 AktG gegen die persönlich haftende Gesellschafterin Altira ecolutions Management GmbH und Mitglieder des Aufsichtsrats vorschlug.[404] In der zwei Monate später stattfindenden außerordentlichen Hauptversammlung am 19. November 2012 wollte nun die Altira Beschlüsse nach §§ 142, 147 AktG gegen die Theolia, ein Aufsichtsratsmitglied der Ecolutions GmbH & Co. KGaA und weitere Personen fassen.[405] Selbiges spielte sich in der außerordentlichen Hauptversammlung am 22. Juli 2013[406] und am 21. Mai 2015[407]

403 Vgl. dazu die Ergänzung der Tagesordnung am 3. September 2015, abrufbar unter https://www.bundesanzeiger.de/ebanzwww/wexsservlet?session.sessionid=a41286322fe261f5e361b0c6df9e168d&page.navid=detailsearchdetailtodetailsearchdetailprint&fts_search_list.destHistoryId=24013&fts_search_list.selected=bf4f75ba8f1f66e4; abgerufen am 08.09.2016 um 16:44 Uhr.

404 Vgl. die Einladung zur außerordentlichen Hauptversammlung am 10.09.2012, abrufbar unter: https://www.bundesanzeiger.de/ebanzwww/wexsservlet?session.sessionid=d05f0937db361b3e4cc004b175872827&page.navid=detailsearchlisttodetailsearchdetail&fts_search_list.selected=2686e309074127b4&fts_search_list.destHistoryId=45381; abgerufen am 15.03.2017 um 15:59 Uhr.

405 Vgl. die Einladung zur außerordentlichen Hauptversammlung am 10.11.2012, abrufbar unter: https://www.bundesanzeiger.de/ebanzwww/wexsservlet?session.sessionid=d05f0937db361b3e4cc004b175872827&page.navid=detailsearchlisttodetailsearchdetail&fts_search_list.selected=a8f05ca961e4f8ca&fts_search_list.destHistoryId=45381; abgerufen am 15.03.2017 um 16:04 Uhr.

406 Vgl. die Einladung zur außerordentlichen Hauptversammlung am 22.07.2013, abrufbar unter: https://www.bundesanzeiger.de/ebanzwww/wexsservlet?session.sessionid=d05f0937db361b3e4cc004b175872827&page.navid=detailsearchlisttodetailsearchdetail&fts_search_list.selected=847c2d515ccb8a6b&fts_search_list.destHistoryId=45381; abgerufen am 15.03.2017 um 16:14 Uhr.

407 Vgl. die Einladung zur außerordentlichen Hauptversammlung am 21.05.2015, abrufbar unter: https://www.bundesanzeiger.de/ebanzwww/wexsservlet?session.sessionid=d05f0937db361b3e4cc004b175872827&page.navid=detailsearchlisttodetailsearchdetail&fts_search_list.selected=be0082f7dd1f6fa7&fts_search_list.destHis

ab. Zwischenzeitlich hatte das Landgericht Frankfurt a.M. mittels einstweiliger Verfügung der Komplementärin die Geschäftsführungsbefugnis entzogen und einen Vertreter gerichtlich bestellt, diese Entscheidung aber später wieder aufgehoben.[408] Anscheinend hatte bislang kein Beschluss eine Mehrheit auf den Hauptversammlungen bzw. keiner ist zustande gekommen. Mangels weiterer Angaben und mangels Bestellung lässt sich zu einer missbräuchlichen Verwendung des Instituts Besonderer Vertreter nichts sagen. Interessanterweise wird hier jedoch das Institut nicht von Kleinaktionären, sondern den beiden größten Anteilseignern benutzt.

### (16) IFA Hotel & Touristik AG

Bei der IFA Hotel & Touristik AG wurde auf der Hauptversammlung am 16./17. Juli 2015 durch eine Anteilsminderheit in Höhe von 33,8 Prozent am Grundkapital, die an dem Tag 34,73 Mio. Euro an Börsenwert repräsentierte,[409] ein Geltendmachungsbeschluss gefasst und ein Besonderer Vertreter bestellt, der die Ersatzansprüche aus einem Kaufvertrag[410] über eine Hotelanlage zwischen der Gesellschaft und ihrer Mehrheitsaktionärin verfolgen soll.[411] Hintergrund der Bestellung war, dass auf der Hauptversammlung am 17. Juli 2014 eine große Kapitalerhöhung gegen Bareinlage beschlossen wurde, um ein Hotelprojekt in der Dominikanischen Republik zu finanzieren. Am 12. Februar 2015 teilte der Vorstand der Gesellschaft dann aber

---

toryId=45381; bzw. https://www.bundesanzeiger.de/ebanzwww/wexsservlet?session.sessionid=d05f0937db361b3e4cc004b175872827&page.navid=detailsearchlisttodetailsearchdetail&fts_search_list.selected=21bc8765a361523a&fts_search_list.destHistoryId=45381; abgerufen am 15.03.2017 um 16:21 Uhr.

408 LG Frankfurt a.M. Entscheidung vom 19.09.2012 – 3-5 O 107/12. Diese Entwicklung ergibt sich ebenfalls aus der Einladung zur außerordentlichen Hauptversammlung am 22.07.2013, abrufbar unter: https://www.bundesanzeiger.de/ebanzwww/wexsservlet?session.sessionid=d05f0937db361b3e4cc004b175872827&page.navid=detailsearchlisttodetailsearchdetail&fts_search_list.selected=847c2d515ccb8a6b&fts_search_list.destHistoryId=45381; abgerufen am 15.05.2017 um 16:14 Uhr.

409 Der Börsenschlusskurs betrug am 16.07.2015 5,19 €. Das Grundkapital der Gesellschaft ist in 19.800.000 Stückaktien eingeteilt. Der Börsenwert der Minderheitsbeteiligung betrug damit 5,19 € x 19.800.000 x 33,8/100 = 34.733.556 €.

410 Einzelheiten dazu ergeben sich aus TOP 1 der Einladung zur ordentlichen Hauptversammlung am 16./17. Juli 2015, abrufbar unter https://www.bundesanzeiger.de/ebanzwww/wexsservlet?session.sessionid=940b08cb85297fa4143f6802ca96ac94&page.navid=detailsearchlisttodetailsearchdetail&fts_search_list.selected=11ea575e0fe15db4&fts_search_list.destHistoryId=36435; abgerufen am 25.08.2016 um 09:13 Uhr.

411 Vgl. dazu das Minderheitsverlangen, veröffentlicht auf www.bundesanzeiger.de, abrufbar unter https://www.bundesanzeiger.de/ebanzwww/wexsservlet?session.sessionid=8cfce2e1751a95e5bd922550940351b6&page.navid=detailsearchlisttodetailsearchdetail&fts_search_list.selected=8aa29a67d9e35c4f&fts_search_list.destHistoryId=12886; abgerufen am 24.08.2016 um 09:49 Uhr.

ad hoc mit, dass nun anstelle dieses Projektes aufgrund des hohen Dollarkurses zwei Hotelanlagen auf Gran Canaria bzw. Fuerteventura erworben werden sollten. Deren Eigentümerin war pikanterweise die Mehrheitsaktionärin. Die Minderheitsaktionäre befürchteten, dass dies von Anfang an geplant gewesen sei und dass es sich aufgrund der zeitlichen Nähe um eine verbotene verdeckte Sacheinlage der Mehrheitsaktionärin handelte, weil die Hotels weit über Wert gekauft worden seien.[412] Für das Minderheitsverlangen bestimmte das Gericht einen anderen Versammlungsleiter nach § 122 Abs. 3 S. 2 AktG, der aufgrund des Stimmverbotes bei der Mehrheitsaktionärin die Beschlussfassung nach § 147 AktG feststellte. Gegen diese Beschlüsse wurde Anfechtungsklage erhoben.[413]

Der Besondere Vertreter forderte derweil Informationen von der Gesellschaft, die sie ihm jedoch nicht gab, sodass er eine einstweilige Verfügung auf Informationserteilung bzw. Erstellung eines Bestandsverzeichnisses der Informationen nach § 260 Abs. 1 BGB erwirken musste.[414] Obwohl die Frage, ob die Bestellung aufgrund mangelnder Konkretisierung missbräuchlich geschah, im einstweiligen Rechtsschutz nicht entscheidungserheblich war,[415] verneinte dies das Landgericht Duisburg.[416] Ein hinreichend konkreter Beschluss ist ohne andere hinzutretende besondere Umstände nicht missbräuchlich. Zwar steht das letztendlich entscheidende Urteil durch das Landgericht Düsseldorf im Anfechtungsprozess noch aus; wenn aber ein anderes Landgericht den Beschluss als ausreichend konkret ansieht, ist dies ein starkes Indiz gegen eine missbräuchliche Bestellung eines Besonderen Vertreters.

Vielmehr wirft auch dieser Fall ein trübes Licht auf die Verwaltung: Um den Besonderen Vertreter loszuwerden, schlug die Verwaltung für die Hauptversammlung 2016 vor, diesen abzuberufen. Die Minderheit ergänzte die Tagesordnung für dieselbe Hauptversammlung sodann um die Wiederbestellung des Besonderen Vertreters[417] und erwirkte wiederum einen gerichtlich bestellten Versammlungsleiter für

---

412 Vlg. dazu die Ergänzung der Tagesordnung für die Hauptversammlung vom 16./17. Juli 2015, abrufbar unter https://www.bundesanzeiger.de/ebanzwww/wexsservlet?session.sessionid=940b08cb85297fa4143f6802ca96ac94&page.navid=detailsearchlisttodetailsearchdetail&fts_search_list.selected=e40ec9100b48cd6f&fts_search_list.destHistoryId=36435; abgerufen am 25.08.2016 um 09:39 Uhr.

413 Anhängig bei LG Düsseldorf Az. 40 O 75/15. Vgl. Bekanntmachung der Gesellschaft gemäß § 246 Abs. 4 AktG, abrufbar unter https://www.bundesanzeiger.de/ebanzwww/wexsservlet?session.sessionid=aa90de7957f098956f74913c8d3526db&page.navid=detailsearchlisttodetailsearchdetail&fts_search_list.selected=2506e1a87bc7c61b&fts_search_list.destHistoryId=68244; abgerufen am 25.08.2016 um 09:44 Uhr.

414 LG Duisburg Teilurteil vom 09.06.2016 – 22 O 50/16.

415 Vgl. dazu noch den Abschnitt DIV3), der die Informationserlangung im einstweiligen Rechtsschutz behandelt.

416 LG Duisburg Teilurteil vom 09.06.2016 – 22 O 50/16, S. 15.

417 Vgl. dazu die Ergänzung der Tagesordnung für die Hauptversammlung am 21.07.2016, abrufbar unter https://www.bundesanzeiger.de/ebanzwww/wexsservlet?session.sessionid=8cfce2e1751a95e5bd922550940351b6&page.navid=detailsearchlist

ihr Anliegen.[418] Der satzungsmäßige Versammlungsleiter ließ bei der Abberufung die Mehrheitsaktionärin entgegen § 136 Abs. 1 AktG mitstimmen, der gerichtlich bestellte Versammlungsleiter wiederum nahm ein Stimmverbot bei der (Wieder-) Bestellung an, sodass der Besondere Vertreter in derselben Hauptversammlung abberufen und wiederbestellt wurde.[419] Aufgrund dieses starken Konfrontationskurses darf gespannt beobachtet werden, wie sich der Rechtsstreit entwickelt.

### (17) Hyrican Informationssysteme AG

Seit 2012 versucht die Aktionärin Deutsche Balaton AG, die nach eigenen Angaben 44 Prozent Anteile an der Hyrican hält,[420] einen Besonderen Vertreter zur Geltendmachung von Ersatzansprüchen gegen Mitglieder des Vorstands und Aufsichtsrats zu bestellen. Im Kern geht es um den Vorwurf, dass der Vorstand durch rechtswidrige Bar- und Sachkapitalerhöhungen unter Ausschluss des Bezugsrechtes die Stimmmacht in der Gesellschaft zu seinen Gunsten verändert hat und die Beteiligung der restlichen Aktionäre verwässert wurde.[421] Laut eigenen Angaben der Deutschen Balaton hat das Thüringer Oberlandesgericht beide Kapitalerhöhungen für nichtig erklärt.[422] Eine Nichtzulassungsbeschwerde der Hyrican ist zur Zeit der Bearbeitung noch beim Bundesgerichtshof anhängig.[423]

Sämtliche Tagesordnungen der Hauptversammlungen 2012–2016 wurden jeweils um die Bestellung eines Sonderprüfers und die Geltendmachung von Ersatzansprüchen durch einen Besonderen Vertreter ergänzt.[424]

---

todetailsearchdetail&fts_search_list.selected=06d2eb21b5713cbc&fts_search_list.destHistoryId=12886; abgerufen am 25.08.2016 um 10:18 Uhr.

418 AG Duisburg Beschluss vom 20.07.2016 – HRB 3291.

419 Vgl. dazu die Abstimmungsergebnisse von der Hauptversammlung am 21.07.2016, abrufbar unter http://www.lopesan.com/upload/file_ajempresa_texto_file11_07_34.pdf; abgerufen am 25.08.2016 um 10:23 Uhr.

420 Vgl. dazu die Beteiligungsinformationen auf der Homepage der Deutschen Balaton AG, abrufbar unter http://www.deutsche-balaton.de/beteiligungen/; abgerufen am 15.02.2017 um 14:01 Uhr.

421 Vgl. dazu die Ausführungen im Kaufangebot vom 11.06.2012, abrufbar unter: https://www.bundesanzeiger.de/ebanzwww/wexsservlet?session.sessionid=b46a698df6094ece20390e23f0661ec0&page.navid=detailsearchlisttodetailsearchdetail&fts_search_list.selected=c114eff608fd02e0&fts_search_list.destHistoryId=77493; abgerufen am 15.03.2017 um 20:35 Uhr.

422 OLG Thüringen Urteil vom 20.04.2016 2 U 586/14; nicht veröffentlicht. Nach http://www.deutsche-balaton.de/wp-content/uploads/2015/09/2017-02-01_Übersicht-Rechtsstreitigkeiten-gegen-Hyrican.pdf; abgerufen am 15.03.2017 um 20:47 Uhr.

423 BGH Az. II ZR 75/15; zitiert nach Fn 422.

424 Vgl. die Erweiterung der Tagesordnung der Hauptversammlung 2012, abrufbar unter: https://www.bundesanzeiger.de/ebanzwww/wexsservlet?session.sessionid=b46a698df6094ece20390e23f0661ec0&page.navid=detailsearchlisttodetailsearchdetail&fts_search_list.selected=7473a1c2c7e4d8eb&fts_search_list.destHistoryId=77493;

Zudem hat die Deutsche Balaton in mehreren Verfahren erfolgreich die gerichtliche Bestellung eines Sonderprüfers nach § 142 Abs. 2 AktG durchgesetzt.[425] Der Sonderprüfer hat im Oktober/November 2014 die Prüfberichte nach § 145 Abs. 6 AktG abgegeben.[426]

Eine Beschlussfassung nach § 147 AktG kam jedoch bislang nicht zustande, da die Beschlüsse trotz des signifikanten Anteils der Deutschen Balaton von 44 Prozent keine Mehrheit fanden. Insofern lässt sich über eine eventuelle Missbräuchlichkeit auch nichts sagen. Die erfolgreichen Beantragungen gerichtlicher Sonderprüfungen zeigen aber, dass zumindest ein nach § 142 Abs. 2 S. 1 AktG erforderlicher Verdacht auf Unredlichkeiten bzw. grobe Verletzungen von Gesetz oder Satzung vorliegen müssen.

### (18) Beteiligung im Baltikum AG, AGS Portfolio AG & Karwendelbahn AG

Vollkommen undurchsichtig ist die Lage bei der Beteiligung im Baltikum AG. Dort versucht ein Aktionär schon seit zwei Jahren, eine Sonderprüfung nach § 142 AktG zu erreichen, einen Geltendmachungsbeschluss nach § 147 AktG zu fassen sowie einen Besonderen Vertreter zu bestellen.[427] Die letzte Hauptversammlung 2016

---

der Hauptversammlung 2013, abrufbar unter: https://www.bundesanzeiger.de/ebanzwww/wexsservlet?session.sessionid=b46a698df6094ece20390e23f0661ec0&page.navid=detailsearchlisttodetailsearchdetail&fts_search_list.selected=d0b3383041f16e95&fts_search_list.destHistoryId=77493;
der Hauptversammlung 2014, abrufbar unter: https://www.bundesanzeiger.de/ebanzwww/wexsservlet?session.sessionid=b46a698df6094ece20390e23f0661ec0&page.navid=detailsearchlisttodetailsearchdetail&fts_search_list.selected=47f9a2d0224de565&fts_search_list.destHistoryId=77493;
der Hauptversammlung 2015, abrufbar unter: https://www.bundesanzeiger.de/ebanzwww/wexsservlet?session.sessionid=b46a698df6094ece20390e23f0661ec0&page.navid=detailsearchlisttodetailsearchdetail&fts_search_list.selected=c89799765124f59c&fts_search_list.destHistoryId=77493;
und der Hauptversammlung 2016, abrufbar unter: https://www.bundesanzeiger.de/ebanzwww/wexsservlet?session.sessionid=b46a698df6094ece20390e23f0661ec0&page.navid=detailsearchlisttodetailsearchdetail&fts_search_list.selected=564d43ee764be99f&fts_search_list.destHistoryId=77493; allesamt abgerufen am 15.03.2017 um 20:41 Uhr.

425 OLG Thüringen Beschluss vom 26.05.2014 – 2 W 119/14; OLG Thüringen Beschluss vom 02.06.2014 – 2 W 120/14; OLG Thüringen Beschluss vom 07.07.2014 – 2 W 291/14; jeweils nicht veröffentlicht; zitiert nach Fn 422.

426 Vgl. Fn 422.

427 Vgl. dazu die Erweiterung der Tagesordnung für die Hauptversammlung am 05. August 2016 und für die Hauptversammlung am 04. Dezember 2015, abrufbar unter https://www.bundesanzeiger.de/ebanzwww/wexsservlet?session.sessionid=32ba60742aab5184143bd75495520fa4&page.navid=detailsearchlisttodetailsearchdetail&fts_search_list.selected=32edd17a4d01ce34&fts_search_list.destHistoryId=32560 und https://www.bundesanzeiger.de/ebanzwww/wexsservlet?session.

wurde vom Vorstand der Gesellschaft abgesagt, da der Aktionär angeblich gar nicht gerichtlich ermächtigt war, die Tagesordnung zu erweitern.[428]

Ähnliches spielte sich bei der AGS Portfolio AG ab.[429] Auch bei der Karwendelbahn AG wurde für den 29. Juli 2016 eine außerordentliche Hauptversammlung einberufen, um einen Sonderprüfer zu bestellen.[430]

Im Kern geht es bei allen Aktiengesellschaften darum, Vorgänge zu prüfen, die der Familie Reich bzw. den von ihr kontrollierten Gesellschaften oder deren Organen zugeordnet werden können. Eines der Familienmitglieder ist bzw. war wohl Vorstand mehrerer Gesellschaften, obwohl es angeblich einschlägig rechtskräftig verurteilt worden ist und daher gemäß § 76 Abs. 3 S. 2 Nr. 3 AktG[431] kein Mitglied des Vorstands sein durfte.[432] Der Ausgang des Verfahrens darf gespannt erwartet werden. Da aber die tatsächlichen Vorgänge im Dunkeln bleiben, kann eine klare Aussage für oder gegen einen Missbrauch nicht getroffen werden.

### (19) Strabag AG

Zuletzt wurde auch auf der Hauptversammlung der Strabag AG in Köln am 19. Juni 2015 ein Geltendmachungsbeschluss gefasst und ein Besonderer Vertreter bestellt. Die Beschlussfassung geschah aufgrund von Stimmverboten gegen die Mehrheitsaktionärin Strabag SE durch eine Anteilsminderheit iHv 4,4 Prozent am Grundkapital,

---

sessionid=32ba60742aab5184143bd75495520fa4&page.navid=detailsearchlisttodetailsearchdetail&fts_search_list.selected=777cd4392e786fc2&fts_search_list.destHistoryId=32560; abgerufen am 02.09.2016 um 12:02 Uhr.

428 Vgl. die Mitteilung der Gesellschaft, abrufbar unter http://www.baltikum-ag.de/investor-relations/; abgerufen am 02.09.2016 um 12:05 Uhr.

429 Vgl. nur die Erweiterung der Tagesordnung für die Hauptversammlung am 06. August 2016, abrufbar unter https://www.bundesanzeiger.de/ebanzwww/wexsservlet?session.sessionid=187f5f3737838b4553680fc904f3697e&page.navid=detailsearchlisttodetailsearchdetail&fts_search_list.selected=406f8d7602a3a044&fts_search_list.destHistoryId=07216; abgerufen am 02.09.2016 um 14:59 Uhr.

430 Vgl. dazu https://www.bundesanzeiger.de/ebanzwww/wexsservlet?session.sessionid=187f5f3737838b4553680fc904f3697e&page.navid=detailsearchlisttodetailsearchdetail&fts_search_list.selected=8eb701ab6a0dbe04&fts_search_list.destHistoryId=07216; abgerufen am 02.09.2016 um 15:03 Uhr.

431 Der Eintritt eines solchen Hindernisses führt ex lege zur sofortigen Beendigung der Bestellung, ein sonstiger feststellender Akt oder gar eine Abberufung sind nicht vonnöten, vgl. nur MüKoAktG/*Spindler* § 76 Rn 120; Spindler/Stilz/*Fleischer*, § 76 Rn 140.

432 Vgl. zum Sachverhalt nur *Kummer*, Verurteilter Heidenheimer Unternehmer: Jetzt werden die Folgen spürbar, 15.04.2016, Heidenheimer Zeitung, abrufbar unter http://www.swp.de/heidenheim/lokales/heidenheim/Verurteilter-Heidenheimer-Unternehmer-Jetzt-werden-die-Folgen-spuerbar;art1168893,3786930; abgerufen am 02.09.2016 um 15:10 Uhr.

die einen Börsenwert von 38,30 Mio. Euro widerspiegelte.[433] Die Strabag SE ist bislang die einzige Gesellschaft, die sich nach dem Fall „Ed. Züblin“ (siehe oben unter (4)) zum zweiten Mal mit einem Besonderen Vertreter konfrontiert sieht.[434]

Vorangegangen waren Vorwürfe, die Mehrheitsaktionärin Strabag SE (die über ihre 100-prozentige Tochter Illbau Liegenschaftsverwaltung AG 93 Prozent Anteil an der Strabag AG hält) habe 2012 zum Nachteil der AG mehrere Unternehmen über Wert als Sacheinlage in eine gemeinsame Beteiligung (BHB) eingebracht, wodurch die AG gezwungen gewesen sei, einen zu hohen Barausgleich zu zahlen und dadurch von der SE geschädigt worden sei.[435] Für das Geschäftsjahr 2014 musste die AG hohe Abschreibungen vornehmen.[436] Nachdem der Besondere Vertreter mittels einstweiliger Verfügung Informationen vom Vorstand der AG erlangt hatte,[437] machte er gegenüber der SE im Juni 2016 einen Teilschaden in Höhe von 81 Mio. Euro geltend und berichtete der Hauptversammlung der Strabag AG 2016 über den Stand seiner Ermittlungen.[438]

Die Beschlüsse nach § 147 AktG wurden von der SE angefochten.[439] Während das Landgericht Köln erstinstanzlich der Anfechtungsklage gegen die Bestellung stattgab mit der Begründung, die Vorwürfe von Schädigungen würden „ins Blaue hinein […] ohne jeglichen Anhaltspunkt“ behauptet werden,[440] und damit die Bestellung in die Nähe der Missbräuchlichkeit rückte, kam das Oberlandesgericht Köln schon im Rahmen des einstweiligen Rechtsschutzes des Besonderen Vertreters auf Informationserlangung zu dem – in diesem Zusammenhang nicht entscheidungserheblichen – Ergebnis, dass der „hier streitige Beschluss der Hauptversammlung sehr

---

433 Der Börsenkurs der Strabag AG betrug am 19.06.2015 216,02 €. Das Grundkapital der Strabag AG ist laut Satzung eingeteilt in 4.030.000 Stückaktien. Der Börsenwert des Minderheitsanteils betrug damit 216,02 € x 4.030.000 x 4,4/100 = 38.304.666,40 €.

434 Vgl. dazu schon den Fall Ed. Züblin unter BIII2)l)cc)(4).

435 *Meyenburg*, Strabag fordert 81 Millionen Euro Entschädigung, General-Anzeiger Bonn vom 25.06.2016, S. 10. Vgl. auch TOP 7 der Tagesordnung der Hauptversammlung der Strabag AG am 19.06.2015, abrufbar unter http://www.strabag.de/databases/internet/_public/files.nsf/SearchView/D821136A6BC88F1BC1257E4300344116/$File/Einladung_HV_2015_END_Einzelseiten_low_ohne.pdf; abgerufen am 29.07.2016 um 15:33 Uhr.

436 Ad-hoc-Mitteilung der Strabag AG nach § 15 WpHG vom 25.03.2015, abrufbar unter http://www.strabag.de/databases/internet/_public/files.nsf/SearchView/B5A8116DBC7E8268C1257E13004087F2/$File/20150325_STRABAG%20AG_Ad-hoc%20Meldung_end.pdf; abgerufen am 29.07.2016 um 15:57 Uhr.

437 OLG Köln ZIP 2015, 2470.

438 TOP 6 der Tagesordnung der Hauptversammlung der Strabag AG vom 24.06.2016; vgl. dazu auch *Meyenburg*, Strabag fordert 81 Millionen Euro Entschädigung, General-Anzeiger Bonn vom 25.06.2016, S. 10.

439 LG Köln ZIP 2016, 162.

440 LG Köln ZIP 2016, 162 (juris Rz 147).

wohl hinreichend konkretisiert worden" sei.[441] Dieser Ansicht treu bleibend hatte die Berufung vor dem Oberlandesgericht Köln bezüglich der Bestimmtheitsanforderungen vollumfänglich Erfolg.[442] Das Oberlandesgericht entschied in konsequenter Weiterführung seines Urteils im einstweiligen Rechtsschutz entgegen der Vorinstanz, dass die Ansprüche im Beschluss sehr wohl hinreichend konkretisiert seien, da der Sachverhalt klar umrissen sei und damit das Gericht im späteren Haftungsprozess erkennen könne, ob der Gegenstand der Klage mit den von der Hauptversammlung gemeinten Ansprüchen übereinstimmt.[443] Damit sei sowohl der Geltendmachungsbeschluss als auch die Bestellung des Besonderen Vertreters wirksam erfolgt und keinesfalls rechtsmissbräuchlich.[444] Das Oberlandesgericht Köln hat die Revision zum Bundesgerichtshof zugelassen. Die Revision wurde auch eingelegt.[445]

Kurz nach diesem Urteil machte der Besondere Vertreter in einem weiteren Anspruchsschreiben gegen die SE Ersatzansprüche in Höhe von weiteren 136 Mio. Euro geltend, und damit einen Gesamtbetrag von 217 Mio. Euro.[446]

Im Oktober 2016 teilte die Strabag AG mit, dass die Illbau Liegenschaftsverwaltung AG (eine 100-prozentige Tochtergesellschaft der Strabag SE) einen umwandlungsrechtlichen Squeeze-Out nach § 62 UmwG beabsichtigt, bei dem die Strabag AG auf die Illbau verschmolzen werden soll.[447] Am 30. Dezember 2016 wurde der Verschmelzungsvertrag zwischen der Strabag AG und der Illbau geschlossen. Daraufhin wurde eine außerordentliche Hauptversammlung der Strabag AG für den 24. März 2017 einberufen, um unter TOP 1 über den Squeeze-Out zu beschließen.[448] Mit den Stimmen der Illbau wurde der Squeeze-out-Beschluss gefasst.[449] Dieser Beschluss wurde angefochten.

---

441 OLG Köln ZIP 2015, 2470 (juris Rz 40).

442 OLG Köln AG 2017, 351 (juris Rz 301 ff.).

443 OLG Köln AG 2017, 351 (juris Rz 302, 312).

444 OLG Köln AG 2017, 351 (juris Rz 320).

445 Anhängig unter BGH II ZR 94/17.

446 Vgl. die Ad-hoc-Mitteilung der Strabag AG vom 21.03.2017, abrufbar unter: http://www.strabag.de/databases/internet/_public/files30.nsf/SearchView/256028373CEAC173C12580EA0069E468/$File/20170321_STRABAG%20AG_adhoc_Ersatzansprüche.pdf; abgerufen am 25.03.2017 um 11:18 Uhr.

447 Vgl. die Ad-hoc-Mitteilung der Strabag AG vom 07.10.2016, abrufbar unter: http://www.strabag.de/databases/internet/_public/files30.nsf/SearchView/5514DB3819DF312CC12580BB004F493B/$File/20161007_STRABAG%20AG_Ad-hoc%20Meldung_Ilbau.pdf; abgerufen am 25.03.2017 um 11:33 Uhr.

448 Vgl. dazu die Einberufung der außerordentlichen Hauptversammlung der Strabag AG, abrufbar unter: https://www.bundesanzeiger.de/ebanzwww/wexsservlet?session.sessionid=ec73bf45d4d7472d676bcbc00b64783c&page.navid=detailsearchlisttodetailsearchdetail&fts_search_list.selected=9479c54f9aaec3e9&fts_search_list.destHistoryId=42417; abgerufen am 25.03.2017 um 17:45 Uhr.

449 Vgl. dazu das Abstimmungsergebnis zu TOP 1, abrufbar unter: http://www.strabag.de/databases/internet/_public/files30.nsf/SearchView/CC5297648FEA5C73C12580F0002EEC07/$File/STRABAG_AG_aoHV17_Abstimmung_TOP_1.pdf; abgerufen am 29.03.2017 um 11:07 Uhr.

Auf dieser Hauptversammlung berichtete zudem unter TOP 2 der Besondere Vertreter über seine Arbeit und die bislang nur außergerichtliche Geltendmachung der Ersatzansprüche. Obwohl er dem Grunde und der Höhe nach sicher sei, dass die Ansprüche bestünden, verspreche eine gerichtliche Geltendmachung der Ansprüche seiner Ansicht nach keinen Erfolg, da mit der Eintragung der Verschmelzung sein Amt erlösche[450] und bis dahin noch nicht einmal ein erstinstanzliches Urteil zu erwarten sei. Dass die Rechtsnachfolgerin Illbau als 100-prozentige Tochter der SE die Klagen weiterführen würde, sei seiner Ansicht nach unwahrscheinlich. Auf der anderen Seite würde aber alleine die Klageerhebung für die Strabag AG erhebliche Kosten auslösen, sodass es seiner Ansicht nach nicht im Gesellschaftsinteresse sei, zu klagen. Die Ersatzansprüche würden in einem späteren etwaigen Spruchverfahren zur Angemessenheit der Barabfindung berücksichtigt werden können.[451]

Ungeachtet dieser Erwägungen fassten die außenstehenden Aktionäre unter TOP 3 mehrere Beschlüsse, die den Besonderen Vertreter zu der klageweisen Geltendmachung der Ersatzansprüche verpflichten.[452] Die Beschlüsse wurden unter Ausschluss der Mehrheitsaktionärin von 4,90 Prozent des Grundkapitals gefasst, das einen Börsenwert von über 60 Mio. Euro repräsentierte.[453] Die Beschlüsse wurden mit 99,76 Prozent angenommen.[454] Daraufhin erhob der Besondere Vertreter auftragsgemäß die Haftungsklage.[455]

Da die geltend gemachten Ansprüche weder von der SE anerkannt worden sind, noch rechtskräftig über sie entschieden wurde, lässt sich zum Zeitpunkt der Arbeit nicht abschließend beurteilen, ob sie wirklich bestehen. Die Rechtsprechung des Oberlandesgerichts Köln im Rahmen der Informationsgewährung und vor allem der Anfechtungsklage ist jedoch ein starkes Indiz dafür, dass das Institut des Besonderen Vertreters bei der Strabag AG nicht von einer Minderheit rechtsmissbräuchlich verwendet wurde.

---

450 Nach § 20 Abs. 2 Nr. 1 UmwG bewirkt die Eintragung der Verschmelzung, dass der übertragende Rechtsträger erlischt. Selbiges gilt natürlich auch für seine Organe.

451 Mündlicher Bericht des Besonderen Vertreters auf der Hauptversammlung der Strabag AG am 24.03.2017.

452 Zu der Zulässigkeit einer solchen Beschlussfassung vgl. KK-AktG/*Rieckers/Vetter*, § 147 Rn 230 ff., 185 f.

453 Der Aktienkurs der Strabag AG lag am Tag der Hauptversammlung bei 320,50 Euro pro Aktie. Das Grundkapital der Strabag AG ist laut Satzung auf 4.030.000 Stückaktien aufgeteilt. 320,50 € x 4.030.000 x 4,9/100 = 63.289.135 €

454 Vgl. dazu die Abstimmungsergebnisse zu TOP 3, abrufbar unter: http://www.strabag.de/databases/internet/_public/files30.nsf/SearchView/F1C86E89B0DECC21C12580F0002EEEFF/$File/STRABAG_AG_aoHV17_Abstimmung_TOP_3_a-g.pdf; abgerufen am 29.03.2017 um 11:07 Uhr

455 Anhängig unter LG Köln Az. 22 O 169/17.

(20) Zwischenergebnis

Die hier vorgestellten Fälle sind nicht als abschließende Liste von Verfahren über die Bestellung von Besonderen Vertretern zu sehen, vielmehr basieren sie nur auf einer gewissenhaften und gründlichen Recherche des Verfassers.

Auch wenn nicht alle Sachverhalte klar durchdringbar sind (so z.B. Mobilcom, Ehlebracht, Beteiligung im Baltikum, DKM, Ecolutions etc.) und sich noch viele Verfahren zum Zeitpunkt der Fertigstellung dieser Arbeit in der Schwebe befinden (Easy Software, Gelita, IFA, Strabag), so haben Gerichte doch bislang noch nie eine Missbräuchlichkeit bejaht und in einigen Fällen die Vorwürfe auch schon dem Grunde nach bestätigt (HVB, Easy Software). Dass sich in allen Fällen gerichtliche Aussagen zur Missbräuchlichkeit finden, ist ein starkes Indiz dafür, dass dieser Vorwurf von der Gegenseite jedes Mal erhoben wurde.

In einem völlig außergewöhnlichen Fall hat der Anspruchsgegner außergerichtlich die Ansprüche anerkannt und ausgeglichen (DIS).

Die Besorgnis, der Besondere Vertreter werde von einer Minderheit systematisch in missbräuchlicher Weise dazu ausgenutzt, die Gesellschaft unter Druck zu setzen, entbehrt in der Rechtstatsächlichkeit jeglicher Grundlage.[456] Richtig ist zwar, dass der Besondere Vertreter zumeist von einer Anteilsminderheit gewählt wird, da sich die Ansprüche regelmäßig gegen den Mehrheitsaktionär richten und dieser einem Stimmverbot unterliegt. Dabei ist jedoch zu beachten, dass in vielen Fällen der Börsenwert der Minderheitsanteile wirtschaftlich relevant war und von dreißig Millionen Euro bis zu einer Milliarde Euro reichte. Eine Situation wie die Anfechtung von Beschlüssen mit nur einer Aktie ist damit gerade nicht gegeben, vielmehr bestehen signifikante wirtschaftliche Beteiligungen.

Richtig ist aber auch, dass ein Missbrauchsvorwurf vor Gericht noch nie Bestand hatte. Insofern unterstützt die rechtstatsächliche Situation das dogmatische Ergebnis, dass die Bestellung eines Besonderen Vertreters durch eine Anteilsminderheit nach den bisherigen Erfahrungen noch nicht missbräuchlich erfolgt ist und der Missbrauch als absolute rechtstatsächliche und dogmatische Ausnahme im Einzelfall substantiiert dargelegt werden muss.

### *m) Zwischenergebnis zur Bestimmtheit*

Insgesamt ergeben sich damit folgende Bestimmtheitsanforderungen an einen Beschluss nach § 147 Abs. 1 AktG: Der Beschluss muss so klar umrissen sein, dass das zuständige Organ erkennt, welchen Auftrag es auszuführen hat und ein Gericht im späteren Haftungsprozess beurteilen kann, ob die Haftungsklage vom Geltendmachungsbeschluss gedeckt ist. Zudem muss in dem Beschluss ein Sachverhalt

---

456 AA aber *Bayer*, AG 2016, 637, der – ohne weitere Nachweise – die Behauptung aufstellt, die Bestellung eines Besonderen Vertreters sei ein „neues Geschäftsmodell für Berufskläger und aktivistische Aktionäre und von ihnen inthronisierten Besonderen Vertretern“, einen rechtstatsächlichen Nachweis aber schuldig bleibt.

beschrieben werden, aus dem sich Ersatzansprüche nach § 147 Abs. 1 AktG überhaupt ergeben könnten. Weitergehende Anforderungen ergeben sich weder aus dem Wortlaut noch dem Sinn und Zweck der Beschlussfassung nach § 147 Abs. 1 AktG und sind aus Missbrauchsgesichtspunkten auch nicht geboten.

### *n) Zuletzt: Schließung verbleibender Rechtsschutzlücken*

Nun müsste das Problem der Bestimmtheit des Geltendmachungsbeschlusses gelöst sein. Der dogmatisch notwendige Inhalt eines solchen Beschlusses wurde erarbeitet und auch in rechtstatsächlicher Hinsicht ergibt sich kein Korrekturbedarf, da schließlich bislang nie gerichtlich eine rechtsmissbräuchliche Nutzung von § 147 AktG festgestellt worden ist. Es hat den Anschein, dass die in der Arbeit aufgestellten Anforderungen ausreichen, das Institut effektiv und rechtskonform zu gestalten.

Indes unterliegt man bei dieser Schlussfolgerung einem Rückschaufehler: Die hier vertretenen Anforderungen stellen keinesfalls die bislang herrschende Meinung dar. In der Praxis ist es vielmehr unklar und umstritten, welche Anforderungen an Geltendmachungsbeschlüsse zu stellen sind. Aktionäre, die einen solchen Beschluss fassen wollten, mussten im Zweifel davon ausgehen, dass strenge Anforderungen an den Beschluss gestellt werden. Wurden sie bei der Formulierung des Beschlussantrags anwaltlich beraten, so wurde ihnen sicherlich aus anwaltlicher Vorsicht geraten, besonders ausführlich die potentielle Handlung, Pflichtverletzung und den Schaden darzulegen.[457]

Es ist freilich nichts daran auszusetzen, bei der Formulierung des Beschlussantrags möglichst konkret zu sein; es ist im Ergebnis vielmehr wünschenswert, dass der oder die Aktionäre so handeln, um auch nach außen hin aufzuzeigen, dass sie ihr Anliegen mit Ernsthaftigkeit verfolgen. Rechtlich notwendig ist es indes nach der in dieser Arbeit vertretenen Auffassung nicht.

Die Richtigkeit dieser Auffassung unterstellt, könnten zukünftig Aktionäre Beschlussanträge stellen, die das ungute Gefühl aufwerfen, dass es eventuell doch nicht nur um die Ahndung eines pflichtwidrigen Verhaltens geht, sondern sachwidrige Interessen verfolgt werden. Man stelle sich hierfür beispielhaft folgenden Fall vor:

> Der Aktionär A beantragt nach § 122 Abs. 2 AktG die Erweiterung der Tagesordnung um folgende Punkte:
> (1) Geltendmachung von Ersatzansprüchen nach § 147 Abs. 1 AktG. Der Vorstandsvorsitzende V ist am 21. März 2014 in das Land X geflogen. Dort hat er auf der Flughafentoilette einem Unbekannten einen Koffer mit Bestechungsgeld in Höhe von 200.000 Euro gegeben, um der Gesellschaft einen rechtswidrigen Vorteil zu verschaffen. In Höhe der 200.000 Euro ist der Gesellschaft ein Schaden entstanden.

457 Man schaue sich nur die Beschlussanträge an, die in Sachen Beteiligung im Baltikum AG, Strabag AG oder IFA Hotel & Touristik AG im Bundesanzeiger veröffentlicht wurden und sich zumeist über mehrere Seiten erstrecken. Vgl. dazu im Einzelnen die Fundstellen im rechtstatsächlichen Teil unter BIII2)l)cc).

(2) Zur Geltendmachung dieser Ansprüche wird gemäß § 147 Abs. 2 S. 1 AktG der Besondere Vertreter B bestellt.

Der Beschlussantrag nach § 147 Abs. 1 AktG nennt einen abgrenzbaren Lebenssachverhalt, eine bestimmte Person und eine Pflichtwidrigkeit samt Schaden. Dieser Sachverhalt als wahr unterstellt würde zudem einen nach § 147 Abs. 1 AktG verfolgbaren Ersatzanspruch der Gesellschaft nach § 93 Abs. 2 S. 1 AktG bedeuten. Nach den oben erarbeiteten Voraussetzungen würde ein solch gefasster Beschluss inhaltlich ausreichend bestimmt sein. Das würde dazu führen, dass auch der Antrag rechtmäßig wäre und der Vorstand nach § 122 Abs. 2 AktG bzw. der Aktionär aufgrund gerichtlicher Ermächtigung nach Abs. 3 S. 1 AktG den Gegenstand auf die Tagesordnung setzen müsste. Angenommen, der Vorstandsvorsitzende V war tatsächlich an dem Tag an diesem Flughafen, so liegt auch kein Fall offensichtlichen Rechtsmissbrauchs vor, da es nicht außerhalb jeder Wahrscheinlichkeit liegt (also objektiv möglich ist), dass er zudem noch einen Koffer voller Bestechungsgeld mit sich führte und diesen übergeben hat. Wenn jedoch nichts weiter als die Reise dafür spricht, dass es zu dieser Pflichtverletzung gekommen sein könnte, löst der Beschlussantrag ein gewisses Unbehagen aus.

Es verbleibt bei den hier vertretenen Bestimmtheitserfordernissen somit ein kleiner Bereich, der nicht offensichtlich missbräuchlich ist, den der gesunde Menschenverstand jedoch als „lebensfern" beurteilt. Nun stellt der gesunde Menschenverstand keine juristische Kategorie dar, sodass dieser restliche Bereich noch anhand von objektiven, gerichtlich nachprüfbaren Kriterien in den Griff zu bekommen ist.

### *aa) Die Selbstregulierung der Beschlussfassung*

Ein Beschlussantrag reicht selbstverständlich noch nicht aus, um die Geltendmachung zu erzwingen. Hinzukommen muss schließlich, dass der Antrag auch angenommen wird, er somit mindestens die einfache Mehrheit der Stimmen nach § 133 AktG erreicht, damit ein Beschluss gefasst wird. Bei einem heterogenen Aktionärskreis vertraut das Gesetz grundsätzlich auf die Selbstregulierung durch das Abstimmungsergebnis.[458] In einer solchen Konstellation (wenn also eine Vielzahl von Aktionären mit jeweils geringen Beteiligungen an der Gesellschaft existieren) entschärft sich die Problematik anrüchiger Beschlussanträge, da sich entweder mangels Anhaltspunkten für die übrigen Aktionäre keine Mehrheit finden ließe, oder aber falls eine solche doch zustande käme, man dies als Willensbildung in der Gesellschaft akzeptieren würde. Aus Sicht der Aktionäre wäre „doch etwas dran" an den Behauptungen im Beschlussantrag.[459]

---

458 *Wiedemann*, GesR I, § 8 I 2 c) (S. 414); Hüffer/*Koch*, § 243 Rn 23.

459 Vgl. dazu unter BIII2)l)cc)(5) die AMB Generali AG, bei der nach § 122 Abs. 2 AktG Beschlussanträge gemäß § 147 Abs. 1, 2 S. 1 AktG zur Abstimmung gestellt wurden, jedoch trotz Stimmrechtsausschluss des Mehrheitsaktionärs keine Mehrheit fanden und damit keine Beschlüsse nach § 147 AktG zustande kamen.

Die Beurteilung der Zweckmäßigkeit einer Maßnahme ist Aufgabe der Gesellschafter.[460] Das Beschlussergebnis eines heterogenen Aktionariats trägt damit eine gewisse „Richtigkeitschance"[461] in sich und beugt Missbräuchen vor.[462] Mit anderen Worten dient der Beschlussantrag vor allem der Überzeugung der restlichen Aktionäre.[463] Überzeugt der Antrag nicht, so ist es irrelevant, ob ein etwaig gefasster Beschluss rechtmäßig wäre, da er mangels Interesses der überwiegenden Anzahl der stimmberechtigten Aktionäre schlicht nicht gefasst wird.[464] Es besteht somit ein großer Unterschied zwischen einem formell rechtmäßigen Beschlussantrag und einem überzeugenden Beschlussantrag. Bei einer Vielzahl von Aktionären ist damit die Beschlussfassung in der Hauptversammlung ein ausreichender Filter für formell rechtmäßige, aber inhaltlich zweifelhafte Beschlussanträge. Einer gerichtlichen Korrektur bedarf es insoweit nicht. Da die Beurteilung der Zweckmäßigkeit einer Maßnahme Aufgabe der Gesellschafter ist,[465] ist auch die Zweckmäßigkeit der Stimmabgabe von den Gerichten nicht zu überprüfen.[466] Ebenso wenig ist entscheidend, ob die Beweggründe nachvollziehbar oder zutreffend sind.[467] Insofern wird auch verständlich, warum der Beschluss nach § 147 Abs. 1 AktG keiner (weitergehenden) sachlichen Rechtfertigung bedarf:[468] Eine Rechtfertigung der Anspruchsverfolgung ergibt sich nicht schon durch den Beschlussantrag, sondern entsteht erst durch die mehrheitlich positive Willensäußerung in der Hauptversammlung.[469]

Damit ist auch eine weitere wichtige Feststellung getroffen: Ein nach formellen Voraussetzungen rechtmäßiger Beschlussantrag, der dennoch zweifelhafte Motive vermuten lässt, wird grundsätzlich im Wege der Beschlussfassung durch die Hauptversammlung selbst überprüft und im Zweifel abgelehnt. Im Grundsatz besteht

---

460 BGH ZIP 2016, 1220 (juris Rz 14) zur GmbH.

461 *Wiedemann*, GesR Band 1, § 8 I 1 (S. 406).

462 Hüffer/*Koch*, § 243 Rn 23. Ebenso wohl auch KK-AktG/*Rieckers/Vetter*, § 147 Rn 149, die feststellen, dass „im Rahmen des § 147 Abs. 1 das Missbrauchsrisiko [...] bereits dadurch ausgeschlossen [wird], dass die Geltendmachung von Ersatzansprüchen einer einfachen Stimmenmehrheit in der Hauptversammlung bedarf."

463 KK-AktG/*Noack/Zetzsche*, § 122 Rn 2; MüKoAktG/*Kubis*, § 122 Rn 1; Spindler/Stilz/*Rieckers*, § 122 Rn 1.

464 Ebenso *Müller*, Der Konzern 2006, 725, 728, der anmerkt, dass „es den außenstehenden Aktionären sicher schwer fallen [wird], die nach § 147 Abs. 1 AktG notwendige Mehrheit der Hauptversammlung hinter sich zu bringen, auch wenn man berücksichtigt, dass das herrschende Unternehmen bei der Abstimmung über die Geltendmachung von Ersatzansprüchen, die gegen das Unternehmen gerichtet sind, einem Stimmverbot unterliegt (§ 136 Abs. 1 Satz 1 Fall 3 AktG)." *Bayer*, AG 2016, 637, 642 dagegen attestiert Müller eine „Verharmlosung" des Problems.

465 BGH ZIP 2016, 1220 (juris Rz 14).

466 BGH aaO (juris Rz 19).

467 Ebd.

468 Vgl. dazu Fn 77.

469 Ähnlich *Wiedemann*, GesR Band 1, § 8 I 1 (S. 406).

damit ein geringes Risiko, dass zweifelhaft motivierte Hauptversammlungsbeschlüsse gefasst werden.

Anders ist der Fall, wenn es einen Mehrheitsaktionär gibt und einen starken Minderheitsaktionär. Zwar ändert sich grundsätzlich nichts an der Selbstregulierung durch die Hauptversammlung, wenn die Erweiterung der Tagesordnung von dem Minderheitsaktionär initiiert wird und er, um eine Mehrheit zu erreichen, den Mehrheitsaktionär von seinem Beschlussvorschlag überzeugen muss. Wenn nun aber der Minderheitsaktionär im obigen Beispiel der Aktionär A ist und der Vorstandsvorsitzende V gleichzeitig der Mehrheitsaktionär, so wäre V nach § 136 Abs. 1 S. 1 Var. 3 AktG von der Beschlussfassung ausgeschlossen und A könnte diesen Beschluss sodann alleine fassen. Er müsste den Aktionär V nicht mehr überzeugen.

### *bb) Keine Lösung über § 136 AktG*

Man ist versucht, das geschilderte Problem beim Stimmverbot zu verorten, schließlich erlangt A ja die Stimmmehrheit aufgrund des Stimmverbotes von V. Man könnte daher annehmen, die wahre Brisanz des Problems liege beim Stimmverbot und versuchen, das Problem im Rahmen von § 136 AktG zu lösen. Eine solche Lösung könnte sein, dass zwar der Beschluss nach § 147 Abs. 1 AktG keine weitergehende Bestimmtheit erfordere, aber die Annahme von Stimmverboten nach § 136 Abs. 1 S. 1 Var. 3 AktG erhöhten Anforderungen unterliege. Stimmverbote würden nur gelten, wenn die Pflichtwidrigkeit desjenigen mehr als nur behauptet würde.

Die Literatur zu § 136 AktG hilft bei diesem Lösungsansatz nicht weiter, da nach allgemeiner Ansicht der Ersatzanspruch nicht zu bestehen braucht und die einzige Grenze des Stimmverbotes der Rechtsmissbrauch ist.[470] Ein solcher liege erst dann vor, wenn *offensichtlich unbegründete* Ansprüche geltend gemacht werden,[471] bzw. wenn diese Ansprüche *nicht erkennbar* seien.[472] Es erscheint fraglich, ob im obigen Beispiel die Ansprüche wirklich offensichtlich unbegründet bzw. nicht erkennbar wären, da sie sich noch im Bereich des Möglichen befinden, aber unwahrscheinlich sind. Insofern liefert auch § 136 Abs. 1 AktG keine zufriedenstellende Lösung.

Zu dieser Erwägung kommt noch eine praktische Problematik hinzu: Über die Frage, ob Stimmverbote existieren, entscheidet in der Hauptversammlung der Versammlungsleiter.[473] Käme es bei der Frage der Stimmverbote darauf an, wie bestimmt die Ersatzansprüche zu benennen seien bzw. ob sie wahrscheinlich sind, so läge es im Ermessen des Versammlungsleiters, festzustellen, ob eine gewisse

---

470 OLG München ZIP 2008, 1916 (juris Rz 28); LG Frankfurt a.M. NZG 2013, 1181 (juris Rz 49); Hüffer/*Koch*, § 136 Rn 23; Spindler/Stilz/*Rieckers*, § 136 Rn 12; Schmidt/Lutter/*Spindler*, § 136 Rn 28.

471 OLG München ZIP 2008, 1916 (juris Rz 28); LG Frankfurt a.M. NZG 2013, 1181 (juris Rz 49); Schmidt/Lutter/*Spindler*, § 136 Rn 28.

472 Spindler/Stilz/*Rieckers*, § 136 Rn 12.

473 Vgl. dazu Heidel/*Heidel*, Vor. §§ 129–132 Rn 25; MüHdbGesR-AG/*Rieckers*, § 17 Rn 31.

(unbekannte bzw. undefinierbare) Bestimmtheitsschwelle überschritten wäre. Dies ist jedoch eine hochkomplexe Frage, die der Versammlungsleiter unter dem Zeitdruck der Hauptversammlung (auch mithilfe eines Back-Offices) kaum je sicher beantworten könnte. Es ist vielmehr seine Aufgabe, nur über eindeutige Sachverhalte abschließend zu entscheiden.[474] Läge diese Prüfung beim Versammlungsleiter, ergäbe sich zudem ein gewisses Missbrauchsrisiko: Der Versammlungsleiter ist oftmals satzungsmäßig der Aufsichtsratsvorsitzende. Er gehört somit gleichzeitig einem Organ an, gegen das sich Ersatzansprüche richten können, und ist zudem (in Mehrheits- bzw. Konzernverhältnissen) vom Mehrheitsaktionär gewählt, dem er seine Position verdankt, der aber möglicherweise selbst Anspruchsgegner des potentiellen Geltendmachungsbeschlusses ist.[475] All dies spricht damit auch praktisch gegen eine Lösung des Problems über die Anforderungen an Stimmverbote.

### *cc) Lösung über die Treuepflicht*

Solch eine praktische Problematik hat jedoch nur eine eingeschränkte Aussage- und Überzeugungskraft. Ein weiteres Beispiel soll jedoch verdeutlichen, dass erhöhte Anforderungen an ein Stimmverbot objektiv nicht geeignet sind, mögliche Missbrauchskonstellationen einzufangen:

> Die Gesellschaft G besteht aus einem überschaubaren Aktionärskreis. Mehrheitsaktionär H hält 51 Prozent des Grundkapitals und ist zugleich Vorstandsvorsitzender. Der mit ihm zerstrittene zweitgrößte Aktionär Z hält 30 Prozent. Zudem hat Z ein satzungsmäßiges Entsenderecht für einen Sitz im Aufsichtsrat (§ 101 Abs. 2 AktG, § 35 BGB), aufgrund dessen er das Aufsichtsratsmitglied A entsandt hat.

Jeweils unterstellt, es gebe keinerlei Hinweise auf Pflichtverletzungen, sollen zwei Alternativen betrachtet werden: Zum einen, dass Z Beschlüsse nach § 147 AktG gegen H unter Ausschluss dessen Stimmrechtes fasst und zum anderen, dass H solche Beschlüsse gegen den dem Z nahestehenden A fasst. Wären erhöhte Anforderungen an Stimmverbote das richtige Korrektiv, so würde nur die erste Beschlussfassung des Z gegen H erfasst sein mit dem Ergebnis, dass bei der Beschlussfassung aufgrund mangelnder Bestimmtheit kein Stimmverbot für H gelten würde und damit der Beschluss nicht zustande kommen würde. In der zweiten Alternative wäre H gar nicht auf ein (überdies nicht gegebenes) Stimmverbot von Z angewiesen, da er in jeder Konstellation über die absolute Mehrheit der Stimmen verfügt. Sein Beschluss würde nun rechtmäßig gefasst werden.

In beiden Fällen drängt sich der Verdacht auf, dass die Beschlussfassung auf sachfremden Motiven basiert, jedoch soll einer der beiden Beschlüsse rechtmäßig zustande gekommen sein. Dieser Widerspruch zeigt, dass erhöhte Anforderungen an ein Stimmverbot nicht der richtige Weg sind, um diese Problematik zu lösen.

---

474 Vgl. dazu noch ausführlich CII2).

475 Zu dieser tatsächlich auftretenden Problematik unter CIII.

Warum solche Bedenken bei der Beschlussfassung bestehen, zeigt sich, wenn man das Zustandekommen der Beschlüsse betrachtet. H hat mit 51 Prozent am Grundkapital immer[476] die absolute Mehrheit der Stimmen. Er ist daher nicht darauf angewiesen, andere Aktionäre von seinen Beschlussanträgen zu überzeugen, sondern kann seinen Willen gegen alle anderen durchsetzen. Selbiges gilt für Z bei der Beschlussfassung gegen H, da er nach Ausschluss von 51 Prozent der Stimmen mit seinen 30 Prozent am Grundkapital über 60 Prozent Stimmgewicht bei der Beschlussfassung verfügt. Auch er muss sich nicht mehr mit den restlichen Aktionären einigen, sondern ordnet die Beschlussfassung an. Beiden Alternativen ist damit gemein, dass keine Selbstregulierung der Hauptversammlung durch die Einigung mehrerer Aktionäre mehr existiert, sondern der Wille eines Aktionärs ungefiltert durch die Beschlussfassung zum Willen der Gesellschaft wird. Um nochmals *Wiedemann* zu Wort kommen zu lassen,

> „verbürgt das Beschlußergebnis [sic!] jedoch so wenig eine Richtigkeitschance wie das In-sich-Geschäft oder der diktierte Vertrag: der [die Abstimmung be-]herrschende Gesellschafter beschließt nicht, sondern ordnet an. In den genannten Fällen liegen nur der Form nach Beschlüsse oder Verträge vor, dem Inhalt nach einseitige Willensakte."[477]

Das wahre Problem ist damit der bestimmende Einfluss eines Gesellschafters auf die Beschlussfassung.

Für die besondere Situation der Einflussnahme im faktischen Konzern hat der Gesetzgeber in den §§ 311 ff. AktG ein differenziertes Schutzsystem für den Schutz der Gesellschaft und der restlichen Gesellschafter vor dem herrschenden Unternehmen installiert. Doch auch jenseits dieser besonderen Art der Beherrschung der Beschlussfassung haben sich Institute entwickelt, um rücksichtsloses und damit im Endeffekt gesellschaftsschädliches Verhalten zu unterbinden bzw. zu sanktionieren. In Betracht kommt hier die gesellschaftsrechtliche Treuepflicht zwischen Aktionär und Gesellschaft, sowie zwischen Aktionären untereinander.[478] Die Treuepflicht ermöglicht es, situationsgebundene Verhaltensanforderungen abzuleiten, um Schaden von der Gesellschaft oder den Aktionären abzuwenden.[479]

### (1) Anwendungsbereich der Treuepflicht

Dass es in der Aktiengesellschaft Sonderverbindungen und damit Treuepflichten zwischen Gesellschaft und Aktionären (auch untereinander) gibt, ist heute in der Rechtsprechung anerkannt und ganz herrschende Meinung in der Literatur und

---

476 Es sei denn, er unterliegt einem Stimmverbot.
477 *Wiedemann*, GesR Band 1, § 8 I 1 (S. 406).
478 Vgl. zur allgemeinen Anerkanntheit der Treuepflicht auch in der AG GroßkommAktG/*Henze/Notz* Anh. § 53 a Rn 6 Fn 27 mit zahlreichen Nachweisen.
479 Spindler/Stilz/*Cahn/v. Spannenberg*, § 53a Rn 36.

wird nicht mehr ernsthaft bestritten.[480] Der Treuepflicht unterliegen dem Grundsatz nach sowohl Mehrheits-[481] als auch Minderheitsaktionäre[482]. Zudem besteht die Treuepflicht zwischen Gesellschaft und Aktionären[483] und unter den Aktionären selbst.[484] Kern des Treuepflichtgedankens ist dabei, dass dem Maß des Einflusses des Gesellschafters das Maß seiner Verantwortung mit der sich daraus ergebenden Pflicht zur Rücksichtnahme auf die Interessen der Gesellschaft und die gesellschaftsbezogenen Belange der Mitgesellschafter entspricht.[485] Während der Mehrheitsaktionär stets maßgeblichen Einfluss auf die Gesellschaft hat und daher insofern der Treuepflicht unterliegt, kommt dies für den Minderheitsaktionär nur dann in Betracht, wenn er eine bestimmte Schwelle überschreitet, die es ihm erlaubt, die Durchsetzung bestimmter Rechte zu erzwingen, wie z.B. die Erweiterung der Tagesordnung oder die Einberufung einer Hauptversammlung nach § 122 AktG oder aber die Beschlussfassung nach § 147 Abs. 1 AktG.[486]

Der Bundesgerichtshof bezieht sich bei seiner Girmes-Entscheidung, in der er erstmals Treuepflichten für Minderheitsgesellschafter statuierte, ausdrücklich auch auf § 147 Abs. 1 AktG als ein Recht, das der Treuepflicht unterliegt. Die Entscheidung erging jedoch 1995 und damit zu einer Zeit, in der § 147 Abs. 1 S. 1 AktG a.F. noch nicht ausschließlich eine Hauptversammlungsmehrheit forderte, um einen Geltendmachungsbeschluss zu fassen. Alternativ konnte auch eine Minderheit, deren Anteile zusammen den zehnten Teil des Grundkapitals erreichten, die Geltendmachung verlangen. Ob der Bundesgerichtshof Treuepflichten beim Mehrheitsbeschluss oder beim Minderheitsverlangen vor Augen hatte, ist damit unklar. Auf eine Unterscheidung von Mehrheitsbeschluss und Minderheitsverlangen kann es jedoch in Bezug auf die Treuepflicht nicht entscheidend ankommen: Für das Maß der Einwirkung auf die Gesellschaft ist es irrelevant, ob die Geltendmachung aufgrund eines Hauptversammlungsbeschlusses oder eines Minderheitsverlangens erzwungen wird. Daher muss auch das Maß der Treuepflicht unabhängig von der Modalität der Willensdurchsetzung sein. Die Wertungen des Girmes-Urteils können damit direkt auf die hier untersuchte Problematik angewandt werden.

Damit ist abstrakt auch bei einer Beschlussfassung nach § 147 Abs. 1 AktG die Treuepflicht anwendbar. Sie kommt jedoch nicht immer zum Tragen, da noch ein bestimmtes Maß an Einfluss eines Gesellschafters auf die Beschlussfassung

---

480 BGHZ 153, 47; 142, 167; 129, 136; 127, 107; 103, 184; 14, 25; BGH ZIP 2009, 1317; BGH ZIP 1992, 1464; zur ausufernden Literatur ausführlich MüKoAktG/*Bungeroth*, Vor. § 53a, Rn 19 Fn 8; Ebd. Fn 9 zur älteren Gegenansicht.

481 BGHZ 103, 184 (Linotype).

482 BGHZ 129, 136 (Girmes).

483 BGHZ 14, 25.

484 BGHZ 103, 184; BGHZ 129, 136.

485 BGHZ 129, 136 (juris Rz 19). Vgl. auch Großkomm-AktG/*Henze/Notz*, Anh. § 53a Rn 52.

486 BGHZ 129, 136 (juris Rz 19).

hinzutreten muss. Dies ist unstreitig dann der Fall, wenn ein einzelner Aktionär die Mehrheit der Stimmen bei der Beschlussfassung bei sich vereint.[487]

Zu betrachten ist zudem der Fall, in dem zwar nicht ein einzelner Aktionär die Stimmmehrheit innehat, sondern einige Aktionäre zusammen. Nach dem Bundesgerichtshof unterliegen auch mehrere (Minderheits-)Aktionäre bei der Ausübung ihrer Rechte der Treuepflicht, jedenfalls wenn sie Stimmbindungsverträge schließen oder ihre Stimmrechte zielgerichtet bündeln.[488] Dem ist zuzustimmen, da sich zwar mehrere Aktionäre auf ein Vorgehen geeinigt haben, jedoch nicht in der Öffentlichkeit der Hauptversammlung, sondern zuvor. In einem solchen Fall ist nicht auszuschließen, dass sachfremde Erwägungen Eingang in die Beschlussfassung finden werden; durch eine Stimmbindung treten mehrere Aktionäre wie einer auf. Dennoch ist das Missbrauchspotential ungleich geringer als bei einem einzigen Aktionär, da schließlich immer noch ein Einigungsprozess stattgefunden hat.

Umstritten ist schließlich, ob auch „Zufallsmehrheiten" der Treuepflicht unterliegen.[489] Solche sollen dann vorliegen, wenn aufgrund von Stimmverboten ein Minderheitsaktionär die Stimmrechtsmehrheit bei einer Beschlussfassung hat.[490] Gerade diese Mehrheiten müssen – wie oben dargestellt – auch bei der Beschlussfassung nach § 147 Abs. 1 AktG der Treuepflicht unterliegen. Bei einer Beschlussfassung nach § 147 Abs. 1 AktG gegen den Mehrheitsaktionär ist klar, dass dieser einem Stimmverbot unterliegt. Von einer „zufälligen" Mehrheit kann dann nicht mehr gesprochen werden. Notwendigerweise muss jedoch auch diese Zufallsmehrheit entweder aus einem Aktionär oder einer koordinierten Aktionärsgruppe bestehen, um der Treuepflicht zu unterliegen.

#### (2) Materielle Anforderungen an den Beschluss aufgrund von Treuepflichten

Eine der wichtigsten Rechtsfolgen der Treuepflicht ist die Möglichkeit der materiellen Kontrolle von Hauptversammlungsbeschlüssen.[491] Da die Treuepflicht dazu führt, dass der oder die Aktionäre auf das Unternehmensinteresse der Gesellschaft und die gesellschaftsbezogenen Belange der anderen Aktionäre angemessen Rücksicht zu nehmen haben,[492] kontrolliert das Gericht bei der Frage, ob der Beschluss gegen ebendiese Pflicht verstößt, den Inhalt des Beschlusses. Dies steht grundsätzlich

---

487 Allg. Ansicht. Vgl. statt aller *Butzke*, Hauptversammlung, E Rn 59.

488 BGHZ 129, 136 (Leitsatz 3, juris Rz 20 ff.). Ihm folgt auch die Literatur, vgl. nur MüKoAktG/*Bungeroth*, Vor. § 53a Rn 26; Heidel/*Janssen*, § 53a Rn 29.

489 Dafür Hüffer/*Koch*, § 53a Rn 21; Heidel/*Janssen*, § 53a Rn 29; kritisch *Butzke*, Hauptversammlung, E Rn 59; offengelassen bei BGHZ 129, 136.

490 Hüffer/*Koch*, § 53a Rn 21.

491 Hüffer/*Koch*, § 53a Rn 20 f., § 243 Rn 21 ff.; Großkomm-AktG/*Henze/Notz*, Anh. § 53a Rn 23, MüKoAktG/*Hüffer/Schäfer*, § 243 Rn 17; Heidel/*Heidel*, § 243 Rn 23; Heidel/*Janssen*, § 53a Rn 30.

492 Großkomm-AktG/*Henze/Notz*, Anh. 53a Rn 52.

in Widerspruch zu der Ansicht, dass Beschlüsse nach § 147 AktG keiner sachlichen Rechtfertigung bedürfen.[493] Bei Beschlüssen, bei denen das Gesetz vom Erfordernis einer sachlichen Rechtfertigung absieht, ist damit grundsätzlich auch eine gerichtliche Überprüfung des Beschlusses im Rahmen der Anfechtungsklage ausgeschlossen.[494] Das bedeutet, dass auch das Gericht im Rahmen der Treuepflicht nicht kontrollieren darf, ob der Beschluss sinnvoll und im Unternehmensinteresse ist oder Ersatzansprüche wirklich existieren.

### (a) Kompensation der anordnenden Beschlussfassung

Bei der Beschlussfassung nach § 147 Abs. 1 AktG dient die Treuepflicht der Kompensation der mangelnden Einigung unter mehreren Aktionären. Da das Beschlussergebnis an sich keine Richtigkeitschance mehr gewährt,[495] muss schon dem Beschlussantrag eine solche innewohnen. Diese Chance kann nicht darin bestehen, dass der Anspruch wirklich besteht. Eine solche Chance kann auch ein „normaler" Mehrheitsbeschluss nicht haben und wird auch von Rechtsprechung und Schrifttum abgelehnt.[496]

Wenn aber ein Mehrheitsbeschluss, auf den sich mehrere Aktionäre geeinigt haben, die Aussage beinhaltet, dass „etwas dran sein könnte" an den Vorwürfen (denn nur dann wird eine solche Einigung ergehen), dann ist von einem „angeordneten" Hauptversammlungsbeschluss zu verlangen, dass er aus sich heraus eine gewisse Plausibilität aufweist. Das bedeutet, dass ein solcher Beschluss die Handlung und Pflichtverletzung substantiierter darstellen muss, als dies im Regelfall vonnöten ist. Die Tatsachen dürfen damit nicht nur behauptet werden, sondern müssen auch zu einer gewissen Wahrscheinlichkeit vorliegen. Die Wahrscheinlichkeit vom Vorliegen von Tatsachen ist nichts anderes als ein Verdacht.[497] Ein solcher Verdacht ist nach ganz herrschender Meinung für einen Beschluss nach § 147 Abs. 1 AktG grundsätzlich nicht notwendig.[498] Ein Verdacht wird nur beim Klagezulassungsverfahren gemäß § 148 Abs. 1 S. 2 Nr. 3 AktG gesetzlich gefordert.[499] Wenn man nun dennoch für diese spezielle Situation aufgrund der Treuepflicht einen gewissen Verdacht annehmen will, stellt sich die Frage, wie intensiv dieser zu sein hat.

Nach überwiegender und auch hier vertretender Ansicht lehnt sich der Verdacht bei § 148 Abs. 1 S. 2 Nr. 3 AktG an den hinreichenden Tatverdacht nach § 203 StPO

---

493 Vgl. dazu Fn 77.

494 Hüffer/*Koch*, § 243 Rn 24, § 147 Rn 4.

495 Hüffer/*Koch*, § 243 Rn 23.

496 KG AG 2005, 246 (juris Rz 7); OLG Frankfurt AG 2004, 104 (juris Rz 8); MüKoAktG/*Schröer*, § 147 Rn 39; Spindler/Stilz/*Mock*, § 147 Rn 31; KK-AktG/*Rieckers/Vetter*, § 147 Rn 184; Großkomm-AktG/*Bezzenberger*, § 147 Rn 20.

497 KK-StPO/*Diemer*, § 152 Rn 7 zum strafrechtlichen Anfangsverdacht.

498 Vgl. oben unter BIII2)g).

499 Vgl. zu den Anforderungen an den Verdacht bei § 148 AktG BIII2)e)aa).

an.[500] Das Klagezulassungsverfahren, das im Gegensatz zu den Hauptversammlungsbeschlüssen nach § 147 AktG ein echtes Minderheitsrecht ist, kann jedoch erst dann erfolgreich sein, wenn zunächst nach § 148 Abs. 1 S. 2 Nr. 2 die Gesellschaft erfolglos aufgefordert worden ist, selbst Klage zu erheben. Es ist damit subsidiär gegenüber der Entscheidung der Organe der Gesellschaft. *Anstelle* eines Hauptversammlungsbeschlusses nach § 147 Abs. 1 AktG bzw. einer ablehnenden Entscheidung der Gesellschaftsorgane müssen demnach andere Voraussetzungen erfüllt sein. Dem liegt der Gedanke zugrunde, dass es anstelle der Richtigkeitschance eines Hauptversammlungsbeschlusses, auf den sich mehrere Aktionäre geeinigt haben, anderer Kriterien benötigt, um das Verlangen von Aktionären zu überprüfen, sich über eine Entscheidung der ordentliche Organe hinwegzusetzen.

In dem hier untersuchten Fall liegt sehr wohl ein Hauptversammlungsbeschluss vor, sodass die strengen Verdachtsanforderungen von § 148 Abs. 1 AktG nicht vonnöten sind. Dennoch steckt eine einseitige Anordnung im Gewand einer Einigung. Dadurch entsteht faktisch eine Situation, die zwischen dem Hauptversammlungsbeschluss nach § 147 Abs. 1 AktG und dem Klagezulassungsverfahren gemäß § 148 Abs. 1 AktG steht.

Ein hinreichender Tatverdacht ist nicht notwendig, da es bei der Beschlussfassung nach § 147 Abs. 1 AktG anders als bei § 148 Abs. 1 AktG noch nicht um die Zulassung der Haftungsklage geht, sondern darum, eine solche erst vorzubereiten. Sehr wohl könnte jedoch ein „Anfangsverdacht" passen. Was unter einem solchen zu verstehen ist, bedarf einer Definition. Im Zivilrecht ist ein solcher Verdacht unbekannt, es empfiehlt sich daher, zunächst einen Blick in das Strafrecht zu werfen, um ausgehend von dortigen Erwägungen die Voraussetzungen eines zivilrechtlichen Anfangsverdachts zu formulieren.[501]

### (b) Der Anfangsverdacht im Strafrecht

Der Begriff „Anfangsverdacht" selbst findet sich in der StPO nicht, vielmehr spricht § 152 Abs. 2 ZPO von „zureichenden tatsächlichen Anhaltspunkten". In Rechtsprechung und Schrifttum wird dieser Begriff jedoch genutzt, um zu bestimmen, wann Ermittlungsbehörden verpflichtet sind, mögliche Straftaten zu verfolgen (Legalitätsprinzip). Andererseits soll das Vorliegen eines solchen Anfangsverdachts auch Willkür in der Strafverfolgung verhindern.[502] Dabei reicht es für einen Anfangsverdacht aus, dass nach kriminalistischer Erfahrung die Möglichkeit einer verfolgbaren Straftat gegeben ist.[503] Das gilt auch für vordergründig legales Verhalten, soweit nach kriminalistischer Erfahrung die Möglichkeit einer verfolgbaren Straftat

500 Vgl. dazu abermals BIII2)e)aa).

501 LG Stuttgart ZIP 2010, 329 (juris Rz 40) versäumt eine solche Auseinandersetzung.

502 BVerfG NStZ 1982, 430; MüKoStPO/*Peters*, § 152 Rn 34; KK-StPO/*Diemer*, § 152 Rn 7.

503 BVerfG NStZ 1982, 430; BVerfG NJW 1994, 783 (juris Rz 4); BGH ZIP 1988, 921 (juris Rz 17); MüKoStPO/*Peters*, § 152 Rn 35; KK-StPO/*Diemer*, § 152 Rn 7.

gegeben ist.[504] Wann ein solcher Anfangsverdacht vorliegt, ist eine Einzelfallentscheidung und bedarf einer Abwägung zwischen den anfänglichen Wissenslücken der Ermittlungsbehörden und der Stigmatisierungswirkung eines eingeleiteten Ermittlungsverfahrens zum Nachteil des Beschuldigten.[505]

### (c) Folgerungen für zivilrechtlichen Anfangsverdacht

Die Darstellung des Telos eines strafrechtlichen Anfangsverdachts verdeutlicht, dass bei der „anordnenden Beschlussfassung" durch einen einzelnen Aktionär ähnliche Probleme eine Rolle spielen. Auch ein einzelner Aktionär hat einerseits Wissenslücken bezüglich des streitigen Sachverhaltes, andererseits sollen aber weder die Gesellschaft mit unnötigen Geltendmachungsbeschlüssen belastet, noch Anspruchsgegner stigmatisiert werden.

Daher kann man die strafrechtlichen Anforderungen leicht umformulieren und fordern, dass ein zivilrechtlicher Anfangsverdacht dann vorliegt, wenn nach allgemeiner betriebswirtschaftlicher Erfahrung die Möglichkeit einer verfolgbaren Pflichtverletzung gegeben ist.

Analog zum Strafrecht kann Anknüpfungspunkt eines solchen Verdachtes auch ein vordergründig legales Verhalten sein: In dem oben gebildeten Beispiel des Vorwurfs einer Bestechungsgeldzahlung könnten solche Anknüpfungspunke beispielsweise die Entdeckung von Schwarzgeldkonten bei der Gesellschaft sein und/oder die Tatsache, dass das spezielle Land allgemein als sehr korrupt gilt und die Gesellschaft kurz nach dem vorgeworfenen Sachverhalt dort Verträge abgeschlossen hat. Auch kann die Entdeckung von Briefkastenfirmen der Gesellschaft (die ohne weiteres legal gegründet worden sein können) zu dem Anfangsverdacht führen, dass mit ihrer Hilfe Schadensersatz auslösende Pflichtverstöße begangen wurden. Dennoch lassen sich schwerlich objektive Kriterien für die Feststellung eines zivilrechtlichen Anfangsverdachtes festlegen, es muss vielmehr eine Einzelfallbetrachtung vorgenommen werden.

### (d) Zwischenergebnis

Im Ergebnis muss damit ein Beschluss, der von einem einzelnen Aktionär oder wenigen Aktionären, die sich der Stimmbindung unterworfen haben, ausnahmsweise aus Gründen der Treuepflicht erhöhten inhaltlichen Anforderungen unterliegen, die dazu führen, dass in dem Beschluss Tatsachen zu nennen sind, die nach allgemeiner wirtschaftlicher Erfahrung die Möglichkeit einer verfolgbaren Pflichtverletzung ergeben. Ist dies nicht der Fall, verstößt die Beschlussfassung gegen die Treuepflicht.

---

504 BVerfG NJW 2014, 3085 (juris Rz 38); BVerfG ZIP 1994, 610 (juris Rz 16 ff.); MüKoStPO/*Peters*, §152 Rn 39.

505 MüKoStPO/*Peters*, §152 Rn 37.

### (3) Rechtsfolgen eines Verstoßes gegen Treuepflichten

Ein Beschluss, der gegen die Treuepflicht verstößt, ist anfechtbar.[506] Treuwidrig abgegebene Stimmen sind nichtig und daher nicht mitzuzählen.[507] Stimmt der Aktionär dennoch mit und war seine Stimmabgabe kausal für das Abstimmungsergebnis, so ist der Beschluss auch aus diesem Grund anfechtbar.[508] Ob Stimmverbote aufgrund von Treuepflichtsverstößen vorliegen, ist zumeist eine komplizierte Einzelfallbetrachtung und Frage, die den Gerichten vorbehalten bleiben sollte. Auch wenn dem Versammlungsleiter die Berücksichtigung von Stimmrechten und Stimmverboten obliegt,[509] hat er diese Kompetenz zurückhaltend auszuüben und im Zweifel ein Stimmverbot aufgrund einer Treuepflichtverletzung abzulehnen. Die Beurteilung einer Treuepflichtverletzung muss primär den Gerichten im Anfechtungsprozess überlassen werden.[510]

In Extremfällen kommt überdies ein Schadensersatzanspruch gegen den oder die Aktionäre aufgrund von Treuepflichtverletzungen in Betracht.[511]

### *dd) Zwischenergebnis*

Ein Geltendmachungsbeschluss nach § 147 Abs. 1 AktG bedarf grundsätzlich keiner sachlichen Rechtfertigung und daher keines Verdachts und unterliegt insoweit auch keiner gerichtlichen Kontrolle. Die Kontrolle der Sinnhaftigkeit eines Beschlussantrags geschieht dem Grunde nach durch die Einigung mehrerer Parteien (Aktionären) in der Hauptversammlung und gewährt eine zu duldende Richtigkeitschance. An ihre Grenzen kommt diese Kontrolle, wenn ein Aktionär alleine oder eine kleine Gruppe, die sich durch Stimmbindungsverträge oder Stimmrechtsbündelung gegenseitig verpflichtet und gebildet hat,[512] den Beschluss dafür benutzt, ihren Willen der Gesellschaft anzuordnen. Dadurch wird ihr Wille ungefiltert zum Gesellschaftswillen. In diesem Fall gebietet ausnahmsweise die gesellschaftsrechtliche Treuepflicht, dass der Beschluss aus sich heraus eine Richtigkeitschance gewährt, was dazu führt, dass es für die Pflichtverletzung einen zivilrechtlichen Anfangsverdacht geben muss.

---

506 Unstreitig, vgl. statt aller Hüffer/*Koch*, § 243 Rn 5.

507 Großkomm-AktG/*Henze/Notz*, Anh. § 53a Rn 128; MüKoAktG/*Bungeroth*, Vor. § 53a Rn 44; MüHdbGesR-AG/*Rieckers*, § 17 Rn 31.

508 Hüffer/*Koch*, § 243 Rn 5; MüKoAktG/*Bungeroth*, Vor. § 53a Rn 44; MüHdbGesR-AG/*Rieckers*, § 17 Rn 31.

509 Vgl. zu den Kompetenzen des Versammlungsleiters noch ausführlich CII2).

510 MüKoAktG/*Bungeroth*, Vor. § 53a Rn 44.

511 Vgl. BGHZ 129, 136; MüHdbGesR-AG/*Rieckers*, § 17 Rn 32.

512 Diese Voraussetzung muss positiv vorliegen und im Zweifel vom Anfechtungskläger im Prozess bewiesen werden.

## o) *Ergebnis*

An die Bestimmtheit des Geltendmachungsbeschlusses sind keine hohen Anforderungen zu stellen, es gelten nur die allgemeinen Bestimmbarkeitserfordernisse für Hauptversammlungsbeschlüsse. Die Hauptversammlung entscheidet, *ob* Ersatzansprüche geltend gemacht werden. Dazu muss klar sein, auf welchen Tatbestandskomplex Bezug genommen wird und gegen wen Ansprüche verfolgt werden.[513] Für einen Geltendmachungsbeschluss nach § 147 Abs. 1 S. 1 AktG muss der in Frage kommende Sachverhalt benannt werden. Das kann ein bestimmtes Geschäft sein oder eine konkrete Handlung. Des Weiteren müssen die Anspruchsgegner bestimmbar sein. Diese Voraussetzungen in Verbindung mit der Behauptung, dass hierdurch eine Pflicht verletzt worden sei und der Gesellschaft ein Schaden entstanden ist, reichen aus. Es müssen keine substantiierten Pflichtverletzungen oder Schäden vorgetragen werden.[514] Ob diese Anforderungen eingehalten wurden, lässt sich rechtssicher beurteilen.

Auf Grundlage eines solchen Beschlusses erkennen die zuständigen Organe Vorstand, Aufsichtsrat oder Besonderer Vertreter ihren Prüfungsauftrag und das Gericht kann im späteren Haftungsprozess die Vertretungsbefugnis des Besonderen Vertreters im Hinblick auf die konkrete Klage beurteilen. Mit solch einem Beschluss beschließt die Hauptversammlung, *ob* Ersatzansprüche geltend zu machen sind, und nicht *weshalb*.

Dieses Ergebnis basiert auf zwei Grundgedanken: Zum einen trifft der Geltendmachungsbeschluss noch keine Aussage darüber, ob ein Besonderer Vertreter zur Geltendmachung bestellt wird oder ob die Anspruchsdurchsetzung bei den ordentlichen Organen verbleibt. Unterschiedliche Anforderungen an den Beschluss können deswegen nicht bestehen. Zum anderen ist und bleibt der Beschluss der Hauptversammlung ein Mehrheitsrecht, auch wenn Stimmverbote dazu führen, dass eine Anteilsminderheit dieses gegen den Willen des Mehrheitsaktionärs durchsetzt. Das Prinzip des Verbots des Richtens in eigener Sache ist ein seit mehr als 120 Jahren anerkanntes Prinzip im Recht der Aktiengesellschaft und findet sich bei jedem Gesellschaftstypus wieder. Insofern hat die Höhe des Kapitalanteils bei der Beschlussfassung keinen Einfluss auf die Qualifizierung als Mehrheitsrecht. Wenn man diese Gedanken weiterführt, folgt daraus, dass der Beschlussinhalt immer gleichen Anforderungen unterliegen muss, unabhängig davon, ob die Anteilsmehrheit einen Beschluss nach § 147 Abs. 1 AktG fasst, den Vorstand oder Aufsichtsrat auszuführen haben, oder ob die Anteilsminderheit aufgrund von Stimmverboten einen Besonderen Vertreter zur Geltendmachung bestellt.

Eingegrenzt wird dieser Grundgedanke dann, wenn sich die Aktionäre nicht mehr auf die Geltendmachung einigen müssen, da ein Aktionär oder eine kleine durch

---

513 BGH ZIP 2010, 2345; ebenfalls *Butzke*, Hauptversammlung, M Rn 40.

514 BGH ZIP 2010, 2345; OLG Bremen NZG 2010, 181; OLG Karlsruhe ZIP 2015, 125 (juris Rz 49); LG Heidelberg ZIP 2016, 471; LG Karlsruhe NZG 2001, 169; ebenfalls KG Berlin AG 2012, 256 (juris Rz 24); Henn/Frodermann/Jannott/*Heider*, Teil 10 Rn 108.

Stimmbindungsverträge oder Stimmrechtsbündelung verbundene Aktionärsgruppe die Beschlussfassung anordnen. In diesem Fall entfällt die Richtigkeitschance des Beschlusses und ausnahmsweise muss der Beschluss aus sich heraus diese Gewähr leisten, sodass ein solch gefasster Beschluss erhöhten Bestimmtheitsanforderungen unterliegt und die Tatsachen im Beschluss einen zivilrechtlichen Anfangsverdacht begründen müssen.

Zudem ist und bleibt Rechtmäßigkeitsgrenze eines jeden Beschlusses der Rechtsmissbrauch.[515] Jeder Beschluss ist im Einzelfall auf einen solchen zu untersuchen. In Frage kommt ein Rechtsmissbrauch jedoch nur in evidenten Fällen, z.B. wenn es um Ansprüche gegen Personen geht, die im fraglichen Zeitraum noch keine Organmitglieder waren oder offensichtlich und objektiv nicht am im Frage stehenden Geschehen mitgewirkt haben können.[516] Kein Fall des Rechtsmissbrauches ist die Ausübung eines Mehrheitsrechts durch die Anteilsminderheit an sich durch einen die obig genannten Bestimmtheitsvoraussetzungen erfüllenden Beschluss.

## IV Der Bestellungsbeschluss nach § 147 Abs. 2 AktG

In formeller Hinsicht gelten die allgemeinen Ausführungen zum Geltendmachungsbeschluss auch für den Bestellungsbeschluss.

### 1) Formelle Anforderungen

Auch dieser Beschluss ist mit einfacher Stimmenmehrheit i.S.v. § 133 Abs. 1 AktG zu fassen, denn die Bestellung eines Besonderen Vertreters ist keine Wahl i.S.v. § 133 Abs. 2 AktG.[517] Der Bestellungsbeschluss kann, muss aber nicht mit dem Geltendmachungsbeschluss verbunden werden.[518] Bezüglich der Stimmverbote gilt das zu § 147 Abs. 1 AktG Gesagte.[519] Auch dieser Beschluss bedarf keiner sachlichen Rechtfertigung.[520]

### 2) Person des Besonderen Vertreters

Selbstredend und unbestritten kann eine natürliche, voll geschäftsfähige Person Besonderer Vertreter sein; auf eine Aktionärsstellung kommt es nicht an.[521] Umstritten ist hingegen die Frage, ob auch eine juristische Person oder rechtsfähige

---

515 Allg. Ansicht, statt aller KK-AktG/*Rieckers/Vetter*, § 147 Rn 200.

516 So auch LG Karlsruhe NZG 2001, 169, 172; Schmidt/Lutter/*Spindler*, § 147 Rn 9; ähnlich MüHdbGesR-AG/*Bungert*, § 43 Rn 32.

517 Vgl. dazu die ausführliche Auseinandersetzung bei *Stallknecht*, aaO, S. 105 ff.

518 Allg. Ansicht, statt aller Heidel/*Lochner*, § 147 Rn 18.

519 KK-AktG/*Rieckers/Vetter*, § 147 Rn 319.

520 MüKoAktG/*Schröer*, § 147 Rn 51; *Hüffer*, ZHR 174 (2010), 642, 657 f.

521 *Stallknecht*, aaO, S. 89 ff.; *Humrich*, aaO, S. 122 f.; *Böbel*, aaO, S. 82 jeweils mit weiteren Nachweisen.

Personengesellschaft[522] die Position eines Besonderen Vertreters einnehmen kann. Während das überwiegende Schrifttum dies verneint,[523] geht eine aufkommende Gegenansicht von der Zulässigkeit aus.[524]

Vorstand und Aufsichtsrat können gemäß § 76 Abs. 3 S. 1 bzw. § 100 Abs. 1 S. 1 AktG nur natürliche Personen sein, für den Sonderprüfer ist in § 143 Abs. 1 Nr. 2 AktG ausdrücklich bestimmt, dass auch Prüfungsgesellschaften (in Form einer juristischen Person oder rechtsfähigen Personengesellschaft) zulässig sind. Bezüglich des Besonderen Vertreters schweigt das Gesetz. Das überwiegende Schrifttum nimmt an, eine Einschränkung auf natürliche Personen sei notwendig, da der Besondere Vertreter bei der Anspruchsverfolgung Aufgaben von Vorstand und Aufsichtsrat übernehme und diese zwingend natürliche Personen zu sein haben.[525] Das überzeugt aus zweierlei Gründen nicht: Zum einen *übernimmt* der Besondere Vertreter nicht Aufgaben von den Verwaltungsorganen im Sinne eines Ersatz-Vorstands bzw. -Aufsichtsrats,[526] sondern *verdrängt* sie nur im Rahmen seiner Befugnisse.[527] Seine Ermittlungs- und Geltendmachungskompetenz ist eine eigene und führt damit nicht zwingend zu einer Beschränkung auf natürliche Personen. Zum anderen weisen *Rieckers/Vetter* richtigerweise darauf hin, dass der Besondere Vertreter nicht nur einzelne Organmitglieder verdränge, sondern das gesamte Organ, das selbst keine natürliche Person ist.[528] Zur Parallelvorschrift in Österreich, § 134 öAktG, die von den Vorgängervorschriften von § 147 AktG (§§ 122 ff. AktG v. 1937) abstammt,[529] ist zudem anerkannt, dass auch juristische Personen Sondervertreter sein können.[530]

Aus dem Schweigen des Gesetzes lässt sich keine Beschränkung auf natürliche Personen entnehmen; neben dem Sonderprüfer können auch Abschlussprüfer (§ 319 Abs, 1 S. 1 HGB) und Abwickler (§ 265 Abs. 2 S. 3 AktG) juristische Personen sein.

---

522 Im Sinne des § 14 Abs. 2 BGB.

523 *Böbel*, aaO, S. 82; Spindler/Stilz/*Mock*, § 147 Rn 72; Grigoleit/*Herrler*, § 147 Rn 8; Großkomm-AktG/*Bezzenberger*, § 147 Rn 43; Heidel/*Lochner*, § 147 Rn 24; K. Schmidt/Lutter/*Spindler*, § 147 Rn 22; MüKoAktG/*Schröer*, § 147 Rn 43; *Kling*, ZGR 2009, 190, 199.

524 *Stallknecht*, aaO, S. 91 f.; *Humrich*, aaO, S. 123 f.; KK-AktG/*Rieckers/Vetter*, § 147 Rn 292; Heidel/Schall/*Heidel*, § 105 HGB Rn 242; *Verhoeven*, ZIP 2008, 245, 248; unentschlossen *Nietsch*, ZGR 2011, 589, 601 f.

525 Statt aller Spindler/Stilz/*Mock*, § 147 Rn 72.

526 So auch *Humrich*, aaO, S. 123. Vgl. dazu noch ausführlich Abschnitt DI3)b).

527 Hüffer/*Koch*, § 147 Rn 8; *Wirth*, FS Hüffer, S. 1129, 1137. Ansonsten müsste er konsequenterweise auch die Informationsrechte z.B. des Aufsichtsrats haben. Dies verneint jedoch die hM und nimmt die Informationsrechte aus einer Annexkompetenz zur Geltendmachung von Ersatzansprüchen an, vgl. nur MüKoAktG/*Schröer*, § 147 Rn 49 ff.

528 KK-AktG/*Rieckers/Vetter*, § 147 Rn 292.

529 MüKoAktG/*Csoklich*, § 147 Rn 84.

530 MüKoAktG/*Csoklich*, § 147 Rn 92.

Ein „Regel-Ausnahme-Verhältnis“ in Bezug auf die Personeneigenschaft von Amtswaltern in der Aktiengesellschaft existiert nicht.[531]

Die Beschränkung auf natürliche Personen als Vorstands- oder Aufsichtsratsmitglieder dient der Publizität[532] und der Gewaltenteilung in der Gesellschaft. Würde eine juristische Person Organwalter sein, so läge die Entscheidung, wer ihrerseits ihr gesetzlicher Vertreter und damit mittelbar Organwalter in der Gesellschaft wäre, bei ihren Gesellschaftern. Dies würde faktisch zu einem Entsenderecht der Gesellschafter der juristischen Person führen und die gesetzgeberischen Entscheidungen in § 84 AktG und § 101 AktG aushebeln.[533] Überdies würde es zur Intransparenz führen, welche natürliche Person nun die Tätigkeiten als Organwalter ausführt und haftungsrechtlich zu der absurden Konstellation, dass zwar die juristische Person als Organwalter dem Gesellschaftswohl verpflichtet wäre, der gesetzliche Vertreter der juristischen Person jedoch nur ihrem Wohl.[534] Im Ergebnis entstünde ein Interessenkonflikt.

All diese Erwägungen treffen auf den Besonderen Vertreter indes nicht zu: Er ist nicht in das Handelsregister einzutragen. Auch seine internen Ermittlungen erfordern in Anbetracht des § 143 Abs. 1 Nr. 2 i.V.m. § 145 AktG keine natürliche Person. Zudem ist er nur temporär zu einem bestimmten Zweck bestellt, womit er dem Sonderprüfer, Abwickler und Abschlussprüfer ähnlicher ist als den Dauerorganen Vorstand und Aufsichtsrat.[535] Auch haftungsrechtliche Bedenken greifen nicht durch: Zum einen wird für den Besonderen Vertreter häufig eine D&O-Versicherung abgeschlossen bzw. er ist als Organ der Gesellschaft mitversichert, zum anderen kann eine juristische Person oder rechtsfähige Personengesellschaft solventer sein als eine einzelne natürliche Person.

Dieses Ergebnis wird bekräftigt durch einen Blick in das Personengesellschaftsrecht. Auch dort kann anerkanntermaßen ein Besonderer Vertreter entsprechend § 46 Nr. 8 GmbHG, § 147 AktG bestellt werden.[536] Zur Kommanditgesellschaft hat der Bundesgerichtshof entschieden, dass auch der Beirat einer Publikums-Kommanditgesellschaft zum Besonderen Vertreter bestellt werden kann.[537] Dabei

---

531 *Humrich*, aaO, S. 123.

532 Nach § 81 Abs.1 AktG ist jede Änderung im Vorstand und nach § 106 AktG im Aufsichtsrat zum Handelsregister einzureichen.

533 Spindler/Stilz/*Fleischer*, § 76 Rn 120.

534 Ebd.

535 Ähnlich *Humrich*, aaO, S. 123.

536 BGH ZIP 2010, 2345 (juris Rz 8); *Karrer*, NZG 2008, 206; *Grunewald*, Liber amicorum für Martin Winter, S. 167, 169 ff.; Heidel/Schall/*Heidel*, § 105 HGB Rn 242; Baumbach/Hopt/*Roth*, § 124 HGB Rn 42, Anh. § 177a HGB Rn 75; MüHdbGesR-Band 1/*Neubauer/Herchen*, § 70 Rn 15; MüKoHGB/*Schmidt*, § 125 Rn 7; Ebenroth/Boujong/Joost/Strohn/*Wertenbruch*, § 105 HGB Rn 200; vgl. zur GmbH & Co. KG LG Karlsruhe NZG 2001, 169; Scholz/*Schmidt*, § 46 GmbHG Rn 177; Ulmer/Habersack/Winter/*Hüffer*, § 46 GmbHG Rn 123.

537 BGH ZIP 2010, 2345 (juris Rz 18 f.).

ist der Beirat einer Kommanditgesellschaft keine natürliche Person, sondern ein durch die Satzung geschaffenes Gremium natürlicher Personen.[538] Weder der Bundesgerichtshof noch das Oberlandesgericht Bremen als Vorinstanz[539] haben dies problematisiert, sondern sind wie selbstverständlich von der Zulässigkeit der Bestellung ausgegangen. Das Oberlandesgericht Bremen hat zudem noch eine Parallele zum Aufsichtsrat in der Aktiengesellschaft gezogen, der schließlich auch ein mit natürlichen Personen besetztes Gremium ist, und nach § 112 AktG befugt ist, Ersatzansprüche gegen den Vorstand geltend zu machen.[540]

Der Bundesgerichtshof hat die Anspruchsgrundlage für die Bestellung eines Beirats als Besonderen Vertreter entgegen dem Oberlandesgericht nicht aus § 112 AktG analog hergeleitet, sondern entsprechend § 46 Nr. 8 GmbHG, § 147 AktG. Damit hat er jedoch nicht die Argumentation über die Zulässigkeit eines Gremiums abgelehnt, sondern die Bestellung des Besonderen Vertreters unabhängig von dem Vorliegen einer Publikumsgesellschaft für alle Personengesellschaften für statthaft erklärt.[541]

Ein klarer Vorteil der Bestellung eines Gremiums anstatt einer Gesamtheit an Einzelpersonen ist, dass bei Verhinderung von Gremiumsmitgliedern diese nach den Regeln des Gremiums ausgetauscht werden können und keine erneute förmliche Beschlussfassung der Gesellschafterversammlung notwendig ist.[542] Während der Bundesgerichtshof an keiner Stelle zu erkennen gibt, dass die Bestellung eines Gremiums nur ausnahmsweise in Personengesellschaften zulässig ist, zieht das Oberlandesgericht Bremen ausdrücklich eine Parallele zum Aufsichtsrat und damit zum Recht der Aktiengesellschaft. Es ist ansonsten auch kein zwingender Grund ersichtlich, warum für die Aktiengesellschaft etwas anderes gelten sollte als für Personengesellschaften. Damit wird man die Entscheidung des Bundesgerichtshofs entsprechend auf das Recht der Aktiengesellschaft anwenden können und muss davon ausgehen, dass die Bestellung eines Gremiums zum Besonderen Vertreter auch bei der Aktiengesellschaft und bei Kapitalgesellschaften im Allgemeinen zulässig ist.[543]

In Anbetracht all dieser Argumente ist der aufkommenden Mindermeinung zu folgen, die eine Bestellung auch juristischer Personen und rechtsfähiger Personengesellschaften zum Besonderen Vertreter für zulässig erachtet. Wenn im Regelfall der Vorstand als Gremium oder der Aufsichtsrat als Gremium Ersatzansprüche verfolgt, kann für den Besonderen Vertreter nichts anderes gelten; auch er kann

---

538 Vgl. zur Einrichtung, Zusammensetzung und inneren Ordnung eines Beirats *Dauner-Lieb/Winnen*, FS Brambring, S. 45, 54 ff.

539 OLG Bremen NZG 2010, 181.

540 OLG Bremen NZG 2010, 181 (juris Rz 48).

541 Dass es für die Argumentation des BGH nicht darauf ankommt, dass eine Publikumsgesellschaft vorliegt, zeigt auch *Grunewald*, Liber amicorum für Martin Winter, S. 167, 172.

542 *Grunewald*, Liber amicorum für Martin Winter, S. 167, 171.

543 Zurückhaltender *Grunewald*, Liber amicorum für Martin Winter, S. 167, 171, die dem BGH „jedenfalls“ bei Personengesellschaften folgt.

aus einem Gremium bestehen. Dieses Gremium selbst muss jedoch rechtsfähig sein. Mangels Regelungen in der Satzung muss das Gremium als juristische Person oder rechtsfähige Personengesellschaft ausgestaltet sein. Im Ergebnis kann damit auch eine juristische Person oder rechtsfähige Personengesellschaft zum Besonderen Vertreter bestellt werden.

Ob dieser Streit jedoch jemals praktische Relevanz entwickeln wird, ist ungewiss, schließlich ist unumstritten, dass sich der Besondere Vertreter zu seiner Aufgabenbewältigung Hilfspersonen bedienen kann.[544] Es bleibt ihm also unbenommen, im Rahmen dieser Befugnis eine juristische Person als Erfüllungsgehilfen zu mandatieren.[545]

---

544 *Kling*, ZGR 2009, 190, 199; *Nietsch*, ZGR 2011, 589, 602; KK-AktG/*Rieckers/Vetter*, § 147 Rn 290, 544 ff.; MüHdbGesR-AG/*Bungert*, § 43 Rn 37; MüKoAktG/*Schröer*, § 147 Rn 51.

545 Es ist anerkannt, dass der Besondere Vertreter, der zugleich Rechtsanwalt ist, seine eigene Kanzlei als Hilfsperson mandatieren kann, vgl. nur KK-AktG/*Rieckers/Vetter*, § 147 Rn 547. In Anbetracht dessen ist die Versagung der Bestellbarkeit der Sozietät selbst zum Besonderen Vertreter wahrlich reine Förmelei.

# C Rechtsschutzmöglichkeiten gegen rechtswidrige Beschlussfassungen und die rechtswidrige Verhinderung von Beschlüssen nach § 147 AktG

## I Die Anfechtung der Beschlüsse nach § 147 AktG

Aufgrund der Stimmverbote können die Anspruchsgegner die Beschlussfassung nach § 147 AktG grundsätzlich nicht beeinflussen.[546] Ihnen verbleibt im Nachgang die Beschlussanfechtung gemäß §§ 241 ff. AktG.[547] Die Anfechtungsklage dient der objektiven Rechtmäßigkeitskontrolle von Beschlüssen in der Gesellschaft.[548] Nicht zu prüfen ist grundsätzlich die Zweckmäßigkeit des Beschlusses, bezüglich derer die Hauptversammlung eine nicht kontrollierbare Einschätzungsprärogative besitzt.[549] Grundsätzlich können sowohl Geltendmachungs- als auch Bestellungsbeschluss angefochten werden; eine isolierte Anfechtung des Bestellungsbeschlusses führt jedoch nur dazu, dass das Organ Besonderer Vertreter erlischt. Die nach § 147 Abs. 1 AktG beschlossenen Ersatzansprüche haben dann Vorstand oder Aufsichtsrat zu verfolgen.[550] Wird jedoch ein Geltendmachungsbeschluss nach § 147 Abs. 1 AktG angefochten, so erlischt bei stattgegebener Klage auch der Bestellungsbeschluss nach Abs. 2, da seine rechtliche Grundlage entfällt.[551]

### 1) Anfechtungsbefugnis

Der Kreis der Anfechtungsberechtigten ergibt sich aus § 245 AktG.

#### *a) Anfechtung durch Aktionäre oder den Vorstand*

Häufig wird der mit einem Stimmverbot belegte Aktionär nach § 245 Nr. 1 AktG die Beschlüsse anfechten. Dies ist sein gutes Recht, verbietet § 136 Abs. 1 S. 1 AktG

546 Zu dem – grundsätzlich rechtswidrigen – Versuch der vorherigen Verhinderung einer Beschlussfassung durch den Versammlungsleiter siehe sogleich Abschnitt CII.

547 *Böbel*, aaO, S. 141.

548 Ständige Rechtsprechung des BGH, die auf das RG zurückgeht, vgl. nur BGH ZIP 2015, 2069 (juris Rz 19); BGHZ 107, 296 = ZIP 1989, 980 (juris Rz 24, 28); BGHZ 43, 261 = WM 1965, 422 (juris Rz 38); ausführlich *Dornbach*, Die aktienrechtliche Anfechtungsklage zwischen subjektivem Rechtsschutz und objektiver Rechtskontrolle.

549 Vgl. zur Ausführungspflicht „unzweckmäßiger“ Hauptversammlungsbeschlüsse durch den Vorstand Spindler/Stilz/*Fleischer*, § 83 Rn 10.

550 Spindler/Stilz/*Mock*, § 147 Rn 79.

551 *Böbel*, aaO, S. 141; ausführlich *Stallknecht*, aaO, S. 162 f. mwN.

doch nur die Stimmabgabe, nicht den Rechtsschutz gegen potentiell rechtswidrige Beschlüsse.[552] Anfechtungsbefugt ist nach § 245 Nr. 4 AktG auch der Vorstand als Kollegialorgan. Vereinzelt findet sich die Ansicht, der Vorstand *müsse* anfechten, wenn er den Beschluss für rechtswidrig hält.[553] Dem kann in dieser Schärfe nicht gefolgt werden. Jedenfalls dann, wenn die Anfechtung schon von anderer Seite erklärt wurde, hat der Vorstand ein Ermessen dahingehend, ob auch er anficht oder dem Kläger im Wege der Nebenintervention beitritt (sogleich unter 2.). Eine Pflicht hierzu lässt sich nicht ableiten.[554]

### *b) Anfechtung durch einzelne Verwaltungsmitglieder*

Nach § 245 Nr. 5 AktG können auch einzelne Mitglieder von Vorstand und Aufsichtsrat den Beschluss anfechten. Maßgeblicher Zeitpunk für ihre Organwalterstellung ist die Klageerhebung.[555] Zudem müssen bei der Anfechtung durch einzelne Organmitglieder nach Nr. 5 noch zwei weitere Voraussetzungen vorliegen: Zum einen muss es sich um einen ausführungsbedürftigen Beschluss handeln, zum anderen müssten sich Mitglieder der Verwaltung durch die Ausführung ansonsten pflichtwidrig verhalten.[556] Ein ausführungsbedürftiger Beschluss liegt zum einen immer dann vor, wenn er in das Handelsregister einzutragen ist und zum anderen dann, wenn er tatsächlich von Vorstand gemäß § 83 Abs. 2 AktG oder Aufsichtsrat ausgeführt werden muss. Weder ein Geltendmachungs- noch ein Bestellungsbeschluss sind in das Handelsregister einzutragen. Bezüglich der sonstigen Ausführung ist zu differenzieren: Ein Geltendmachungsbeschluss nach § 147 Abs. 1 AktG ist grundsätzlich von Vorstand oder Aufsichtsrat auszuführen, ihr Ermessen zur Geltendmachung von Ersatzansprüchen wird auf Null reduziert.[557] Der Bestellungsbeschluss hingegen wirkt unabhängig von einer Handlung der Verwaltungsorgane; insoweit ist festzustellen, dass einzelne Verwaltungsmitglieder schon aus diesem Grund den Bestellungsbeschluss nach § 147 Abs. 2 AktG nicht anfechten können.

Darüber hinaus müsste jedoch eine Sanktion durch die Ausführung eines potentiell rechtswidrigen Geltendmachungsbeschlusses drohen. Die Ausführung eines Geltendmachungsbeschlusses nach § 147 Abs. 1 S. 1 AktG ersetzt nur die allgemein schon geltende Legalitätspflicht von Vorstand und Aufsichtsrat.[558] Selbst wenn der Beschluss rechtswidrig sein sollte, erscheint unklar, inwieweit eine Geltendmachung

552 KK-AktG/*Rieckers/Vetter*, § 147 Rn 267.

553 So anscheinend OLG Köln ZIP 2015, 2470 (juris Rz 37); ebenfalls LG Duisburg ZIP 2016, 1970 (juris Rz 82 ff.) mit Verweis auf OLG Köln.

554 Vgl. zu den Folgen, die eine fehlende Anfechtung des Vorstands nach Ansicht der Rechtsprechung im Rahmen des einstweiligen Rechtsschutzes auslöst, unten DIV3)a)bb).

555 MüKoAktG/*Hüffer/Schäfer*, § 245 Rn 73.

556 Spindler/Stilz/*Dörr*, § 245 Rn 48a ff.

557 *Böbel*, aaO, S. 38; KK-AktG/*Rieckers/Vetter*, § 147 Rn 231.

558 *Stallknecht*, aaO, S. 56.

zu zivilrechtlichen Ersatzpflichten, geschweige denn Ordnungswidrigkeiten oder Straftaten der Organe führen könnte. Schließlich würde die Verwaltung selbst den Sachverhalt zunächst ausermitteln und würde, soweit keine Ersatzansprüche gegeben sind, von einer sinnlosen Anspruchsverfolgung absehen.[559] Insoweit ist eine pauschale Anfechtungsbefugnis einzelner Verwaltungsmitglieder abzulehnen, im Einzelfall ist eine Sanktionierungsgefahr darzulegen.[560]

## 2) Nebenintervention

Neben der Möglichkeit einer Klageerhebung können die oben genannten Gruppen auch einem schon anhängigen Rechtsstreit im Wege der Nebenintervention beitreten. Die Voraussetzungen für eine Nebenintervention ergeben sich aus § 66 Abs. 1 ZPO. Eine Nebenintervention ist sowohl auf Kläger-, als auch auf Beklagtenseite möglich; im ersten Fall zielt das rechtliche Interesse auf die Beseitigung des Beschlusses ab, im zweiten auf seine Bestandskraft.[561] Eine streitgenössische[562] Nebenintervention nach § 69 ZPO auf Gesellschaftsseite geschieht in der Praxis häufig und ist regelmäßig angebracht, um gemäß § 61 ZPO ein Versäumnisurteil oder sogar eine Anerkenntnis durch die Gesellschaft und somit eine nachlässige Prozessführung zu verhindern.[563] Um jedoch eine Nebenintervention zu begründen, bedarf es neben dem anhängigen Rechtsstreit zwischen Dritten gemäß § 66 Abs. 1 AktG eines rechtlichen Interesses des Intervenienten am Obsiegen einer Partei.

### *a) Interventionsbefugnis und rechtliches Interesse der in § 245 AktG Genannten*

Interventionsbefugt ist zunächst jeder, der parteifähig ist.[564] Die in § 245 AktG Genannten sind nach überwiegender Ansicht aufgrund ihrer Anfechtungsbefugnis parteifähig und somit interventionsbefugt.[565] Während ein Aktionär und einzelne Verwaltungsmitglieder auf beiden Seiten dem Streit beitreten können, kann dies das Organ Vorstand nach überwiegender Ansicht im Schrifttum nur auf Klägerseite, da

559 Vgl. dazu Abschnitt BIII2)l)bb).

560 AA KK-AktG/*Rieckers/Vetter*, § 147 Rn 267.

561 MüKoAktG/*Hüffer/Schäfer*, § 246 Rn 8.

562 Aufgrund der Inter-omnes-Wirkung des Urteils im Anfechtungsprozess nach § 248 Abs. 1 AktG ist der Nebenintervenient im Anfechtungsprozess stets streitgenössisch; vgl. nur BGH ZIP 2015, 1286, juris Rz 21.

563 BGH ZIP 2015, 1286; MüKoAktG/*Hüffer/Schäfer*, § 246 Rn 8. *Böbel*, aaO, S. 141 ff. folgert daraus sogar, dass der Besondere Vertreter die Gesellschaft im Anfechtungsprozess vertrete. Dazu sogleich unter 3).

564 Hüffer/*Koch*, § 246 Rn 5.

565 Spindler/Stilz/*Dörr*, § 246 Rn 34; MüKoAktG/*Hüffer/Schäfer*, § 246 Rn 9; Hüffer/*Koch*, § 246 Rn 5 f.

die Gesellschaft als Beklagte grundsätzlich nach § 246 Abs. 2 S. 2 AktG von Vorstand und Aufsichtsrat vertreten wird.[566]

Das Interventionsinteresse ergibt sich bei allen Aktionären aus der Inter-omnes-Wirkung des Urteils gemäß § 248 Abs. 1 S. 1 AktG.[567] Auf die übrigen Voraussetzungen nach § 245 AktG kommt es nicht an.[568] Früher war umstritten, ob der Aktionär das Fristerfordernis des § 246 Abs. 1 AktG erfüllen müsse.[569] Dies hat der Gesetzgeber nun geregelt: Nach § 246 Abs. 4 S. 2 AktG kann die Nebenintervention durch einen Aktionär nur innerhalb eines Monats nach Bekanntgabe der Klage in den Gesellschaftsblättern erklärt werden.[570] Nach überwiegender Ansicht im Schrifttum rührt auch das Interventionsinteresse der Verwaltungsmitglieder allein aus der Urteilswirkung her.[571] Aufgrund des klaren Wortlauts von § 246 Abs. 4 S. 2 AktG gilt für sie jedoch keine Interventionsfrist.[572]

### *b) Interventionsbefugnis und rechtliches Interesse des Besonderen Vertreters*

Ob der Besondere Vertreter einer Anfechtungsklage gegen den Geltendmachungs- und/oder Bestellungsbeschluss auf Beklagten- und somit Gesellschaftsseite beitreten kann, ist umstritten. Eine Ansicht erkennt weder die Interventionsbefugnis noch das rechtliche Interesse an.[573] Nach anderer Ansicht soll die Nebenintervention wenigstens bezüglich der Anfechtung des Bestellungsbeschlusses möglich sein,[574] bzw. dann, wenn die Nebenintervention zur Aufgabenerfüllung des Besonderen Vertreters bzw. der Sicherung einer ordnungsgemäßen Verteidigung erforderlich erscheint.[575] Zuletzt verweigert eine Meinung dem Organ Besonderer Vertreter die Befugnis, nicht aber dem Organwalter selbst.[576]

---

566 MüKoAktG/*Hüffer/Schäfer*, § 246 Rn 9; Hüffer/*Koch*, § 246 Rn 5; Spindler/Stilz/*Dörr*, § 246 Rn 34.

567 BGH ZIP 2008, 1398; ZIP 2007, 1528; OLG Nürnberg ZIP 2009, 2470; OLG Düsseldorf AG 2004, 667; OLG Frankfurt AG 2002, 88; Hüffer/*Koch*, § 246 Rn 6; MüKoAktG/*Hüffer/Schäfer*, § 246 Rn 10.

568 BGH ZIP 2007, 1528 (juris Rz 17); MüKoAktG/*Hüffer/Schäfer*, § 246 Rn 10; Spindler/Stilz/*Dörr*, § 246 Rn 35.

569 Ausführliche Darstellung des Streitstandes bei Hüffer/*Koch*, § 246 Rn 6.

570 Eingeführt 2005 durch das UMAG (BGBl. I S. 2802).

571 Spindler/Stilz/*Dörr*, § 246 Rn 35; Hüffer/*Koch*, § 246 Rn 6; MüKoAktG/*Hüffer/Schäfer*, § 246 Rn 10.

572 MüKoAktG/*Hüffer/Schäfer*, § 246 Rn 81.

573 OLG München ZIP 2008, 2173; KK-AktG/*Rieckers/Vetter*, § 147 Rn 684 f.; Hüffer/*Koch*, § 147 Rn 9; MüKoAktG/*Hüffer/Schäfer*, § 246 Rn 9 f.; Grigoleit/*Herrler*, § 147 Rn 16.

574 LG München I ZIP 2007, 2420, 2421; K. Schmidt/Lutter/*Schwab*, § 147 Rn 39; Spindler/Stilz/*Mock*, § 147 Rn 43; *Westermann*, AG 2009, 237, 244.

575 MüKoAktG/*Schröer*, § 147 Rn 54; Heidel/*Lochner* § 147 Rn 24a.

576 *Humrich*, aaO, S 180 ff.

Der Bundesgerichtshof entschied 2015, der Besondere Vertreter sei bei der Anfechtung von Beschlüssen nach § 147 AktG interventionsbefugt und habe ein rechtliches Interesse an dem Rechtsstreit.[577] Er begründete die Parteifähigkeit des Besonderen Vertreters mit seiner Eigenschaft als natürliche Person.[578] Da das Organ Besonderer Vertreter im entschiedenen Fall nur aus einem Organwalter bestand, kam es nicht auf eine Unterscheidung zwischen Organ und Organwalter an.[579] Das rechtliche Interesse an der Nebenintervention entspringt laut Bundesgerichtshof nicht der Rechtskrafterstreckung aufgrund des § 248 Abs. 1 S. 1 AktG, da der Besondere Vertreter anders als Aktionäre und Verwaltungsmitglieder nicht genannt sei, sondern der Gestaltungswirkung des Urteils, das über das Fortbestehen seines Amtes und seiner Aufgabe entscheide.[580]

Der Entscheidung des Bundesgerichtshofs ist zuzustimmen.[581] Schon das Reichsgericht entschied, die Rechtsverfolgung durch den Besonderen Vertreter entspreche dem Gesellschaftswillen und der Besondere Vertreter müsse daher einen Widerstand von Vorstand und Aufsichtsrat mit prozessualen Mitteln brechen können.[582] Vor allem kann der Besondere Vertreter so einer nachlässigen Prozessführung durch Vorstand und Aufsichtsrat entgegenwirken.[583] Dazu ist notwendig, dass der Besondere Vertreter die Nebenintervention erklären kann. Diese Befugnis bedeutet jedoch nicht, dass er in jedem Falle intervenieren muss, vielmehr hat er im Falle einer Nebenintervention durch einen engagierten Aktionär auf Gesellschaftsseite ein Ermessen dahingehend, ob er dies als ausreichend betrachtet. Er kann dem Streit beitreten, muss dies aber nur in Fällen, in denen ein anderweitiger Schutz des Hauptversammlungswillens vor der Untätigkeit von Vorstand und Aufsichtsrat nicht möglich ist.[584]

Festzuhalten ist zudem, dass der Besondere Vertreter jeder Klage, an der er ein rechtliches Interesse hat, beitreten kann; eine pauschale Restriktion der Interventionsbefugnis auf Anfechtungsklagen gegen seine Bestellung ist abzulehnen.[585] Das entscheidende Kriterium dabei ist, ob der Beschluss ihn in seiner Rechtsstellung berührt oder Einfluss auf die Geltendmachung hat.[586]

---

577 BGH ZIP 2015, 1286.

578 BGH ZIP 2015, 1286 (juris Rz 14); ebenso OLG Köln AG 2017, 351 (juris Rz 278).

579 Ebd.

580 BGH aaO (juris Rz 18 f.); ebenso schon *Stallknecht*, aaO, S. 169 f.

581 Ebenso OLG Köln AG 2017, 351 (juris Rz 275 ff.).

582 RGZ 83, 248, 251.

583 BGH ZIP 2015, 1286.

584 *Lochner/Beneke*, ZIP 2015, 2010, 2015 f.

585 *Lochner/Beneke*, ZIP 2015, 2010, 2016; ebenso BGH ZIP 2015, 1286, der eine Nebenintervention bei einer Anfechtungsklage gegen einen Beschluss über eine Sonderprüfung nur deshalb verneinte, weil ein rechtliches Interesse des Besonderen Vertreters nicht vorgetragen worden war; aA und insofern unrichtig dargestellt bei *Wilsing/Kleemann*, EWiR 2015, 503, 504.

586 *Lochner/Beneke*, ZIP 2015, 2010, 2016. Ebenfalls wohl OLG Köln AG 2017, 351 (juris Rz 281 f.).

## 3) Vertretung der Gesellschaft

Adressat der Anfechtungsklage ist gemäß § 246 Abs. 2 S. 1 AktG die Gesellschaft. Diese wird nach § 246 Abs. 2 S. 2 AktG grundsätzlich von Vorstand und Aufsichtsrat gemeinsam vertreten. Diese Doppelvertretung soll verhindern, dass der Vorstand mit dem Anfechtungskläger kollusiv zusammenwirkt.[587]

### *a) Vertretung durch Vorstand und/oder Aufsichtsrat*

Sollten jedoch der Vorstand oder einzelne Verwaltungsmitglieder selbst die Anfechtung erklären, so ist nach § 246 Abs. 2 S. 3 AktG das jeweilige Organ von der Vertretung ausgeschlossen und das andere vertritt die Gesellschaft alleine. Nun kann es jedoch vorkommen, dass sowohl der Vorstand bzw. einzelne Vorstandsmitglieder und Mitglieder des Aufsichtsrats zusammen die Anfechtung erklären; in diesem Fall sind beide Organe von der Vertretung ausgeschlossen und es ist auf Antrag des Klägers ein (vorläufiger) Prozesspfleger nach § 57 Abs. 1 ZPO zu bestellen.[588] Nach ganz überwiegender Ansicht kann die Hauptversammlung in einem solchen Fall analog § 147 Abs. 2 S. 1 AktG einen besonderen Prozessvertreter bestellen, um einer gerichtlichen Entscheidung zuvorzukommen.[589] Dies wird überzeugend damit begründet, dass die Anfechtungsklage Beschlüsse der Hauptversammlung betreffe und die Hauptversammlung ein Interesse an der Vertretung der Beklagten habe.[590]

Die Regelung des § 246 Abs. 2 S. 3 AktG ist im Übrigen auch entsprechend auf die Fälle anzuwenden, in denen der Vorstand oder Verwaltungsmitglieder zwar nicht die Anfechtung erklären, der Anfechtungsklage jedoch auf Klägerseite im Wege der Nebenintervention beitreten. Auch hier liegt ein Interessenskonflikt vor, den Abs. 2 S. 3 zu verhindern sucht.[591]

---

587 BGHZ 32, 114, 117; OLG Hamburg NZG 2003, 378, 379; Großkomm-AktG/*Schmidt*, § 246 Rn 37; Schmidt/Lutter/*Schwab*, § 246 Rn 24; Spindler/Stilz/*Dörr*, § 246 Rn 29.

588 OLG Hamburg NZG 2003, 478; Großkomm-AktG/*Schmidt*, § 246 Rn 38; MüKo-AktG/*Hüffer/Schäfer*, § 246 Rn 67; Schmidt/Lutter/*Schwab*, § 246 Rn 27; Heidel/*Heidel*, § 246 Rn 46; Spindler/Stilz/*Dörr*, § 246 Rn 31.

589 Zu der praktisch interessanten Frage, ob dieser besondere Prozessvertreter und der zuvor bestellte Besondere Vertreter identisch sein können, sogleich im nächsten Abschnitt.

590 MüKoAktG/*Hüffer/Schäfer*, § 246 Rn 67; Großkomm-AktG/*Schmidt*, § 246 Rn 38; Hüffer/*Koch*, § 246 Rn 36; Schmidt/Lutter/*Schwab*, § 246 Rn 27; Spindler/Stilz/*Dörr*, § 246 Rn 31; Hölters/*Englisch*, § 246 Rn 45; Henssler/Strohn/*Drescher*, § 246 Rn 16; soweit ersichtlich einzig aA Heidel/*Heidel*, § 246 Rn 49.

591 Ebenso Großkomm-AktG/*Schmidt*, § 246 Rn 42; MüKoAktG/*Hüffer/Schäfer*, § 246 Rn 9; Heidel/*Heidel*, § 246 Rn 48; Henssler/Strohn/*Drescher*, § 246 Rn 20; Spindler/Stilz/*Dörr*, § 246 Rn 34.

### b) *Keine originäre Vertretung der Gesellschaft durch den Besonderen Vertreter*

*Böbel* vertritt die Auffassung, der Besondere Vertreter verdränge im Anfechtungsprozess über seine Bestellung Vorstand und Aufsichtsrat auch prozessual und vertrete die Gesellschaft.[592] *Verhoeven* dagegen spricht der Hauptversammlung die Kompetenz zu, im Hauptversammlungsbeschluss eine „gesetzliche Vertretung" der Gesellschaft durch den Besonderen Vertreter festzulegen.[593] Die bislang schon überwiegende Ansicht im Schrifttum und nun auch der Bundesgerichtshof verneinen zu Recht beide Ansichten und bleiben bei der gesetzlichen Vertretungsregel des § 246 Abs. 2 S. 2, 3 AktG.[594]

*Böbel* argumentiert, im Falle der Anspruchsverfolgung gegen sämtliche Verwaltungsmitglieder liege eine Interessenskollision bei diesen vor, die eine sachgerechte Verteidigung der Beschlüsse verhindere.[595] Die einzige Möglichkeit eines hinreichenden Schutzes der Gesellschaft sei die Vertretung durch den Besonderen Vertreter.[596] Dieser Ansicht ist der Bundesgerichtshof zu Recht nicht gefolgt: Die Aufgabe des Besonderen Vertreters ist die Geltendmachung von Ersatzansprüchen, nicht die Führung eines Prozesses gegen seine Bestellung. Eine teleologische Extension der Befugnisse[597] ist abzulehnen; der Sinn und Zweck, die Gesellschaft vor einer nachlässigen Prozessführung durch Vorstand und Aufsichtsrat zu schützen, wird durch die Nebeninterventionsmöglichkeit des Besonderen Vertreters ausreichend geschützt.[598]

Auch die Konstruktion von *Verhoeven* ist abzulehnen: Die Hauptversammlung kann dem Besonderen Vertreter nur die Befugnisse übertragen, die ihr das Gesetz einräumt.[599] Eine Änderung der Vertretungsverhältnisse bei Anfechtungsklagen fällt gerade nicht darunter. Ein solcher Beschlussinhalt ist unwirksam.

Damit vertritt der Besondere Vertreter die Gesellschaft grundsätzlich nicht bei Anfechtungsklagen, es verbleibt bei der gesetzlichen Regelung von § 246 Abs. 2 S. 2, 3 AktG. Selbst bei evidenten Interessenskonflikten von Vorstand und Aufsichtsrat wird die Gesellschaft ausreichend durch die Nebeninterventionsmöglichkeit des Besonderen Vertreters geschützt.

---

592 *Böbel*, aaO, S. 141 ff.

593 *Verhoeven*, ZIP 2008, 245, 250.

594 BGH ZIP 2015, 1286; LG München I ZIP 2007, 2420; MüKoAktG/*Schröer*, § 147 Rn 53; *Beneke/Lochner*, ZIP 2015, 2010, 2015; *Mock*, AG 2015, 652, 656 f.

595 *Böbel*, aaO, S. 142 f.

596 *Böbel*, aaO, S. 147.

597 So *Böbel*, aaO, S. 146.

598 BGH ZIP 2015, 1286, juris Rz 16.

599 MüKoAktG/*Kubis*, § 119 Rn 1.

### *c) Vertretung durch Besonderen Vertreter bei „Führungslosigkeit" der Gesellschaft*

Dieses Ergebnis ist nicht zu verwechseln mit der Frage, ob der Besondere Vertreter ausnahmsweise dann die Gesellschaft vertreten kann, wenn sowohl Vorstand als auch Aufsichtsrat von der Vertretung ausgeschlossen sind und ein Prozesspfleger nach § 57 ZPO bestellt werden müsste. Es soll möglich sein, dass die Hauptversammlung in diesem Fall analog § 147 Abs. 2 S. 1 AktG einen Besonderen Vertreter nur zur Prozessführung und Vertretung der Gesellschaft bestellen kann.[600] Unterstellt man diese Befugnis, ist die nächste Überlegung, ob auch der derzeitige Besondere Vertreter diese Aufgabe übernehmen kann, die in der Frage mündet, ob ein eigenständiger, erneuter Beschluss der Hauptversammlung analog § 147 Abs. 2 S. 1 AktG notwendig ist, oder ob sich diese Befugnis schon aus den Geltendmachungs- und Bestellungsbeschlüssen ergibt.

#### *aa) Identität zwischen beiden Besonderen Vertretern*

Unproblematisch kann die Hauptversammlung den derzeitigen Besonderen Vertreter auch zum besonderen Prozessvertreter analog § 147 Abs. 2 S. 1 AktG bestimmen. Entgegenstehende Gründe sind nicht ersichtlich, vielmehr spricht aus verfahrensökonomischen Gründen viel für eine Personenidentität beider Vertreter.

#### *bb) Erneuter Hauptversammlungsbeschluss?*

Die spannende Frage ist, ob die Hauptversammlung erneut entscheiden muss, oder ob die Geltendmachungs- und Bestellungsbeschlüsse eine – ggf. konkludente – Prozessvertretungsbefugnis beinhalten. Ein erneuter Hauptversammlungsbeschluss wäre dabei aus zeitlichen Aspekten und Kostengründen nachteilhaft, schließlich müsste auf die nächste Hauptversammlung gewartet werden, bzw. eine außerordentliche Hauptversammlung – ggf. durch gerichtliche Ermächtigung nach § 122 Abs. 3 S. 1 AktG – einberufen und die formellen Voraussetzungen an Beschlüsse eingehalten werden.

Um einen erneuten Hauptversammlungsbeschluss zu verhindern, müsste die Hauptversammlung schon über die Frage der Prozessvertretung entschieden haben. Dabei sind zwei Konstellationen denkbar: Im ersten Fall hat die Hauptversammlung schon in den ersten Beschlüssen eine „hilfsweise" Ermächtigung zur Vertretung der Gesellschaft im Anfechtungsprozess bei Führungslosigkeit beschlossen. Im zweiten Fall hat sie dies nicht ausdrücklich getan.

##### (1) Ausdrücklicher Beschluss der Hauptversammlung

Im Falle eines ausdrücklichen, hilfsweisen Beschlusses sind zwei Probleme zu beleuchten. Zunächst ist fraglich, ob die Hauptversammlung überhaupt „hilfsweise"

---

600 Vgl. oben CI3)a).

beschließen kann, und sodann, ob die formellen Voraussetzungen an eine solche Beschlussfassung eingehalten werden können.

Der Hauptversammlungsbeschluss ist nach allgemeiner Meinung ein mehrseitiges, aber nicht vertragliches Rechtsgeschäft eigener Art.[601] Ein solcher Beschluss kann nach allgemeiner Ansicht selbst bedingt sein, jedoch keinen bedingten Inhalt haben.[602] Die Bedingungsfeindlichkeit des Beschlussinhalts basiert auf Rechtssicherheitserwägungen. Der Rechtsverkehr muss erkennen können, ob der Beschluss gültig ist oder nicht.[603] Ein rechtmäßig bedingter Beschluss liegt demgegenüber beispielsweise dann vor, wenn ein Kapitalerhöhungsbeschluss gefasst ist unter der Bedingung, dass der Jahresabschluss geprüft und festgestellt und mit dem uneingeschränkten Prüfvermerk versehen ist und die notwendige Rücklage ausweist.[604] Ein solcher Beschluss beeinträchtigt nicht die Rechtssicherheit.

In der hier zu untersuchenden Konstellation würde die Hauptversammlung einen Beschluss mit unbedingtem Inhalt treffen über einen Sachverhalt, der nur eventuell eintritt. Ein solch hilfsweiser Beschluss ist damit rechtmäßig bedingt. Der Rechtsverkehr kann klar erkennen, dass die Hauptversammlung antizipiert für einen bestimmten Fall beschließt. Dass unklar ist, ob diese Situation überhaupt eintreten wird, hat auf den Beschluss selbst keine Auswirkung. Insofern kann ein hilfsweiser antizipierter Beschluss der Hauptversammlung wirksam gefasst werden.

Weiterhin fraglich ist, ob ein solcher Beschluss formell rechtmäßig wäre. Dies gilt insbesondere für die Mehrheitsverhältnisse bzw. Stimmverbote bei einem solchen Beschluss. Wie oben bereits dargestellt, gelten bei der Beschlussfassung über die Geltendmachung von Ersatzansprüchen und Bestellung eines Besonderen Vertreters die Stimmverbote von § 136 Abs. 1 S. 1 Var. 3 AktG.[605] Sollten nun diese Beschlüsse mit einem Prozessvertretungsanspruch analog § 147 Abs. 2 S. 1 AktG verbunden werden, so würden diejenigen, die einem Stimmverbot unterlägen, auch bei diesem Beschlusspunkt nicht mitstimmen, obwohl es nicht mehr um die Geltendmachung von Ansprüchen gegen sie geht, sondern um die Vertretung der Gesellschaft in einem Anfechtungsprozess bei Führungslosigkeit.

Mit anderen Worten stellt sich die Frage, ob das Stimmverbot auf diesen Bereich ausgedehnt wird oder nicht. Das Schrifttum begründet die Befugnis der Hauptversammlung, einen Prozessvertreter analog § 147 Abs. 2 S. 1 AktG zu bestellen, damit, dass es um die Gültigkeit eines von ihr gefassten Beschlusses geht und sie folglich beschließen kann, wen sie zur Vertretung und somit zur Verteidigung ihrer Willensbildung beauftragt.[606] Falls diese zu verteidigende Willensbildung aufgrund von Stimmverboten erging, haben nur die stimmberechtigten Aktionäre ein Interesse

601 Hüffer/*Koch*, § 133 Rn 3; MüKoAktG/*Schröer*, § 133 Rn 3;

602 Spindler/Stilz/*Rieckers*, § 133 Rn 4; Hüffer/*Koch*, § 179 Rn 26; MüKoAktG/*Stein*, § 179 Rn 50; Schmidt/Lutter/*Seibt*, § 179 Rn 36.

603 Statt aller MüKoAktG/*Stein*, § 179 Rn 50.

604 LG Duisburg GmbHR 1990, 85.

605 Vgl. oben unter BII.

606 MüKoAktG/*Hüffer/Schäfer*, § 246 Rn 67; Großkomm-AktG/*Schmidt*, § 246 Rn 38.

an einer sachgerechten Vertretung der Gesellschaft im Anfechtungsprozess; dass ein vom Stimmrecht Ausgeschlossener ein schützenswertes Interesse an der Entscheidung über die Prozessvertretung der Gesellschaft hat, ist indes nicht ersichtlich. Bei der Wahl eines Prozessvertreters wird nicht nur § 147 Abs. 2 S. 1 AktG analog angewendet, sondern in diesem Fall auch § 136 Abs. 1 S. 1 Var. 3 AktG. Dieses Ergebnis steht auch im Einklang mit der allgemeinen Ansicht, dass bei einer Prozessvertreterbestellung nach § 46 Nr. 8 GmbHG die Gesellschafter einem Stimmverbot nach § 47 Abs. 4 S. 2 Fall 2 GmbHG unterliegen, gegen die der Vertreter Ersatzansprüche geltend machen soll.[607] Folglich ist ein solch verbundener Beschluss auch formell rechtmäßig, denn die Stimmverbote erstrecken sich auch auf den Beschluss über die Prozessvertretung.

### (2) Kein konkludenter Beschluss der Hauptversammlung

Nach der Bejahung eines antizipierten Beschlusses ist zu überlegen, ob ein solcher Beschluss auch konkludent ergehen kann. Im Ergebnis ist zu untersuchen, ob Geltendmachungs- und Bestellungsbeschlüsse immer auch die Entscheidung der Hauptversammlung in sich tragen, der Besondere Vertreter solle die Gesellschaft im Falle der Führungslosigkeit im Anfechtungsprozess vertreten.

Beschlüsse der Hauptversammlung werden in Anlehnung an die Grundsätze zu § 157 BGB nach der objektiven Verkehrsauffassung ausgelegt.[608] Nach dem Reichsgericht können zur Auslegung des Beschlusses keine Umstände verwertet werden, die sich nicht aus dem Beschluss selbst ergeben.[609] Damit ist fraglich, welchen Inhalts die Beschlüsse nach § 147 AktG sind. Da sich die Befugnis der Hauptversammlung, einen Prozessvertreter zu bestellen, aus § 147 Abs. 2 S. 1 AktG analog herleitet, konzentriert sich die Auslegung auf den Bestellungsbeschluss nach § 147 Abs. 2 S. 1 AktG.

Einerseits könnte man annehmen, dass der Beschluss nur die Bestellung eines Besonderen Vertreters zur Geltendmachung von Ersatzansprüchen beinhalte und die Bestellung zu einem Prozessvertreter ein Aliud dazu sei. Folglich ergäbe die Auslegung, dass die Hauptversammlung nicht über die Bestellung eines Prozessvertreters beschlossen hätte. Andererseits könnte die Bestellung des Prozessvertreters eine Minusmaßnahme zu der Bestellung eines Besonderen Vertreters zur Geltendmachung von Ersatzansprüchen sein. Infolge dessen läge in jeder Bestellung

---

607 BGHZ 97, 28, 34; 116, 353, 358; Scholz/*Schmidt*, § 46 GmbHG Rn 171; Ulmer/*Hüffer*, § 46 GmbHG Rn 109; Michalski/*Römermann*, § 46 GmbHG Rn 491; MüKo-GmbHG/*Liebscher*, § 46 GmbHG Rn 273; Rowedder/*Koppensteiner*, § 46 GmbHG Rn 40; Baumbach/Hueck/*Zöllner*, § 46 GmbHG Rn 70.

608 RGZ 146, 145, 154; RGZ 108, 322, 326; Spindler/Stilz/*Rieckers*, § 133 Rn 5; MüKoAktG/*Schröer*, § 133 Rn 4; KK-AktG/*Zöllner*, § 133 Rn 23; Großkomm-AktG/*Grundmann*, § 133 Rn 50.

609 RGZ 146, 145, 154.

eines Besonderen Vertreters gleichzeitig die Bestellung zum Prozessvertreter im Fall der Führungslosigkeit der Gesellschaft im Anfechtungsprozess.

Gegen die letzte Ansicht spricht zunächst, dass die Prozessvertretung an sich kein originäres Recht des Besonderen Vertreters ist, das sich auch nicht aus § 147 Abs. 1 S. 1 AktG ergibt. Auch ist unklar, ob überhaupt die Situation einer Prozessvertretung eintreten wird.

Für eine solche Auslegung spricht jedoch die Gesamtschau auf den Bestellungsvorgang: Die Hauptversammlung beschließt die Geltendmachung von Ersatzansprüchen und bestellt zugleich einen Besonderen Vertreter, da sie Vorstand und Aufsichtsrat die fachgerechte Geltendmachung nicht zutraut.[610] Im Grunde spricht sie dadurch auch den ordentlichen Organen die Befähigung ab, die Gesellschaft im Anfechtungsprozess ordentlich zu verteidigen.[611] Sie kann freilich nicht bestimmen, dass der Besondere Vertreter die Gesellschaft jederzeit im Anfechtungsprozess vertritt, dazu fehlt ihr die Befugnis.[612] Jedoch wird sie erwarten, dass die Gesellschaft im Anfechtungsprozess wenigstens ordnungsgemäß vertreten wird. Die in ihren Augen bestgeeignete Person zur Vertretung und gleichzeitig Verteidigung wird der von ihr bestimmte Besondere Vertreter sein. Sollten nun Vorstand und Aufsichtsrat beide aufgrund § 246 Abs. 2 S. 3 AktG von der Vertretung ausgeschlossen sein, so könnte es der Wille der Hauptversammlung sein, ebendiesen Besonderen Vertreter auch zum Prozessvertreter zu bestellen.

So eingehend diese Argumente sind, so spricht gegen diese Ansicht jedoch letztlich, dass der Hauptversammlung dadurch ein angeblicher Wille in den Mund gelegt wird. Der Bestellungsbeschluss im eigentlichen Sinne trägt nur den Willen in sich, dass die Hauptversammlung einen Besonderen Vertreter zur Geltendmachung von Ersatzansprüchen bestellen will. Dieser soll Vorstand und Aufsichtsrat *nur dort* verdrängen. Über einen darüber hinaus eventuell eintretenden Fall der Prozessvertretung analog § 147 Abs. 2 S. 1 AktG macht sich die Hauptversammlung schlicht keine Gedanken. Nach der objektiven Verkehrsauffassung ergibt sich damit, dass der Besondere Vertreter im Fall der Führungslosigkeit der Aktiengesellschaft im Anfechtungsprozess über die Beschlüsse nach § 147 AktG nicht automatisch Prozessvertreter der Aktiengesellschaft analog § 147 AktG sein soll.

Damit ist festzuhalten, dass einem Beschluss über die Bestellung eines Besonderen Vertreters nicht zugleich konkludent die Bestellung zum Prozessvertreter im Falle der Führungslosigkeit der Aktiengesellschaft inne ist. Eine ausdrückliche Beschlussfassung hierüber ist notwendig aber auch zulässig.

---

610 *Stallknecht*, aaO, S. 26 f.

611 *Stallknecht*, aaO, S. 167: „Denn es liegt auf der Hand, dass die allgemeinen Verwaltungsorgane, welche durch den besonderen Vertreter aus ihrer Rechtsstellung gedrängt worden sind, damit dieser unter Umständen noch gegen sie selbst Ersatzansprüche geltend machen kann, nicht daran interessiert sind, die Hauptversammlungsbeschlüsse zu verteidigen, welche die Grundlage für die Tätigkeit des besonderen Vertreters darstellen."

612 BGH ZIP 2015, 1286.

### *cc) Zwischenergebnis*

Die Hauptversammlung beschließt bei der Bestellung des Besonderen Vertreters nur hierüber und nicht gleichzeitig über eine Prozessvertretung, falls sowohl Vorstand als auch Aufsichtsrat gemäß § 246 Abs. 2 S. 3 AktG von der Vertretung der Aktiengesellschaft im Anfechtungsprozess über die Beschlüsse nach § 147 AktG ausgeschlossen sind. Eine ausdrückliche Beschlussfassung ist damit nötig. Die Hauptversammlung ist berechtigt, diesen Beschluss mit dem Bestellungsbeschluss zu verbinden, es gelten insofern dieselben Stimmverbote.

## 4) Anfechtungsgründe

Die Anfechtungsgründe ergeben sich aus § 243 AktG. Mangels des Erfordernisses einer sachlichen Rechtfertigung kommt eine Anfechtung des Geltendmachungsbeschlusses in der Regel nur aufgrund formeller Fehler oder wegen Rechtsmissbrauchs in Betracht.[613]

### *a) Formelle Fehler*

Unter formellen Fehlern sind vor allem Verfahrensfehler zu fassen, so z.B., wenn der Beschlussvorschlag nicht ordnungsgemäß angekündigt wurde oder weil Stimmen mitgezählt wurden, die einem Stimmverbot unterlagen.[614] Es können Fehler im Vorbereitungsstadium vorkommen ebenso wie bei der Durchführung der Hauptversammlung.[615] Im Bezug auf die Anfechtung eines Beschlusses nach § 147 AktG ergeben sich keine Besonderheiten.

### *b) Rechtsmissbrauch*

Besondere Bedeutung bei den Beschlüssen nach § 147 AktG findet der Anfechtungsgrund des Rechtsmissbrauchs.[616] Neben der Möglichkeit, dass die Geltendmachung offensichtlich aussichtslos ist oder eigennützige Ziele verfolgt werden,[617] wird der Beschluss in der Praxis meist mit der Begründung angefochten, aufgrund der Unbestimmtheit des Geltendmachungsbeschlusses läge eine rechtsmissbräuchliche Beschlussfassung vor.[618]

---

613 Hüffer/*Koch*, § 147 Rn 4; MüKoAktG/*Schröer*, § 147 Rn 39; Großkomm-AktG/*Bezzenberger*, § 147 Rn 23; Großkomm-AktG/*Schmidt*, § 243 Rn 46 f.

614 MüKoAktG/*Hüffer/Schäfer*, § 243 Rn 26.

615 Ausführlich Spindler/Stilz/*Würthwein*, § 243 Rn 90 ff.

616 Vgl. schon oben BIII2)l).

617 KK-AktG/*Rieckers/Vetter*, § 147 Rn 200.

618 So z.B. LG München I ZIP 2007, 2420; OLG München ZIP 2008, 1916; LG Köln ZIP 2016, 162.

Wie oben bereits dargestellt, bedarf der Beschluss keiner ausgeprägten Bestimmtheit.[619] Mit dem Bundesgerichtshof ist überdies festzustellen, dass das Anfechtungsgericht nicht zu überprüfen hat, ob der Vorwurf der Pflichtverletzung gegeben ist, ob also die spätere Klage Aussicht auf Erfolg hat.[620] Aus dem Beschluss heraus muss dem Besonderen Vertreter und dem Gericht im Haftungsprozess klar sein, welchen Sachverhalt der Besondere Vertreter zu verfolgen hat. Jede darüber hinausgehende Bestimmtheit ist in Wirklichkeit die Forderung einer sachlichen Rechtfertigung. Sollte der Beschluss jedoch nicht einmal erkennen lassen, welchen Inhalt er hat, so ist der Einwand des Rechtsmissbrauches berechtigt und führt zur Unwirksamkeit und Anfechtbarkeit des Beschlusses. Ein Fall des offensichtlichen Rechtsmissbrauches liegt vor, wenn der Beschluss einen Lebenssachverhalt oder eine Pflichtverletzung darstellt, der bzw. die objektiv so nicht vorliegen kann.

In Fällen, in denen der Besondere Vertreter mehrere Komplexe zu untersuchen hat, kann es vorkommen, dass das Gericht feststellt, dass nur ein Teil des Geltendmachungsbeschlusses den oben genannten Anforderungen entspricht. In diesen Fällen findet § 139 BGB entsprechende Anwendung.[621] Ob ein Fall der Gesamt- oder Teilnichtigkeit vorliegt, ist nach der Rechtsprechung danach zu beurteilen, ob ein „zusammengesetzter Beschluss"[622] vorliegt, dessen einzelne Teile nur gemeinsam Wirksamkeit entfalten sollen oder ob die einzelnen Teilbeschlüsse nur aus verfahrensökonomischen Gründen zusammengefasst worden sind und unabhängig voneinander Bestand haben sollen.[623] Bei mehreren Sachverhaltskomplexen ist von letzterem auszugehen mit der Folge, dass auch im Falle von einigen unbestimmten Sachverhaltskomplexen der restliche Beschluss teilwirksam bleibt.[624] Auch bei einem Sachverhaltskomplex, bei dem gegen mehrere Anspruchsgegner Ersatzansprüche geltend gemacht werden sollen, ist bei der Unwirksamkeit der Beschlussfassung gegen einen Anspruchsgegner davon auszugehen, dass wenigstens gegen die Übrigen Ersatzansprüche geltend zu machen sind.[625] Eine Form der Teilwirksamkeit ist auch dann gegeben, wenn Geltendmachungs- und Bestellungsbeschluss zusammengefasst sind und nur die Bestellung anfechtbar erfolgte.[626] In diesem Fall ist davon

---

619 Siehe III.2.h).

620 BGHZ 97, 28 (juris Rz 14).

621 Allg. Ansicht. Vgl. statt aller MüKoAktG/*Hüffer/Schäfer*, § 241 Rn 90 ff. mwN.

622 RGZ 146, 385, 394.

623 RGZ 146, 385, 394; BGH ZIP 1988, 432 (juris Rz 10); BGH ZIP 1993, 1862 (juris Rz 30 f.) bzgl. Aufsichtsratsbeschlüssen; ausführlich Spindler/Stilz/*Würthwein*, § 241 Rn 71 ff.; Großkomm-AktG/*Schmidt*, § 241 Rn 27; MüKoAktG/*Hüffer/Schäfer*, § 241 Rn 90 ff.; Schmidt/Lutter/*Schwab*, § 241 Rn 38; Hüffer/*Koch*, § 241 Rn 33; Heidel/*Heidel*, § 241 Rn 16; Hölters/*Englisch*, § 241 Rn 96 ff.; *Stallknecht*, aaO, S. 86.

624 So auch OLG München ZIP 2008, 1916 (juris Rz 55 ff.).

625 AA aber LG Heidelberg, Urteil v. 21.03.2017 – 11 O 11/16 KfH (juris Rz 125 ff.).

626 Z.B. dadurch, dass eine befangene Person oder gar der Anspruchsgegner selbst zum Besonderen Vertreter gewählt wird, *Humrich*, aaO, S. 124.

auszugehen, dass die Hauptversammlung die Ansprüche (wenigstens zunächst) von den regulären Organen verfolgt wissen möchte.[627]

### *c) Treuepflichtverletzung*

In ganz speziellen Ausnahmesituationen kann es dazu kommen, dass ein Verstoß gegen gesellschaftsrechtliche Treuepflichten vorliegt. Zur Vermeidung von Wiederholungen wird insoweit auf den Abschnitt BIII2)n)cc) verwiesen.

## 5) Rechtsfolgen der Anfechtungsklage

Die Rechtsfolgen einer Anfechtungsklage sind bei der Bestellung eines Besonderen Vertreters nicht zu unterschätzen. Das gilt vor allem bei der Informationsbeschaffung während einer anhängigen Anfechtungsklage.[628] Aufgrund der besseren Übersichtlichkeit wird unterschieden zwischen den Wirkungen einer erhobenen Anfechtungsklage und denen einer stattgegebenen Klage.

### *a) Rechtsfolgen der Klageerhebung*

Ein nur anfechtbarer Beschluss ist zunächst schwebend wirksam. Daran ändert auch die Erhebung der Klage nichts. Wie sich aus § 248 Abs. 1 S. 1 i.V.m. § 241 Nr. 5 AktG ergibt, hat erst das rechtskräftige Urteil Einfluss auf die Wirksamkeit des Beschlusses.

Teilweise wird vertreten, durch einen Verstoß gegen die Bestimmtheitserfordernisse des Geltendmachungsbeschlusses würde sich die Hauptversammlung Beschlussfassungskompetenzen anmaßen, die sie nicht hätte, wodurch der Beschluss nicht nur anfechtbar, sondern sogar gemäß § 241 Nr. 3 AktG nichtig sei.[629] Ein zu unbestimmter Geltendmachungsbeschluss würde demnach gegen das Wesen der Aktiengesellschaft verstoßen. Diese Ansicht überzeugt nicht: Im Rahmen von § 241 Nr. 3 AktG wird zwar die Fallgruppe der „kompetenzüberschreitenden Beschlüsse“[630] besprochen, innerhalb derer jedoch eine andere Frage behandelt wird. Nach allgemeiner Meinung sollen solche Beschlüsse unwirksam[631] sein, die in die Kompetenz eines anderen Organs eingreifen, wenn z.B. die Hauptversammlung entgegen § 76

627 Ebenfalls *Stallknecht*, aaO, S. 86.
628 Dazu ausführlich unten unter DIV3)a).
629 KK-AktG/*Rieckers/Vetter*, § 147 Rn 262; *Kocher/Lönner*, ZIP 2016, 653, 657; aA ausdrücklich OLG Köln ZIP 2015, 2470; OLG München ZIP 2008, 1916; LG Duisburg, Teilurteil vom 09.06.2016 – 22 O 50/16 S. 15; Krieger/Schneider/*Bungert*, Managerhaftung, § 13 Rn 58; *Hüffer*, ZHR 174 (2010), 642, 667; *Humrich*, aaO, S. 62; *Stallknecht*, aaO, S. 85.
630 Spindler/Stilz/*Würthwein*, § 241 Rn 223 ff.; Heidel/*Heidel*, § 241 Rn 9.
631 Wobei im Detail darüber gestritten wird, ob diese Beschlüsse nichtig im Sinne von § 241 AktG sind (so MüKoAktG/*Hüffer/Schäfer*, § 241 Rn 62), oder schlicht gar keine Rechtswirkung entfalten (vgl. Großkomm-AktG/*Schmidt*, § 241 Rn 57).

AktG dem Vorstand Weisungen erteilt oder zwingende Mehrheitserfordernisse per Beschluss ändert.[632] So richtig dies ist, so wenig sagt es aus über einen wegen Unbestimmtheit angefochtenen Beschluss nach § 147 Abs. 1 AktG. In einem solchen Fall beschließt die Hauptversammlung über genau das, was das Gesetz ihr einräumt, nämlich über die „Geltendmachung von Ersatzansprüchen". Von einem Eingriff in eine fremde Kompetenz kann keine Rede sein. Sollte der Geltendmachungsbeschluss nicht den inhaltlichen Anforderungen an seine Bestimmtheit genügen, so liegt ein einfacher Verstoß gegen das Gesetz i.S.v. § 243 Abs. 1 AktG vor; ein Wesensverstoß i.S.v. § 241 Nr. 3 AktG kann darin nicht zu sehen sein.[633]

Nach dem Landgericht Heidelberg soll ein zur Nichtigkeit führender Wesensverstoß dann gegeben sein, wenn die Hauptversammlung im Rahmen von § 147 Abs. 1 AktG über die Geltendmachung von Ansprüchen beschließt, deren Anspruchsgrundlagen nicht von § 147 Abs. 1 AktG umfasst sind.[634] Das erscheint problematisch. Wenn nur ein Geltendmachungsbeschluss nach § 147 Abs. 1 AktG gefasst wird, verpflichtet die Hauptversammlung den Vorstand bzw. Aufsichtsrat zu Geltendmachung von Ansprüchen, die er bei Vorliegen aufgrund seiner Legalitätspflicht grundsätzlich zu verfolgen hat. Die Legalitätspflicht besteht bei jedem Anspruch der Gesellschaft, unabhängig davon, ob er einem Geltendmachungsbeschluss gemäß § 147 Abs. 1 AktG zugänglich ist. Wenn nun die Hauptversammlung über die Verfolgung von Ansprüchen beschließt, über die sie zwar nicht beschließen kann, die jedoch bei Vorliegen vom Vorstand oder Aufsichtsrat aufgrund der Legalitätspflicht geltend zu machen sind, so ist ein solcher Beschluss zweifelsohne rechtswidrig und anfechtbar. Es ist aber mehr als fraglich, ob ein solcher Beschluss gegen das Wesen der Aktiengesellschaft verstieße. Eine Nichtigkeit ist damit abzulehnen.

Anders ist der Fall, wenn zudem noch ein Besonderer Vertreter bestellt wird. Dann entzieht die Hauptversammlung eine Kompetenz, die ausschließlich beim Vorstand bzw. Aufsichtsrat liegt, und überträgt sie einem unzuständigen Organ. Dies ist ein Fall von kompetenzüberschreitenden Beschlüssen. Daher ist in einem solchen Fall (einzig) der Bestellungsbeschluss nach § 147 Abs. 2 S. 1 AktG mit dem Wesen der Aktiengesellschaft unvereinbar und damit gemäß § 241 Nr. 3 AktG nichtig. Der Geltendmachungsbeschluss bleibt anfechtbar.

### *b) Rechtsfolgen der stattgegebenen Klage*

Nach § 248 Abs. 1 S. 1 AktG erklärt das Gericht bei stattgegebener Klage den Beschluss für nichtig. Durch die Nichtigkeitserklärung ist der Beschluss grundsätzlich

632 Großkomm-AktG/*Schmidt*, § 241 Rn 57; Schmidt/Lutter/*Schwab*, § 241 Rn 25.

633 OLG Köln ZIP 2015, 2470 (juris Rz 36); OLG München ZIP 2008, 1916; LG Duisburg, Teilurteil vom 09.06.2016 – 22 O 50/16 S. 15. Ebenfalls Krieger/Schneider/*Bungert*, Managerhaftung, § 13 Rn 58; *Hüffer*, ZHR 174 (2010), 642, 667; *Humrich*, aaO, S. 62; *Stallknecht*, aaO, S. 85.

634 LG Heidelberg, Urteil v. 21.03.2017 – 11 O 11/16 KfH (juris Rz 115 ff.).

von Anfang an als unwirksam anzusehen, es besteht Nichtigkeit *ex tunc*.[635] Dies soll sich aus den allgemeinen Wirkungen einer Gestaltungsklage und dem Verständnis von Anfechtungen (vgl. § 142 Abs. 1 BGB) ergeben.[636] Damit ist die rechtliche Situation zwischen Beschlussfassung und Nichtigkeitserklärung grundsätzlich ambivalent: Einerseits wird der Beschluss bis zum rechtskräftigen Urteil als wirksam behandelt, andererseits ist er mit rechtskräftigem Urteil *ex tunc* unwirksam. Dies kann zu Unsicherheiten führen, wenn aufgrund des angefochtenen Beschlusses gehandelt werden soll. Insbesondere für den Besonderen Vertreter ist diese Lage misslich, soll er doch nach § 147 Abs. 1 S. 2 AktG den Anspruch innerhalb von sechs Monaten geltend machen, sprich Klage erheben.[637] Um diesen Zeitplan einhalten zu können, wird er sofort handeln müssen, kann er doch schlicht nicht abwarten, bis (eventuell erst nach Jahren)[638] ein rechtskräftiges Urteil über die Wirksamkeit des Beschlusses vorliegt.[639]

Ähnliche Probleme ergeben sich auch bei der unwirksamen Bestellung von Vorstands- und Aufsichtsratsmitgliedern. Sollten nämlich alle oder die Mehrzahl der Vorstandsmitglieder unwirksam bestellt worden sein, so könnte die Gesellschaft ohne Sonderregelungen keine wirksamen Beschlüsse mehr fassen; ein Jahresabschluss könnte nach § 256 Abs. 2 AktG nicht mehr festgestellt oder eine Hauptversammlung nach § 121 Abs. 2 S. 1 AktG nicht einberufen werden.[640] Aus diesen Gründen haben Rechtsprechung und Schrifttum zumindest für den Vorstand die Lehre vom fehlerhaft bestellten Organ entwickelt: Sollte es zu einem fehlerhaften Bestellungsakt gekommen sein und dieses Bestellungsverhältnis auch in Vollzug gesetzt worden sein,[641] so ergibt sich daraus grundsätzlich[642], dass die

---

635 Hüffer/*Koch*, § 248 Rn 6; MüKoAktG/*Hüffer/Schäfer*, § 248 Rn 14; Spindler/Stilz/*Dörr*, § 248 Rn 7; Großkomm-AktG/*Schmidt*, § 248 Rn 5; KK-AktG/*Zöllner*, § 248 Rn 9.

636 Spindler/Stilz/*Dörr*, § 248 Rn 7; KK-AktG/*Zöllner*, § 248 Rn 9.

637 Zu der rechtlichen Relevanz dieser Soll-Vorschrift später im Rahmen der Informationsverschaffung mehr.

638 Im Fall HVB verging zwischen der Hauptversammlung am 26./27. Juni 2007 bis zum Urteil des OLG München am 27. August mehr als ein Jahr. Über die Nichtzulassungsbeschwerde entschied der BGH erst am 27. September 2011. Ein rechtskräftiges Urteil über die Wirksamkeit der Beschlüsse lag somit gemäß § 544 Abs. 5 ZPO erst 2011 und damit mehr als vier Jahre nach der Hauptversammlung vor.

639 Ausführlich zu dieser Situation *Verhoeven*, ZIP 2008, 245, 252 ff.

640 *Bayer/Lieder*, NZG 2012, 1, 2.

641 BGHZ 129, 30, 32; Hüffer/*Koch*, § 84 Rn 13; Spindler/Stilz/*Fleischer*, § 84 Rn 20.

642 Abgesehen von der unwirksamen Bestellung eines Geschäftsunfähigen, der e contrario § 165 BGB nie als Vertreter und somit Organmitglied in Betracht kommt, *Bayer/Lieder*, NZG 2012, 1, 4; Großkomm-AktG/*Kort*, § 84 Rn 87 f.; weitergehend z.B. Spindler/Stilz/*Fleischer*, § 84 Rn 20 mwN.

organschaftlichen Handlungen im Innen- und Außenverhältnis[643] als wirksam zu betrachten sind und das fehlerhaft bestellte Organmitglied der korporationsrechtlichen Pflichtenbindung[644] (§ 93 AktG ggf. i.V.m. § 116 AktG)[645] unterliegt. Diese vor allem für Leitungsorgane[646] entwickelten Grundsätze finden nach ganz überwiegender Meinung auch auf den Besonderen Vertreter[647] Anwendung.[648] Dies überzeugt, ist doch der Bestandsschutz einer vom Besonderen Vertreter erhobenen Haftungsklage oder aber auch der Verkehrsschutz von Verträgen, die der Besondere Vertreter mit Gutachtern und anderen externen Hilfskräften geschlossen hat, von hohem Interesse.[649] Dabei wirkt diese Lehre nicht nur bei anfechtbaren Bestellungen, sondern grundsätzlich auch bei nichtigen.[650] Eine Ausnahme soll dann gelten, wenn die Nichtigkeitsgründe derart überwiegen, dass an der Ex-tunc-Wirkung festzuhalten ist;[651] vertreten wird dies unter anderem dann, wenn der Beschluss gemäß § 241 Nr. 3 AktG mit dem Wesen der Aktiengesellschaft unvereinbar ist oder durch seinen Inhalt gemäß § 241 Nr. 4 AktG gegen die guten Sitten verstößt.[652]

Der häufigste Grund für eine Anfechtung ist der Rechtsmissbrauch aufgrund eines nicht hinreichend bestimmten Geltendmachungsbeschlusses. Richtigerweise verstößt ein solch unbestimmter Beschluss nicht gegen das Wesen der Aktiengesellschaft und ist somit nur anfechtbar und nicht nichtig.[653] Die Handlungen des

---

643 *Bayer/Lieder*, NZG 2012, 1, 5; Großkomm-AktG/*Kort*, § 84 Rn 93; Hüffer/Koch, § 84 Rn 13.

644 BGHZ 41, 282, 287; BGHZ 148, 167, 169 f.; *Bayer/Lieder*, NZG 2012, 1, 5; MüKoAktG/*Spindler*, § 93 Rn 15; Spindler/Stilz/*Fleischer*, § 93 Rn 181; Hüffer/*Koch*, § 93 Rn 37.

645 Es unterliegt allen Sorgfalts- und Treuepflichten eines ordentlich bestellten Organs, also auch der Verschwiegenheitsverpflichtung, § 93 Abs. 1 S. 3 AktG.

646 Zur Meinungslage bezüglich fehlerhaft bestellter Aufsichtsratsmitglieder und dem Zusammenhang zwischen Aufsichtsrat und Besonderem Vertreter *Priester*, GWR 2013, 175, 177; *Bayer/Lieder*, NZG 2012, 1, 6 f.; *Schürnbrand*, NZG 2008, 609.

647 Hier kommt die Qualifikation als Organ zum Tragen.

648 BGH ZIP 2011, 2195; OLG München ZIP 2010, 2202; MüKoAktG/*Schröer*, § 147 Rn 82; Schmidt/Lutter/*Spindler*, § 147 Rn 33; Hüffer/*Koch*, § 147 Rn 7; Bürgers/Körber/*Holzborn/Jänig*, § 147 Rn 10; *Stallknecht*, aaO, S. 165 f.; *Schürnbrand*, NZG 2013, 481, 482; *Schneider*, ZIP 2013, 1985, 1986; *Nietsch*, ZGR 2011, 589, 608 f.; *Lieder*, GWR 2010, 552; *Verhoeven*, ZIP 2008, 254, 253 f.; *Wilsing/Ogorek*, EWiR 2007, 611, 612; aA *Humrich*, aaO, S. 139 ff.; *Böbel*, aaO, S. 87 f.; *Schürnbrand*, Organschaft im Recht der privaten Verbände S. 293.

649 AA aber *Humrich*, aaO, S. 140 f., der das Bestandsschutzinteresse in diesen Fällen nur „marginal berührt" sieht.

650 *Lieder/Bayer*, NZG 2012, 1, 6, 8 f.; Henssler/Strohn/*Liebscher*, § 147 Rn 8; differenzierend MüKoAktG/*Schröer*, § 147 Rn 82 mit Verweis auf MüKoAktG/*Habersack*, § 101 Rn 69 ff.; *Verhoeven*, ZIP 2008, 245, 253.

651 *Lieder/Bayer*, NZG 2012, 1, 8 f.

652 Vgl. zu den hohen Anforderungen an die Nichtigkeit eines Beschlusses wegen Sittenverstoßes nur MüKoAktG/*Hüffer/Schäfer*, § 241 Rn 68 ff.

653 Siehe oben CI4)b).

Besonderen Vertreters während einer Anfechtung des Geltendmachungsbeschlusses sind somit nach den Lehren über das fehlerhaft bestellte Organ grundsätzlich als wirksam anzusehen. Das gilt grundsätzlich auch für nichtige Beschlüsse nach § 147 AktG.[654] Folglich treten die Wirkungen der Nichtigkeit bei stattgegebener Klage ausnahmsweise erst *ex nunc* ein.

### 6) Zwischenergebnis

Die Beschlüsse nach § 147 Abs. 1 S. 1 und Abs. 2 AktG werden häufig angefochten. Zumeist wird der Geltendmachungsbeschluss nach § 147 Abs. 1 S. 1 AktG aufgrund angeblich mangelnder Bestimmtheit und daraus folgendem Rechtsmissbrauch angegriffen. Sollte der Beschluss zu unbestimmt sein, führt dies nicht zu einer Nichtigkeit des Beschlusses nach § 241 Nr. 3 AktG, sondern stellt lediglich einen Anfechtungsgrund wegen Gesetzesverstoß nach § 243 Abs. 1 AktG dar. Daraus ergeben sich zwei wichtige Rechtsfolgen: Zum einen gilt der Beschluss bis zu seiner Nichtigkeitserklärung als wirksam, zum anderen treten die Nichtigkeitsfolgen bei einer stattgegebenen Anfechtungsklage nach den Lehren über die fehlerhafte Organbestellung erst ex nunc ab rechtskräftigem Urteil ein. Handlungen des Besonderen Vertreters in der Vergangenheit bleiben wirksam.

## II Die Verhinderung der Beschlussfassung durch den Versammlungsleiter

Die Beschlussfassung nach § 147 Abs. 1 und 2 AktG hat weitreichende Folgen und eine Anfechtung dieser Beschlüsse ist langwierig und aufgrund der unklaren inhaltlichen Erfordernisse an den Geltendmachungsbeschluss mit rechtlichen Unwägbarkeiten belastet. Daher ist in letzter Zeit gehäuft eine Art präventive Abwehr der Beschlussfassung zu beobachten. Diese besteht darin, dass der Versammlungsleiter den Beschlussantrag über die Geltendmachung von Ersatzansprüchen und die Bestellung eines Besonderen Vertreters wegen angeblichen „offensichtlichen Rechtsmissbrauchs" nicht zur Abstimmung stellt.[655] Eine weitere zunehmend aufkommende Praxis ist die Zergliederung der Anträge nach Anspruchsgruppen (Vorstand, Aufsichtsrat, Mehrheitsaktionär) mit dem Ziel, über die Einzelabstimmung die Reichweite der Stimmverbote nach § 136 AktG zu modifizieren.[656] Diese Verhaltensweisen werfen Fragen bezüglich der Befugnisse eines Versammlungsleiters (sogleich) und des Rechtsschutzes gegen rechtswidrige Versammlungsleitermaßnahmen (im folgenden Abschnitt III) auf.

---

654 *Nikoleyczik/Graßl*, EWiR 2016, 135, 136.

655 So geschehen bei der Hauptversammlung der Strabag AG am 4. Juli 2014. Vgl. dazu und zu den Auswirkungen OLG Köln ZIP 2015, 1585.

656 *Lochner/Beneke*, ZIP 2015, 2010, 2013.

### 1) Keine Modifizierung der Reichweite von Stimmverboten durch Modifizierung der Abstimmungsmodalitäten

Bevor auf die Befugnisse des Versammlungsleiters im Allgemeinen und bezüglich einer Beschlussfassung über die Geltendmachung von Ersatzansprüchen im Besonderen eingegangen wird, ist zunächst die Reichweite von Stimmverboten zu beleuchten.

Über mehrere Anträge innerhalb eines Tagesordnungspunktes kann entweder en bloc oder einzeln abgestimmt werden.[657] Wie sich aus der Wertung von § 120 Abs. 1 S. 2 AktG ergibt, soll bei eng zusammenhängenden Sachverhalten grundsätzlich im Block abgestimmt werden.[658] Die Hauptversammlung kann auf Antrag eines jeden Aktionärs und Verwaltungsmitglieds entsprechend § 120 Abs. 1 S. 2 AktG zudem per Geschäftsordnungsbeschluss die Einzelabstimmung beschließen.[659] Bei Ablehnung des Antrags kann eine qualifizierte Minderheit die Einzelabstimmung verlangen. Nach überwiegender Auffassung kann auch der Versammlungsleiter nach pflichtgemäßem Ermessen entscheiden, ob er eine Einzel- oder Blockabstimmung bei mehreren Anspruchsgegnern zulässt.[660] Während eine Einzelabstimmung das individuelle Misstrauen hervorhebt, dient die Blockabstimmung der Straffung des Abstimmungsverfahrens[661] bei zusammengehörigen Beschlussgegenständen.[662]

Unabhängig von diesen Abstimmungsmodalitäten muss das Ergebnis doch klar sein: Sobald ein Beschluss gefasst wird, dass Ersatzansprüche gegen mehrere Personen innerhalb eines Lebenssachverhalts geltend gemacht werden sollen, kann es für die Reichweite der Stimmverbote nicht darauf ankommen, in welcher Art und Weise abgestimmt wird.[663]

---

657 Spindler/Stilz/*Rieckers*, Anh. § 119 Rn 8.

658 Siehe auch BGH ZIP 2003, 1788. Dort hatte der Versammlungsleiter auf die Möglichkeit einer Einzelabstimmung durch HV-Beschluss bzw. Minderheitenverlangen entsprechend § 120 Abs. 1 S. 2 AktG hingewiesen.
Auch bei der HVB attestierte das OLG München ZIP 2008, 1916 (juris Rz 27), dass eine Blockabstimmung bei gleichgelagerten Lebenssachverhalten nicht missbräuchlich sei, sondern vielmehr der „Intention" des Gesetzes entspreche.

659 MüKoAktG/*Kubis*, § 119 Rn 150 ff. Diese Beschlüsse ergehen mit einfacher Stimmenmehrheit gemäß § 133 Abs. 1 AktG, wobei die Stimmverbote für die folgende Sachbeschlussfassung nicht greifen; vgl. OLG München WM 1995, 842, 843; Spindler/Stilz/*Rieckers*, § 136 Rn 8; MüKoAktG/*Schröer*, § 136 Rn 10; Bürgers/Körber/*Holzborn*, § 136 Rn 4; *Butzke*, Hauptversammlung, I Rn 21, 33; aA Großkomm-AktG/*Grundmann*, § 136 Rn 32.

660 BGH ZIP 2003, 1788; Spindler/Stilz/*Rieckers*, Anhang § 119 Rn 7; MüKoAktG/*Kubis*, § 120 Rn 12 mwN.

661 Und damit auch der Verfahrensökonomie, vgl. nur MüKoAktG/*Kubis*, § 120 Rn 7; Semler/Volhard/Reichert/*Fischer/Pickert*, Hauptversammlung, § 9 Rn 95.

662 *Nietsch*, ZGR 2011, 589, 605.

663 Ebenso *Stallknecht*, aaO, S. 65; *Lochner/Beneke*, ZIP 2015, 2010, 2013; *Nietsch*, ZGR 2011, 589, 606; *Verhoeven*, ZIP 2008, 245, 252; MüKoAktG/*Schröer*, § 136 Rn 15.

### a) *Bestimmbarkeit der Anspruchsgegner*

Teilweise wird gefordert, dass Stimmverbote nur für die Aktionäre bestehen, die im Beschluss bestimmt (namentlich) genannt sind.[664] Dem kann in dieser Absolutheit nicht gefolgt werden. Wie oben herausgearbeitet, reicht es aus, dass die Anspruchsgegner eindeutig bestimmbar sind.[665] Durch eine eindeutige Bestimmbarkeit können die zuständigen Organe ihren Auftrag erfüllen. Würde man ein Stimmverbot nur bei exakt bestimmten Anspruchsgegnern annehmen und nicht bei nur eindeutig bestimmbaren, liefe dies faktisch darauf hinaus, dass die Mehrheitsverhältnisse bei der Beschlussfassung von der spezifischen Bezeichnung der Anspruchsgegner abhinge. Eine solche Unterscheidung würde die Möglichkeit der Bestimmbarkeit von Anspruchsgegnern ihrer praktischen Relevanz berauben. So sind beispielsweise Organmitglieder, die zugleich Aktionäre sind, auch dann vom Stimmrecht ausgeschlossen, wenn Ersatzansprüche nicht gegen „die Vorstandsmitglieder A, B, ..." geltend gemacht werden, sondern gegen „die Mitglieder des Vorstands". Diese eindeutige Bestimmbarkeit reicht aus, um sie bei der Beschlussfassung vom Stimmrecht auszuschließen. Anspruchsgegner außerhalb der Gesellschaft sind jedoch zumeist nur dadurch eindeutig bestimmbar, dass sie namentlich benannt sind.

Zu beachten ist, dass dem Versammlungsleiter die Einhaltung der Stimmverbote obliegt.[666] Wenn unklar ist, ob ein Aktionär auch Anspruchsgegner ist, wird der Versammlungsleiter mit der Annahme eines Stimmverbotes sehr zurückhaltend sein.[667] Insofern sollte der Beschlussantrag die Anspruchsgegner wenn nicht bestimmt, dann doch so eindeutig bestimmbar machen, dass der Versammlungsleiter innerhalb kurzer Zeit eine eindeutige Entscheidung fällen kann. Im Übrigen tragen die antragstellenden Aktionäre bei Beschlussanträgen, in denen die Anspruchsgegner nicht namentlich benannt sind, das Risiko, dass der Versammlungsleiter einen falschen Aktionär als vermeintlichen Anspruchsgegner identifiziert und vom Stimmrecht ausschließt. Das ändert nicht den Inhalt des Beschlussantrags, da der Versammlungsleiter dazu keine Kompetenz hat, sondern führt dazu, dass der Beschluss anfechtbar ist, da ein Aktionär zu Unrecht vom Stimmrecht ausgeschlossen worden ist. Insofern ist eine namentliche Nennung nicht erforderlich, um Stimmverbote zu erzeugen, aber im Zweifel dringend angeraten.

### b) *Beschlüsse gegen mehrere Aktionäre*

Sollen Ansprüche gegen mehrere Aktionäre verfolgt werden und wird über jeden einzelnen Aktionär isoliert abgestimmt, so ist dem Wortlaut des § 136 AktG nach nur der jeweils betroffene Aktionär unmittelbar betroffen und damit einem Stimmverbot unterlegen. Nach Sinn und Zweck der Norm unterliegen die anderen Aktionäre

664 KK-AktG/*Rieckers/Vetter*, § 147 Rn 177.
665 Vgl. oben unter BIII2).
666 MüKoAktG/*Schröer*, § 136 Rn 55; MüKoAktG/*Hüffer/Schäfer*, § 243 Rn 127.
667 Spindler/Stilz/*Rieckers*, § 136 Rn 41; Hölters/*Hirschmann*, § 136 Rn 37.

jedoch auch in dieser Abstimmung einem Stimmverbot, wenn der Rechtsgrund oder Lebenssachverhalt derselbe bzw. wirtschaftlich zusammenhängend ist, aus dem sich auch die potentiellen Ansprüche gegen sie ergeben.[668] Dieser Grundsatz ist auch bei der Einzelentlastung von Verwaltungsmitgliedern nach § 120 Abs. 1 AktG anerkannt.[669] Erst wenn die Forderungen auf verschiedenen Rechtsgründen basieren, die auch wirtschaftlich nicht zusammenhängend sind, erstreckt sich das Stimmverbot nicht mehr auf die anderen Aktionäre.[670] Dahinter steht die Wertung, dass nicht nur der unmittelbar betroffene Aktionär einem Interessenskonflikt unterliegt, sondern auch derjenige, der mutmaßlich an der Pflichtverletzung mitgewirkt hat, denn

> „geht es um den Vorwurf gemeinsamer Verfehlungen, so ist die gegen einen Mittäter erhobene Beschuldigung auch „eigene Sache" der übrigen Beteiligten, die also – wenn sie das Verhalten des Mittäters zu beurteilen haben – zugleich ihr eigenes Fehlverhalten zu billigen oder zu mißbilligen [sic!] hätten."[671]

Diese vom Bundesgerichtshof zur GmbH ergangene Entscheidung ist auf die Aktiengesellschaft direkt anwendbar, da die zugrunde liegende Wertung des Verbots des Richtens in eigener Sache sowohl § 47 Abs. 4 GmbHG als auch § 136 Abs. 1 S. Var. 3 AktG immanent ist.[672] Steht somit der Vorwurf einer gemeinsamen Verfehlung von Aktionären im Raum, macht es für die Reichweite von Stimmverboten nach § 136 Abs. 1 AktG keinen Unterschied, ob eine Einzel- oder Blockabstimmung vorgenommen wird, in beiden Fällen gilt § 136 Abs. 1 S. 1 Var. 3 AktG direkt.

### *c) Beschlüsse (auch) gegen Verwaltungsmitglieder*

Neben der Inanspruchnahme von mehreren Aktionären werden häufig auch Verwaltungsmitglieder, die nicht selbst Aktionär sind, mit dem Vorwurf der gemeinsamen Pflichtverletzung konfrontiert. Auch wenn bei erfolgreicher Klage die Anspruchsgegner gemeinschaftlich haften und sich dadurch die Quote jedes Einzelnen im

---

668 Großkomm-AktG/*Grundmann*, § 136 Rn 37; MüKoAktG/*Schröer*, § 136 Rn 15; Baumbach/*Hueck*, § 136 Rn 4; Hüffer/*Koch*, § 136 Rn 23; Spindler/Stilz/*Rieckers*, § 136 Rn 14; Bürgers/Körber/*Holzborn*, § 136 Rn 8; *Stallknecht*, aaO, S. 65; *Lochner/Beneke*, ZIP 2015, 2010, 2013; *Nietsch*, ZGR 2011, 589, 606; *Verhoeven*, ZIP 2008, 245, 252; zur GmbH BGHZ 97, 28, 33 f.; aA wohl einzig *Tielmann/Gahr*, AG 2016, 199, 202.

669 BGHZ 97, 28, 33 f. (juris Rz 11); Großkomm-AktG/*Grundmann*, § 136 Rn 32; Baumbach/*Hueck*, § 136 Rn 4; Hüffer/*Koch*, § 136 Rn 20 f.; MünchHdbGesR-AG/*Semler*, § 38 Rn 31; Bürgers/Körber/*Holzborn*, § 136 Rn 4 f.

670 KK-AktG/*Zöllner*, 1. Aufl. 1970, § 136 Rn 8; Großkomm-AktG/*Grundmann*, § 136 Rn 37; *Lochner/Beneke*, ZIP 2015, 2010, 2013.

671 BGHZ 97, 28, 33 f. (juris Rz 11).

672 Ebenfalls *Stallknecht*, aaO, S. 64 f.; *Lochner/Beneke*, ZIP 2015, 2010, 2013; *Nietsch*, ZGR 2011, 589, 606. Vgl. zur allgemeinen Geltung des Verbots des Richtens in eigener Sache im Gesellschaftsrecht oben Fn 34.

Prinzip verringert, könnten der oder die Aktionäre ein Interesse daran haben, dass nur gegen sie und nicht auch gegen die Verwaltungsmitglieder ein Ersatzanspruch geltend gemacht wird. Denn sie können das kollusiv handelnde Verwaltungsmitglied im Prozess als entlastenden Zeugen bestimmen und damit die Ersatzpflicht ggf. nicht nur der Höhe, sondern dem Grunde nach abwenden.[673]

Zudem wird ein Aktionär in keinem Fall für die Geltendmachung von Ersatzansprüchen gegen ein Organmitglied stimmen, dem gemeinschaftliche Pflichtverletzungen mit dem Aktionär vorgeworfen werden. Stimmte er zu, würde er damit indirekt zugeben, dass auch er sich ersatzpflichtig gemacht hat. Er würde sich damit selbst belasten. Gerade wenn er weiß, dass tatsächlich gemeinschaftliche Pflichtverletzungen begangen worden sind, kann er nicht anders, als gegen die Geltendmachung zu stimmen. Er unterliegt demselben Interessenkonflikt wie bei dem Geltendmachungsbeschluss gegen ihn selber.

Auch bei der Beschlussfassung über die Geltendmachung von Ersatzansprüchen gegen Organe findet damit für den Aktionär unter den oben genannten Voraussetzungen § 136 Abs. 1 S. 1 Var. 3 AktG Anwendung.[674] Der Bundesgerichtshof entschied in dem oben genannten Fall zwar nur den Fall von Stimmverboten bei mehreren gemeinschaftlich begangenen Pflichtverletzungen von Gesellschaftern, die Wertungen unterscheiden jedoch nicht zwischen Aktionär und Nicht-Aktionär: Nach dem Bundesgerichtshof ist der Gesellschafter einer (vermeintlich) gemeinschaftlich begangenen Pflichtverletzung aufgrund des Verbots des Richtens in eigener Sache gegen seine *Mittäter* vom Stimmrecht ausgeschlossen.[675] Ob dieser Mittäter nun selbst Aktionär ist oder nicht, hat für den betroffenen Aktionär keine Bewandtnis; es ändert nichts an der gemeinschaftlichen Begehung. Somit sind die Wertungen des Bundesgerichtshofs entsprechend bei der Beschlussfassung über die Geltendmachung von Ersatzansprüchen gegen Verwaltungsmitglieder anzuwenden.[676]

Das Oberlandesgericht Köln stimmt diesem Ergebnis grundsätzlich zu, entschied aber jüngst, diese Voraussetzungen seien nicht gegeben bei einem Rechtsgeschäft zwischen herrschendem Unternehmen, dessen Pflichten sich aus § 317 AktG ergäben, und der abhängigen Gesellschaft, dessen Vorstand gemäß § 93 AktG zu handeln habe.[677] Diese Ansicht überzeugt jedoch nicht. Zwar mögen die Verletzungshandlungen, die an § 317 AktG bzw. § 93 AktG anknüpfen, unterschiedlich sein, jedoch sind bei einem mutmaßlich nachteiligen Rechtsgeschäft zwischen herrschendem Unternehmen und der Gesellschaft die vorgeworfenen Pflichtverletzungen zwei Seiten derselben Medaille: Während das herrschende Unternehmen die Gesellschaft

---

673 So ausdrücklich auch OLG München ZIP 2008, 1916 (juris Rz 27). AA *Tielmann/Gahr*, AG 2016, 199, 205, die dem Mehrheitsaktionär in einem solchen Falle „höchstens ein altruistisches Interesse" bescheinigen.

674 OLG München ZIP 2008, 1916 (juris Rz 27); Schmidt/Lutter/*Spindler*, § 136 Rn 28; *Lochner/Beneke*, ZIP 2015, 2010, 2013; *Nietsch*, ZGR 2011, 589, 606.

675 Ebenso BGHZ 97, 28, 33 f. (juris Rz 11).

676 Ebenfalls *Lochner/Beneke*, ZIP 2015, 2010, 2013; *Nietsch*, ZGR 2011, 589, 606.

677 OLG Köln AG 2017, 351 (juris Rz 387 ff.).

nicht benachteiligen darf, hat der Vorstand eine Benachteiligung der Gesellschaft zu verhindern. Dies gilt insbesondere dann, wenn sich die Benachteiligung in einem Rechtsgeschäft zwischen Gesellschaft und herrschendem Unternehmen manifestiert: Da ein Rechtsgeschäft nur durch Angebot und Annahme, also zwei Willenserklärungen zustande kommen kann, müssen bei einem solchen Geschäft zwingend beide Parteien zusammenwirken. Auch wenn die Pflichtverletzungshandlungen unterschiedlich sind, ist es doch derselbe Lebenssachverhalt, dieselbe Tat. Alleine aus diesem Grund sind beide notwendigerweise potentielle Mittäter, sodass auch in diesem Fall eine Stimmverbotserstreckung vorzunehmen ist.

### *d) Behauptung der gemeinschaftlichen Pflichtverletzung*

Wenn die gemeinschaftlich begangene Pflichtverletzung sich derart auf die Reichweite der Stimmverbote und damit auf die Abstimmung auswirkt, ist es von großer Bedeutung, welche Anforderungen an den Vorwurf der gemeinschaftlichen Begehung gestellt werden. Einerseits könnte man annehmen, dass die Pflichtverletzungen tatsächlich gemeinschaftlich begangen worden sein müssen. Dafür sprechen die weitreichenden Rechtsfolgen der Stimmverbote. Gegen eine solche Betrachtungsweise sprechen indes gewichtige Gründe: Zunächst ist die Frage, ob gemeinschaftlich gehandelt wurde, eine Frage der Begründetheit des Anspruchs, die (erst) vom Gericht im Haftungsprozess überprüft wird.[678] Daher ist es im Rahmen der Beschlussfassung nach § 147 Abs. 1 AktG nach allgemeiner Ansicht irrelevant, ob die Ansprüche tatsächlich bestehen.[679] Wenn aber schon die Ansprüche nicht zu bestehen brauchen, muss dies notwendigerweise auch für die gemeinschaftliche Begehung der Pflichtverletzung gelten. Auch im Rahmen der Stimmverbote nach § 136 Abs. 1 S. 1 Var. 3 AktG für eigenes Verhalten ist es nach allgemeiner Ansicht irrelevant, ob der Anspruch wirklich besteht.[680] Dann muss dies auch für gemeinschaftliche Stimmverbote bestehen, da ansonsten gemeinschaftlich begangene Pflichtverletzungen bewiesen werden müssten, der Anspruch jedoch nicht.

Vielmehr bietet es sich an, dass an die Frage der gemeinschaftlichen Pflichtverletzung dieselben Voraussetzungen wie an die Bestimmtheit des Beschlusses nach § 147 Abs. 1 AktG gestellt werden: Aus dem umrissenen Sachverhalt und den vorgeworfenen Pflichtverletzungen muss sich – als wahr unterstellt – eine gemeinschaftlich begangene Pflichtverletzung ergeben können.[681] Ob Anspruch und gemeinschaftliche Pflichtverletzungen wirklich bestehen, beantwortet sich im Haftungsprozess.[682]

---

678 BGHZ 97, 28, 34 (juris Rz 14).

679 Vgl. nur MüKoAktG/*Schröer*, § 147 Rn 34.

680 OLG München ZIP 2008, 1916 (juris Rz 28); LG Frankfurt a.M. AG 2014, 55 (juris Rz 49); Hüffer/*Koch*, § 136 Rn 23; Spindler/Stilz/*Rieckers*, § 136 Rn 12; MüKoAktG/*Schröer*, § 147 Rn 34.

681 Vgl. auch BGHZ 97, 28, 34 (juris Rz 14); OLG München ZIP 2008, 1916 (juris Rz 28).

682 BGHZ 97, 28, 34 (juris Rz 14).

Die Grenze bildet jedoch auch hier der Rechtsmissbrauch.[683] Ein solcher ist anzunehmen, wenn es objektiv unmöglich erscheint, dass ein Zusammenwirken beider Personen stattgefunden hat.[684]

### e) *Zwischenergebnis*

Ob über die vermeintlich gemeinschaftlich begangenen Pflichtverletzungen en bloc, nach Anspruchsgruppen gegliedert, oder in einer Einzelabstimmung beschlossen wird, hat keine Auswirkung auf die Reichweite der Stimmverbote der betroffenen Aktionäre; sie unterliegen aufgrund des Verbots des Richtens in eigener Sache einem umfassenden Stimmverbot. Mit dem Bundesgerichtshof ist festzuhalten, dass

> „es für die Frage, ob ein einheitlicher Beschlußgegenstand [sic!] vorliegt, allein auf den sachlichen Zusammenhang [ankommt], also auf den Vorwurf gemeinsamer Verfehlung und nicht darauf [...], ob gegen alle Beteiligten in einem Akt oder gegen jeden getrennt abgestimmt wird."[685]

## 2) Befugnisse des Versammlungsleiters

Regelungen über die Kompetenzen des Versammlungsleiters und seine Rolle in der Hauptversammlung sind im Gesetz kaum zu finden.[686] Aus dem Zweck der Hauptversammlung ergibt sich, dass der Versammlungsleiter die Willensbildung in der Hauptversammlung herbeiführen soll, indem er über die Tagesordnungspunkte abstimmen lässt und das Beschlussergebnis feststellt; er soll für einen ordnungsgemäßen Ablauf der Versammlung sorgen.[687] Um diesen zu garantieren, kann er aus einer breiten Palette von Ordnungsmaßnahmen schöpfen, die von der Beschränkung des Rederechts bis zum Saalverweis als ultima ratio reichen.[688] Insofern ähnelt seine Stellung der eines Moderators.[689]

---

683 OLG München ZIP 2008, 1916 (juris Rz 28); LG Frankfurt a.M. AG 2014, 55 (juris Rz 49); Hüffer/*Koch*, § 136 Rn 23; Spindler/Stilz/*Rieckers*, § 136 Rn 12; MüKoAktG/*Schröer*, § 147 Rn 34; Heidel/*Krenek/Pluta*, § 136 Rn 11.

684 OLG München ZIP 2008, 1916 (juris Rz 28); Heidel/*Krenek/Pluta*, § 136 Rn 11.

685 BGHZ 97, 28, 34 (juris Rz 11).

686 MüKoAktG/*Kubis*, § 119 Rn 121; *Martens*, WM 1981, 1010. Für eine umfangreiche Darstellung des Instituts des Versammlungsleiters vgl. *Butzke*, Hauptversammlung, D.

687 *Butzke*, Hauptversammlung, D Rn 19.

688 Spindler/Stilz/*Wicke*, Anh. § 119 Rn 9 ff., 15; *Wicke*, NZG 2007, 771, 772 ff.; *Theusinger/Schilha*, BB 2015, 131, 132 f.; *Schürnbrand*, NZG 2014, 1211, 1212, stellt in Anlehnung an BGHZ 44, 245, 248 richtigerweise fest, dass der Versammlungsleiter alle Rechte hat, die er zur ordnungsgemäßen Erledigung der Hauptversammlung benötigt.

689 *Lochner/Beneke*, ZIP 2015, 2010, 2011.

Aus dieser Funktion wird teilweise abgeleitet, dass es auch Aufgabe des Versammlungsleiters sei, nur „fehlerfreie" Beschlüsse durch die Hauptversammlung fassen zu lassen.[690] Würde man dieser Ansicht vollumfänglich folgen, so müsste der Versammlungsleiter jeden Antrag auf seine formelle und materielle Rechtmäßigkeit hin kontrollieren und würde damit eine präventive Beschlusskontrolle jenseits der §§ 241 ff. AktG statuieren.[691] Der Versammlungsleiter hätte nicht nur dieses Amt inne, sondern ersetzte zugleich faktisch noch das Gericht im Anfechtungsprozess. Diese Bedenken teilt auch das ganz überwiegende Schrifttum und nimmt daher ein Recht auf Zurückweisung eines Beschlussantrags wegen Rechtswidrigkeit nur bei „Evidenz" bzw. „Offenkundigkeit" an.[692] Zuzüglich dieses Kriteriums wird vereinzelt qualifizierend gefordert, es müssten Gesetzesverstöße[693] vorliegen bzw. der Mangel müsse „gravierend" und „schwer" sein.[694]

Bevor eine vertiefte Auseinandersetzung mit seinen Prüfungsbefugnissen erfolgt, scheint es ratsam, zwischen den Fehlern zu unterscheiden, die einem Beschluss anhaften können. Der Versammlungsleiter ist Herr des Verfahrens in der Hauptversammlung. Unter Einhaltung des Neutralitäts- und Gleichbehandlungsgebots und Wahrung des Grundsatzes der Verhältnismäßigkeit erteilt er das Rederecht, stellt Anträge zur Abstimmung und stellt das Abstimmungsergebnis fest; er ist für die formelle Rechtmäßigkeit des Verfahrens zuständig.[695] Natürlich ist er in diesem Rahmen verpflichtet, eine rechtmäßige und damit fehlerfreie Beschlussfassung zu ermöglichen, schließlich würden etwaige Fehler aus seiner Sphäre stammen.

Nicht so eindeutig ist die Behandlung von Fehlern, die nicht aus seiner Sphäre stammen. So dient der Beschlussantrag in der Hauptversammlung der Willensbildung in der Gesellschaft.[696] Schon aufgrund des Neutralitätsgebots verbietet sich grundsätzlich eine inhaltliche Überprüfung von Willensbekundungen. Im Folgenden wird sich damit auf die materielle Überprüfung von Beschlussanträgen beschränkt.

---

690 MüKoAktG/*Kubis*, § 119 Rn 151; *Bayer/Scholz/Weiß*, AG 2013, 742, 748.

691 So auch *Schatz*, AG 2015, 696, 697.

692 Großkomm-AktG/*Mülbert*, Vor. §§ 118–147 Rn 114; KK-AktG/*Zöllner*, 1. Aufl. 1970, § 119 Rn 58 i.V.m. § 130 Rn 13 ff.; MüHdbGesR-AG/*Austmann*, § 40 Rn 13; MüKoAktG/*Kubis*, § 119 Rn 151; Spindler/Stilz/*Wicke*, Anh. § 119 Rn 8; *Butzke*, Hauptversammlung, D Rn 43; *Schatz*, AG 2015, 696, 697 ff.; *Lochner/Beneke*, ZIP 2015, 2010, 2011 f.; *Scholz*, AG 2008, 11, 16; *Stützle/Walgenbach*, ZHR 155 (1991), 516, 530 f.; *Martens*, WM 1981, 1010, 1015. Ebenso auch OLG Köln AG 2017, 351 (juris Rz 428).

693 In Abgrenzung zu Satzungsverstößen.

694 Vgl. zum Meinungsbild im Einzelnen *Schatz*, AG 2015, 696, 697.

695 MüKoAktG/*Kubis*, § 119 Rn 122.

696 Hüffer/*Koch*, § 119 Rn 3 f.; Spindler/Stilz/*Hoffmann*, § 118 Rn 1, 8.

## a) Das Evidenz-Erfordernis

Obwohl das ganz überwiegende Schrifttum von einem Evidenzerfordernis hinsichtlich der Rechtswidrigkeit des Beschlussantrags ausgeht, wurde dieses bislang nicht konkretisiert. Ein jeder musste eine eigene Vorstellung davon haben, was evident ist und was nicht. Mit *Schatz* ist nun zu definieren, dass die Rechtswidrigkeit eines Beschlussantrags dann evident ist,

> „wenn sie in tatsächlicher und rechtlicher Hinsicht eindeutig und zweifelsfrei ist und eine abweichende Beurteilung nicht ernstlich vertretbar erscheint."[697]

Das kann einerseits dann gegeben sein, wenn Beschlussanträge gestellt werden, die schon nach dem Wortlaut des Gesetzes offenkundig rechtswidrig sind, wie z.B. die Bestellung eines Besonderen Vertreters zur Geltendmachung von Pflichtverletzungen eines Abschlussprüfers oder aber eine solche Bestellung nicht zur Geltendmachung von Ersatzansprüchen, sondern zum Abschluss eines Vertrages mit einem anderen Unternehmen.

Abgesehen von solchen Extremfällen kann eine rechtliche Frage grundsätzlich erst dann zweifelsfrei und eindeutig beantwortet worden sein, wenn sie höchstrichterlich geklärt ist.[698] Sollte es nur instanzgerichtliche Rechtsprechung geben, die divergiert, ist die Frage noch nicht eindeutig beantwortet. Selbiges gilt, wenn die Frage gerichtlich noch überhaupt nicht entschieden ist, sondern lediglich in der Literatur besprochen wird.[699]

Die Rechtmäßigkeit eines Geltendmachungsbeschlusses hängt häufig davon ab, ob er inhaltlich bestimmt genug ist. Die entscheidende Frage, wie bestimmt ein Geltendmachungsbeschluss nach § 147 Abs. 1 S. 1 AktG zu sein hat und damit, wie bestimmt schon der Beschlussantrag zu sein hat, ist zur Aktiengesellschaft noch nicht höchstrichterlich entschieden worden und wird auch in instanzgerichtlichen Entscheidungen unterschiedlich beantwortet. Zudem ist auch die Literatur untereinander vollkommen uneins.[700] Notwendiger Mindestinhalt eines Geltendmachungsbeschlusses ist ein abgrenzbarer Lebenssachverhalt ergänzt um die Behauptung, dass es innerhalb dessen zu einer Pflichtverletzung von durch § 147 Abs. 1 AktG umfassten und zumindest bestimmbaren Personen gekommen ist.[701] Von mehreren Gerichten und Literaturstimmen wird ein solcher Mindestinhalt für ausreichend

697 *Schatz*, AG 2015, 696, 698 mit Bezug auf KK-AktG/*Zöllner*, 1. Aufl. 1970, § 119 Rn 58 i.V.m. § 130 Rn 13 ff.

698 *Schatz*, AG 2015, 696, 698; *Lochner/Beneke*, ZIP 2015, 2010, 2011.

699 *Schatz*, AG 2015, 696, 698 f. Dabei ist es völlig gleichgültig, ob es eine Einzelauffassung ist oder allgemeiner Ansicht in der Literatur entspricht.

700 Vgl. nur oben unter BIII2).

701 So beispielsweise auch Spindler/Stilz/*Mock*, § 147 Rn 30; Heidel/*Lochner*, § 147 Rn 9.

erachtet.[702] Höhere Anforderungen werden aber auch vertreten.[703] Unabhängig davon, ob der Versammlungsleiter oder sein Back-Office davon überzeugt sind, dass höhere Anforderungen notwendig sind, ist die Rechtslage weder eindeutig noch geklärt, sodass ein Antrag, der den Mindestinhalt erfüllt, nicht evident bzw. offensichtlich rechtswidrig sein kann.

Der Versammlungsleiter kann folglich einen solchen Antrag über eine Beschlussfassung nach § 147 Abs. 1 AktG nicht mit der Begründung zurückweisen, er sei offensichtlich rechtswidrig.[704]

### *b) Prüfungsbefugnisse des Versammlungsleiters im Hinblick auf das Beschlussmängelrecht*

Unabhängig von dieser speziellen Situation soll der Vollständigkeit halber ausführlich auf die materiellen Prüfungsbefugnisse des Versammlungsleiters eingegangen werden. Ob der Versammlungsleiter grundsätzlich keine Aussage über die Rechtmäßigkeit eines Beschlusses treffen kann und soll, wird auf Basis der differenzierten Vorschriften zum Beschlussmängelrecht in den §§ 241 ff. AktG analysiert.[705] Dabei gelten drei Prämissen: (aa) Nach § 245 AktG können nur bestimmte Personen bzw. Organe einen Hauptversammlungsbeschluss überhaupt anfechten, (bb) nicht angefochtene Beschlüsse erwachsen nach §§ 241 Nr. 5, 246 Abs. 1, 248 Abs. 1 AktG grundsätzlich in Bestandskraft, es sei denn, sie sind ausnahmsweise nichtig und (cc) die Entscheidung über die Bestandskraft eines Beschlusses trifft nach § 248 Abs. 1 AktG ausschließlich ein Gericht.

#### *aa) Keine Anfechtungsbefugnis und somit keine Prüfbefugnis*

Zunächst ist zu konstatieren, dass der Versammlungsleiter nicht in § 245 AktG als anfechtungsbefugte Person genannt wird. Auch wenn die Satzung in der Regel dem Aufsichtsratsvorsitzenden die Versammlungsleitung zuweist, so führt er das Amt des Versammlungsleiters als eigenes aus, nicht als Mitglied des Aufsichtsrats.[706] Er hat somit als Versammlungsleiter keine Anfechtungsbefugnis.[707] Ob sich daraus

---

702 Beispielsweise OLG Köln AG 2017, 351; Heidel/*Lochner*, § 147 Rn 9.

703 Vgl. nur LG Stuttgart ZIP 2010, 329; KK-AktG/*Rieckers/Vetter*, § 147 Rn 179 ff.

704 Ausführlich zu den Besonderheiten einer Beschlussfassung nach § 147 Abs. 1 AktG sogleich unter CII2)c).

705 Ebenso *Schwab*, Das Prozessrecht gesellschaftsinterner Streitigkeiten, S. 334.

706 OLG Köln NZG 2013, 548, 551; KG AG 2011, 170, 172; Hüffer/*Koch*, § 129 Rn 18. Zur Unterscheidung des Amts des Versammlungsleiters von dem des Aufsichtsratsmitglieds bezüglich der Haftung des Versammlungsleiters vgl. *Von der Linden*, NZG 2013, 208, 209 f.

707 Ebenfalls auf diesen Umstand abstellend bei der (zu verneinenden) Frage, ob der Versammlungsleiter eventuell rechtswidrige, vom Vorstand jedoch nach § 122 Abs. 2 AktG zugelassene Ergänzungen nicht zur Beschlussfassung stellen darf, *Grunewald*, AG 2015, 689, 692 f.

ergibt, dass er grundsätzlich keine präventive Prüfungsbefugnis hat, ist umstritten. Vereinzelt wird vertreten, die Anfechtungsbefugnis knüpfe an *bereits gefasste* Beschlüsse an, die präventive Kontrolle des Versammlungsleiters jedoch an die *Beschlussfassung* als solche; ein Konkurrenzverhältnis bestünde daher nicht.[708]

Diese Auffassung überzeugt nicht. Zwar ist es allgemeine Ansicht, dass der Versammlungsleiter die Rechte hat, die er benötigt, um seine Aufgabe zu erfüllen.[709] Dass diese Aufgabe umfasst, nur materiell rechtmäßige Beschlussfassungen zuzulassen und eine vorgelagerte Prüfungsbefugnis alleine aufgrund des unterschiedlichen Zeitpunkts der Prüfung nicht mit dem Beschlussmängelrecht kollidieren soll, ist jedoch nicht zwingend und noch weniger stichhaltig. Unterstellt, der Versammlungsleiter hätte das Recht (und in bestimmten Fällen vielleicht sogar die Pflicht), Beschlüsse von vornherein zu verhindern. Hätte er dies jedoch aus welchen Gründen auch immer versäumt und würde er nach der Hauptversammlung bemerken, dass der Beschluss fehlerhaft war (und er sich folglich eventuell pflichtwidrig verhalten hätte), so hätte er kein eigenes Anfechtungsrecht,[710] um „seinen Fehler" wieder auszuräumen. Dies kann nicht im Sinne des Gesetzgebers gewesen sein.

Aus der Gesetzessystematik ergibt sich damit schwerlich, dass der Versammlungsleiter ein präventives Beschlusskontrollrecht besitzt, vielmehr sprechen gewichtige Gründe gegen ein solches.

### *bb) Grundsätzliche Bestandskraft anfechtbarer Beschlüsse*

Eine weitere fundamentale Wertung des Beschlussmängelrechts ist die grundsätzliche Bestandskraft (nur) anfechtbarer Beschlüsse. Dies ergibt sich aus einem Umkehrschluss zu §§ 241 Nr. 5, 246 Abs. 1 AktG. Das Aktienrecht erkennt damit grundsätzlich die Wirksamkeit fehlerbehafteter Beschlüsse an und stellt sie zur Disposition der in § 245 AktG Genannten und nicht des Versammlungsleiters.[711] Diese gesetzliche Wertung muss der Versammlungsleiter akzeptieren und einen im Nachhinein nur anfechtbaren Beschluss als Antrag zur Abstimmung stellen.[712]

Dieses Ergebnis wird durch einen Vergleich zum Vorstand unterstützt: Selbst dieser hat als Leitungsorgan der Gesellschaft nach § 83 Abs. 2 AktG anfechtbare, jedoch

---

708 So *Bayer/Scholz/Weiß*, AG 2013, 742, 748 f.

709 BGHZ 44, 245, 248 = NJW 1966, 43; RG LZ 1920 Sp. 763; OLG Frankfurt AG 2011, 36, 41; *Butzke*, Hauptversammlung, D Rn 20; Hüffer/*Koch*, § 129 Rn 22; MüKo-AktG/*Kubis*, Anh. § 119 Rn 121; Großkomm-AktG/*Mülbert*, Vor. §§ 118–147 Rn 87; *Stützle/Walgenbach*, ZHR 155 (1991), 516, 519 f.; *Martens*, WM 1981, 1010, 1011.

710 Auch der Umstand, dass der Versammlungsleiter eventuell ein Mitglied des Aufsichtsrats ist, ändert nichts an dieser Wertung; die Leitung der Hauptversammlung ist keine Aufgabe des Aufsichtsrats.

711 Vgl. auch *Grunewald*, AG 2015, 689, 692.

712 *Butzke*, Hauptversammlung, D Rn 43; MüKoAktG/*Kubis*, § 119 Rn 151; Großkomm-AktG/*Mülbert*, Vor. §§ 118–147 Rn 96, 114; *Lochner/Beneke*, ZIP 2015, 2010, 2011; wohl ebenfalls *Schatz*, AG 2015, 696, 699; aA *Bayer/Scholz/Weiß*, AG 2013, 742, 748; KK-AktG/*Rieckers/Vetter*, § 147 Rn 172.

unangefochtene Beschlüsse umzusetzen;[713] er kann die Durchführung nicht schlicht verweigern, sondern muss selbst den Weg der Anfechtungsklage gehen.[714] Wenn sogar der Vorstand einen Beschluss nicht durch Untätigkeit in seinen Wirkungen verhindern darf, sondern den formellen Weg der Anfechtungsklage zu gehen hat, kann nichts anderes für den Versammlungsleiter durch „Nichtabstimmenlassen" gelten.[715]

Teilweise wird einschränkend angenommen, der Versammlungsleiter dürfe einen solchen Beschluss dennoch dann verhindern, wenn der Mangel so gravierend sei, dass der Vorstand den Beschluss im Anschluss *unbedingt* anfechten müsste.[716] Das erscheint problematisch. Zwar ist nicht zu leugnen, dass in einem solchen Fall Kosten einer im Ergebnis erfolgreichen Anfechtungsklage gespart würden.[717] Kritisch ist jedoch, dass der Versammlungsleiter anstelle des Vorstands die Entscheidung darüber treffen soll, ob den Vorstand eine unbedingte Anfechtungspflicht trifft oder nicht. Insofern würde der Versammlungsleiter in rechtswidriger Weise in Leitungs- und Entscheidungsbefugnisse des Vorstands eingreifen und sich fremde Kompetenzen anmaßen. Schließlich könnte der Vorstand nach reiflicher Überlegung zu dem Entschluss kommen, dass sein Ermessen, anzufechten, nicht auf null reduziert und eine Entscheidung gegen die Anfechtung im Interesse der Gesellschaft sei. Letztlich hat ein Vorstand gemäß § 246 Abs. 1 AktG einen Monat Zeit, um darüber zu entscheiden, ob er den Beschluss anfechten will bzw. sogar muss. Diese Bedenkzeit hat der Versammlungsleiter während der Hauptversammlung nicht und soll sie daher auch nicht dem Vorstand vorenthalten. Im Endeffekt nur anfechtbare Beschlüsse muss der Versammlungsleiter als Antrag unabhängig von der Qualität des Rechtsverstoßes grundsätzlich zur Abstimmung zulassen.

### *cc) Verhinderung von gerichtlichen Entscheidungen*

Damit stellt sich noch die Frage, ob der Versammlungsleiter zur Nichtigkeit führende Beschlussanträge nicht zur Abstimmung stellen darf. Im Gegensatz zu nur anfechtbaren Beschlüssen entfalten diese zwar nie Bestandskraft, jedoch bestimmt das Gesetz in § 249 Abs. 1 S. 1 AktG ausdrücklich, dass nur *bestimmte Personen* die Nichtigkeit *vor Gericht* geltend machen können, und gerade nicht der

---

713 Vgl. dazu ausführlich *Noack*, DB 2014, 1851.

714 OLG Köln ZIP 2015, 2470 (juris Rz 36 f.); LG Duisburg Teilurteil v. 09.06.2016 – 22 O 50/16; Großkomm-AktG/*Habersack/Foerster*, § 83 Rn 13; Großkomm-AktG/*Hopt/Roth*, § 93 Rn 486; KK-AktG/*Mertens/Cahn*, § 93 Rn 156; Spindler/Stilz/*Fleischer*, § 83 Rn 16; MüKoAktG/*Hüffer*, § 243 Rn 126; *Lochner/Beneke*, ZIP 2015, 2010, 2012; *Noack*, DB 2014, 1851, 1853.

715 *Lochner/Beneke*, ZIP 2015, 2010, 2012.

716 *Schatz*, AG 2015, 696, 699; *ders.*, Der Missbrauch der Anfechtungsbefugnis durch den Aktionär und die Reform des aktienrechtlichen Beschlussmängelrechts, S. 293.

717 Schließlich gilt das Evidenzerfordernis weiterhin.

Versammlungsleiter in der Hauptversammlung darüber zu bestimmen hat.[718] Dies wird zwar von § 249 Abs. 1 S. 2 AktG relativiert, der die Geltendmachung der Beschlussnichtigkeit auch auf anderen Wegen eröffnet, jedoch sind darunter vor allem Einreden (im und außerhalb eines Prozesses) zu verstehen.[719] Gemein ist jedoch allen Arten der Geltendmachung der Nichtigkeit, dass sie gerichtlich überprüfbar sind. Die Nichtzulassung eines Antrags zur Abstimmung kann nach ganz überwiegender Ansicht nicht isoliert gerichtlich überprüft werden.[720] Ob zudem die Abstimmung über diesen Antrag tatsächlich zu einem nichtigen Beschluss führen würde, ist eine oftmals strittige und komplexe Frage, deren Beantwortung einem Gericht vorbehalten sein muss.[721]

#### *dd) Exkurs: Präventive gerichtliche Beschlussantragskontrolle nach § 122 Abs. 3 S. 1 AktG*

Selbst Gerichte, die sich mit dem Beschlussantrag im weiteren Sinne beschäftigen, agieren teilweise sehr zurückhaltend bei der präventiven Verhinderung von Beschlussanträgen. So prüfte z.B. das Oberlandesgericht Karlsruhe, das nach § 122 Abs. 3 AktG die Tagesordnung erweiterte, nicht schon diejenigen Gesichtspunkte, die das Gericht im Anfechtungsprozess zu prüfen hätte. Ein vorgelagerter Anfechtungsprozess fand nicht statt:

> „Der Einwand des Rechtsmissbrauches kann nicht dazu führen, dass schon die Beratung eines Tagesordnungspunktes durch die Hauptversammlung davon abhängig gemacht wird, dass etwaige Beschlüsse – deren genauer Wortlaut im Voraus noch nicht feststehen kann – einer vollständigen gerichtlichen Überprüfung standhalten würden. Die Prüfung der Rechtmäßigkeit von Beschlüssen ist in erster Linie Aufgabe des aktienrechtlichen Anfechtungsprozesses."[722]

Auch nach dem Kammergericht sind Beschlussanträge nach § 122 Abs. 3 S. 1 AktG einer zurückhaltenden Missbrauchskontrolle zu unterziehen und die Ermächtigung zur Erweiterung der Tagesordnung nur bei offensichtlich rechtswidrigen Beschlussanträgen zu versagen.[723]

Das Oberlandesgericht Stuttgart determiniert demgegenüber verschärfte Anforderungen und unterzieht Beschlussanträge nicht nur einer Missbrauchskontrolle,

---

718 Ebenfalls Hüffer/*Koch*, § 129 Rn 23; *Lochner/Beneke*, ZIP 2015, 2010, 2011.

719 MüKoAktG/*Hüffer/Schäfer*, § 249 Rn 30; Hüffer/*Koch*, § 249 Rn 19; Henssler/Strohn/*Drescher*, § 249 Rn 11.

720 OLG Köln AG 2017, 351 (juris Rz 396 ff.); Großkomm-AktG/*Mülbert*, Vor. §§ 118–147 Rn 171; MüKoAktG/*Kubis*, § 119 Rn 177; *Butzke*, Hauptversammlung, D Rn 90; MüHdbGesR-AG/*Hoffmann-Becking*, § 37 Rn 43; *Schatz*, AG 2015, 696, 698.

721 *Grunewald*, AG 2015, 689, 692 f.; *Lochner/Beneke*, ZIP 2015, 2010, 2011.

722 OLG Karlsruhe ZIP 2015, 125 (juris Rz 47); ebenso AG Köln Beschluss vom 03.06.2016 – HRB 556 n.v., S. 8 f.

723 KG ZIP 2012, 1029 (juris Rz 29 ff.).

sondern auch einer umfassenden Rechtmäßigkeitskontrolle, gewissermaßen einer vorgezogenen Anfechtungsprüfung.[724] Damit sind sich die Gerichte untereinander nicht einig, welche Anforderungen an eine Prüfung des Beschlussantrags zu stellen sind.

Fraglich bleibt jedoch, warum Gerichte Aktionäre ermächtigen sollen, Anträge auf die Tagesordnung zu setzen, die im Nachhinein eventuell zu anfechtbaren Beschlüssen führen könnten. Aus der normimmanenten Systematik des § 122 AktG ergibt sich, dass sich die Aktionäre zunächst an den Vorstand zu wenden haben, wollen sie die Tagesordnung ergänzen. Erst wenn dem Verlangen nach Abs. 2 nicht entsprochen wurde, kann überhaupt erst ein gerichtliches Verfahren nach Abs. 3 S. 1 initiiert werden. Entgegen dem Wortlaut („kann“), muss das Gericht dem Antrag stattgeben, wenn dieser zulässig und begründet ist.[725] Im Rahmen der Begründetheit kommt damit die Frage auf, welchen Prüfungsmaßstab das Gericht anzulegen hat.

Für den Maßstab des Vorstands gilt, dass er zunächst die formellen Aspekte des Verlangens prüft, so z.B. ob die Aktionäre über das nötige Quorum verfügen oder ob dem Gegenstand nach § 122 Abs. 2 S. 2 AktG eine Begründung oder Beschlussvorlage beiliegt.[726] Das Gesetz stellt ausdrücklich keine weiteren Anforderungen auf, sodass vom Wortlaut ausgehend der Vorstand jedem formell rechtmäßigen Verlangen zu entsprechen hat. Wie potentiell jedes Recht steht auch dieses Minderheitsrecht unter dem Vorbehalt der Treuepflicht zwischen Aktiengesellschaft und Aktionären, sodass die Grenze des Rechtes wiederum der Missbrauch ist.[727] Bezüglich dessen wird vertreten, dass missbräuchliche Verlangen auch solche seien, die zu gesetzes- oder satzungswidrigen Beschlüssen führen.[728] Das ist im Grundsatz richtig, besteht doch kein schützenswertes Interesse an einem tatsächlich rechtswidrigen Beschluss. Dennoch sollte die Entscheidung darüber, ob das Verlangen zu einem rechtswidrigen Beschluss führen würde, in Zweifelsfällen nach Fassung des fraglichen Beschlusses dem Gericht im Anfechtungsprozess vorbehalten bleiben. Die Annahme eines Rechtsmissbrauchs muss sehr zurückhaltend geschehen, um das Minderheitsrecht nach § 122 Abs. 2 AktG nicht zu sehr zu beschneiden.[729] Schließlich besteht die Möglichkeit, in der Hauptversammlung zu dem Tagesordnungspunkt noch einen modifizierten Beschlussantrag zu formulieren, der rechtmäßig

---

724 OLG Stuttgart AG 2009, 169 (juris Rz 14 ff.).

725 Hüffer/*Koch*, § 122 Rn 11; MüKoAktG/*Kubis*, § 122 Rn 43; Spindler/Stilz/*Rieckers*, § 122 Rn 54.

726 OLG Frankfurt a.M. ZIP 2005, 1419 (juris Rz 6).

727 Allg. Ansicht. Vgl. statt aller Hüffer/*Koch*, § 122 Rn 6.

728 KK-AktG/*Noack/Zetzsche*, § 122 Rn 69; Spindler/Stilz/*Rieckers*, § 122 Rn 24, 45; MüKoAktG/*Kubis*, § 122 Rn 17; Heidel/*Müller*, § 122 Rn 20; *Grunewald*, AG 2015, 689, 690, 692; *Schatz*, AG 2015, 696, 700; *Mertens*, AG 1997, 481, 487.

729 Hüffer/*Koch*, § 122 Rn 6; Schmidt/Lutter/*Ziemons*, § 122 Rn 21; Großkomm-AktG/*Werner*, § 122 Rn 51; Heidel/*Müller*, § 122 Rn 20; Henssler/Strohn/*Liebscher*, § 122 Rn 6; ebenfalls KK-AktG/*Noack/Zetzsche*, § 122 Rn 71.

ist.[730] Der Vorstand sollte sich bei der Prüfung der materiellen Rechtmäßigkeit des angestrebten Beschlusses daher auf offensichtliche Rechtswidrigkeit beschränken.[731]

Aufgrund des Umstands, dass das Gericht anstelle des Vorstands entscheidet, hat es denselben Prüfungsumfang wie dieser.[732] Das ist auch folgerichtig: Sollte das Gericht einen anderen (ggf. strengeren) Prüfungsmaßstab anlegen als der Vorstand, so müsste sich ein Beschlussantrag an unterschiedlichen Kriterien messen lassen, je nachdem, ob die Ergänzung der Tagesordnung gemäß § 122 Abs. 2 oder Abs. 3 S. 1 AktG forciert wird. Das gerichtliche Verfahren ist jedoch nicht dazu da, den Beschlussantrag noch genauer zu prüfen als dies der Vorstand zu tun hätte, sondern dient allein der Überwindung rechtswidriger Vorstandsentscheidungen oder reiner Untätigkeit.

Im Übrigen ist zu berücksichtigen, dass eine präventive Beschlusskontrolle durch Gerichte auch unnötig sein kann, da ein Beschlussantrag schließlich noch die Mehrheit der Stimmen bei der Beschlussfassung hinter sich vereinen muss und dadurch eine weitere Hürde zu nehmen hat.[733] Ob ein Beschlussantrag zu einem missbräuchlichen Beschluss führt, ist irrelevant, wenn er keine Mehrheit findet. Kommt der Beschluss dennoch zustande, so ist die Anfechtungsklage das vorgesehene Korrektiv. Auch dies spricht gegen eine allzu weitgehende präventive Beschlussantragskontrolle.

Dieses Ergebnis wird zudem von der historischen Kommentierung der Vorgängernormen gestützt. Schon das HGB von 1897 kannte in § 254 das Einberufungs- und Erweiterungsrecht einer Minderheit. Dieses Recht wurde in § 106 des Aktiengesetzes von 1937 übernommen. Sowohl zu § 254 HGB v. 1897 als auch zu § 106 AktG v. 1937 war anerkannt, dass weder Vorstand noch Aufsichtsrat oder Gericht das Verlangen auf seine wirtschaftliche Zweckmäßigkeit zu untersuchen hatten, sondern sich auf die Verweigerung offensichtlich missbräuchlicher Verlangen zu beschränken hatten.[734]

Grundsätzlich hat der Versammlungsleiter somit auch seiner Meinung nach (nicht offensichtlich) zur Nichtigkeit führende Beschlussanträge zur Abstimmung zu stellen.[735]

---

730 So auch OLG Karlsruhe ZIP 2015, 125.

731 Ebenso *Butzke*, Hauptversammlung, B Rn 108, 117.
AA KK-AktG/*Noack/Zetzsche*, § 122 Rn 68, 73; Spindler/Stilz/*Rieckers*, § 122 Rn 24, die ein ausführliches Prüfungsrecht des Vorstands propagieren.

732 KG ZIP 2012, 1029 (juris Rz 27); Hüffer/*Koch*, § 122 Rn 11; MüKoAktG/*Kubis*, § 122 Rn 43; Spindler/Stilz/*Rieckers*, § 122 Rn 54; Großkomm-AktG/ *Werner*, § 122 Rn 59.

733 Zu dieser Erwägung siehe schon BIII2)n)aa).

734 Düringer-Hachenburg/*Lehmann*, 3. Aufl. 1933, § 254 HGB v. 1897 Anm. 6, 12; Ritter, 2. Aufl. 1939, § 106 AktG v. 1937, Anm. 3d, 5a; Großkomm-AktG/*Schmidt/ Meyer-Landrut*, 2. Aufl. 1961, § 106 AktG v. 1937, Anm. 8, 13; unklar aber bei Schlegelberger/Quassowski, 3. Aufl. 1939, § 106 AktG v. 1937, Rn 4, 6.

735 Ebenso Hüffer/*Koch*, § 129 Rn 23.

#### ee) *Verbleibende materielle Prüfungsbefugnis des Versammlungsleiters*

Trotz der grundsätzlichen Negierung der Prüfbefugnisse verbleibt dem Versammlungsleiter in Ausnahmefällen das Recht, Anträge wegen Inhaltsmängeln nicht zur Abstimmung zu stellen. Dies gilt in Fällen, in denen der Beschlussantrag evident zur Nichtigkeit führt.[736] Für Beschlussmängelkontrollen ist und bleibt aber das Gericht im Anfechtungsprozess zuständig.

### c) *Besonderheit bei der Rechtmäßigkeitsprüfung nach § 147 Abs. 1 AktG*

Selbst wenn man – entgegen der hier vertretenen Auffassung – dem Versammlungsleiter eine weitergehende Prüfbefugnis von Beschlussanträgen einräumen wollte, so kann diese nie über die Prüfbefugnis des Gerichts im Anfechtungsprozess hinausgehen.[737]

Wie bereits oben dargestellt, bedarf ein Beschluss nach § 147 Abs. 1 AktG keiner sachlichen Rechtfertigung.[738] Damit darf ein Versammlungsleiter einen solchen Beschlussantrag auch dann nicht zurückweisen, wenn er die spätere Haftungsklage für unbegründet hält; selbst das Gericht im Anfechtungsprozess prüft nur, ob der Lebenssachverhalt abgrenzbar und dadurch die in Anspruch zu nehmenden Personen bestimmbar sind.[739] Die Frage, ob die Haftungsklage prozessual schlüssig und dem Grunde und der Höhe nach begründet ist, stellt sich erst das Gericht im späteren Haftungsprozess.[740]

Damit trifft das Gericht im Anfechtungsprozess keine Aussage über die Erfolgsaussichten der späteren Haftungsklage und beschränkt die gerichtliche Überprüfung im Anfechtungsprozess nur auf einen möglichen Rechtsmissbrauch.

Der Versammlungsleiter kann damit einen Antrag nach § 147 Abs. 1 AktG insbesondere nicht mit dem Hinweis zurückweisen, dass er den Anspruch für unbegründet hält.

### d) *Besonderheit bei der Beschlussfassung über Anträge von Tagesordnungspunkten nach § 122 Abs. 2, 3 AktG*

Noch eindeutiger wird die mangelnde Kompetenz des Versammlungsleiters zur inhaltlichen Prüfung von Beschlussanträgen zu Tagesordnungspunkten, die entweder der Vorstand auf Verlangen einer Minderheit nach § 122 Abs. 2 AktG auf die Tagesordnung gesetzt hat oder Aktionäre aufgrund gerichtlicher Ermächtigung nach § 122 Abs. 3 S. 1 Var. 2 AktG.

---

736 *Lochner/Beneke*, ZIP 2015, 2010, 2012; *Schatz*, AG 2015, 696, 699.
737 *Lochner/Beneke*, ZIP 2015, 2010, 2011 f.
738 Oben unter BIII2). Vgl. statt aller auch Hüffer/*Koch*, § 147 Rn 7.
739 Siehe oben BIII2)o). So auch OLG München ZIP 2008, 1916.
740 Ausdrücklich BGHZ 97, 28 (juris Rz 14); ebenfalls OLG Frankfurt AG 2004, 104 (juris Rz 8); LG Karlsruhe NZG 2001, 169, 172.

Hat der Vorstand nach § 122 Abs. 2 AktG entschieden, dass der Gegenstand auf die Tagesordnung gesetzt wird, so hat er dies als zuständiges Organ der Gesellschaft getan.[741] Der Versammlungsleiter hat aus diesem Grund schon keine Befugnis, den Beschlussantrag einer inhaltlichen Prüfung zu unterziehen und ist an die Entscheidung des Vorstands gebunden; er kann sie nicht durch Nichtabstimmenlassen übergehen.[742]

Beantragen Aktionäre dagegen eine gerichtliche Ermächtigung nach § 122 Abs. 3 S. 1 Var. 2 AktG, so prüft das Gericht grundsätzlich von Amts wegen, ob der Antrag aus Gründen des Rechtsmissbrauchs zurückzuweisen ist.[743] Das bedeutet im Umkehrschluss, dass die Gerichte bei stattgegebenem Antrag diesen inzident auf Gesetzes- und Satzungsmäßigkeit geprüft haben und zwar grundsätzlich unabhängig davon, ob ein fertig ausformulierter Beschlussantrag eingereicht worden ist, oder nur eine ausführliche Beschreibung dessen.[744] Auch wenn das Gericht den angeblichen Rechtsmissbrauch nur oberflächlich mit der Erwägung geprüft hat, primär sei zu dieser Frage das Gericht im Anfechtungsprozess zuständig,[745] hat es zugleich bestimmt, dass im Rahmen dieses Tagesordnungspunktes über einen Antrag Beschluss gefasst werden soll.

An diese positive Entscheidung des Gerichts hat sich auch der Versammlungsleiter unabhängig vom Prüfungsmaßstab des Gerichts zu halten und muss den Beschlussantrag zwingend zur Abstimmung stellen.

### e) *Zwischenergebnis*

Der Versammlungsleiter hat grundsätzlich keine Kompetenz, Beschlussanträge auf ihre inhaltliche Rechtmäßigkeit zu überprüfen. Bei Minderheitsverlangen nach § 122 Abs. 2, 3 AktG ergibt sich das aus den bindenden Entscheidungen von Vorstand bzw. Gericht, im Übrigen aus der Systematik des Gesetzes, insbesondere der differenzierten Regelungen des Beschlussmängelrechts. Bei einem Antrag nach § 147 Abs. 1 AktG kommt hinzu, dass auch das Gericht im Anfechtungsprozess keine inhaltliche Überprüfung des aufgrund des Antrags ergangenen Beschlusses vornehmen kann, sondern diesen nur auf einen Rechtsmissbrauch hin überprüft.

---

741 *Grunewald*, AG 2015, 689, 692.

742 Ebd.; differenzierend *Schatz*, AG 2015, 696, 701 f., der ausnahmsweise ein Eingreifen des Versammlungsleiters bei evidenten Mängeln zulässt.

743 Vgl. dazu soeben CII2)b)dd). So bei Ergänzungsverlangen, die auf die Fassung gesetzes- oder satzungswidriger Beschlüsse zielen OLG München WM 2010, 517; OLG Stuttgart AG 2009, 169; OLG Frankfurt ZIP 2005, 1419.

744 *Grunewald*, AG 2015, 689, 690. Ebenso *Schatz*, AG 2015, 696, 700, der zu Recht annimmt, dass eine positive Entscheidung eines Gerichts notwendigerweise eine *Evidenz* des Mangels ausschließt.

745 OLG Karlsruhe ZIP 2015, 125 (juris Rz 47).

In absoluten Ausnahmefällen verbleibt dennoch ein Prüfungs- und damit Zurückweisungsrecht des Versammlungsleiters bei evident rechtswidrigen Anträgen, die offensichtlich zu nichtigen Beschlüssen führen würden.

### 3) Ergebnis

Im Ergebnis kann der Versammlungsleiter eine Beschlussfassung über die Geltendmachung von Ersatzansprüchen nicht durch die Modifizierung der Abstimmungsart beeinflussen, da dies keine Auswirkung auf die Reichweite der Stimmverbote hat.[746]

Zudem darf er einen Beschlussantrag wegen inhaltlicher Mängel nicht zurückweisen, da er grundsätzlich keine materiellrechtliche Prüfungskompetenz besitzt.

## III Rechtsschutz gegen rechtswidrige Maßnahmen des Versammlungsleiters

Dass der Versammlungsleiter keine Befugnisse hat, einen Beschlussantrag wegen inhaltlicher Mängel nicht zur Abstimmung zu stellen, hält ihn in der Praxis unter Umständen nicht davon ab, sich über dieses Gebot hinwegzusetzen.[747] Die Gefahr eines pflichtwidrig handelnden Versammlungsleiters führt zu der Frage, wie und inwieweit sich Aktionäre effektiv gegen solches Verhalten schützen können.

### 1) Direkte Abwahl des Versammlungsleiters

Man mag sich den Fall vorstellen, dass der Versammlungsleiter ankündigt, den Tagesordnungspunkt über die Beschlussfassung nach § 147 AktG nicht zur Abstimmung zu stellen. In diesem Fall haben die Aktionäre die Möglichkeit, einen Geschäftsordnungsantrag[748] über die Abwahl des Versammlungsleiters zu stellen: Während ein von der Hauptversammlung bestimmter Versammlungsleiter selbstredend jederzeit wieder per Beschluss abgewählt werden kann,[749] ist dies auch für den durch die Satzung bestimmten Leiter vom überwiegenden Schrifttum anerkannt; jedenfalls im Falle eines wichtigen Grundes.[750]

---

746 Freilich kann er ihn rechtswidriger Weise falsch feststellen. Dazu zugleich unter CIII3)

747 Vgl. nur den Sachverhalt bei OLG Köln ZIP 2015, 1585.

748 Vgl. Fn 659.

749 Heidel/*Heidel*, Vor. §§ 129–132, Rn 7;Großkomm-AktG/*Mülbert*, Vor. §§ 118–147 Rn 82; *Butzke*, Hauptversammlung, Teil D Rn 13; MüHdbGesR-AG/*Semler*, § 36 Rn 38.

750 Vgl. Spindler/Stilz/*Wicke*, Anh. § 119 Rn 4 und Heidel/*Heidel*, Vor. §§ 129–132 Rn 10 ff. jeweils mit ausführlicher Darstellung des Meinungsstandes. Dazu auch *Rose*, NZG 2007, 241, 244; ebenso *Lochner/Beneke*, ZIP 2015, 2010; *Schatz*, AG 2015, 696, 701; aA unter anderem *Drinhausen/Marsch-Barner*, AG 2014, 757, 764; *Wilsing/von der Linden*, ZIP 2010, 2321, 2327; *Krieger*, AG 2006, 355.

Die Möglichkeit der Abwahl eines satzungsmäßigen Versammlungsleiters aus wichtigem Grund ist auch richtig. Unstreitig ist die Niederlegung des Amtes durch den satzungsmäßigen Versammlungsleiter bei Vorliegen eines wichtigen Grundes zulässig.[751] Wenn es damit grundsätzlich zulässig ist, sich bei Vorliegen eines wichtigen Grundes über die Satzungsbestimmung des Versammlungsleiters hinwegzusetzen, dann erscheint es willkürlich, dass nur die Person des Versammlungsleiters die Möglichkeit haben soll, das Recht auszuüben, nicht aber die Hauptversammlung. Insofern ist die Satzungsbestimmung nach Treu und Glauben dahingehend auszulegen, dass eine Abwahl des satzungsmäßigen Versammlungsleiters durch die Hauptversammlung bei Vorlage eines wichtigen Grundes zulässig ist.[752] Ein solcher Grund kann sowohl bei rechtswidrigen Leitungsmaßnahmen[753] als auch Verstößen gegen das Neutralitätsverbot[754] gegeben sein.

Unabhängig davon, welche Anforderungen an die Beschlussmehrheit gestellt werden,[755] so muss es doch jedenfalls eine Mehrheit sein. Im häufig vorkommenden Fall, dass sich die Ersatzansprüche (auch) gegen den Mehrheitsaktionär richten, wird der Abwahlantrag von einer Minderheit gestellt werden, die im Regelfall vom Mehrheitsaktionär überstimmt werden wird, es sei denn, es griffen für diesen Stimmverbote nach § 136 Abs. 1 AktG ein. In Betracht kommt alleine ein Verbot aufgrund der Geltendmachung von Ersatzansprüchen gemäß § 136 Abs. 1 S. 1 Var. 3 AktG.[756] Unmittelbar ist der Beschluss zur Abwahl des Versammlungsleiters jedoch kein Beschluss zur Geltendmachung von Ersatzansprüchen. Auch stellt die Abwahl keine prozessvorbereitende Maßnahme dar, auf die sich das Stimmverbot erstrecken würde.[757] Damit scheidet ein Stimmverbot aufgrund § 136 Abs. 1 S. 1 Var. 3 AktG aus.

---

751 *Butzke*, Hauptversammlung, D Rn 15; Großkomm-AktG/*Mülbert*, Vor. §§ 118–147 Rn 84; Heidel/*Heidel*, Vor. §§ 129–132 Rn 10; MüKoAktG/*Kubis* § 119 Rn 120; Spindler/Stilz/*Wicke*, § 122 Rn 4; Schmidt/Lutter/*Ziemons*, § 129 Rn 58; Hüffer/*Koch*, § 129 Rn 21.

752 Ebenso Großkomm-AktG/*Mülbert*, Vor. §§ 118–147 Rn 83; Heidel/*Heidel*, Vor. §§ 129–132 Rn 10 mwN.

753 LG Köln AG 2006, 696, 701; Heidel/*Heidel*, Vor. §§ 129–132 Rn 11; *Schatz*, AG 2015, 696, 701.

754 *Rose*, NZG 2007, 241, 244; *Lochner/Beneke*, ZIP 2015, 2010. Dieses liegt z.B. dann vor, wenn der Versammlungsleiter als Aufsichtsratsvorsitzender selbst potentieller Anspruchsgegner eines Ersatzanspruchs nach § 147 AktG sein soll, LG Köln ZIP 2016, 162 (juris Rz 158 ff.) mit Verweis auf OLG Köln ZIP 2015, 1585 (juris Rz 10 f.).

755 Für einfache Mehrheit nach § 133 Abs. 1 Großkomm-AktG/*Mülbert*, Vor. §§ 118–147 Rn 83; Heidel/*Heidel*, Vor. §§ 129–132 Rn 11; *Butzke*, Hauptversammlung, Teil D Rn 14; für 3/4-Mehrheit Spindler/Stilz/*Wicke*, Anh. § 119 Rn 4; MüKoAktG/*Kubis*, § 119 Rn 112; für satzungsändernde Mehrheit Grigoleit/*Herrler*, § 119 Rn 28.

756 Im Ergebnis ebenso LG Köln ZIP 2016, 162 (juris Rz 158), das jedoch statt eines Stimmverbots des Mehrheitsaktionärs eine Treuepflicht desselben zur Abwahl des Versammlungsleiters statuieren will.

757 Zu Beispielen solcher Maßnahmen MüKoAktG/*Schröer*, § 136 Rn 13.

Verneint man ein unmittelbar aus § 136 Abs. 1 Var. 3 AktG fließendes Stimmverbot, so bleibt noch die Möglichkeit der Einzelanalogie bei qualitativ und quantitativ vergleichbarer Interessenlage.[758] Soweit ersichtlich, wurde diese Konstellation im Lichte von Stimmverboten noch nicht rechtlich bewertet.[759] Sehr wohl wird dagegen im Schrifttum ein Stimmverbot bei einem Beschluss über die Vertagung des Tagesordnungspunktes, der die Geltendmachung von Ersatzansprüchen betrifft, angenommen.[760] Die Vertagung bewirkt wenigstens vorübergehend, dass der Geltendmachungsbeschluss nicht gefasst werden kann und ist somit für die potentiellen Anspruchsgegner vorteilhaft. Mit ihren Stimmen könnten sie damit eine Beschlussfassung verhindern.[761] Aus diesem Grund erkennt die ganz überwiegende Mehrheit im Schrifttum eine qualitativ und quantitativ vergleichbare Interessenlage an und daher ein Stimmverbot der betroffenen Aktionäre entsprechend § 136 Abs. 1 Var. 3 AktG.[762]

Für den betroffenen Aktionär macht es keinen Unterschied, ob über die Vertagung eines ihn belastenden Beschlusses abgestimmt wird oder über die Abwahl eines Versammlungsleiters, der den Beschlussantrag zu seinen Gunsten gar nicht erst zur Abstimmung stellen will.[763] In beiden Fällen kann er mit seinen Stimmen einen für ihn nachteiligen Beschluss verhindern, bei dessen Fassung er einem Stimmverbot unterliegen würde.

Damit ist die Abwahl eines Versammlungsleiters aus Gründen der drohenden Beschlussvereitelung durch ihn sowohl qualitativ als auch quantitativ vergleichbar mit der Beschlussfassung über die Geltendmachung von Ansprüchen.[764] Der betroffene Aktionär ist entsprechend § 136 Abs. 1 Var. 3 AktG von der Abstimmung über

758 Zu der grundsätzlichen Möglichkeit der Einzelanalogie in diesen Fällen KK-AktG/*Zöllner*, § 136 Rn 28; MüKoAktG/*Schröer*, § 136 Rn 22; Schmidt/Lutter/*Spindler*, § 136 Rn 26 ff.; Hölters/*Hirschmann*, § 136 Rn 8; offen gelassen bei Heidel/*Krenek/Pluta*, § 136 Rn 4; ähnlich Hüffer/*Koch*, § 136 Rn 18; aA soweit ersichtlich nur *Zimmermann*, FS Rowedder, S. 593, 598.

759 Offengelassen bei *Schatz*, AG 2015, 696, 701.

760 Spindler/Stilz/*Rieckers*, § 136 Rn 18; MüKoAktG/*Schröer*, § 136 Rn 23; Schmidt/Lutter/*Spindler* § 136 Rn 31; Wachter/*Dürr* § 136 Rn 14; Grigoleit/*Herrler* § 136 Rn 11; noch weitergehend KK-AktG/*Zöllner*, § 136 Rn 28; *Zöllner*, Die Schranken mitgliedschaftlicher Stimmrechtsmacht bei den privatrechtlichen Personenverbänden, S. 268; Bürgers/Körber/*Holzborn*, § 136 Rn 10; eher ablehnend Hölters/*Hirschmann*, § 136 Rn 8.

761 MüKoAktG/*Schröer*, § 136 Rn 23.

762 KK-AktG/*Zöllner*, § 136 Rn 28; Spindler/Stilz/*Rieckers*, § 136 Rn 18; MüKoAktG/*Schröer*, § 136 Rn 23; Schmidt/Lutter/*Spindler* § 136 Rn 31 Wachter/*Dürr* § 136 Rn 14; Grigoleit/*Herrler* § 136 Rn 11; Bürgers/Körber/*Holzborn*, § 136 Rn 10; *Zöllner*, Die Schranken mitgliedschaftlicher Stimmrechtsmacht bei den privatrechtlichen Personenverbänden, S. 268.

763 Dabei kommt es auch nicht darauf an, ob der Versammlungsleiter den Beschlussantrag wegen angeblicher Missbräuchlichkeit nicht zur Abstimmung stellen will, denn er hat grundsätzlich keine Befugnis zu einer solchen Bewertung.

764 Diese Wertung liegt wohl auch LG Köln ZIP 2016, 162 (juris Rz 158) zugrunde.

die Abwahl des Versammlungsleiters ausgeschlossen. Selbiges muss in diesem Fall auch für die Wahl eines neuen Versammlungsleiters gelten. Sonst drohte die Wahl eines neuen Versammlungsleiters, der den Antrag ebenfalls nicht zu Abstimmung stellen will.

Problematisch ist zuletzt, dass die Abwahl des Versammlungsleiters aus wichtigem Grund per Hauptversammlungsbeschluss geschieht, deren Leitung noch dem alten Versammlungsleiter obliegt, der möglicherweise der Meinung ist, dass ein solcher wichtiger Grund nicht vorliegt. Er könnte daher die Abstimmung oder die Beschlussfeststellung verweigern, um seine Abwahl zu verhindern. Er könnte damit der Hauptversammlung ohne Rechtsschutzmöglichkeiten seinen Willen aufzwingen und provoziert mit einem solchen Verhalten möglicherweise anfechtbare Beschlüsse.[765] Verweigert der Versammlungsleiter die Abstimmung über seine eigene Abwahl, oder weigert er sich, das Abstimmungsergebnis festzustellen, so weigert er sich, seine Aufgabe weiterhin auszuführen. Das muss als konkludente Amtsniederlegung gewertet werden, die den Weg öffnet, einen neuen Versammlungsleiter zu bestellen.[766]

## 2) Unverzügliche Einberufung einer neuen Hauptversammlung

Haben die Aktionäre den Versammlungsleiter nicht abberufen und damit ihren Beschluss nicht fassen können, müssen sie nicht unbedingt auf die nächste Hauptversammlung warten, sondern können eventuell – sofern sie einen genügenden Anteil am Grundkapital besitzen – die Einberufung einer neuen Hauptversammlung nach § 122 Abs. 1 AktG vom Vorstand verlangen und notfalls gerichtlich nach Abs. 3 erzwingen. Fraglich ist allein, ob dieses Verlangen missbräuchlich ist.[767]

Teilweise wird im Schrifttum vertreten, über einen erst kürzlich abgestimmten und abgelehnten Antrag dürfe nur dann noch einmal Beschluss gefasst werden, wenn sich der Sachverhalt verändert habe bzw. neue Gesichtspunkte bekannt würden.[768] Die Ansicht ist auf diesen Fall aber nicht übertragbar. Sie greift nur ein, wenn über den Antrag abgestimmt worden ist, eine reine Beratung reicht nicht aus.[769] Eine Abstimmung liegt bei der Verweigerung der Beschlussfassung durch den Versammlungsleiter aber gerade nicht vor.

765 *Butzke*, Hauptversammlung, D Rn 15.

766 Ebenso Großkomm-AktG/*Mülbert*, Vor. §§ 118–147, Rn 83; *Lochner/Beneke*, ZIP 2015, 2010.

767 Eine Missbräuchlichkeit verneinend OLG Karlsruhe ZIP 2015, 125 (juris Rz 29 ff.); KG ZIP 2012, 1029 (juris Rz 32), ebenso *Schatz*, AG 2015, 696, 703.

768 Hüffer/*Koch*, § 122 Rn 6; MüKoAktG/*Kubis*, § 122 Rn 20; Spindler/Stilz/*Rieckers*, § 122 Rn 24.

769 OLG Karlsruhe ZIP 2015, 125 (juris Rz 34); KG AG 2012, 256 (juris Rz 32); KK-AktG/*Noack/Zetzsche*, 3, § 122 Rn 67; aA MüKoAktG/*Kubis*, § 122 Rn 20, der die Missbräuchlichkeit auch annimmt, wenn keine Beschlussfassung vorliegt.

Nach einer Stimme in der Literatur soll das Verlangen trotz fehlender Beschlussfassung dann missbräuchlich sein, wenn der Versammlungsleiter berechtigterweise die Abstimmung zurückgewiesen hat.[770] Diese Ansicht ist missverständlich, und ihr kann so nicht gefolgt werden: Der Versammlungsleiter darf nur die Abstimmung bei Anträgen verhindern, die zu evident nichtigen Beschlüssen führen würden.[771] Der Vorstand bzw. das nach § 122 Abs. 3 S. 1 AktG zuständige Gericht prüft jedoch das aktuelle Verlangen, nicht den Beschlussantrag bei der letzten Hauptversammlung. Litt das vormalige Verlangen wirklich an einem solch schweren, zur Nichtigkeit führenden Mangel und wurde es in der Zwischenzeit nicht umformuliert, so ist das jetzige Verlangen aufgrund von rechtlich zu missbilligenden Zwecken missbräuchlich.[772] Denn in allen Fällen geschieht eine inzidente Prüfung durch das Gericht, ob der Antrag (evident) rechtswidrig ist. Bejaht es einen solchen Fall, kommt es gar nicht mehr darauf an, ob der Versammlungsleiter in der letzten Hauptversammlung rechtmäßig handelte. Die Missbräuchlichkeit ergibt sich schon aus dem aktuellen Verlangen selbst. Wurde dagegen das aktuelle Verlangen so umformuliert, dass das Gericht zur Überzeugung kommt, das Verlangen sei (nun) rechtmäßig, ist ebenfalls irrelevant, ob der Versammlungsleiter rechtmäßig gehandelt hat; das Verlangen ist jedenfalls jetzt rechtmäßig. Im Übrigen ist der Streit bei der Beschlussfassung nach § 147 Abs. 1 AktG wenig relevant, da kaum Fallkonstellationen denkbar sind, in denen die Anträge zu evident nichtigen Beschlüssen führen würden und der Versammlungsleiter die Abstimmung berechtigt verweigert hat.[773]

Zuletzt ist noch die Fallgruppe der Missbräuchlichkeit aufgrund möglichen Zuwartens auf die nächste ordentliche Hauptversammlung zu betrachten.[774] Diese ist Ausprägung einer Kosten-Nutzen-Analyse: Die Kosten einer außerordentlichen Hauptversammlung sind sehr hoch. Es fallen nicht nur finanzielle Belastungen an, sondern die Vorbereitung einer solchen Hauptversammlung bindet auch Personal und andere Kapazitäten der Aktiengesellschaft. Demgegenüber darf der Nutzen einer außerordentlichen Versammlung nicht außergewöhnlich gering sein.

Bei der Beschlussfassung über die Geltendmachung von Ersatzansprüchen kann man grundsätzlich nicht davon ausgehen, dass abgewartet werden kann.[775] Bei der Verzögerung der Anspruchsverfolgung muss immer davon ausgegangen werden, dass eine Beweisverschlechterung[776] oder sogar Verjährung der Ansprüche eintritt. Nur in Ausnahmefällen, so wenn das Verlangen unmittelbar vor einer anstehenden ordentlichen Hauptversammlung gestellt wird, ist von einer Missbräuchlichkeit auszugehen.

---

770 Spindler/Stilz/*Rieckers*, § 122 Rn 24.

771 Siehe oben unter VI.2.

772 KG AG 2012, 256 (juris Rz 33); ebenso OLG Karlsruhe ZIP 2015, 125 (juris Rz 36).

773 Vgl. oben ausführlich unter CII2).

774 Hüffer/*Koch*, § 122 Rn 6 mwN.

775 OLG Karlsruhe ZIP 2015, 125 (juris Rz 29 f.).

776 Ebenfalls OLG Karlsruhe ZIP 2015, 125 (juris Rz 30).

Damit bestehen keine rechtlichen Bedenken bezüglich der Einberufung einer außerordentlichen Hauptversammlung nach § 122 Abs. 1, 3 AktG zur Geltendmachung von Ersatzansprüchen und Bestellung eines Besonderen Vertreters nach § 147 AktG.

## 3) Gerichtliche Bestellung eines neuen Versammlungsleiters

Doch auch eine neue Hauptversammlung nützt den Aktionären nur, wenn der Versammlungsleiter nun den Beschlussantrag zur Abstimmung stellt. Geschieht dies nicht, droht sich das Spielchen zu wiederholen. Im Folgenden werden zwei Konstellationen untersucht: Zum einen die, dass bei der neuen, außerordentlichen Hauptversammlung zugleich ein anderer Versammlungsleiter bestellt wird. Zum anderen die Möglichkeit, für eine ordentliche Hauptversammlung, in der zum ersten Mal Beschlüsse nach § 147 AktG gefasst werden sollen, einen anderen Versammlungsleiter präventiv zu bestellen.

### *a) Gerichtliche Bestellung eines Versammlungsleiters in Fällen des § 122 Abs. 3 S. 1 AktG*

Werden Aktionäre nach § 122 Abs. 3 S. 1 AktG gerichtlich ermächtigt, eine neue Hauptversammlung einzuberufen oder auch nur die Tagesordnung zu erweitern, so können sie schon dem Wortlaut des § 122 Abs. 3 S. 2 AktG nach „zugleich" einen neuen Versammlungsleiter gerichtlich bestimmen lassen. Sinn und Zweck der Bestellung eines neuen Versammlungsleiters ist die Besorgnis, dass der satzungsmäßige Versammlungsleiter dem Minderheitsverlangen nicht in gebührender Weise gerecht werden wird.[777] Auf die Voraussetzungen, unter denen sich das Ermessen des Gerichts zur Pflicht verdichtet, wird sogleich unter c) eingegangen.

Auch im Falle der gerichtlichen Ermächtigung zur Ergänzung der Tagesordnung ist es möglich, zugleich einen neuen Versammlungsleiter zu bestimmen. Dass dieser jedoch für die gesamte Hauptversammlung den satzungsmäßigen Versammlungsleiter verdrängen muss, ist aus Rechtsschutzaspekten nicht erforderlich.[778] Vielmehr kann der neue Versammlungsleiter nur für die spezifischen Tagesordnungspunkte bestellt werden. Die Bestellung umfasst die ergänzten Tagesordnungspunkte und solche, die in einem Zusammenhang mit diesen stehen.[779] Es wird insofern von einer „gespaltenen Versammlungsleitung" gesprochen.[780] Man könnte auch von einer

777 MüKoAktG/*Kubis*, § 122 Rn 60; Hüffer/*Koch*, § 122 Rn 11 mit Verweis auf OLG Köln ZIP 2015, 1585 (juris Rz 10).

778 KK-AktG/*Noack/Zetzsche*, § 122 Rn 104.

779 Ebd.

780 OLG Köln ZIP 2015, 1585 (juris Rz 12); OLG Hamburg, AG 2012, 294 (juris Rz 16); Großkomm-AktG/*Werner*, § 122 Rn 61; KK-AktG/*Noack/Zetzsche*, § 122 Rn 104; Spindler/Stilz/*Rieckers*, § 122 Rn 56; Heidel/*Müller*, § 122 Rn 32; Grigoleit/*Herrler*, § 122 Rn 15; *Schatz*, AG 2015, 696, 705; *Theusinger/Schilha*, NZG 2016, 56, 59; aA MüKoAktG/*Kubis*, § 122 Rn 60; *Mertens*, AG 1997, 481, 490.

Minus-Maßnahme durch das Gericht sprechen, denn statt der Bestellung des Versammlungsleiters für die gesamte Hauptversammlung (so der Wortlaut von § 122 Abs. 3 S. 2 AktG), wird dieser nur für bestimmte Tagesordnungspunkte bestellt.

Einige Vertreter in der Literatur lehnen die Möglichkeit einer solch gespaltenen Versammlungsleitung ab und fordern auch bei der Erweiterung von einzelnen Tagesordnungspunkten die einheitliche Versammlungsleitung. Daraus folgern sie, dass das Gericht bei der gerichtlichen Ermächtigung zur Erweiterung (lediglich) der Tagesordnung „nur sehr zurückhaltend“[781] bzw. nur „in seltenen Ausnahmefällen“[782] einen Leiter für die gesamte Versammlung bestimmen dürfe. Dieser Ansicht liegt anscheinend das Verständnis zugrunde, das Schutzgut der einheitlichen Leitung der Hauptversammlung sei dem Schutz des Minderheitsverlangens übergeordnet. Doch das ist so nicht haltbar: Das Gesetz schützt das Interesse des Aktionärs an einer Behandlung seiner ihm wichtigen Punkte durch die Möglichkeit der Ergänzung der Tagesordnung oder sogar Einberufung einer neuen Hauptversammlung und räumt ihm durch die gerichtliche Bestellung eines unparteiischen und neutralen Versammlungsleiters ein effektives Durchsetzungsinstrument ein. Dass bei der gerichtlichen Bestellung eines Versammlungsleiters – je nachdem, ob nur die Tagesordnung erweitert, oder eine neue Hauptversammlung einberufen werden soll – unterschiedliche Maßstäbe anzulegen sind, lässt sich dem Gesetz nicht entnehmen; im Gegenteil spricht der Wortlaut sogar dafür, dass auch bei der Ergänzung der Tagesordnung für die gesamte Versammlung ein neuer Leiter zu bestimmen ist.[783]

Die neutrale und unparteiische Leitung der Hauptversammlung und Behandlung jedes einzelnen Tagesordnungspunktes ist im Interesse aller Aktionäre und insofern auch der Hauptversammlung als Gesamtheit der Anteilseigner. Sie wiegt daher höher als eine angebliche Friktion der Hauptversammlung durch eine gespaltene Versammlungsleitung.[784] Im Übrigen kann die Ablehnung einer solch gespaltenen Versammlungsleitung nach dem Sinn und Zweck des Gesetzes nur dazu führen, dass jedes Mal ein neuer Gesamt-Versammlungsleiter gerichtlich zu bestellen ist. Keinesfalls darf diese Ansicht zu einer zurückhaltenden Anwendung des Schutzinstruments des § 122 Abs. 3 S. 2 AktG führen.[785]

### *b) Isolierte gerichtliche Bestellung eines Versammlungsleiters in Fällen des § 122 Abs. 1, 2 AktG*

Hat der Vorstand eventuell erst nach Zögern oder sogar während des gerichtlichen Verfahrens nach § 122 Abs. 3 S. 1 AktG dem Minderheitsverlangen nach § 122 Abs. 1 oder 2 AktG stattgegeben, so wird die Klage auf gerichtliche Ermächtigung

781 MüKoAktG/*Kubis*, § 122 Rn 60.
782 Spindler/Stilz/*Rieckers*, § 122 Rn 56.
783 So auch *Schatz*, AG 2015, 696, 705 f.; *Theusinger/Schilha*, NZG 2016, 56, 59.
784 So aber MüKoAktG/*Kubis*, § 122 Rn 60.
785 Vgl. auch *Schatz*, AG 2015, 696, 706.

unzulässig und erledigt sich.[786] Fraglich ist, ob in einem solchen Fall das Gericht dennoch isoliert einen Versammlungsleiter für die entsprechenden Tagesordnungspunkte bzw. die gesamte Hauptversammlung bestimmen kann. Der Wortlaut von § 122 Abs. 3 S. 2 AktG gibt das nicht her, da das Gericht den Versammlungsleiter nur „zugleich" – d.h. in Verbindung mit einer gerichtlichen Ermächtigung nach Abs. 3 S. 1 – bestellen kann.[787]

Andererseits ist jedoch Sinn und Zweck der gerichtlichen Bestellung von Versammlungsleitern die Gewährleistung einer unparteiischen und neutralen Behandlung der Minderheitsverlangen.[788] Dieses Schutzgut besteht unabhängig davon, ob der Vorstand dem Verlangen nachkommt oder nicht, da die Bestellung des Versammlungsleiters die Behandlung des Antrags in der und nicht die Zulassung zur Hauptversammlung regelt. Mit anderen Worten kann aus dem Umstand, dass der Vorstand dem Ergänzungsverlangen nachgekommen ist, nicht geschlossen werden, dass auch der Versammlungsleiter den Tagesordnungspunkt ordnungsgemäß behandelt.[789] Aus diesem Grund liegt es nahe, dass der Wortlaut des Abs. 3 S. 2 zu eng gefasst ist und der Anwendungsbereich mithilfe einer Analogie erweitert werden muss.[790] Aufgrund des oben genannten Schutzzwecks ist von einer planwidrigen Regelungslücke auszugehen.[791] Des Weiteren fordert eine Analogie einen vergleichbaren Sachverhalt. Das Oberlandesgericht Köln[792] und das Oberlandesgericht Hamburg[793] bejahten diesen in Fällen, in denen der Vorstand zunächst das Verlangen verweigerte und erst unter dem Druck des gerichtlichen Verfahrens dem Minderheitsverlangen doch stattgab.[794] Das Oberlandesgericht Köln unterband damit ein spitzfindiges Vorgehen der Verwaltung (Vorstand und Aufsichtsratsvorsitzender als Versammlungsleiter), dem Minderheitsverlangen unter Druck stattzugeben, aber diesbezügliche Beschlussanträge überraschend in der Hauptversammlung doch nicht zur Abstimmung zu stellen.[795] In dieser Konstellation könnte die Verwaltung

786 BGH ZIP 2012, 1313 (juris Rz 6 ff.); OLG Hamburg AG 2012, 294 (vgl. juris Rz 12).

787 AA KK-AktG/*Noack/Zetzsche*, § 122 Rn 103; Heidel/*Müller*, § 122 Rn 32, die anscheinend von einer direkten Anwendung von Abs. 3 S. 2 ausgehen. Offen gelassen bei MüHdbGesR-AG/*Bungert*, § 36 Rn 33.

788 Vgl. nur Hüffer/*Koch*, § 122 Rn 11 mwN.

789 Vgl. auch Hölters/*Drinhausen*, § 122 Rn 23.

790 *Butzke*, Hauptversammlung, D Rn 11.

791 *Grunewald*, AG 2015, 689, 694; *Schatz*, AG 2015, 696, 707; aA aber LG Marburg AG 2005, 742 (juris Rz 7).

792 OLG Köln ZIP 2015, 1585.

793 OLG Hamburg AG 2012, 294.

794 Ebenso AG Duisburg, Beschluss v. 20.07.2016 – HRB 3291, n.v.; bestätigt von OLG Düsseldorf Beschluss v. 21.07.2016 – I-3 Wx 191/16, n.v. Anders aber LG Marburg AG 2005, 742 in eben so einem Sachverhalt.

795 Zustimmend bei dieser Konstellation auch Heidel/*Müller*, § 122 Rn 32; *Theusinger/Schilha*, NZG 2016, 56, 57; *Linnerz*, GWR 2012, 247. Zu der (zu verneinenden) Frage, ob der Versammlungsleiter ein vom Vorstand stattgegebenes Verlangen nach § 122

ein Minderheitsverlangen im Ergebnis endgültig verhindern, indem der Vorstand durch Stattgabe des Verlangens eine gerichtliche Entscheidung nach § 122 Abs. 3 S. 1 AktG verhindert und der satzungsmäßige Versammlungsleiter den Tagesordnungspunkt dann dennoch nicht zur Abstimmung stellt. Dies ließe sich nach Belieben wiederholen und kann nur verhindert werden, wenn auch bei erfolgreichem Minderheitsverlangen nach § 122 Abs. 1, 2 AktG dem Grundsatz nach ein gerichtlich bestellter und neutraler Versammlungsleiter zulässig ist.[796]

Der vergleichbare Regelungssachverhalt ist jedoch nicht auf Konstellationen beschränkt, in denen es zunächst zu einer Abwehrhaltung der Verwaltung gekommen ist und ein Verfahren nach § 122 Abs. 3 S. 1 AktG eingeleitet wurde, sondern muss immer gelten, auch dann, wenn die Verwaltung dem Verlangen ohne Weiteres zustimmt. Denn sollte sich die Analogiereichweite auf die Fälle der Gegenwehr beschränken, so könnte die Verwaltung ihr Verhalten modifizieren und einem Verlangen nach § 122 Abs. 2 AktG uneingeschränkt stattgeben, um es dann in der Hauptversammlung (wieder) nicht zur Abstimmung zur stellen.[797] Damit ist von einer umfassenden Analogiefähigkeit auf alle Fälle auszugehen, in denen ein Versammlungsleiter isoliert gerichtlich bestellt werden soll, um ein Verlangen nach § 122 Abs. 2 AktG[798] neutral und sachgerecht in der Hauptversammlung zu behandeln.[799]

Auf einem ganz anderen Blatt steht jedoch, in welchen Fällen sich dann das gerichtliche Ermessen, einen neuen Versammlungsleiter zu bestimmen, auf null reduziert und zu einer Pflicht verdichtet. Dieser Frage wird im nächsten Punkt nachgegangen.

### *c) Voraussetzungen zur Bestellung eines anderen Versammlungsleiters in Fällen des § 147 AktG*

Das Gesetz bestimmt sowohl in § 122 Abs. 3 S. 1 wie auch S. 2 AktG, dass das Gericht die Aktionäre ermächtigen bzw. einen Versammlungsleiter bestellen kann. Während entgegen des Wortlauts das Gericht bei einem formell und materiell rechtmäßigen

---

Abs. 2 S. 1 AktG noch aufgrund angeblicher Rechtswidrigkeit verhindern darf, zutreffend *Grunewald*, AG 2015, 689, 692 f.

796 Ebenso *Schatz*, AG 2015, 696, 706 f.; aA aber Hüffer/*Koch*, § 122 Rn 11.

797 So auch *Schatz*, AG 2015, 696, 707, der dann die *Anregung* des Gerichts, nach § 122 Abs. 3 S. 2 AktG einen Versammlungsleiter zu bestellen (so die ganz überwiegende Meinung) in einen echten *Antrag* umdeutet, der ein gerichtliches Verfahren einleitet.

798 Selbiges gilt selbstverständlich auch für die Einberufung einer außerordentlichen Hauptversammlung nach § 122 Abs. 1 AktG.

799 Ebenso AG Frankfurt a.M. WM 1988, 304; *Butzke*, Hauptversammlung, D Rn 11; KK-AktG/*Noack/Zetzsche*, § 122 Rn 103; MüKoAktG/*Kubis*, § 122 Rn 60; Spindler/Stilz/*Rieckers*, § 122 Rn 57; Henssler/Strohn/*Liebscher*, § 122 Rn 11; *Schatz*, AG 2015, 696, 707.

Antrag – ebenso wie der Vorstand nach § 122 Abs. 1 S. 1, Abs. 2 S. 1 AktG – gebunden ist und die Ermächtigung aussprechen muss,[800] hat es bei der Bestimmung des Versammlungsleiters ein echtes Ermessen.[801] Abzuwägen hat das Gericht den Eingriff in die Organisationsverfassung der Gesellschaft gegen den Schutz der Minderheit. Dieses Ermessen verdichtet sich jedoch dann zu einer Pflicht, wenn das Gericht davon ausgehen muss, dass der satzungsmäßig berufene Versammlungsleiter dem Minderheitsbegehren nicht hinreichend neutral und unparteiisch gegenübersteht, und daher dem Anliegen nicht in gebührender Weise gerecht werden wird.[802] Untersucht wird daher im Folgenden, unter welchen Voraussetzungen eine solche Ermessensreduzierung auf null angenommen werden kann, wenn aufgrund von Minderheitsverlangen die Tagesordnung mit Beschlussanträgen nach § 147 AktG erweitert worden ist.

Das Ermessen soll z.B. dann zur Pflicht erwachsen, wenn der Aufsichtsratsvorsitzende, der satzungsmäßig die Versammlungsleitung übernehmen soll, im Vorfeld die Ablehnung des Minderheitsbegehrens durch den Vorstand unterstützt oder sogar initiiert hat, oder wenn er in vergangenen Hauptversammlungen rechtswidrige Leitungsmaßnahmen in Bezug auf andere Minderheitsverlangen getätigt hat.[803] Dem ist zuzustimmen, lässt ein solches Verhalten doch erkennen, dass der Versammlungsleiter sich gegen den Antrag positioniert oder sich auch in der Vergangenheit nicht vor potentiell rechtswidrigen Leitungsmaßnahmen scheute. Selbiges muss gelten, wenn sich der Versammlungsleiter anderweitig öffentlich negativ über das Verlangen äußert, beispielsweise in Interviews oder Reden, in denen er das Verlangen als rechtswidrig bzw. rechtsmissbräuchlich bezeichnet und damit die neutrale Ebene verlässt, auf der sich ein Versammlungsleiter zu bewegen hat.[804]

All diesen Beispielen ist gemein, dass ein konkreter Hinweis auf möglicherweise voreingenommene, parteiische und im Endeffekt rechtswidrige Verhaltensweisen des Versammlungsleiters vorliegt.

Fraglich ist, ob auch bei der abstrakten Gefahr einer unsachgemäßen Versammlungsleitung eine gerichtliche Bestimmung des Versammlungsleiters möglich ist. Eine solche könnte beispielsweise dann gegeben sein, wenn zwar in der letzten Hauptversammlung der Versammlungsleiter den Beschlussantrag nicht zur

---

800 KG ZIP 2012, 1029 (juris Rz 19); KK-AktG/*Noack/Zetzsche*, § 122 Rn 95; Großkomm-AktG/*Werner*, § 122 Rn 59; Hüffer/*Koch*, § 122 Rn 11; Spindler/Stilz/*Rieckers*, § 122 Rn 54; MüKoAktG/*Kubis*, § 122 Rn 43, 57; Heidel/*Müller*, § 122 Rn 30.

801 Spindler/Stilz/*Rieckers*, § 122 Rn 56; *Schatz*, AG 2015, 696, 707.

802 OLG Köln ZIP 2015, 1585 (juris Rz 10); OLG Hamburg AG 2012, 294 (juris Rz 19); Großkomm-AktG/*Werner*, § 122 Rn 61; Hüffer/*Koch*, § 122 Rn 11; MüKoAktG/*Kubis*, § 122 Rn 60; Spindler/Stilz/*Rieckers*, § 122 Rn 57; aA MüHdbGesR-AG/*Semler*, § 35 Rn 20, der auch in diesem Fall ein Ermessen annimmt.

803 MüKoAktG/*Kubis*, § 122 Rn 60; *Theusinger/Schilha*, NZG 2016, 56, 58; *Schatz*, AG 2015, 696, 707. Im Zusammenhang mit der Abwahl des Versammlungsleiters in der Hauptversammlung ebenso *Kocher/Lönner*, ZIP 2016, 653, 657.

804 In diese Richtung auch KK-AktG/*Noack/Zetzsche*, § 122 Rn 100.

Abstimmung gestellt hat, sich in der Zwischenzeit jedoch der Aufsichtsratsvorsitz und damit die Person des Versammlungsleiters geändert hat.[805] Im Hinblick auf Beschlüsse zur Geltendmachung von Ersatzansprüchen nach § 147 Abs. 1 AktG ist es zudem denkbar, dass auch der Aufsichtsratsvorsitzende und satzungsmäßige Versammlungsleiter zum Kreis der potentiellen Anspruchsgegner gehört und möglicherweise (obwohl er die Versammlung in der Vergangenheit stets rechtmäßig geleitet hat) den Tagesordnungspunkt nicht frei von Interessenskonflikten behandeln wird.

### *aa) Die persönliche Betroffenheit des Versammlungsleiters bei Beschlüssen nach § 147 Abs. 1 AktG*

Das Oberlandesgericht Köln sah sich bei einer Entscheidung der Situation ausgesetzt, in der es zwar in der Vergangenheit während einer Hauptversammlung zu möglicherweise[806] rechtswidrigen Handlungen des Versammlungsleiters gekommen war, nicht jedoch in der Person des nun amtierenden Versammlungsleiters.[807] Es befasste sich jedoch nicht mit der komplizierten Frage, ob und inwieweit das Vorverhalten des ehemaligen Versammlungsleiters Rückschlüsse auf das potentielle Verhalten des jetzigen Versammlungsleiters ergebe bzw. ob sich der jetzige Versammlungsleiter das Verhalten seines Vorgängers zurechnen lassen müsse, sondern stellte schlicht darauf ab, dass sich die Besorgnis einer befangenen Beschlussantragsbehandlung schon daraus ergebe, dass der jetzige Versammlungsleiter als Aufsichtsratsvorsitzender einer der Anspruchsgegner der Beschlussanträge nach § 147 Abs. 1 AktG sei.[808] Diese Entscheidung hat im Schrifttum überwiegend Zuspruch aber auch Ablehnung erfahren.[809]

Kritiker vergleichen die Beschlussfassung über die Anspruchsverfolgung nach § 147 Abs. 1 AktG mit dem Beschluss über die Entlastung von Organmitgliedern nach § 120 Abs. 1 AktG: Bei der Beschlussfassung über die Entlastung vertrete niemand, dass der satzungsmäßige Versammlungsleiter (als Aufsichtsratsvorsitzender)

---

805 Vgl. dazu den Sachverhalt, der OLG Köln ZIP 2015, 1585 zugrunde lag.

806 Offengelassen durch das Gericht, da es nicht auf die Rechtmäßigkeit des Verhaltens des früheren Versammlungsleiters ankam. Dass das Nichtabstimmen über einen Beschlussantrag über die Geltendmachung von Ersatzansprüchen nach § 147 AktG, den der Versammlungsleiter für rechtsmissbräuchlich hält, die Kompetenzen des Versammlungsleiters übersteigt und damit rechtswidrig ist, siehe oben unter CII2).

807 Vgl. OLG Köln ZIP 2015, 1585 (juris Rz 11).

808 OLG Köln ZIP 2015, 1585 (juris Rz 11); ebenso nun auch AG Köln Beschluss vom 03.06.2016 – HRB 556 n.v., S. 10.

809 Zustimmend etwa *Lochner/Beneke*, ZIP 2015, 2010, 2012 f.; *Schatz*, AG 2015, 696, 707; *ders.*, EWiR 2015, 599, 600; *Flick*, GWR 2015, 296; *Hippeli*, jurisPR-HaGesR 8/2015 Anm. 2; kritisch *Theusinger/Schilha*, NZG 2016, 56, 58; ebenfalls dagegen (zur vergleichbaren Situation bei der Abwahl des satzungsmäßigen Versammlungsleiters aus wichtigem Grund) *Kocher/Lönner*, ZIP 2016, 653, 657.

ungeeignet sei und die Besorgnis parteiischer Leitungsmaßnahmen bestehe.[810] Im Übrigen sei das Kriterium der persönlichen Betroffenheit zu weitgehend, schließlich müsste das Gericht ansonsten auch bei Beschlussfassungen über die Durchführung einer Sonderprüfung nach § 142 Abs. 1 AktG bezüglich aller Vorgänge, an denen auch der Versammlungsleiter als Verwaltungsmitglied beteiligt war, einen neuen Versammlungsleiter bestellen. Selbiges gelte bei der Zustimmung über einen Vergleich über oder Verzicht auf Ersatzansprüche gegen den Versammlungsleiter als Aufsichtsratsmitglied nach §§ 116, 93 Abs. 4 S. 3 AktG oder der Vergütung des Aufsichtsrats bzw. ähnlichen Konstellationen.[811]

Zwar ist der Ansicht zuzugestehen, dass in vielen weiteren Konstellationen der Aufsichtsratsvorsitzende als satzungsmäßiger Versammlungsleiter von der Beschlussfassung persönlich betroffen ist (was gleichzeitig aber auch die Frage erlaubt, ob der Aufsichtsratsvorsitzende wirklich die richtige Person ist, um eine Hauptversammlung neutral und unparteiisch zu leiten). Die Entscheidung des Oberlandesgerichts Köln sollte jedoch nicht so verstanden werden, dass es lediglich um eine allgemeine persönliche Betroffenheit geht, sondern dass der Aufsichtsratsvorsitzende bei der Beschlussfassung über die Geltendmachung von Ersatzansprüchen auch gegen ihn persönlich *so betroffen* ist, dass die Besorgnis besteht, dass er den Tagesordnungspunkt nicht unparteiisch und neutral und damit nicht ordnungsgemäß behandelt. Der Anknüpfungspunkt ist damit eine qualifizierte Betroffenheit. Der vom Oberlandesgericht Köln entschiedene Fall ist mit anderen Konstellationen persönlicher Betroffenheit zu vergleichen und dogmatisch einzuordnen, um festzustellen, ob die Argumente der Kritiker valide sind. Dafür soll einerseits zwischen den für die Person des Versammlungsleiters positiven und negativen Beschlussanträgen unterschieden werden und andererseits die potentielle Schwere der Rechtsfolgen gewichtet werden.

### (1) Positive und negative Beschlussanträge

Der Antrag, die Geltendmachung von Ersatzansprüchen (auch) gegen den Aufsichtsratsvorsitzenden als Versammlungsleiter zu beschließen, oder die Bestellung eines Sonderprüfers zur Prüfung von Komplexen, an denen ebenfalls der Aufsichtsratsvorsitzende beteiligt war, sind in ihren Wirkungen originär nachteilig für die Person des Versammlungsleiters. Dagegen begünstigt ihn ein Verzichts- oder Vergleichsbeschluss nach §§ 116, 93 Abs. 4 S. 3 AktG unmittelbar. Bei einem Vergütungsbeschluss kommt es darauf an, ob die Vergütung erhöht und vermindert wird. Ein Entlastungsbeschluss schließlich kann sowohl positiv als auch negativ wirken, je nachdem, ob die Entlastung erteilt wird oder nicht.

Die große Gefahr, die von einem persönlich betroffenen Versammlungsleiter ausgeht, ist die Verhinderung der Beschlussfassung, da er damit Tatsachen schafft und

810 So *Kocher/Lönner*, ZIP 2016, 653, 657; in diese Richtung auch *Theusinger/Schilha*, NZG 2016, 56, 57 f.

811 So *Theusinger/Schilha*, NZG 2016, 56, 57 f. mit weiteren Beispielen.

eine gerichtliche Überprüfung verhindert.[812] Eine Beschlussfassung wird er jedoch nur dann verhindern, wenn der potentielle Beschluss für ihn negativ ist. Damit besteht ein hoher Anreiz für den Versammlungsleiter, für ihn negative Anträge nicht zur Abstimmung zu stellen und damit eine Abstimmung (mindestens bis zur nächsten Hauptversammlung) zu verhindern.

Demgegenüber hat der Versammlungsleiter kein Interesse daran, dass ein für ihn positiver Beschlussantrag nicht zur Abstimmung gestellt wird. Er könnte lediglich auf den Gedanken kommen, das Stimmergebnis zu manipulieren, falls der Beschlussantrag nicht die nötige Mehrheit findet, indem er etwa einzelne Stimmen aufgrund angeblicher Stimmverbote nicht berücksichtigt oder anderweitig das Stimmergebnis verfälscht und dadurch das Beschlussergebnis fehlerhaft feststellt. Eine solch rechtswidrige Maßnahme führt zu einem anfechtbaren Beschluss.[813] Das bedeutet jedoch nicht, dass der Versammlungsleiter den Beschluss damit endgültig manipuliert hätte: In den Fällen der fehlerhaften Beschlussfeststellung geht die allgemeine Ansicht in Rechtsprechung und Literatur davon aus, die Anfechtungsklage allein sei nicht rechtsschutzintensiv genug und könne mit einer positiven Beschlussfeststellungsklage verbunden werden.[814] Hierbei wird das Beschlussergebnis korrigiert und die Beschlussfeststellung vom Gericht übernommen. Der Versammlungsleiter kann damit durch Manipulation des Stimmergebnisses das Schicksal des Beschlussantrags nicht zu seinen Gunsten entscheiden, vielmehr unterliegt sein Handeln der vollständigen gerichtlichen Überprüfung und der Beschluss der vollen gerichtlichen Korrektur.

Damit ergibt sich ein erster großer Unterschied zwischen für die Person des Versammlungsleiters negativen und positiven Beschlussanträgen: Während er die für ihn negativen Beschlussfassungen durch Nichtabstimmenlassen vollends verhindern kann, wird er bei für ihn positiven Anträgen durch Manipulation eines ihm ungünstigen Abstimmungsergebnisses maximal die korrekte Beschlussfeststellung verzögern. Sein Anreiz, bei negativen Beschlüssen rechtswidrig zu handeln, ist ungleich höher. Obwohl er bei beiden Beschlussarten persönlich betroffen ist, ist die Besorgnis einer rechtswidrigen Verwerfung des Beschlussantrags grundsätzlich nur bei ihn negativ betreffenden Beschlussanträgen zu befürchten.[815]

---

812 Zu der Frage, ob es auch eine isolierte positive Beschlussfeststellungsklage gibt, sogleich unten unter CIII4).

813 Vgl. nur BGHZ 76, 191; Großkomm-AktG/*Schmidt*, § 243 Rn 28.

814 BGHZ 76, 191; BGHZ 97, 28; Großkomm-AktG/*Schmidt*, § 243 Rn 28, § 246 Rn 98 ff.; Heidel/*Heidel*, § 246 Rn 12; Schmidt/Lutter/*Schwab*, § 246 Rn 43 ff.; Hüffer/*Koch*, § 246 Rn 42; Spindler/Stilz/*Dörr*, § 246 Rn 58 f.; MüKoAktG/*Hüffer/Schäfer*, § 246 Rn 85 mwN. Vgl. grundlegend dazu *Zöllner*, Schranken mitgliedschaftlicher Stimmrechtsmacht bei den privatrechtlichen Personenverbänden, S. 405 ff.

815 Dies gilt in Bezug auf positive Beschlussanträge freilich nur dann, wenn es kein konkretes Fehlverhalten bei solchen in der Vergangenheit gab.

### (2) Intensität der potentiellen Rechtsfolgen für den Versammlungsleiter

Da der Entlastungsbeschluss sowohl positiv wie negativ wirken kann, ist zu beleuchten, ob auch diese Beschlussfassung nicht neutral von dem Aufsichtsratsvorsitzendem als Versammlungsleiter behandelt werden kann und ein gerichtlicher Versammlungsleiter bestellt werden müsste.

Stimmen in der Literatur, die sich gegen die Entscheidung des Oberlandesgerichts Köln positionieren, stellen darauf ab, dass schließlich sowohl bei einem Entlastungsbeschluss nach § 120 Abs. 1 AktG, als auch bei einem Beschluss nach § 147 Abs. 1 und 2 AktG, der Versammlungsleiter als betroffener Aufsichtsratsvorsitzender – in dem Falle, dass er zugleich Aktionär der Gesellschaft ist – einem Stimmverbot nach § 136 Abs. 1 S. 1 Var. 1 bzw. 3 AktG unterliegt.[816] Da er nach ganz überwiegender Ansicht eine Beschlussfassung nach § 120 Abs. 1 AktG trotzdem leiten darf, soll dies auch für Beschlussfassungen nach § 147 AktG gelten. Eine solche Sichtweise impliziert, dass Stimmverbote eines Aktionärs eine Aussage treffen über die Besorgnis einer rechtswidrigen Versammlungsleitung. Dem ist aber nicht so.

Auch bei der Beschlussfassung über einen Vergleich über bzw. einen Verzicht auf Ersatzansprüche wäre der Versammlungsleiter als Aufsichtsratsmitglied und Aktionär nach § 136 Abs. 1 S. 1 Var. 2 AktG mit einem Stimmverbot belegt. Dennoch ist bei dieser Beschlussfassung nicht zu befürchten, dass der Versammlungsleiter trotz persönlicher Betroffenheit die Beschlussfassung vollständig verhindert, da sie für ihn positiv ist. Auch hier käme allenfalls eine Manipulation des Abstimmungsergebnisses in Betracht, falls der Verzicht gegen ihn nicht beschlossen werden würde.

Der Umstand, dass der Versammlungsleiter bei der Abstimmung als Aktionär einem Stimmverbot unterliegt, gibt einen Hinweis darauf, dass der Beschlussgegenstand ihn persönlich betrifft. Es sagt jedoch nichts darüber aus, wie er mit der Beschlussfassung als Versammlungsleiter umgeht. Das Verbot der Stimmrechtsausübung soll in bestimmten Fällen das Richten in eigener Sache verhindern[817] und bewirken, dass es zu einer sonderinteressenfreien Willensbildung kommt. Dabei ist der Rechtsgrund des Stimmverbots in Nuancen unterschiedlich. So folgen für Vorstand und Aufsichtsrat keine unmittelbaren Vor- oder Nachteile aus dem Entlastungsbeschluss, da er weder eine Geltendmachung von Ersatzansprüchen verhindert (§ 120 Abs. 2 S. 2 AktG),[818] noch eine Beweislastumkehr oder ähnliche Vorteile schafft.[819] Es tritt bei der Beschlussfassung in der Aktiengesellschaft somit weniger die Verhinderung von Ersatzansprüchen und das Verbot des Richtens in eigener Sache in den Vordergrund, sondern vielmehr die (moralische) Feststellung, dass

816 So z.B. *Kocher/Lönner*, ZIP 2016, 653, 657.

817 Vgl. dazu ausführlich Fn 34.

818 Anders als z.B. bei der GmbH, bei der ein wirksamer Entlastungsbeschluss zur Präklusion von Ersatzansprüchen führt. Vgl. nur MüKoGmbHG/*Liebscher*, § 46 Rn 144 ff.

819 OLG Düsseldorf ZIP 1996, 503 (juris Rz 40) mwN; *K. Schmidt*, GesR, § 14 VI 2b.; *Hügel/Klepsch*, NZG 2005, 905.

die Verwaltung gute Arbeit geleistet hat und das Vertrauen der Aktionäre genießt. Es wäre schlicht Selbstbeweihräucherung, ließe man das Verwaltungsmitglied sich selbst entlasten und das Vertrauen aussprechen.[820] Aufgrund dessen findet bei der Ein-Mann-Aktiengesellschaft mit Gesellschafter-Vorstand oder -Aufsichtsrat entgegen des klaren Wortlauts des § 120 Abs. 1 S. 1 AktG gar keine Entlastung statt.[821]

Wenn sich aber die Rechtsfolgen der Entlastungsbeschlussfassung in Grenzen halten, hat der Versammlungsleiter keinen großen Anreiz, die Beschlussfassung zu beeinflussen.

Ganz anders gestalten sich die potentiellen Rechtsfolgen bei einer Beschlussfassung nach § 147 AktG. Würde ein Geltendmachungsbeschluss gefasst werden, so wäre die Verwaltung verpflichtet, Ersatzansprüche geltend zu machen. Würde darüber hinaus noch ein Besonderer Vertreter bestellt, so würde dieser die ordentliche Verwaltung in ihrer Geltendmachungsbefugnis verdrängen und die Durchsetzung würde völlig aus der Hand der regelmäßigen Organe genommen werden. Die potentiellen Rechtsfolgen für den Versammlungsleiter als Aufsichtsratsmitglied und Beschlussgegner sind damit immens und folglich der Anreiz hoch, eine solche Beschlussfassung zu verhindern.

Ganz ähnlich ist der Fall bei der Bestellung eines Sonderprüfers nach § 142 Abs. 1 AktG, der Vorgänge, an denen auch der Versammlungsleiter als Aufsichtsratsmitglied beteiligt war, im Hinblick auf Pflichtverletzungen zu untersuchen hat. Zwar ist der Beschluss nicht direkt auf die Geltendmachung von Ersatzansprüchen gerichtet, jedoch wird das Ergebnis des Sonderprüfers, es sei zu Pflichtverletzungen gekommen, regelmäßig zu Beschlussfassungen nach § 147 Abs. 1, 2 AktG führen. Solche Beschlüsse könnten sogar unter dem TOP „Sonderprüfungsbericht" ausnahmsweise gemäß § 124 Abs. 4 S. 2 AktG bekanntmachungsfrei und damit ad hoc in derselben Hauptversammlung gefasst werden.[822]

Die Rechtsfolgen für den Versammlungsleiter sind damit kaum überschaubar und mit einem hohen persönlichen Risiko belastet; der Beschluss betrifft ihn nicht nur persönlich, sondern möglicherweise existenziell.

Dies ist der Grund, weshalb – anders als bei einem Entlastungsbeschluss – allein aufgrund des Beschlussgegenstands zu besorgen ist, dass der Versammlungsleiter den Beschlussantrag nicht neutral und unparteiisch behandeln und die Beschlussfassung manipulieren bzw. verhindern könnte.[823] Mit dem oben propagierten Rechtsgedanken des Stimmverbots aus § 136 Abs. 1 S. 1 Var. 3 AktG hat das nur noch wenig zu tun.

---

820 Ebenso Hüffer/*Koch*, § 120 Rn 5, der von „beschlussförmigem Selbstlob" spricht.
821 Hüffer/*Koch*, § 120 Rn 5; Heidel/*Krenek/Pluta*, § 120 Rn 12.
822 Vgl. Fn 31.
823 In diese Richtung auch *Schatz*, AG 2015, 696, 707, der eine „persönliche Spürbarkeit" verlangt.

(3) Zwischenergebnis

Den Kritikern der Entscheidung des Oberlandesgerichts Köln ist zu widersprechen. Weder ist die Besorgnis rechtswidriger Versammlungsleitung in jedem Fall begründet, in dem eine persönliche Betroffenheit des Versammlungsleiters gegeben ist, noch korrespondiert die Besorgnis mit den Wertungen des Stimmverbots.

Abstrakt muss das Gericht immer dann davon ausgehen, dass die Besorgnis besteht, dass der Versammlungsleiter dem Begehren nicht in gebührender Weise Rechnung tragen wird, wenn der satzungsmäßige Versammlungsleiter (1) persönlich vom Beschlussgegenstand betroffen ist und (2) der Beschluss für den Versammlungsleiter schwere, nachteilige Rechtsfolgen bereithält und daher der Anreiz der Verhinderung besonders groß ist. Liegen diese Voraussetzungen vor, so ist das Ermessen des Gerichts, einen neuen Versammlungsleiter nach § 122 Abs. 3 S. 2 AktG zu bestellen, auf null reduziert.

Eine solche Besorgnis besteht bei der Beschlussfassung über die Geltendmachung von Ersatzansprüchen ggf. zusammen mit der Bestellung eines Besonderen Vertreters nach § 147 Abs. 1, 2 AktG dann, soweit (auch) der Versammlungsleiter als Aufsichtsratsmitglied Anspruchsgegner des Geltendmachungsbeschlusses nach § 147 Abs. 1 AktG ist.

Selbiges gilt auch bei der Bestellung eines Sonderprüfers nach § 142 Abs. 1 AktG, soweit Komplexe zu prüfen sind, die den Versammlungsleiter als Aufsichtsratsmitglied betreffen.

Auch bezüglich anderer Beschlussfassungen kann eine solche Betroffenheit möglich sein.

*bb) Die Betroffenheit anderer Organmitglieder in der Gesellschaft*

Doch nicht nur in dem Fall, dass der Versammlungsleiter persönlich betroffen ist, kommt die punktuelle gerichtliche Bestellung eines anderen Versammlungsleiters in Betracht. Sobald ein Anspruchsgegner ein Mitglied des Vorstands ist und zugleich ein Besonderer Vertreter nach § 147 Abs. 2 AktG bestellt werden soll, spricht die Hauptversammlung dem Aufsichtsrat und damit auch dem Versammlungsleiter als Vorsitzendem des Organs das Misstrauen aus, die Durchsetzung der Ersatzansprüche nicht ordentlich zu verfolgen. Durch die Bestellung eines Besonderen Vertreters wird das Organ Aufsichtsrat aus der Geltendmachungskompetenz verdrängt; mittelbar betrifft damit die Bestellung eines Besonderen Vertreters den Versammlungsleiter als Aufsichtsratsvorsitzenden immer dann, wenn sich die Anspruchsverfolgung auch gegen Vorstandsmitglieder richtet.

Nach den oben aufgestellten Kriterien ist die persönliche Betroffenheit alleine noch nicht ausreichend, vielmehr müssen noch schwere nachteilige Rechtsfolgen für den Versammlungsleiter zu befürchten sein und damit ein hoher Anreiz, den Beschluss nicht zur Abstimmung zu stellen.

Die Bestellung eines Besonderen Vertreters alleine mag das Organ Aufsichtsrat teilweise verdrängen, mehr hat das einzelne Aufsichtsratsmitglied jedoch unmittelbar nicht zu befürchten. Zwar besteht bei der Verfolgung von Pflichtverletzungen des Vorstands durchaus die Möglichkeit, dass dabei auch ein Kontrollversagen und damit eigene Pflichtverletzungen des Aufsichtsrats im Raum stehen.[824] Allein ein Beschluss nach § 147 Abs. 1 AktG, der ausdrücklich nicht den Aufsichtsrat (bzw. Aufsichtsratsvorsitzenden) umfasst, befähigt einen Besonderen Vertreter jedoch nicht, Ansprüche gegen diesen zu verfolgen: Selbst wenn er im Laufe seiner Ermittlungen zum Vorstand zu dem Ergebnis gekommen ist, dass sich auch der Aufsichtsrat pflichtwidrig verhalten hat und Ansprüche nach §§ 116 S. 1, 93 AktG in Betracht kommen, setzt ihm der Beschluss der Hauptversammlung Grenzen.[825] Das bedeutet, dass die Hauptversammlung einen neuen Geltendmachungsbeschluss fassen, bzw. den alten erweitern muss, um auch Pflichtverletzungen durch den Aufsichtsrat vom Besonderen Vertreter verfolgen zu lassen.

Daraus folgt, dass allein die Bestellung eines Besonderen Vertreters zur Geltendmachung von Ersatzansprüchen gegen andere Organmitglieder als den Versammlungsleiter als Aufsichtsratsvorsitzenden keine so schweren Rechtsfolgen für selbigen auslöst, als dass anzunehmen wäre, dass er die Beschlussfassung verhindern werde. Mit anderen Worten kann bei einem solchen Tagesordnungspunkt der Versammlungsleiter nur bei weiteren (konkreten) Hinweisen bezüglich seiner Ungeeignetheit (vgl. oben unter c)) durch gerichtliche Bestellung ersetzt werden.

### *d) Umfang der Tagesordnungspunkte, für die der gerichtlich bestellte Versammlungsleiter bestellt werden kann*

Zuletzt ist zu beleuchten, für welche Tagesordnungspunkte ein anderer Versammlungsleiter – abstrakt, unabhängig von den konkreten, soeben unter c) genannten Voraussetzungen – gerichtlich bestellt werden kann. Nach ganz überwiegender Ansicht ist dies jedenfalls für die von der Minderheit nach § 122 Abs. 2 AktG ergänzten

824 *Wagner*, ZHR 178 (2014), 227, 239 f. schließt daraus, dass sich der Aufsichtsrat aufgrund dieser Tatsache bei der Verfolgung von Pflichtverletzungen gegen den Vorstand in einem „handfesten und für jeden rationalen Beobachter nachvollziehbaren Interessenkonflikt" befinde.

825 KK-AktG/*Rieckers/Vetter*, § 147 Rn 284, 542; ebenso im Ergebnis MüKoAktG/*Schröer*, § 147 Rn 45, 58, der jedoch davon ausgeht, der Besondere Vertreter verstoße bei der Verfolgung von Ansprüchen gegen Personen, die nicht vom Beschluss nach § 147 Abs. 1 S. 1 AktG umfasst sind, gegen die Interessen der Gesellschaft. Ob dies wirklich der Fall ist, kann dahinstehen, da es nicht darauf ankommt, ob der Besondere Vertreter im Interesse der Gesellschaft handelt, sondern ob er von der Hauptversammlung zur Geltendmachung ermächtigt wurde, sprich ob er auch in Bezug auf die bestimmte Person die ordentliche Organe verdrängt und dadurch Vertretungsmacht erlangt. Dies ist bei Personen außerhalb des Beschlusses zu verneinen (selbst wenn die Geltendmachung objektiv im Interesse der Gesellschaft wäre).

Punkte möglich.[826] Das ist überzeugend, sollen doch Tagesordnungspunkte, die nicht von der Verwaltung, sondern den Aktionären selbst stammen, neutral in der Hauptversammlung behandelt werden.

Indes sind Situationen denkbar, die die Frage aufwerfen, ob ein gerichtlich bestellter Versammlungsleiter nicht auch Tagesordnungspunkte behandeln soll, die von der Verwaltung auf die Tagesordnung gesetzt worden sind. Zur Veranschaulichung dient (in leicht modifizierter Form) die IFA AG mit der Mehrheitsaktionärin A (55 Prozent Anteil), der starken Minderheitsaktionärin B (35 Prozent Anteil) und einem Streubesitz in Höhe der restlichen 10 Prozent.[827] In einer vorangegangenen Hauptversammlung wurden durch die B Beschlüsse über die Geltendmachung von Ersatzansprüchen und die Bestellung eines Besonderen Vertreters gegen die Mehrheitsaktionärin A gefasst. B hatte im Vorfeld die Tagesordnung nach § 122 Abs. 2, 3 S. 1 AktG erweitert und die Bestellung eines gerichtlichen Versammlungsleiters für diese Tagesordnungspunkte erwirkt. A unterlag bei dieser Beschlussfassung einem Stimmverbot nach § 136 Abs. 1 S. 1 Var. 3 AktG. Der besondere Vertreter nahm infolgedessen seine Ermittlungen auf. Im darauf folgenden Jahr schlug die Verwaltung vor, den Besonderen Vertreter auf der nächsten Hauptversammlung abzuwählen und setzte dies auf die Tagesordnung. An der Aktionärsstruktur und den Beteiligungsverhältnissen von A und B hatte sich indes nichts geändert, was die Verwaltung auch wusste.[828] Da die Abberufung des Besonderen Vertreters ein Actus-contrarius-Vorgang zur Bestellung nach § 147 Abs. 2 AktG darstellt, unterlag A auch bei dieser Beschlussfassung einem Stimmverbot nach § 136 AktG.[829] Der Beschlussvorschlag der Verwaltung konnte demnach nur dann erfolgreich sein, wenn der satzungsmäßige Versammlungsleiter (als Mitglied des Aufsichtsrats) die gesetzlichen Stimmverbote missachtete und A mitstimmen ließe.

Alternativ ist denkbar, dass B die Tagesordnung nach § 122 Abs. 2, 3 AktG mit Beschlussfassungen nach § 147 AktG gegen den A ergänzt hätte und dafür einen gerichtlichen Versammlungsleiter erhielte, und die Verwaltung danach einen letzten Gegenstand auf die Tagesordnung setzte, der diese Beschlüsse wieder revidieren solle. Auch in dieser Konstellation kann der Beschlussvorschlag nur erfolgreich

---

826 OLG Köln ZIP 2015, 1585 (juris Rz 12); OLG Hamburg, AG 2012, 294 (juris Rz 16); Großkomm-AktG/*Werner*, § 122 Rn 61; KK-AktG/*Noack/Zetzsche*, § 122 Rn 104; Spindler/Stilz/*Rieckers*, § 122 Rn 56; Hüffer/*Koch*, § 122 Rn 11; Heidel/*Müller*, § 122 Rn 32; Grigoleit/*Herrler*, § 122 Rn 15; *Schatz*, AG 2015, 696, 705; *Theusinger/Schilha*, NZG 2016, 56, 59; aA MüKoAktG/*Kubis*, § 122 Rn 60; *Mertens*, AG 1997, 481, 490, die einen einzigen Versammlungsleiter für die Hauptversammlung verlangen.

827 Vgl. zum Sachverhalt oben unter BIII2)l)cc)(16).

828 Dieses Wissen kann sie einerseits bei Namensaktien aus dem Aktienregister (§ 67 AktG) erlangen, andererseits aus (Nicht-)Meldungen von Grenzüber- und unterschreitungen nach § 20 AktG bzw. § 21 WpHG.

829 MüKoAktG/*Schröer*, § 147 Rn 72; Spindler/Stilz/*Mock*, § 147 Rn 41; *Stallknecht*, aaO, S. 86, 179; *Böbel*, aaO, S. 138.

sein, wenn der satzungsmäßige Versammlungsleiter die gesetzlichen Stimmverbote missachtet.

Die Wirkungen eines solchen Vorgehens sind nicht zu unterschätzen; obgleich die Missachtung von Stimmverboten in diesen Fällen evident rechtswidrig ist, führt dieser Verstoß nicht zur Nichtigkeit der Beschlüsse, sondern nur zu deren Anfechtbarkeit.[830] Das bedeutet, dass die Beschlüsse bis zur rechtskräftigen Nichtigkeitserklärung durch das Gericht als wirksam zu betrachten sind.[831] Der Besondere Vertreter gilt als abberufen.

Könnte man im ersten Fall diese Wirkung noch dadurch verhindern, dass B die Tagesordnung gemäß § 122 Abs. 2 AktG um Beschlüsse erweitert, die den Besonderen Vertreter wieder einsetzen, und zugleich einen gerichtlichen Versammlungsleiter nach § 122 Abs. 3 S. 2 AktG (jedenfalls nur für diesen Tagesordnungspunkt) zur Seite gestellt bekommt,[832] hätte man im zweiten Fall, abgesehen vom einstweiligen Rechtsschutz, keine Abwehrmöglichkeit.[833]

Die ganz überwiegende Ansicht beschränkt die gerichtliche Bestellung von Versammlungsleitern auf Tagesordnungspunkte, die aufgrund eines Minderheitsverlangens auf die Tagesordnung gesetzt wurden.[834] Nur ganz vereinzelt wird vertreten, dass auch für die „betroffenen, d.h. die ergänzten sowie dazu in Beziehung stehenden, Tagesordnungspunkte" ein gerichtlicher Versammlungsleiter bestellt werden könne.[835] Diese Ansicht findet sich schon in Kommentierungen zur Vorgängervorschrift § 106 Abs. 4 S. 2 AktG v. 1937.[836] In Anbetracht der oben genannten – freilich exotischen, jedoch in der Praxis vorgekommenen – Szenarien muss die überwiegende Ansicht im Schrifttum bezweifelt und im Endeffekt abgelehnt werden:

Zwar könnte man annehmen, der präventive Rechtsschutz des § 122 Abs. 3 S. 2 AktG beschränke sich auf das unmittelbare Minderheitsverlangen. Beschlüsse, die aufgrund von Tagesordnungspunkten der Verwaltung gefasst werden, seien nur mit der repressiv wirkenden Anfechtungs- und Nichtigkeitsklage vernichtbar. Eine Ausdehnung auf weitere Tagesordnungspunkte sei daher nicht angezeigt.

---

830 BGH ZIP 2006, 1134 (juris Rz 26); OLG Hamm ZIP 2008, 1530 (juris Rz 24, 36 ff.); MüKoAktG/*Schröer*, § 136 Rn 56; Hüffer/*Koch*, § 136 Rn 24.

831 Vgl. zu dieser Problematik Abschnitt CIII5), der sich mit einem einstweiligen Rechtsschutz gegen den satzungsmäßigen Versammlungsleiter beschäftigt.

832 Dieser Fall ist tatsächlich schon eingetreten, vgl. nur den Sachverhalt, der sich aus AG Duisburg, Beschluss v. 20.07.2016 – HRB 3291 ergibt.

833 Dazu sogleich unter CIII5).

834 Vgl. nur AG Duisburg, Beschluss vom 20.07.2016 – HRB 3291; Großkomm-AktG/*Werner*, § 122 Rn 61; Spindler/Stilz/*Rieckers*, § 122 Rn 56; Heidel/Müller, § 122 Rn 32.

835 KK-AktG/*Noack/Zetzsche*, § 122 Rn 104.

836 Großkomm-AktG/*Schmidt/Meyer-Landrut*, 2. Aufl. 1961, § 106 Anm. 14; Ritter, 2. Aufl. 1939, § 106 Anm. 5d.

Eine solche Annahme spiegelt jedoch nicht den Gesetzeswortlaut wider: § 122 Abs. 3 S. 2 AktG beschränkt die Bestellung eines gerichtlichen Versammlungsleiters bei der Ergänzung der Tagesordnung nicht auf eben diese, sondern lässt vom Wortlaut her sogar eine Bestellung für die gesamte Hauptversammlung zu.[837] Nur aufgrund des Erfordernisses der Verhältnismäßigkeit des Eingriffs in die Satzungsautonomie kann es zu einer gespaltenen Versammlungsleitung kommen. Von diesem Ausgangspunkt aus besteht weder ein zwingendes Bedürfnis noch eine rechtliche Notwendigkeit, einen Versammlungsleiter entweder für die gesamte Hauptversammlung oder nur genau für die Tagesordnungspunkte, die auf einem Minderheitsverlangen basieren, gerichtlich zu bestellen. Vielmehr muss es im Grundsatz möglich sein, für alle die Tagesordnungspunkte, bei denen die Befürchtung besteht, dass der satzungsmäßige Versammlungsleiter sie nicht mit der notwendigen Unparteilichkeit behandelt, einen gerichtlichen Versammlungsleiter zu bestellen. Zwingend notwendiger Anknüpfungspunkt ist dabei jedoch nach der Systematik von § 122 Abs. 3 AktG, dass wenigstens ein Tagesordnungspunkt aufgrund eines Minderheitsverlangens existiert.[838]

Die hier vertretene Möglichkeit der Bestellung eines gerichtlichen Versammlungsleiters auch für andere Tagesordnungspunkte der Verwaltung stellt keine begründungsbedürftige teleologische Extension von § 122 Abs. 3 S. 2 AktG dar, sondern ebenfalls (wie bei der herrschenden Ansicht) eine teleologische Reduktion der Norm, die mit der Verhältnismäßigkeit des Eingriffes zu begründen ist.

Selbstredend muss bei jedem einzelnen Tagesordnungspunkt zu besorgen sein, dass der satzungsmäßige Versammlungsleiter diesen nicht unvoreingenommen und neutral behandelt (dazu soeben unter c). Wann dies der Fall ist, bleibt eine Einzelfallbetrachtung. Vor allem Tagesordnungspunkte, die in Beziehung zu Minderheitsverlangen stehen, wie z.B. Tagesordnungspunkte mit Beschlussvorschlägen, die Minderheitsbeschlüsse egalisieren sollen, sind ein starkes Indiz dafür, dass eine unparteiliche Versammlungsleitung nicht geschehen wird.

### *e) Zwischenergebnis*

Es ist möglich, für die Beschlussfassung nach § 147 Abs. 1 S. 1, Abs. 2 AktG isoliert einen gerichtlich bestellten Versammlungsleiter nach § 122 Abs. 3 S. 2 AktG zu beantragen. Das Ermessen des Gerichts verdichtet sich zu einer Bestellungspflicht, sobald sich der Versammlungsleiter in der Vergangenheit gegen den Antrag positioniert hat, oder er in der Person des Aufsichtsratsvorsitzenden Anspruchsgegner

---

837 Aus diesem Grund widersprechen MüKoAktG/*Kubis*, § 122 Rn 60 und *Mertens*, AG 1997, 481, 490 einer gespaltenen Versammlungsleitung.

838 Anderenfalls wäre nach keiner Auslegungsmethode die Tatbestandsvoraussetzung „zugleich" erfüllt und es würde sich die – äußerst komplizierte und wohl zu verneinende – Frage stellen, ob § 122 Abs. 3 S. 2 AktG entsprechend auf Sacheverhalte angewendet werden kann, in denen es noch nicht einmal ein Minderheitsverlangen nach § 122 Abs. 1 bzw. Abs. 2 AktG gibt.

des Beschlussantrags ist. Bei Letzterem kommt es nicht allein darauf an, dass der Versammlungsleiter von dem Beschluss persönlich betroffen ist, sondern dass der Beschluss für ihn schwere nachteilige Rechtsfolgen bereithält, was z.B. bei einem Beschluss nach § 147 Abs. 1 AktG gegen ihn der Fall ist. In einer solchen Situation ist zu besorgen, dass der Versammlungsleiter die Beschlussfassung nicht neutral und frei von Interessenkonflikten in rechtmäßiger Weise behandelt. Allein das durch die Bestellung eines Besonderen Vertreters zur Geltendmachung von Ersatzansprüchen gegen den Vorstand ausgedrückte Misstrauen gegenüber dem Aufsichtsrat genügt nicht, um eine solche gerichtliche Bestellungspflicht anzunehmen. Das gilt auch dann, wenn der Versammlungsleiter dem Aufsichtsrat zum Zeitpunkt des zu überprüfenden Sachverhalts angehörte. Es müssen in diesem Fall weitere (ggf. konkrete) Anhaltpunkte für die mangelnde Bereitschaft des Versammlungsleiters zur neutralen Leitung hinzukommen. Die Bestellung eines gerichtlichen Versammlungsleiters ist dabei nicht notwendigerweise auf das spezifische Minderheitsverlangen beschränkt, sondern kann auch zu mit dem Minderheitsverlangen in Beziehung stehenden Tagesordnungspunkten erfolgen.

## 4) Isolierte positive Beschlussfeststellungsklage

Maßnahmen des Versammlungsleiters sind nach allgemeiner Ansicht nicht isoliert anfechtbar.[839] Daher ist vorbeugender Rechtsschutz wie z.B. die Bestellung eines anderen Versammlungsleiters durch das Gericht nach § 122 Abs. 3 S. 2 AktG von solcher Bedeutung.

Sollte sich der Versammlungsleiter bei der Stimmenzählung verzählt haben oder aber ein Stimmverbot irrtümlicherweise angenommen oder abgelehnt und dadurch das Beschlussergebnis verfälscht haben, so ist eine rein kassatorische Anfechtungsklage nicht rechtsschutzintensiv genug, da sie den fehlerhaften Beschluss nur vernichtet, ohne den richtigen Beschluss festzustellen.[840] Aus diesem Grund hat sich die Verbindung der Anfechtungsklage mit einer Feststellungsklage durchgesetzt, die Zulässigkeit der positiven Beschlussfeststellungsklage.[841] Wird beiden Klagen stattgegeben, so ersetzt der gerichtlich festgestellte Beschluss den des Versammlungsleiters.[842]

---

839 BGHZ 44, 245 (juris Rz 29); Heidel/*Heidel*, Vor. §§ 129–132, Rn 68; *Stützle/Walgenbach* ZHR 155 (1991) 516, 543; *Marsch-Barner*, FS Brambring, S. 267, 270 f.

840 Großkomm-AktG/*Schmidt*, § 246 Rn 98 ff.; Hüffer/*Koch*, § 246 Rn 42; MüKoAktG/*Hüffer/Schäfer*, § 246 Rn 84; Heidel/*Heidel*, § 246 Rn 11.

841 BGHZ 76, 191 (juris Rz 27 ff., 35); vgl. statt aller auch MüKoAktG/*Hüffer/Schäfer*, § 246 Rn 85 mwN. In jüngster Vergangenheit zur GmbH auch BGH Urteil v. 12.04.2016 – II ZR 275/14 (abrufbar unter juris).

842 *Schatz*, AG 2015, 696, 701.

### a) *Die Notwendigkeit einer positiven Beschlussfeststellungsklage*

Nach dem Bundesgerichtshof besteht für die positive Beschlussfeststellungsklage ein „unabweisbares Bedürfnis".[843] Die Macht des Versammlungsleiters, Beschlussergebnisse vorläufig verbindlich festzustellen, sei durch die Möglichkeit einer Beschlusskorrektur auszugleichen.[844] Zwar könne der Aktionär bei entsprechender Mehrheit auch in der nächsten Hauptversammlung die Tagesordnung nach § 122 AktG erweitern, nur bestünde in diesem Fall keine Gewähr dafür, dass er auch diesmal die notwendige Mehrheit erlange bzw. dass der Versammlungsleiter das Beschlussergebnis nicht wieder falsch feststellte.[845] Dieser Unsicherheit ist mit der Verbindung der Anfechtungsklage und der allgemeinen Feststellungsklage zu begegnen. Damit diese Rechtsschutzmöglichkeit in das Korsett der Anfechtungs- und Nichtigkeitsklage gemäß §§ 241 ff. AktG passt, gelten für die Feststellungsklage die Voraussetzungen der Anfechtungsklage entsprechend. Das bedeutet, dass die Feststellungsklage innerhalb der Anfechtungsfrist zu erheben ist, und dass das Feststellungsurteil nicht nur inter partes ergeht, sondern entsprechend § 248 Abs. 1 S. 1 AktG Inter-omnes-Wirkung entfaltet.[846]

### b) *Möglichkeit der Erweiterung des Anwendungsbereichs auf eine isolierte positive Beschlussfeststellungsklage*

Die Gefahr, dass die Macht des Versammlungsleiters dazu führt, dass ein Beschlussergebnis verfälscht wird, besteht augenscheinlich nicht nur in den Fällen, in denen das Beschlussergebnis falsch festgestellt wird, sondern vielmehr auch dann, wenn der Versammlungsleiter die Beschlussfassung – z.B. mit Hinweis auf die angebliche Rechtswidrigkeit – gänzlich verhindert.[847] Auch in diesen Fällen reicht die Anfechtungsklage als Korrektiv rechtswidriger Beschlussfassungen bzw. rechtswidriger Leitungsmaßnahmen nicht aus, um das Rechtsschutzziel zu erreichen. Ebenso ist die Verweisung des Aktionärs auf die nächste Hauptversammlung samt Ergänzung der Tagesordnung gemäß § 122 AktG mit denselben Unwägbarkeiten bezüglich der Mehrheitsverhältnisse belastet wie bei der normalen positiven Beschlussfeststellungsklage. Damit ist das Rechtsschutzbedürfnis des Aktionärs dasselbe und unabhängig davon, ob der Beschluss falsch festgestellt oder überhaupt nicht zur Abstimmung gebracht wurde.[848]

Dogmatisch gesehen besteht jedoch ein großer Unterschied zwischen beiden Konstellationen: Während im ersten Falle abgestimmt und ein Beschluss gefasst wurde, dessen Ergebnis nur falsch festgestellt worden ist, so existiert im zweiten

---

843 BGHZ 76, 191 (juris Rz 29).
844 Ebd.
845 Ebd.
846 BGHZ 76, 191 (juris Rz 31).
847 So auch Heidel/*Heidel*, § 246 Rn 12a; *Schatz*, AG 2015, 696, 700.
848 Ebenfalls *Schatz*, AG 2015, 696, 700.

Fall überhaupt gar kein Beschluss. Modifiziert das Gericht im ersten Fall nur das Ergebnis einer Beschlussfassung, so würde es im zweiten Fall den gesamten Beschlussvorgang – Abstimmung und Feststellung – ersetzen.[849] Das Gericht würde damit einen hypothetischen Beschluss, über den die Hauptversammlung nie abgestimmt hat, rechtskräftig feststellen.

Aufgrund dessen gehen mehrere instanzgerichtliche Entscheidungen davon aus, eine solch isolierte positive Beschlussfeststellungsklage sei unstatthaft.[850] So könnten fiktive Anträge und Beschlüsse nicht Gegenstand einer positiven Beschlussfeststellungsklage sein.[851] Auch verbiete sich eine Beschlussfeststellung, deren Ergebnis weder absolut, noch mit dem Beweismaß des § 286 ZPO genügender Sicherheit festgestellt werden könne.[852] Dieser Ansicht hat sich auch ein großer Teil des Schrifttums angeschlossen.[853]

Teilweise wird zudem darauf abgestellt, das System der §§ 241 ff. AktG würde contra legem aus den Angeln gehoben.[854] Dieses Argument verfängt indes nicht: Es würde voraussetzen, dass die Anfechtungsklage in Verbindung mit einer Beschlussfeststellungsklage die einzige Möglichkeit wäre, eine Maßnahme, die eigentlich in die Kompetenz der Hauptversammlung fällt, gerichtlich zu entscheiden. Dem ist jedoch nicht so, wie schon die Möglichkeit einer gerichtlichen Bestellung eines Sonderprüfers nach § 142 Abs. 2 AktG bzw. eines Besonderen Vertreters nach § 147 Abs. 2 S. 1 AktG oder die Möglichkeit eines Klagezulassungsverfahrens nach § 148 AktG aufzeigt. Damit scheitert die Möglichkeit einer isolierten positiven Beschlussfeststellungsklage nicht schon daran, dass sie wider des aktienrechtlichen Anfechtungssystems wäre.

Dies wohl vorausgesetzt, hat das Oberlandesgericht Köln in einer Entscheidung ausdrücklich offen gelassen, ob nicht ausnahmsweise doch eine isolierte positive Beschlussfeststellungsklage möglich sei, wenn z.B. die Treuepflicht nur ein mögliches Beschlussergebnis zulasse oder der Versammlungsleiter die Abstimmung bewusst verhindert habe.[855]

---

849 *Schatz*, AG 2015, 696, 700 nennt dies auch in Anlehnung an Schmidt/Lutter/*Schwab*, § 246 Rn 45 eine „beschlussersetzende Gestaltungsklage".

850 OLG Köln ZIP 2012, 1458 (juris Rz 72 ff.); LG Köln 07.09.2011 – 91 O 162/09 (juris Rz 42); OLG Hamm ZIP 2013, 1024 (juris Rz 63, 66); LG Dortmund Urteil v. 15.09.2011 – 18 O 33/10 (juris Rz 69).

851 OLG Hamm ZIP 2013, 1024 (juris Rz 66).

852 OLG Köln ZIP 2012, 1458 (juris Rz 73).

853 Etwa Schmidt/Lutter/*Schwab*, § 246 Rn 46; MüKoAktG/*Hüffer/Schäfer*, § 246 Rn 86; Spindler/Stilz/*Dörr*, § 246 Rn 59; Hölters/*Englisch*, § 246 Rn 65; Henssler/Strohn/*Drescher*, § 246 Rn 50; wohl auch Großkomm-AktG/*Schmidt*, § 246 Rn 104.

854 *Heer*, ZIP 2012, 803, 808 mit Verweis auf MüKoAktG/*Hüffer/Schäfer*, § 246 Rn 86.

855 OLG Köln ZIP 2012, 1458 (juris Rz 74).

*aa) Die bewusste Verhinderung der Beschlussfassung*

Wie das Oberlandesgericht Köln diese Fallgruppe interpretiert, ist nicht ganz klar.[856] Würde man das Oberlandesgericht wörtlich nehmen, so müsste der Versammlungsleiter nur die Beschlussfassung verhindern und sich darüber bewusst sein, um den Weg für eine isolierte positive Beschlussfeststellungsklage zu eröffnen. Das wäre immer dann der Fall, wenn er den Antrag (z.B. wegen angeblichem Rechtsmissbrauch) nicht zur Abstimmung stellt, da dies notwendig eine bewusste Entscheidung zur Verhinderung darstellte. In diesem Fall gäbe es einen großen Anwendungsbereich für die isolierte positive Beschlussfeststellungsklage, und die Entscheidung des Versammlungsleiters ließe sich stets rechtlich überprüfen und der Beschluss gerichtlich feststellen.

Würde man das Oberlandesgericht hingegen dahingehend verstehen, dass der Versammlungsleiter die Beschlussfassung *bewusst rechtswidrig* verhindert haben muss, wäre dies eine kaum zu überwindende Hürde: Wie oben dargestellt, ist es umstritten, ob und in welchem Umfang der Versammlungsleiter die Beschlussfassung von seiner Meinung nach rechtswidrigen Anträgen verhindern darf.[857] Zum einen könnte er darauf verweisen, dass er der Meinung sei, dass ihm diese Befugnis zustehe und diese Ansicht auch mit ihn bestätigenden Literaturmeinungen legitimieren. Würde zudem das Back-Office in der Hauptversammlung dem Versammlungsleiter den Rechtsrat erteilen, dass es vertretbar sei, dass er – seiner Meinung nach (in der Rechtsfolge lediglich anfechtbare) rechtswidrige – Beschlussanträge wie die Geltendmachung von Ersatzansprüchen nach § 147 Abs. 1 AktG wegen angeblich mangelnder Bestimmtheit nicht zur Abstimmung stellen muss, so wäre es dem Versammlungsleiter schwerlich nachzuweisen, dass er *wissentlich* rechtswidrig gehandelt hat, wenn er dem Rat tatsächlich wider besseren Wissens folgte.[858] Schließlich durfte er nach Prüfung des Rates auf die Rechtmäßigkeit seines Verhaltens vertrauen.[859]

Einzig die Tatsache, dass der Aufsichtsratsvorsitzende und gleichzeitig Versammlungsleiter als potentieller Anspruchsgegner weiß, dass in Wahrheit die behaupteten Pflichtverletzungen bestehen und der Antrag damit nicht missbräuchlich sein kann, würde das Wissenselement erfüllen; diese Tatsache kann jedoch erst in einem späteren Haftungsprozess geklärt werden. Einem Prozess, der ohne Hauptversammlungsbeschluss nach § 147 Abs. 1 S. 1 AktG wohl kaum geführt werden wird.

Unabhängig von dieser Unklarheit in den Tatbestandsvoraussetzungen ist die gesamte Fallgruppe nicht sehr glücklich gewählt. Vom Gesichtspunkt des effektiven Rechtsschutzes her wäre sie sicherlich die richtige Antwort auf ein vorsätzliches (rechtswidriges) Verhalten des Versammlungsleiters. Dennoch ist das stärkste Argument der Gegner einer isolierten positiven Beschlussfeststellungsklage, dass das

856 Vgl. auch *Schatz*, AG 2015, 696, 703.

857 Vgl. oben CII2)

858 So auch *Schatz*, AG 2015, 696, 703.

859 Vgl. nur für den Vorstand BGH ZIP 2011, 1271 (juris Rz 18).

Gericht einen hypothetischen Abstimmungsverlauf annehmen müsste und dessen Ergebnis nicht sicher bestimmen könne. Dieses nicht von der Hand zu weisende Argument besteht unabhängig von den Motiven des Versammlungsleiters und kann durch ein Wissenselement nicht entkräftet werden. Damit dient diese Fallgruppe nicht dazu, eine isolierte positive Beschlussfeststellungsklage zu befürworten.

#### *bb) Treuepflicht gebietet nur ein bestimmtes Abstimmungsverhalten*

Ganz anders verhält es sich mit der zweiten vom Oberlandesgericht Köln aufgestellten Fallgruppe. So könnte eine Ausnahme zu machen sein, wenn im Einzelfall nur ein einziges Beschlussergebnis mit Gesetz oder Satzung im Einklang stehen kann oder aufgrund von gesellschaftsrechtlichen Treuepflichten allein die Annahme einer bestimmten Beschlussvorlage in Betracht kommt.[860] Die Zulässigkeit einer positiven Beschlussfeststellungsklage bejahen einzelne Stimmen in der Literatur dann, wenn abgestimmt wurde, die Stimmen aber entgegen der Treuepflicht abgegeben worden sind.[861] Insbesondere im Fall der Bestellung eines Sonderprüfers wird dies diskutiert.[862]

Positive Stimmpflichten können sich aus der Treuepflicht allenfalls ausnahmsweise ergeben, wenn das Abstimmungsermessen der Aktionäre aus Rechtsgründen auf null reduziert und eine Beschlussablehnung pflichtwidrig[863] und alles andere als die Annahme des Antrags treuwidrig ist.[864]

Es kommt demnach darauf an, dass eindeutig ist, zu welchem Abstimmungsergebnis es gekommen wäre.[865] Ob bei der Abstimmung die Treuepflicht bestand, in einer gewissen Weise abzustimmen, ist eine Rechtsfrage, die sich isoliert beantworten lässt. Es kommt gerade nicht darauf an, ob abgestimmt wurde oder nicht, denn unabhängig davon hätte es nur ein Ergebnis geben können. Die Kausalität zwischen Treuepflichtverletzung und Beschlussergebnis steht fest.

In Anlehnung an die Entscheidungen zu § 142 AktG wird jedoch zu fordern sein, dass die Treuepflicht nur dann ein bestimmtes Stimmverhalten vorschreibt, wenn einzig und allein eine bestimmte Entscheidung dem Wohl der gesamten Gesellschaft dient und jede andere Entscheidung ihr schweren Schaden zufügt.[866]

Diese Voraussetzung ist bei einer Beschlussfassung nach § 147 Abs. 1 S. 1 AktG häufig nicht gegeben, da zumeist noch nicht klar ist, ob die Ansprüche wirklich

---

860 OLG Köln ZIP 2012, 1458 (juris Rz 74).

861 Mehrbrey/*Weber*, § 6 Rn 72; Schmidt/Lutter/*Schwab*, § 246 Rn 45; MüHdbGesR-AG/*Austmann*, § 42 Rn 131.

862 OLG Stuttgart NZG 2003, 1025 (juris Rz 34 f.); MüKoAktG/*Schröer*, § 142 Rn 46; KK-AktG/*Rieckers/Vetter*, § 142 Rn 190; Spindler/Stilz/*Mock*, § 142 Rn 92; Mehrbrey/*Weber*, § 6 Rn 72.

863 OLG Stuttgart NZG 2003, 1025 (juris Rz 34).

864 MüHdbGesR-AG/*Austmann*, § 42 Rn 131.

865 Ebd.

866 OLG Stuttgart NZG 2003, 1025 (juris Rz 34).

bestehen. Etwas anderes kann dann gelten, wenn die Pflichtverletzungen so offenkundig sind und die potentiellen Schäden so hoch, dass ein verständiger Aktionär in jedem Fall einen Geltendmachungsbeschluss fassen würde.

### *cc) Mehrheitsaktionär unterliegt Stimmverbot bei Antrag nach § 122 Abs. 2, 3 S. 1 AktG*

Wie oben gezeigt, muss das ausschlaggebende Kriterium für eine isolierte positive Beschlussfeststellungsklage die Gewissheit darüber sein, wie abgestimmt worden wäre. Bei der Beschlussfassung über die Geltendmachung von Ersatzansprüchen und die Bestellung eines Besonderen Vertreters nach § 147 AktG wird die Tagesordnung in nahezu allen Fällen auf Drängen einer Minderheit nach § 122 Abs. 2 ggf. i.V.m. Abs. 3 S. 1 AktG erweitert. Es ist fest davon auszugehen, dass diese antragstellenden Aktionäre in der Hauptversammlung für die Anträge stimmen werden, ansonsten wäre ihr Ergänzungsverlangen sinnwidrig. Zudem wird sich der Antrag nach § 147 Abs. 1 S. 1 AktG häufig auch gegen den Mehrheitsaktionär richten, der damit bei der Beschlussfassung einem Stimmverbot nach § 136 Abs. 1 S. 1 Var. 3 AktG unterliegt.

> Bsp: Der Minderheitsaktionär M mit einem Anteil von 10 Prozent am Grundkapital erweitert die Tagesordnung um die Beschlussfassung über die Geltendmachung von Ersatzansprüchen gegen den Mehrheitsaktionär G (der 85 Prozent am Grundkapital hält) und die Bestellung eines Besonderen Vertreters. In der Hauptversammlung verkündet der Versammlungsleiter, dass er den Antrag wegen angeblicher Rechtswidrigkeit nicht zur Abstimmung stelle.

Das Gericht könnte sowohl vollumfänglich den Stimmrechtsanteil von M und G als auch das Stimmverbot von G bei der Beschlussfassung überprüfen. Sollte es das Stimmverbot bejahen, wäre klar, dass der Beschlussantrag eine Mehrheit gefunden hätte: G wäre vom Stimmrecht ausgeschlossen gewesen und M hätte 66,7 Prozent Stimmanteil hinter sich vereint[867] und mit an Sicherheit grenzender Wahrscheinlichkeit für seinen eigenen Beschlussantrag gestimmt. Alle Argumente gegen die Zulässigkeit einer isolierten positiven Beschlussfeststellungsklage laufen in dieser Konstellation ins Leere. Sie muss aufgrund der ansonsten bestehenden empfindlichen Rechtsschutzlücke in diesem Fall zulässig sein.[868]

Es ist indes für die Kausalität nicht notwendig, dass der oder die nach § 122 AktG beantragenden Aktionäre – im Falle eines Stimmverbots des Mehrheitsaktionärs – eine absolute Mehrheit der restlichen Aktien innehaben. Es genügt, wenn sie die Stimmmehrheit in der Hauptversammlung konkret zu diesem Tagesordnungspunkt besitzen.

---

867 10 % / 15 % x 100 % = 66,7 %

868 Ebenso Heidel/*Heidel*, § 246 Rn 12a; offen gelassen bei *Schatz*, AG 2015, 696, 703.

Bsp: In der Hauptversammlung sind insgesamt 60 Prozent des Grundkapitals versammelt. Der Mehrheitsaktionär G mit 51 Prozent am Grundkapital unterliegt einem Stimmverbot und der Minderheitsaktionär M hält 5 Prozent am Grundkapital.

In der hypothetischen Abstimmung hätte M eine Stimmmacht von 55,6 Prozent[869] und der Beschluss wäre auch hier eindeutig zustande gekommen.

### *c) Zwischenergebnis:*

Grundsätzlich ist eine isolierte positive Beschlussfeststellungsklage aufgrund des unklaren hypothetischen Abstimmungsergebnisses unzulässig. Eine Ausnahme ist jedoch dort zu machen, wo das hypothetische Ergebnis sicher feststeht. Dies ist zum einen dann der Fall, wenn die Treuepflicht ein anderes Abstimmungsergebnis nicht zuließe und zum anderen dann, wenn der oder die Aktionäre, die die Tagesordnung nach § 122 AktG erweitert haben, in der Hauptversammlung aufgrund von Stimmverboten eine eindeutige Stimmrechtsmehrheit hätten.

Auch die isolierte positive Beschlussfeststellungsklage hat sich aus Rechtsschutz- und Rechtssicherheitsgründen entsprechend der normalen positiven Beschlussfeststellungsklage an die formalen Voraussetzungen der §§ 241 ff. AktG zu halten.[870] Das bedeutet unter anderem, dass die Klage nur innerhalb einer Frist von einem Monat nach Ende der Hauptversammlung erhoben werden kann und dass das Urteil entsprechend § 248 Abs. 1 S. 1 AktG gegenüber jedem Aktionär und der Verwaltung wirkt.

## 5) Einstweiliger Rechtsschutz gegen Maßnahmen des Versammlungsleiters

Zuletzt können auch Situationen gegeben sein, in denen der Schutz des § 122 Abs. 3 S. 2 AktG nicht ausreicht. Abermals sind sich die Umstände bei der IFA AG vor Augen zu halten: Hier wurde ein Besonderer Vertreter durch einen Minderheitsaktionär aufgrund von Stimmverboten des Mehrheitsaktionärs bestellt. Die Verwaltung erweiterte im Folgejahr die Tagesordnung und schlug vor, den Geltendmachungsbeschluss aufzuheben bzw. den Besonderen Vertreter abzubestellen. An der Aktionärsstruktur hatte sich nichts Grundlegendes geändert, was der Gesellschaft auch bekannt war.[871] Auch der Minderheitsaktionär, auf dessen Initiative die Beschlüsse nach § 147 AktG gefasst worden waren, hatte seine Meinung zur Notwendigkeit der Geltendmachung nicht geändert.

Die von der Verwaltung vorgeschlagene Beschlussfassung wird nur dann erfolgreich sein, wenn der Versammlungsleiter die Stimmverbote des Mehrheitsaktionärs

---

869 5 % (absoluter Stimmanteil M) / 9 % (Anteil am stimmberechtigten Grundkapital) x 100 % = 55,6 %

870 Heidel/*Heidel*, § 246 Rn 13.

871 So geschehen bei der IFA Hotel & Touristik AG, vgl. dazu BIII2)l)cc)(16).

bei der Beschlussfassung missachtet und ihn mit abstimmen lässt.[872] In einem solchen Fall ist zu befürchten, dass sich der Versammlungsleiter als Aufsichtsratsvorsitzender über die Stimmverbote hinwegsetzen könnte, was den Beschluss nur anfechtbar[873] und damit vorläufig wirksam machen würde und daher den Besonderen Vertreter aus seinem Amt verdrängte.[874] Das Blatt würde sich gegen die Minderheit wenden, da bis zur rechtskräftigen Nichtigkeitserklärung des Abberufungsbeschlusses die Abberufung schwebend wirksam und der Besondere Vertreter seiner Stellung beraubt wäre. Schließlich könnte dies dazu führen, dass bis zur rechtskräftigen Nichtigkeitserklärung die geltend zu machenden Ansprüche aufgrund der Untätigkeit der nun berufenen regelmäßigen Organe verjährt wären.[875]

Die gerichtliche Bestellung eines Versammlungsleiters nach § 122 Abs. 3 S. 2 AktG für Tagesordnungspunkte, die im Zusammenhang mit Minderheitsverlangen nach § 122 Abs. 2 AktG stehen, muss zwar statthaft sein,[876] ist jedoch in Rechtsprechung und Literatur noch nicht anerkannt. Zwar ist es möglich, dass die Minderheit die Tagesordnung um die (Wieder-) Bestellung des Besonderen Vertreters erweitert, jedoch ist nicht klar, ob sie abermals die Mehrheit des letzten Jahres erreichen wird. Erreichte sie diese nicht, so wäre die Abberufung des Besonderen Vertreters trotz Anfechtungsklage bis zur rechtskräftigen Entscheidung des Gerichts schwebend wirksam und die eigentlich durch ihn geltend zu machenden Ansprüche möglicherweise verjährt. Letztlich verbleibt effektiv nur der einstweilige Rechtsschutz nach §§ 935 ff. ZPO mit dem Ziel, dem Versammlungsleiter aufzuerlegen, die Stimmverbote nach § 136 Abs. 1 S. 1 Var. 3 AktG zu beachten. Diese Möglichkeit wird vereinzelt in der Literatur in Betracht gezogen.[877]

---

872 Die Rückgängigmachung der Beschlüsse nach § 147 unterliegt als actus contrarius denselben Stimmverboten nach § 136 Abs. 1 S. 1 Var. 3 AktG; so auch *Stallknecht*, aaO, S. 86, 179; *Böbel*, aaO, S. 138; MüKoAktG/*Schröer*, § 147 Rn 72; Spindler/Stilz/*Mock*, § 147 Rn 41. Vgl. auch BGH AG 2011, 702; OLG München ZIP 2010, 725, die von einer grundsätzlichen Anwendung des § 136 AktG bei der Abbestellung selbstverständlich ausgehen.

873 Vgl. nur BGH ZIP 2006, 1134 (juris Rz 26); OLG Hamm ZIP 2008, 1530 (juris Rz 24, 36 ff.); MüKoAktG/*Schröer*, § 136 Rn 56; Hüffer/*Koch*, § 136 Rn 24.

874 Ähnlich auch *Marsch-Barner*, FS Brambring, S. 267, 272.

875 Man führe sich nochmals den HVB-Fall vor Augen, bei dem die rechtskräftige Entscheidung mehr als vier Jahre gedauert hat (vlg. Fn. 638). Bei einer nicht börsennotierten Gesellschaft wäre der Anspruch gegen Vorstand und Aufsichtsrat mit hoher Wahrscheinlichkeit verjährt, § 93 Abs. 6 AktG; die Ansprüche gegen den Aktionär verjähren gemäß § 117 Abs. 6 AktG unabhängig von der Börsennotierung ebenfalls innerhalb von fünf Jahren.

876 Vgl. zum Umfang der Tagesordnungspunkte, für die ein gerichtlicher Versammlungsleiter bestellt werden kann, Abschnitt CIII3)d).

877 Heidel/*Heidel* Vor. §§ 129–132 Rn 68; *Marsch-Barner*, FS Brambring, S. 267, 271 ff.; *Buchta*, DB 2008, 913 ff.

### a) *Zulässigkeit des einstweiligen Rechtsschutzes im Gesamtgefüge der Beschlussfassung und -kontrolle*

#### aa) *Meinungsstand zur GmbH*

Zur Aktiengesellschaft gibt es in diesem Problembereich soweit ersichtlich keine Rechtsprechung.[878] Für die GmbH ist anerkannt, dass ein Gesellschafter die Abhaltung einer Gesellschafterversammlung per einstweiligem Rechtsschutz verhindern kann, wenn alle getroffenen Beschlüsse nichtig wären, so z.B. bei eklatanten Einberufungsmängeln wie z.B. der Einberufung nicht aller Gesellschafter oder der Einberufung durch einen Nichtberechtigten.[879]

Wurde früher die Möglichkeit einstweiligen Rechtsschutzes für die Verhinderung einzelner Beschlussfassungen verneint,[880] so hat sich die Ansicht durchgesetzt, dass dies im Lichte von Art. 19 Abs. 4 GG ausnahmsweise möglich sein muss, wenn anderweitig kein hinreichender Rechtsschutz gewährt werden kann.[881]

Zu der hier gestellten Frage, ob dem Versammlungsleiter im einstweiligen Rechtsschutz aufgegeben werden kann, Stimmverbote zu beachten, erging soweit ersichtlich auch zur GmbH weder eine gerichtliche Entscheidung, noch existiert eine Besprechung im Schrifttum. Es gibt allerdings (bejahende) Fundstellen zu der Frage, ob dem einzelnen Gesellschafter im einstweiligen Rechtsschutz die Stimmabgabe untersagt werden kann.[882]

#### bb) *Übertragbarkeit auf die Aktiengesellschaft*

Die Rechtsprechung zur GmbH zum einstweiligen Rechtsschutz wird von der überwiegenden Ansicht im Schrifttum entsprechend auf die Aktiengesellschaft angewandt.[883] Dem ist zuzustimmen, ist doch in Anbetracht der entsprechenden Anwendung der §§ 241 ff. AktG für die GmbH nicht zu erkennen, inwieweit der Aktionär einer Aktiengesellschaft weniger schützenswert wäre als der Gesellschafter einer GmbH.[884]

---

878 Vgl. *Buchta*, DB 2008, 913.

879 Vgl. zur Nichtigkeit BGH ZIP 2006, 834; zur Möglichkeit einstweiligen Rechtsschutzes OLG Koblenz WM 1991, 1121 (juris Rz 20); OLG Frankfurt ZIP 1982, 180 (juris Rz 4).

880 OLG Koblenz WM 1991, 1121 (juris Rz 20); OLG Frankfurt ZIP 1982, 180 (juris Rz 4).

881 OLG Düsseldorf NZG 2005, 633 (juris Rz 55 ff.); OLG München NZG 1999, 407 (juris Rz 5); OLG Frankfurt GmbHR 1991, 161 (juris Rz 4); OLG Hamburg ZIP 1991, 1428 (juris Rz 2).

882 OLG Zweibrücken GmbHR 1998, 373 (juris Rz 12 ff.); *Beyer*, GmbHR 2001, 467, 470; *Michalski*, GmbHR 1991, 12, 14.

883 Hüffer/*Koch*, § 243 Rn 66 f.; Spindler/Stilz/*Würthwein*, § 243 Rn 275 f.; Heidel/*Heidel*, § 246 Rn 58; Hölters/*Englisch*, § 243 Rn 106; ebenfalls *Buchta*, DB 2008, 913, 914 f.; zurückhaltend Großkomm-AktG/*Schmidt*, § 246 Rn 130.

884 Vgl. auch *Schlitt/Seiler*, ZHR 166 (2002), 544, 551.

### cc) *Grundsätzliche Zulässigkeit einer einstweiligen Verfügung gegen den Versammlungsleiter*

Damit ist grundsätzlich der Anwendungsbereich eröffnet, auch bei der Aktiengesellschaft eine Beschlussfassung zu einem bestimmten Tagesordnungspunkt im Gesamten zu verhindern. Das hier aufgeworfene Problem verlangt jedoch gar keine vollständige Beschlussvereitelung, sondern lediglich die Beachtung der geltenden Stimmverbote. Der Eingriff in die Willensfreiheit der Hauptversammlung ist damit ungleich geringer. Folglich muss auch die Möglichkeit einer einstweiligen Verfügung, gerichtet auf die Unterlassung der Mitzählung von mit Stimmverboten belegten Stimmen, als Minus-Maßnahme grundsätzlich zulässig sein.[885] Im Folgenden sind die Voraussetzungen herauszuarbeiten, die vorliegen müssen, um diesen einstweiligen Rechtsschutz zu erlangen.

## b) *Schlüssiger Verfügungsanspruch*

### aa) *Verfügungsanspruch*

Zunächst benötigt der antragstellende Aktionär einen schlüssigen Verfügungsanspruch.[886] Der Verfügungsanspruch ist identisch mit dem Anspruch in der Hauptsache.[887] Sollte der Versammlungsleiter Stimmen mitzählen, die einem Stimmverbot unterlägen, so wäre dieser Beschluss rechtswidrig und anfechtbar, wenn sich die mitgezählten Stimmen auf das Ergebnis auswirkten, sprich kausal für das Ergebnis wären.[888] Damit könnte sich ein Verfügungsanspruch aus § 245 Nr. 1 AktG ergeben.[889] In dem Fall, dass der Beschluss schon gefasst worden ist und mittels einstweiliger Verfügung die Beschlussausführung verhindert werden soll, ist dies auch anerkannt.[890]

Dieselbe (Verfügungs-)Anspruchsgrundlage muss jedoch auch schon vor der Beschlussfassung greifen, wenn ein Verstoß gegen Stimmverbote zu einer erfolgreichen Anfechtungsklage führen würde. Ob die Verfügung selbst erfolgreich ist, entscheidet sich dann im Rahmen des Verfügungsgrundes.[891]

---

885 *Schlitt/Seiler*, ZHR 166 (2002), 544, 575; für Ausnahmefälle bejahend auch MüKoZPO/*Drescher*, § 935 Rn 47.

886 *Schlitt/Seiler*, ZHR 166 (2002), 544, 552.

887 MüKoZPO/*Drescher*, § 935 Rn 6; Musielak/Voit/*Huber*, § 935 Rn 12; *Schlitt/Seiler*, ZHR 166 (2002), 544, 552; *Heinze*, ZGR 1979, 292, 304.

888 Unstreitig, vgl. nur BGH ZIP 2006, 1134 (juris Rz 26); BGH ZIP 2006, 227 (juris Rz 17); Hüffer/*Koch*, § 136 Rn 24; MüKoAktG/*Schröer*, § 136 Rn 56.

889 Dieser Anspruch ist jedoch gerichtet gegen die Gesellschaft, nicht den Versammlungsleiter. Zu diesem Problem siehe gleich unter CIII5)e).

890 BVerfG WM 2004, 2354 (juris Rz 8); MüKoAktG/*Hüffer/Schäfer*, § 243 Rn 154; Hüffer/*Koch*, § 243 Rn 67; Hölters/*Englisch*, § 243 Rn 107; *Heinze*, ZGR 1979, 293, 304.

891 In diese Richtung wohl auch Hüffer/*Koch*, § 243 Rn 67; Spindler/Stilz/*Würthwein*, § 243, Rn 275; Schlitt/*Seiler*, ZHR 166 (2002), 544, 573 ff.; sehr zurückhaltend MüKoAktG/*Hüffer/Schäfer*, § 243 Rn 153.

Ein anderer möglicher Anspruch ergibt sich aus § 826 i.V.m. § 1004 BGB. Es ist zur Zeit noch lebhaft umstritten, ob, in welchem Umfang, und gegenüber wem der Versammlungsleiter für pflichtwidriges Verhalten in der Hauptversammlung haftet,[892] jedenfalls möglich ist jedoch eine Haftung aus § 826 BGB.[893]

Darüber hinaus hat der Aktionär das Recht auf Ausübung seiner Mitgliedschaftsrechte (Teilnahme an der Hauptversammlung einschließlich Rede-, Frage- und Auskunftsrecht) und seines Stimmrechts unmittelbar aus der in der Aktie verkörperten Mitgliedschaft.[894] Damit besteht eine Sonderbindung zwischen Aktionär und Gesellschaft, aufgrund derer der Aktionär einen (vorbeugenden) Anspruch auf Unterlassen jedweder Beeinträchtigung hat.[895] Durch das rechtswidrige Mitzählen von mit Stimmverboten belegten Aktien wird sein Stimmrecht und -gewicht in der Hauptversammlung beeinträchtigt.

*bb) Schlüssigkeit*

Diese Ansprüche müssen zudem schlüssig dargelegt werden.[896] Schlüssigkeit im prozessualen Sinne liegt dann vor, wenn Tatsachen behauptet werden, die – als wahr unterstellt – einen Anspruch begründen.[897] Auf den Grad der Wahrscheinlichkeit der Sachverhaltsschilderung kommt es nicht an.[898]

Sollte ein Aktionär Anspruchsgegner eines Geltendmachungsbeschlusses nach § 147 Abs. 1 AktG sein, so unterliegt er auch bei der Abstimmung über den Widerruf des Beschlusses einem Stimmverbot nach § 136 Abs. 1 S. 1 Var. 3 AktG.[899] Sollte der Anspruchsgegner der Mehrheitsaktionär in der Gesellschaft sein, wird sein Abstimmungsverhalten zudem kausal für das Beschlussergebnis, da er – anders als die Minderheitsaktionäre – für den Widerruf stimmen wird. Durch seine Stimmen käme der Beschluss zustande. Damit würde ein rechtswidriger Beschluss gefasst werden, den die übrigen Aktionäre gemäß §§ 245 ff. AktG anfechten könnten.

---

892 Ausführlich Heidel/*Heidel*, Vor. §§ 129–132 Rn 69 ff. mwN; vgl. auch *Lochner/Beneke*, ZIP 2015, 2010, 2012, 2014 mwN; *Möhlre/Bednarz*, Der Aufsichtsrat 2017, 52. Grundsätzlich gegen eine Haftung des Aufsichtsratsvorsitzenden als Versammlungsleiter LG Ravensburg ZIP 2014, 1632; MüKoAktG/*Kubis*, § 119 Rn 184.

893 So auch LG Ravensburg ZIP 2014, 1632 (juris Rz 38); MüKoAktG/*Kubis*, § 119 Rn 184.

894 Vgl. bezüglich des Stimmrechts MüHdbGesR-AG/*Hoffmann-Becking*, § 39 Rn 1; bezüglich des Teilnahmerechts Spindler/Stilz/*Hoffmann*, § 118 Rn 11.

895 Spindler/Stilz/*Hoffmann*, § 118 Rn 19. Zum ähnlichen Gedanken der Treuepflicht zwischen Gesellschaftern *Michalski*, GmbHR 1991, 12, 15.

896 OLG Köln VersR 1996, 733 (juris Rz 4); Stein/Jonas/*Grunsky*, § 935 ZPO Rn 6 ff.; Zöller/*Vollkommer*, § 935 ZPO Rn 7; MüKoZPO/*Drescher*, § 935 ZPO Rn 12.

897 BGH NJW 2012, 1647, 1648; VersR 2011, 1384, 1385; 2000, 3286, 3287; Saenger/*Saenger*, Vor. §§ 253–494a ZPO Rn 38.

898 BGH NJW 1984, 2888, 2889; NJW 1992, 3106; NJW-RR 1996, 1402; Vorwerk/Wolf/*Bacher*, § 253 ZPO Rn 22.

899 Vgl. nur Fn 872.

Problematischer ist es, einen Anspruch aus § 826 BGB schlüssig vorzutragen, schließlich muss auch eine Schädigungsabsicht des Versammlungsleiters gegeben sein.[900] Jedoch ist davon auszugehen, dass die bewusst rechtswidrig zustande gekommene Abbestellung eines Besonderen Vertreters oder der Widerruf der Geltendmachung von Ersatzansprüchen die tatsächliche Vermutung für eine Schädigungsabsicht in sich trägt,[901] verhindert die Abberufung des Besonderen Vertreters in solchen Konstellationen doch zumeist eine neutrale Geltendmachung der Ersatzansprüche.

Um einen Anspruch aus der Sonderbeziehung zwischen Aktionären und der Gesellschaft herzuleiten, hat der Aktionär neben dem Stimmverbot für den Anspruchsgegner nur schlüssig darzulegen, dass er selbst stimmberechtigte Aktien hält. Dies wird durch einen Depotauszug unkompliziert möglich sein.

### *c) Verfügungsgrund*

Im einstweiligen Rechtsschutz – vor allem im Gesellschaftsrecht – ist „Ort der Entscheidung" die Frage, ob ein Verfügungsgrund vorliegt.[902] Ein Verfügungsgrund ist nach § 935 ZPO dann gegeben, wenn zu befürchten ist, dass durch eine Veränderung des bestehenden Zustandes die Verwirklichung des Rechts einer Partei vereitelt oder wesentlich erschwert werden könnte. Für eine Regelungsverfügung nach §§ 935, 940 ZPO liegt dann ein Verfügungsgrund vor, wenn der Streitgegenstand bzw. der Anspruch gefährdet ist.[903] Eine solche Gefährdung ist zu bejahen, wenn die Rechtssicherung eilt und eine Verhältnismäßigkeitsprüfung ergibt, dass die Interessen des Aktionärs gegenüber der Gesellschaft überwiegen.[904]

Unmittelbar vor der Hauptversammlung gibt es regelmäßig keine Möglichkeit, noch Rechtsschutz im Hauptsacheverfahren zu erlangen. Auch nachträglicher Rechtsschutz in Form einer Anfechtungsklage ist in Fällen der rechtswidrigen Abberufung eines Besonderen Vertreters nicht rechtsschutzintensiv genug, da der rechtswidrig zustande gekommene Abberufungsbeschluss bis zum Urteil schwebend wirksam ist.[905] Dasselbe gilt für die vereinzelt besprochene Möglichkeit des einstweiligen Rechtsschutzes nach der Hauptversammlung durch ein Verbot des Vollzugs des Beschlusses,[906] da die Abberufung unabhängig von einer Handlung des Vorstands wirksam wird. Damit ist das Interesse des Aktionärs an einer rechtmäßigen Abstimmung sehr hoch, berührt es doch seine zentralen Rechte: An der

900 Bamberger/Roth/*Spindler*, § 826 BGB Rn 10.

901 So auch schon *Lochner/Beneke*, ZIP 2015, 2010, 2012 (Fn 22).

902 *Gerkan*, ZGR 1985, 167, 187; *Damm*, ZHR 154 (1990), 413, 423; *Zutt*, ZHR 155 (1991), 190, 204; *Schlitt/Seiler*, ZHR 166 (2002), 544, 561.

903 MüKoZPO/*Drescher*, § 940 Rn 9.

904 Saenger/*Kemper*, § 940 Rn 8.

905 Vgl. oben unter CIII5).

906 MüKoAktG/*Drescher*, § 935 Rn 47; Henssler/Strohn/*Drescher*, § 246 Rn 56 ff.; *Marsch-Barner*, FS Brambring, S. 267, 274.

Hauptversammlung teilzunehmen und die Willensbildung in der Gesellschaft mit seinen Stimmen zu beeinflussen. Im Übrigen ist zu berücksichtigen, dass – anders als bei der Frage, ob die Stimmabgabe gegen die Treuepflicht verstößt – die Rechtslage zu Gunsten des Aktionärs klar und eindeutig zu beantworten ist, soweit das Stimmverbot klar vorliegt.[907] Nicht zuletzt ist das Interesse aller übrigen Aktionäre ebenfalls auf die Nichtberücksichtigung von mit Stimmverboten belegten Stimmen gerichtet.

Auf der anderen Seite gibt es kein schützenswertes Interesse der Gesellschaft – oder gar des mit einem Stimmverbot belegten Aktionärs – daran, dass rechtswidrige Beschlüsse durch Nichtbeachtung von Stimmverboten zustande kommen. Insbesondere kann eine gerichtliche Verfügung, Stimmen, die einem Stimmrechtsausschluss unterliegen, nicht mitzuzählen, keinen rechtswidrigen Eingriff in die Verbandsautonomie darstellen.[908]

Problematisch ist zuletzt, ob die einstweilige Verfügung die Hauptsache vorwegnimmt. Dieses Problem stellt sich nur, wenn man den Verfügungsanspruch aus § 245 AktG herleitet. Bei der kompletten Verhinderung der Beschlussfassung wird eine Vorwegnahme der Hauptsache vertreten, da es ohne Beschluss keine Anfechtungs- und Nichtigkeitsklage geben kann.[909] Bei der Verhinderung (mutmaßlich) rechtswidriger Abstimmungen kommt jedoch ein Beschluss zustande. Sollte die Gesellschaft oder der von der Abstimmung ausgeschlossene Aktionär der Meinung sein, der Beschluss sei noch aus anderen Gründen rechtswidrig, können sie die Anfechtungsklage erheben, die diesbezüglich rechtsschutzintensiv genug ist. Die Hauptsache wird damit nicht endgültig vorweggenommen.

### *d) Glaubhaftmachung*

Zuletzt muss der schlüssige Vortrag nach §§ 920 Abs. 2, 936 ZPO glaubhaft gemacht werden. Die Glaubhaftmachung ist eine besondere Art der Beweisführung mit einer freieren Form der Beweisaufnahme und einem minderen Maß an richterlicher Überzeugung.[910] Das notwendige Maß ist eine Einzelfallentscheidung und

907 *Schlitt/Seiler*, ZHR 166 (2002), 544, 569. Dies gilt freilich nicht bei jeder Art des Stimmverbotes. So kann es beispielsweise strittig sein, ob ein Aktionär gegen die Meldepflichten nach § 20 AktG, §§ 21 ff., 28 WpHG verstoßen hat, was ebenso zu einem Stimmverbot führt. In einem solch unklaren Fall sollte der Versammlungsleiter im Zweifel den Aktionär mitstimmen lassen, vgl. nur Hüffer/*Koch*, § 136 Rn 24.

908 Ebenso *Schlitt/Seiler*, ZHR 166 (2002), 544, 575; *Beyer*, GmbHR 2001, 467, 470; *Michalski*, GmbHR 1991, 12, 13.

909 Vgl. nur MüKoAktG/*Hüffer/Schäfer*, § 243 Rn 153, die nicht nur von einer Vorwegnahme sprechen, sondern von einer darüber hinausgehenden Regelung, da die gerichtliche Überprüfung nach §§ 243 ff. AktG verhindert werde.

910 MüKoZPO/*Drescher*, § 935 Rn 13 f.

bemisst sich primär nach der Art der Gefährdung.[911] Zunächst ist der Anspruch und sind die gesetzlichen Stimmverbote glaubhaft zu machen. Ist dies geschehen, ist die wohl zentrale Hürde die Glaubhaftmachung, dass der Versammlungsleiter sich rechtswidrig über Stimmverbote hinwegsetzen wird. Ein Ansatzpunkt zur Glaubhaftmachung kann vor allem das Verhalten der Verwaltung – insbesondere des Aufsichtsrats – im Vorfeld der Hauptversammlung sein. Haben Vorstand und Aufsichtsrat im Vorfeld schon die Arbeit des Besonderen Vertreters torpediert und Informationen verweigert, kann dies Anlass zu dem Verdacht geben, dass der Versammlungsleiter (z.B. als Vorsitzender des Aufsichtsrats) mit allen Mitteln die Abberufung des Besonderen Vertreters forcieren wird. Gleiches gilt auch, wenn der Versammlungsleiter so persönlich betroffen ist, dass dem Grunde nach die Voraussetzungen für die gerichtliche Bestellung eines Versammlungsleiters nach § 122 Abs. 3 S. 2 AktG vorliegen.[912] Ein anderer Anlass zur Besorgnis kann bestehen, wenn stabile Beteiligungsverhältnisse zwischen den Aktionären herrschen und die Verwaltung weiß, dass sich an der Stimmverteilung nicht viel verändert hat: Das kann zum einen bei Namensaktien der Fall sein (da die Verwaltung nach § 67 Abs. 1 AktG ein Aktienregister zu führen hat), zum anderen dann, wenn einige wenige Aktionäre große meldepflichtige Pakete halten und der Gesellschaft keine Meldungen nach § 20 AktG oder § 21 WpHG über Stimmrechtsüber- oder -unterschreitungen vorliegen.

Eine nochmalige Abstimmung über einen Sachverhalt, bei dem klare Fronten herrschen und stabile Beteiligungsverhältnisse, die Sachverhaltskonstellation damit übereinstimmt mit der der ersten Abstimmung, wird grundsätzlich dasselbe Ergebnis erzielen. Der Antrag der Verwaltung, die Beschlüsse nach § 147 AktG zu revidieren, wird zum Scheitern verurteilt sein. In einer solchen Konstellation kann der Antrag nur Erfolg haben, wenn der betroffene Mehrheitsaktionär mitstimmen darf, Stimmverbote damit nicht berücksichtigt werden. Dass sich das Risiko verwirklicht, ist dennoch nicht sicher. Sollte es sich jedoch verwirklichen, so ist die Geltendmachung von (der Verjährung unterliegenden) Ersatzansprüchen stark gefährdet. Daher wird dieses Risiko im einstweiligen Rechtsschutz regelmäßig ausreichen, da die Gefährdung nicht bewiesen, sondern lediglich glaubhaft zu machen ist.

### *e) Versammlungsleiter als Anspruchsgegner?*

Nachdem dem Grunde nach eine einstweilige Verfügung mit dem Ziel erlassen werden kann, Stimmverbote zu beachten, ist zu klären, wer Antragsgegner dieser Verfügung ist. Dies ist umstritten. Einerseits könnte man die Gesellschaft als Anspruchsgegner sehen. Dafür spricht, dass sie nach § 246 Abs. 2 S. 1 AktG die

---

911 Stein/Jonas /*Grunsky*, § 935 Rn 9; Zöller/*Vollkommer*, § 935 Rn 8.

912 Vgl. zu diesen Voraussetzungen CIII3)c).

Klagegegnerin einer späteren Anfechtungsklage wäre.[913] Auch richten sich die Ansprüche auf Gleichbehandlung und Wahrung der Aktionärsrechte gegen die Gesellschaft.

Dagegen spricht jedoch das Kompetenzgefüge der Aktiengesellschaft: Nicht die Gesellschaft fasst Beschlüsse, sondern die Hauptversammlung, die sich des Versammlungsleiters als notwendige (Hilfs-)Person bedient, um formal korrekte Beschlüsse zu fassen. Richtiger Antragsgegner kann aber auch nicht die Hauptversammlung sein, da – abgesehen von dem praktischen Problem, die Verfügung jedem einzelnen Aktionär nach §§ 936, 922 Abs. 2 ZPO zuzustellen[914] – nicht die Hauptversammlung die Stimmen zur Abstimmung zulässt und auszählt, sondern der Versammlungsleiter.

Zwar sind Maßnahmen des Versammlungsleiters im Nachhinein im Hauptsacheverfahren nicht isoliert überprüfbar, womit er streng genommen prozessual nicht der richtige Anspruchsgegner ist, dennoch besteht zwischen ihm und der Hauptversammlung als Willensbildungsorgan ein unmittelbarer Bezug. Würde man einen Verfügungsanspruch auf § 826 i.V.m. § 1004 BGB stützen, der sich direkt gegen den Versammlungsleiter richtet, so wäre der Versammlungsleiter in diesem Fall prozessual der richtige Anspruchsgegner. Damit gibt es je nach Verfügungsanspruch Anknüpfungspunkte zu verschiedenen Anspruchsgegnern. Da jedenfalls bezüglich eines einzelnen Verfügungsanspruchs der Versammlungsleiter prozessual der richtige Antragsgegner ist und er auch in allen anderen Konstellationen letztlich derjenige ist, der die streitgegenständliche Maßnahme auszuführen hat, ist es nur folgerichtig, ihn als Anspruchsgegner der einstweiligen Verfügung zu sehen. Ihn als Antragsgegner zuzulassen, bedeutet zudem für den betroffenen Aktionär aus praktischen Erwägungen einen einfachen Rechtsschutz.

Die Zustellung ist indes nicht unproblematisch: Während der Hauptversammlung könnte der Aktionär dem Versammlungsleiter die einstweilige Verfügung zwar direkt zustellen, problematisch ist jedoch eine Zustellung vor der Hauptversammlung. Schließlich entsteht das Amt des Versammlungsleiters erst mit deren Beginn. Auch wenn der Versammlungsleiter satzungsgemäß der Aufsichtsratsvorsitzende ist, der selbstredend auch im Vorfeld erreichbar ist, so strahlt das Amt des Aufsichtsratsvorsitzenden doch nicht auf das des Versammlungsleiters aus.[915] Sollte die einstweilige Verfügung ihm als zukünftigen Versammlungsleiter zugehen, kann er sich dennoch nicht darauf berufen, zur Zeit nur Aufsichtsratsvorsitzender zu sein und dadurch die Zustellung verhindern; ein solches Verhalten wäre missbräuchlich. Vielmehr ist eine Zustellung im Vorfeld der Hauptversammlung auch in seinem Interesse, hat er doch nun die Möglichkeit, Rechtsmittel gegen die einstweilige

913 Zur GmbH *Nietsch*, GmbHR 2006, 393, 396.

914 So auch *Buchta*, DB 2008, 913, 916.

915 Weswegen er nach überwiegender Ansicht auch nicht nach §§ 116, 93 AktG für Pflichtverletzungen als Versammlungsleiter haftet, vgl. dazu Heidel/*Heidel*, Vor. §§ 129–132 Rn 69 ff.

Verfügung einzulegen. Daher muss es bei einem satzungsmäßigen Versammlungsleiter (z.B. dem Aufsichtsratsvorsitzenden) möglich sein, sie diesem als zukünftigem Versammlungsleiter vor der Hauptversammlung zuzustellen.

## IV Zwischenergebnis

Die Rechtsschutzmöglichkeiten bezüglich der Beschlussfassungen nach § 147 AktG sind mannigfaltig. Zum einen können die Beschlüsse angefochten werden, wobei ein zu unbestimmter Geltendmachungsbeschluss nur zur Anfechtbarkeit führt. Die Handlungen des Besonderen Vertreters sind bis zur rechtskräftigen Nichtigkeitserklärung nach den Prinzipien des faktischen Organs bis dahin wirksam. Damit kann durch eine Anfechtung grundsätzlich nicht verhindert werden, dass der Besondere Vertreter seiner Aufgabe wirksam nachgeht.

Die Frage der Reichweite der Stimmverbote bei der Beschlussfassung bemisst sich nicht formal daran, ob in einem Beschluss gegen alle Anspruchsgegner abgestimmt wird oder getrennt in unterschiedlichen Beschlüssen, sondern materiell danach, ob den Beteiligten eine gemeinschaftliche Pflichtverletzung vorgeworfen wird, die dazu führt, dass die Abstimmung des Aktionärs gegen seinen potentiellen „Mittäter" faktisch zu einem Richten in eigener Sache wird. Insofern kann ein Versammlungsleiter oder die Hauptversammlung die Mehrheitsverhältnisse bei der Beschlussfassung nicht durch die Abstimmungsmodalität steuern.

Aufgrund dessen hat sich in der Praxis eine präventive Beschlussverhinderung durch den Versammlungsleiter entwickelt, der den Beschlussantrag wegen angeblicher Rechtswidrigkeit nicht zur Abstimmung stellt. Der Versammlungsleiter hat jedoch grundsätzlich keine Befugnisse zu solch einer rechtlichen Bewertung. Dies gilt vor allem bei der Beschlussfassung nach § 147 Abs. 1 AktG: Der Versammlungsleiter kann die Beschlussfassung nicht aufgrund angeblich mangelhafter Bestimmtheit des Geltendmachungsbeschlussantrags und damit späteren Beschlusses verhindern, da dies allenfalls zur Anfechtbarkeit des Beschlusses führen würde. Zudem kann er den Beschlussantrag nicht wegen Unbegründetheit zurückweisen, da die Begründetheit eines späteren Geltendmachungsbeschlusses gar keine Frage ist, die das Gericht im Anfechtungsprozess beantwortet, sondern erst später das Gericht im Haftungsprozess.

Um zu verhindern, dass ein Versammlungsleiter dennoch rechtswidrig handelt, ist es bei der Einberufung einer außerordentlichen Hauptversammlung oder der Erweiterung der Tagesordnung nach § 122 Abs. 1, 2 AktG zudem möglich, (isoliert) einen gerichtlich bestellten Versammlungsleiter für die Tagesordnungspunkte zu erwirken, die sich auf das Minderheitsverlangen beziehen und bei denen der Versammlungsleiter so betroffen ist, dass die Besorgnis besteht, dass er die Tagesordnungspunkte nicht unparteiisch und neutral und damit nicht ordnungsgemäß behandelt.

Zudem ist es in bestimmten Konstellationen möglich, mittels einer isolierten positiven Beschlussfeststellungsklage einen Beschluss dennoch zu fassen, dessen Beschlussfassung der Versammlungsleiter präventiv verhindert hat. Dafür muss jedoch Klarheit über den hypothetischen Abstimmungsverlauf und das -ergebnis bestehen.

Zuletzt ist es auch möglich, eine einstweilige Verfügung gegen den Versammlungsleiter zu erwirken, die ihm aufgibt, die bestehenden Stimmverbote zu beachten. Die Zustellung dieser Verfügung kann bei einem satzungsmäßigen Versammlungsleiter auch vor Eröffnung der Hauptversammlung geschehen.

# D Das Informationsrecht des Besonderen Vertreters

Sobald der Geltendmachungsbeschluss gefasst und ein Besonderer Vertreter bestellt ist, schließt sich für ihn die Ausführung des Beschlusses an. Das Ziel ist dabei die Geltendmachung der Ersatzansprüche, die regelmäßig in der Erhebung einer Haftungsklage mündet. Zwischen der Beschlussfassung und einer Klageerhebung sind zunächst Informationen zu sammeln und auszuwerten, um anschließend eine schlüssige und mit Beweisen untermauerte Klageschrift verfassen zu können. Damit wird die Beschaffung von Informationen zum Schlüssel für eine erfolgreiche Tätigkeit des Besonderen Vertreters.[916] Umgekehrt ist die Eindämmung von Informationsströmen in Richtung des Besonderen Vertreters eine effektive Möglichkeit der Anspruchsgegner, trotz dessen Bestellung eine Haftungsklage zu verhindern.[917]

Folglich ist es nicht verwunderlich, dass das Informationsrecht des Besonderen Vertreters in vielerlei Hinsicht umstritten ist.[918] Eröffnet wird der Streit mit der Frage, ob der Besondere Vertreter überhaupt ein Recht auf Informationen hat,[919] und mündet in die Debatte, wie er sich diese Informationen beschaffen darf. Schließlich endet er in der Diskussion, wie der Besondere Vertreter seine Rechte in Bezug auf Informationen gerichtlich durchsetzen kann.

In diesem Teil der Arbeit werden diese Fragen untersucht und ein stimmiges Gesamtkonzept erarbeitet. Dabei wird von folgender Prämisse ausgegangen: Es dürfen nur solche Hauptversammlungsbeschlüsse gefasst werden, die auch ausführbar sind. Einen Beschluss, der zwar wirksam gefasst, jedoch nicht durchsetzbar ist, darf es nicht geben.[920] Damit muss der Besondere Vertreter im Ergebnis die Mittel haben, die es ihm ermöglichen, den Hauptversammlungsbeschluss auszuführen.[921]

---

916 *Nietsch*, ZGR 2011, 589, 611.

917 Man halte sich nur die Entscheidung des LG Stuttgart, ZIP 2010, 329 vor Augen, in dem einem wirksam bestellten Besonderen Vertreter ein Informationsanspruch verweigert wurde, da kein „Anfangsverdacht" vorgelegen habe. Daraufhin legte der Besondere Vertreter sein Amt nieder.

918 Nach KK-AktG/*Rieckers/Vetter*, § 147 Rn 593 dürfte dies sogar die heute umstrittenste Frage zu § 147 AktG sein.

919 Diese „Extremposition" (KK-AktG/*Rieckers/Vetter*, § 147 Rn 597) vertritt soweit ersichtlich einzig *Humrich*, aaO, S. 170 ff.; *ders.* NZG 2014, 441 ff.

920 AA aber anscheinend MüKoAktG/*Schröer*, § 147 Rn 29, der davon ausgeht, ein Besonderer Vertreter könne durch einen unbestimmten Beschluss bestellt werden, aufgrund dieses Beschlusses jedoch nicht effektiv handeln, da er über unzureichende Informationsrechte verfüge und zuvor eine Sonderprüfung zu erfolgen habe. Danach gebe es wirksame Beschlüsse, die unausführbar wären.

921 Soweit noch nahezu unstreitig, vgl. nur RGZ 83, 248, 252; OLG München ZIP 2008, 73 (juris Rz 54); LG München I ZIP 2007, 1809 (juris Rz 89); LG Stuttgart ZIP 2010,

Im Grunde gilt immer noch § 89 der Einleitung des Allgemeinen Preußischen Landrechts (ALR) von 1794, der sich prominent in einem Reichsgerichtsurteil zum Besonderen Vertreter wiederfindet:

> „Wem die Gesetze ein Recht geben, dem bewilligen sie auch die Mittel, ohne welche daßselbe [sic!] nicht ausgeübt werden kann".[922]

Das bedeutet in diesem Fall, dass der Informationsanspruch des Besonderen Vertreters eine Brücke zwischen Hauptversammlungsbeschluss und Haftungsklage baut.

Um sich diesem umstrittenen Thema systematisch zu nähern, wird die Gesamtproblematik in mehrere Teilaspekte aufgegliedert: Zunächst muss eine Anspruchsgrundlage für die Informationsrechte des Besonderen Vertreters gefunden werden (I). In einem nächsten Schritt ist der Umfang der Informationsrechte abzustecken (II) gefolgt von der Art und Weise, wie der Besondere Vertreter an diese Informationen gelangen kann (III). Erst im Anschluss daran wird die gerichtliche Durchsetzung dieser Ansprüche untersucht (IV).

## I Der Anspruch auf Informationen: Der Besondere Vertreter im Gefüge von Vorstand und Aufsichtsrat

Beschäftigt man sich mit dem Meinungsspektrum zum Informationsrecht des Besonderen Vertreters, wird man von der Fülle der Argumente überwältigt. Den meisten Argumenten stehen ebenso überzeugende Gegenargumente gegenüber, sodass man versucht ist, jedes Argument einzeln zu bewerten, um am Ende hoffentlich eine stimmige Lösung präsentieren zu können. Eine solche Herangehensweise erschwert jedoch dem Leser, dem Lösungsweg zu folgen, und zwängt den Autor unnötig in

---

329 (juris Rz 34); OLG Köln ZIP 2015, 2470 (juris Rz 35); LG Heidelberg ZIP 2016, 471 (juris Rz 28); KK-AktG/*Rieckers/Vetter*, § 147 Rn 600; Großkomm-AktG/*Bezzenberger*, § 147 Rn 57; Heidel/*Lochner*, § 147 Rn 24a; MüKoAktG/*Schröer*, § 147 Rn 49 (vgl. aber Rn 29); Hüffer/*Koch*, § 147 Rn 9; Schmidt/Lutter/*Spindler*, § 147 Rn 29; Spindler/Stilz/*Mock*, § 147 Rn 105; Hölters/*Hirschmann*, § 147 Rn 10; Henssler/Strohn/*Liebscher*, § 147 Rn 10; MüHdbGesR-AG/*Bungert*, § 43 Rn 37; Happ/Groß/*Möhrle*, 11.16 Rn 9.6; *Bungert*, in: Hdb Managerhaftung, § 13 Rn 72; Bürgers/Körber/*Holzborn/Jänig*, § 147 Rn 14; Grigoleit/*Herrler*, § 147 Rn 14; *Stallknecht*, aaO, S. 281 f.; *Böbel*, aaO, S. 92 f.; *Heidel/Lochner*, Der Aufsichtsrat 2016, 34; *Schneider*, ZIP 2013, 1985, 1986; *Binder*, ZHR 176 (2012), 380, 388 f.; *Wirth*, FS Hüffer, S. 1129, 1142 f.; *Nietsch*, ZGR 2011, 589, 611; *Westermann*, AG 2009, 237, 246; *Kling*, ZGR 2009, 190, 214; *Verhoeven*, ZIP 2008, 245, 247; *Mock*, DB 2008, 393, 395.
AA einzig *Humrich*, aaO, S. 170 ff.; *ders.*, NZG 2014, 441 ff., der dem Besonderen Vertreter gar keine Informationsrechte einräumt.
AA auch LG Stuttgart ZIP 2010, 329, das einem wirksam bestellten Besonderen Vertreter einen Anspruch auf Informationen verweigerte.

922 RGZ 83, 248, 252 unter Bezugnahme des § 89 der Einleitung des Allgemeinen Preußischen Landrechts (ALR) von 1794.

ein argumentatives Korsett. Sie ist in Anbetracht der Fülle von Argumenten und Meinungen zum Scheitern verurteilt.[923]

Das Gegenteil soll indes erreicht werden: Ohne zunächst im Einzelnen auf das weit gefächerte Meinungsspektrum zum Informationsrecht eingehen zu wollen, wird der Besondere Vertreter in das Gefüge der Aktiengesellschaft eingeordnet. Dies allein soll schon Aufschlüsse über die Notwendigkeit des Informationsrechts und seine Herkunft geben. Das Ziel ist es, einen roten Faden zwischen den Grundwertungen des Aktiengesetzes und dem Informationsanspruch des Besonderen Vertreters zu ziehen.

## 1) Der Unterschied zwischen Beschlüssen nach § 147 Abs. 1 und Abs. 2 AktG

Auch wenn die Überschrift trivial erscheint, so ist es doch im Folgenden von fundamentaler Bedeutung, sich des Unterschieds zwischen einem Geltendmachungsbeschluss nach § 147 Abs. 1 S. 1 AktG und einem Bestellungsbeschluss nach § 147 Abs. 2 S. 1 AktG abermals bewusst zu werden. Es handelt sich dabei um verschiedene Beschlüsse mit unterschiedlichem Inhalt. Der Geltendmachungsbeschluss regelt allein den Auftrag, Ersatzansprüche aus einer bestimmten Handlung oder einem abgrenzbaren Lebenssachverhalt geltend zu machen. Er kann unabhängig von einem Bestellungsbeschluss nach § 147 Abs. 2 AktG gefasst werden[924] und trifft selbst keine Aussage darüber, wer diesen Anspruch geltend machen soll.[925] Aus dem Gesetz ergibt sich sodann, dass die Geltendmachungskompetenz grundsätzlich beim Vorstand nach § 78 Abs. 1 AktG oder ausnahmsweise beim Aufsichtsrat gemäß § 112 AktG liegt.[926]

Diese gesetzlich angeordnete Kompetenzverteilung kann die Hauptversammlung mit der Bestellung eines Besonderen Vertreters nach § 147 Abs. 2 AktG, also einem weiteren Beschluss, durchbrechen. Die Bestellung eines Besonderen Vertreters wirkt sich jedoch keinesfalls auf den Inhalt des Geltendmachungsbeschlusses aus. Dogmatisch verfehlt wäre es, anzunehmen, ein Geltendmachungsbeschluss unterliege erhöhten bzw. anderen inhaltlichen Anforderungen, sobald statt der ordentlichen Gesellschaftsorgane ein Besonderer Vertreter mit der Anspruchsverfolgung beauftragt ist.[927] Dafür findet sich im Gesetz kein Hinweis. Die Bestellung

---

923 Vgl. auch *Stallknecht*, aaO, S. 283 ff., der die verschiedenen Argumente beleuchtet und zu dem Schluss kommt, dass nach alledem Nichts gesagt sei.

924 Eine Anfechtung eines Bestellungsbeschlusses hat keine Auswirkungen auf den Geltendmachungsbeschluss, statt aller KK-AktG/*Rieckers/Vetter*, § 147 Rn 331 ff. Dagegen endet mit erfolgreicher Anfechtung des Geltendmachungsbeschlusses auch eine etwaige Bestellung, da sie dem Beschluss nach § 147 Abs. 2 AktG die Grundlage nimmt, vgl. ebd.

925 Vgl. nur BIII2)d).

926 Statt aller Hüffer/*Koch*, § 147 Rn 1, 6; Spindler/Stilz/*Mock*, § 147 Rn 1.

927 Vgl. dazu ebenfalls BIII2)d).

eines Besonderen Vertreters modifiziert damit die Vertretungsregeln, berührt jedoch nicht den Inhalt des Geltendmachungsbeschlusses. Insoweit wird davon gesprochen, der Besondere Vertreter *verdränge* die regelmäßigen Organe der Gesellschaft.[928] Die dogmatischen Folgen einer solchen Verdrängung sollen in den nächsten Abschnitten erarbeitet werden.

## 2) Rechte und Pflichten von Vorstand und Aufsichtsrat bei der Geltendmachung von Ersatzansprüchen

Zunächst soll ein Blick auf die Ausgangssituation geworfen werden, ohne dass ein Geltendmachungsbeschluss gefasst wird oder gar ein Besonderer Vertreter die Bühne betritt.

Ohne Geltendmachungsbeschluss der Hauptversammlung sind Vorstand und Aufsichtsrat nach den in der „ARAG/Garmenbeck"-Rechtsprechung des Bundesgerichtshofs festgelegten Maßstäben jederzeit verpflichtet, mögliche Ersatzansprüche zu verfolgen.[929] Sie handeln dabei aufgrund ihrer Legalitätspflicht im Interesse der Gesellschaft.[930] Aufgrund dessen haben sie den Sachverhalt vollumfänglich aufzuklären und agieren dabei gleich einem „Staatsanwalt" bzw. gehen in ihren Bemühungen sogar darüber hinaus, da sie nicht nur repressiv Pflichtverletzungen ahnden, sondern auch präventiv Schutzmechanismen gegen zukünftige Pflichtverletzungen installieren müssen.[931] Der Vorstand hat dabei die Rechtstreue des Unternehmens im Gesamten (sowohl der Mitarbeiter als auch des Aufsichtsrats)[932] zu überwachen und der Aufsichtsrat die des Vorstands.[933]

Nur in absoluten Ausnahmefällen können die zuständigen Organe nach sorgfältiger Prüfung und Abwägung von einer Anspruchsverfolgung absehen, wenn gewichtige Gründe des Gesellschaftswohls dagegen sprechen und diese Umstände die Gründe, die für eine Rechtsverfolgung sprechen, überwiegen oder ihnen zumindest gleichwertig sind.[934] Um diesen gesetzlichen Auftrag auszufüllen, haben beide Organe umfassende Informationsrechte. Die Schaffung einer Informationsgrundlage ist damit Garant für ein pflichtgerechtes Organhandeln.[935]

---

928 BGH ZIP 1981, 178 (juris Rz 8); Hüffer/*Koch*, § 147 Rn 8; MüKoAktG/*Schröer*, § 147 Rn 47; Spindler/Stilz/*Mock*, § 147 Rn 49; Heidel/*Lochner*, § 147 Rn 24; KK-AktG/*Rieckers/Vetter*, § 147 Rn 505; Schmidt/Lutter/*Spindler*, § 147 Rn 23.

929 BGH ZIP 1997, 883.

930 Unstreitig, statt aller Hüffer/*Koch* § 93 Rn 6.

931 *Verhoeven*, ZIP 2008, 245, 246, der den Bestechungsskandal bei der Siemens AG als ein solches Beispiel nennt. Ebenso *Stallknecht*, aaO, S. 291 f.

932 *Böbel*, aaO, S. 31.

933 *Reichert/Ott*, NZG 2014, 241 ff.

934 BGH ZIP 1997, 883 (juris Rz 25).

935 *Theisen*, Der Aufsichtsrat 2017, 49.

## a) *Informationsrecht des Vorstands*

Das Informationsrecht des Vorstands ist ein originäres und folgt aus der Leitungsbefugnis der Gesellschaft nach § 76 Abs. 1 AktG; der Vorstand gilt in der Aktiengesellschaft als der „Hüter der Informationen".[936] Daher hat er sowohl Zugriff auf jegliche Informationen innerhalb der Gesellschaft, als auch die Möglichkeit, Mitarbeiter zu befragen und ggf. mittels seiner Direktionsbefugnis zur Kooperation anzuhalten.[937] Er kann die Ermittlungen auch delegieren, behält aber stets als Gesamtorgan die Verantwortung für eine ordnungsgemäße Geltendmachung.[938] Sein Informationsrecht dient ihm nicht nur bei einer Verfolgung möglicher Ersatzansprüche gegen Mitarbeiter, Aufsichtsratsmitglieder oder Aktionäre, sondern auch bei der Überwachung der Rechtmäßigkeit des Unternehmenshandelns (Compliance) oder der Ausübung der Geschäftsleitung an sich.

## b) *Informationsrecht des Aufsichtsrats*

Der Aufsichtsrat überwacht nicht die Regeltreue im gesamten Unternehmen,[939] sondern ihm obliegt – neben anderen, an dieser Stelle aber irrelevanten Aufgaben – nach § 111 Abs. 1 AktG die Überwachung des Vorstands. Seine Überwachung ist laufend und dient nicht nur der repressiven Verfolgung begangener Pflichtverletzungen, sondern auch der Prävention.[940] Dazu gehört selbstredend auch die Geltendmachung von Ersatzansprüchen, bei der der Aufsichtsrat die Gesellschaft gemäß § 112 S. 1 AktG vertritt.[941] Sollte der Aufsichtsrat das Gefühl haben, dass es zu Pflichtverletzungen gekommen ist, so stehen ihm mehrere Informationsquellen zur Verfügung, um diesem Verdacht nachzugehen: Der Vorstand hat dem Aufsichtsrat zunächst regelmäßig nach § 90 Abs. 1 AktG zu berichten. Bleiben aus Sicht des Aufsichtsrats Fragen offen, so kann er vom Vorstand gemäß § 90 Abs. 3 AktG weitere Berichte verlangen. Dies gilt auch bei einer Ermittlung gegen den Vorstand.[942] Überdies hat er umfassende Informationsrechte, die sich aus § 111 Abs. 1, 2 S. 1 AktG ergeben: Der Aufsichtsrat kann auf den gesamten Datenbestand des Unternehmens zugreifen, inklusive elektronischer Dokumente und Papiere der Innenrevision.[943] Bei

936 *Habersack*, AG 2014, 1, 2; *Bicker*, AG 2014, 8; *Arnold*, ZGR 2014, 76, 78 ff., 85 ff.

937 *Reichert/Ott*, NZG 2014, 241, 243; *Binder*, ZHR 176 (2012), 380, 391; *Knauer*, ZHW 2012, 81, 84 ff.

938 *Reichert/Ott*, NZG 2014, 241 ff.

939 *Kort*, FS Hopt, S. 983, 997.

940 Allg. Ansicht. Vgl. statt aller *Hüffer*, NZG 2007, 47.

941 MüHdbGesR-AG/*Hoffmann-Becking*, § 29 Rn 35; MüHdbGesR-AG/*Wiesner*, § 26 Rn 52; *Habersack*, NZG 2016, 321. Zur grundsätzlichen Pflicht der Geltendmachung vgl. BGH ZIP 1997, 883.

942 *Arnold*, ZGR 2014, 76, 86 f.

943 Hüffer/*Koch*, § 111 Rn 19; *Habersack*, FS Stilz, S. 191, 198; *Arnold*, ZGR 2014, 76, 89; *Hasselbach*, NZG 2012, 41, 44; *Hüffer*, NZG 2007, 47, 53; *Kropff*, NZG 2003, 346, 348 f. Ausführlich *Leyens*, Informationen des Aufsichtsrats, S. 174 ff.

Besorgnis des Aufsichtsrats, dass es auch innerhalb des Vorstands zu Unregelmäßigkeiten und Pflichtverletzungen gekommen ist, sind auch die Vorstandsprotokolle von diesem Einsichtsrecht umfasst.[944] Sollte die Prüfung dieser Informationen die Sachkunde des Aufsichtsrats übersteigen, so hat er nach § 111 Abs. 2 S. 2 AktG das Recht und ggf. sogar die Pflicht,[945] externe Sachverständige wie Rechtsanwälte oder Wirtschaftsprüfer bezüglich einzelner Fragen zu konsultieren.[946] Die noch umstrittene Frage, ob und unter welchen Voraussetzungen er zudem unmittelbar Mitarbeiter befragen kann, wird unter II2)d) in einem anderen Kontext behandelt.

Das Informationsrecht ist ein Recht des Gesamtorgans Aufsichtsrat, das nach pflichtgemäßem Ermessen per Beschluss darüber entscheidet, welche Informationen einzusehen sind.[947] Weitere Anforderungen an die Rechtsausübung stellt das Gesetz nicht auf und werden auch von der überwiegenden Ansicht im Schrifttum nicht gestellt.[948]

Im Ergebnis hat der Aufsichtsrat ein weites Ermessen, welche Informationen er fordert.[949] Im Umkehrschluss hat der Vorstand dem Informationsverlangen des Aufsichtsrats grundsätzlich Folge zu leisten, er hat keine Kompetenz, die Entscheidung auf ihre Zweckmäßigkeit zu überprüfen.[950] Die Grenze bildet – wie bei jedem Recht – der offensichtliche Rechtsmissbrauch.[951]

### *c) Keine Modifikation der Informationsrechte von Vorstand und Aufsichtsrat aufgrund Geltendmachungsbeschluss nach § 147 Abs. 1 AktG*

Fasst die Hauptversammlung einen Geltendmachungsbeschluss nach § 147 Abs. 1 S. 1 AktG, so bedeutet dies für die regelmäßigen Organe, dass sie grundsätzlich kein Ermessen mehr bezüglich des „ob" der Anspruchsverfolgung haben.[952]

---

944 *Leyens*, aaO, S. 178; MüKoAktG/*Habersack*, § 111 Rn 63; KK-AktG/*Mertens/Cahn*, § 111 Rn 53; Hüffer/*Koch*, § 111 Rn 19; *Habersack*, FS Stilz, S. 191, 198; *Hoffmann-Becking*, ZGR 2011, 136, 149.

945 BGHZ 85, 293 (juris Rz 11).

946 BGHZ 85, 293 (juris Rz 11); *Hoffmann-Becking*, ZGR 2011, 136, 148.

947 KK-AktG/*Mertens/Cahn*, § 111 Rn 56.

948 Hüffer/*Koch*, § 111 Rn 19; MüKoAktG/*Habersack*, § 111 Rn 66a; *Habersack*, AG 2014, 1, 7; differenzierend KK-AktG/*Mertens/Cahn*, § 111 Rn 52; aA *Hoffmann-Becking*, ZGR 2011, 136, 147.

949 MüKoAktG/*Habersack*, § 111 Rn 66a; Hüffer/*Koch*, § 111 Rn 19; Heidel/*Breuer/Fraune*, § 111 Rn 16; Spindler/Stilz/*Spindler*, § 111 Rn 40; KK-AktG/*Mertens/Cahn*, § 111 Rn 42.

950 Hüffer/*Koch*, § 111 Rn 19; Spindler/Stilz/*Spindler*, § 111 Rn 40 f.; MüKoAktG/*Habersack*, § 111 Rn 66a; *Cahn*, WM 2013, 1293, 1299; im Ergebnis wohl auch Hölters/*Hambloch-Gesinn/Gesinn*, § 111 Rn 45; aA wohl *Hoffmann-Becking*, ZGR 2011, 136, 147.

951 Siehe auch zum Anforderungsbericht nach § 90 Abs. 3 AktG MüKoAktG/*Spindler*, § 90 Rn 36.

952 BGH ZIP 1997, 883 (juris Rz 20); Heidel/*Lochner*, § 147 Rn 10; Spindler/Stilz/*Mock*, § 147 Rn 36.

Werden (nur) Geltendmachungsbeschlüsse nach § 147 Abs. 1 AktG gefasst, behalten Vorstand und Aufsichtsrat selbstredend ihre weit- und umfangreichen Informationsrechte aus § 78 bzw. § 111 AktG, um den Beschluss auszuführen und eine Haftungsklage zu erheben.[953] Keinesfalls modifiziert ein Beschluss nach § 147 Abs. 1 AktG diese Rechte, da er bezüglich der Kompetenzen der Organe schweigt.[954]

## 3) Der Besondere Vertreter verdrängt Vorstand und Aufsichtsrat

### *a) Die Notwendigkeit eines Besonderen Vertreters*

Wenn die Hauptversammlung nun also (lediglich) einen Beschluss nach § 147 Abs. 1 AktG fasst, hat sie zwei schlagkräftige, mit umfassenden Informationsrechten ausgestattete Organe, die rechtlich in der Lage sind, die Beschlüsse der Hauptversammlung auszuführen. Warum sollte sie zudem noch einen Besonderen Vertreter bestellen?

Die Möglichkeit, statt der ordentlichen Organe noch Besondere Vertreter mit der Ausführung der Geltendmachungsbeschlüsse beauftragen zu können, ist keinesfalls ein Versehen oder gar eine gedankenlose Gestaltung des Gesetzgebers, ganz im Gegenteil:

> „Zweck dieser Regelung [§§ 147, 148 AktG] ist es, die praktische Durchsetzung der Ersatzansprüche der Gesellschaft zu erleichtern. Diese wäre ohne besondere Vorkehrungen nämlich vielfach gefährdet, weil die Vertretung der Gesellschaft bei Vorstand und Aufsichtsrat liegt (§ 78 bzw. § 112) und die Verwaltungsorgane in der Gefahr stehen, das Gesellschaftsinteresse hinter das eigene Interesse zurücktreten zu lassen. Es kann typischerweise nicht erwartet werden, dass derjenige Ansprüche verfolgt, der dem Ersatzverpflichteten kollegial oder geschäftlich verbunden, ihm für seine eigene Bestellung zu Dank verpflichtet ist, oder der Gefahr läuft, dass im Verfahren seine eigenen Versäumnisse aufgedeckt werden."[955]

Der Gesetzgeber erkennt damit an, dass das System der *Checks and Balances* in der Aktiengesellschaft teilweise Schwächen unterliegt und dass die regelmäßigen Organe in bestimmten Situationen aufgrund von Interessenskonflikten nicht in der Lage sind, die Geltendmachungsbeschlüsse sachgerecht auszuführen.[956] Er geht sogar noch einen Schritt weiter und attestiert in solchen Fällen, dass „typischerweise" nicht mit einer ordnungsgemäßen Verfolgung durch die ordentlichen Organe

---

953 Ausdrücklich auch MüKoAktG/*Schröer*, § 147 Rn 32; *Verhoeven*, ZIP 2008, 245, 247.

954 Ebd.

955 Begründung des Gesetzesentwurfs der Bundesregierung zum Gesetz zur Unternehmensintegrität und Modernisierung des Aktienrechts (UMAG) vom 22.09.2005 (BGBl. 2005 I, S. 2802), BT-Drucks. 15/5092, S. 19 f.

956 Dem schließt sich die allgemeine Ansicht in der Literatur an, vgl. statt aller Hüffer/*Koch*, § 147 Rn 1; *Wagner*, ZHR 178 (2014), 227, 240; *Binder*, ZHR 176 (2012), 380, 382.

gerechnet werden kann.[957] Dies folgt daraus, dass in den meisten Fällen Ansprüche gegen Vorstands- und Aufsichtsratsmitglieder und das herrschende Unternehmen bzw. den Mehrheitsaktionär geltend gemacht werden.[958] Im Falle von Pflichtverletzungen müsste damit der Aufsichtsrat beispielsweise Ansprüche gegen den Vorstand aufgrund von Geschäften mit dem Mehrheitsaktionär geltend machen, obwohl die Mitglieder des Aufsichtsrats dem Mehrheitsaktionär durch ihre Wahl zum Dank verpflichtet sind. Der Vorstand müsste eventuell Ansprüche gegen den Mehrheitsaktionär geltend machen, dem er jedoch ebenfalls mittelbar zum Dank verpflichtet wäre, und eventuell auch gegen den Aufsichtsrat, der jedoch nicht nur über die Besetzung des Vorstands entscheidet, sondern gleichzeitig für die Verfolgung von Pflichtverletzungen des Vorstands zuständig ist. Es entsteht eine Art Gefangenendilemma zwischen den Akteuren, da alle Seiten von der Nichtverfolgung von Pflichtverletzungen profitieren. Die Nichtsanktionierung selbst ist wiederum eine Pflichtverletzung, die dem dann eigentlich berufenen Verfolgungsorgan aber zugutekommt.[959]

Die Bestellung eines Besonderen Vertreters soll damit Interessenskonflikte bei der Ausführung der Geltendmachungsbeschlüsse ausräumen. Mit keinem Wort problematisiert die Gesetzesbegründung, dass der Besondere Vertreter dazu nicht die erforderlichen Mittel hätte. Vielmehr wird wie selbstverständlich davon ausgegangen, dass die effektivere Methode der Durchsetzung der Ersatzansprüche der Gesellschaft die Bestellung eines Besonderen Vertreters sei, da dies die Durchsetzung „erleichtere". Wenn dem so ist, muss der Besondere Vertreter von Gesetzes wegen im Vergleich zu Vorstand und Aufsichtsrat äquivalente Rechte haben, um den Willen der Hauptversammlung erfolgreich auszuführen.

Sollte der Besondere Vertreter geringere Informationsrechte als die ordentlichen Organe haben, so könnten die Aktionäre bei der Geltendmachung von Ersatzansprüchen regelmäßig nur zwischen zwei unterschiedlichen Übeln wählen: Entweder legten sie die Geltendmachung in die Hände von Vorstand oder Aufsichtsrat, die zwar über ausreichende Informationsrechte verfügten, aufgrund von Interessenskonflikten diese aber eventuell nicht nutzten, oder aber sie bestellten einen Besonderen Vertreter, der zwar engagiert die Ersatzansprüche verfolgen wollen würde, dem aufgrund unzureichender Hilfsrechte jedoch die Hände gebunden wären. Dies wäre eine nicht hinnehmbare Situation, die mit dem Willen des Gesetzgebers, „die praktische Durchsetzung der Ersatzansprüche der Gesellschaft zu erleichtern"[960], nicht vereinbar wäre, sie vielmehr konterkarieren würde.[961]

957 BT-Drucks. 15/5092, S. 20.
958 Vgl. dazu nur die unter BIII2)l)cc) vorgestellten Fälle und Sachverhalte.
959 Ebenfalls *Böbel*, aaO, S. 30 ff.
960 BT-Drucks. 15/5092, S. 19.
961 Diese Diskrepanz sieht auch *Stallknecht*, aaO, S. 294, der das Problem jedoch *de lege ferenda* lösen will.

### b) Die dogmatische Einordnung der Verdrängung

Nach diesen Erwägungen ist das Ziel klar: Der Besondere Vertreter benötigt adäquate Informationsrechte, um seinen Auftrag anstelle von Vorstand und Aufsichtsrat ordnungsgemäß zu erledigen.[962] Doch noch fehlt die Anspruchsgrundlage für ein solches Informationsrecht.

Um diese zu finden, ist zu klären, was passiert, wenn der Besondere Vertreter ein ordentliches Organ verdrängt. Dabei sind zwei Möglichkeiten denkbar: Zum einen könnte das Organ einen Teil seines Amtes abtreten und der Besondere Vertreter würde wie ein Quasi-Vorstand bzw. -Aufsichtsrat diesen Bereich mitsamt den Hilfsrechten dieses Organs übernehmen. Sein Anspruch auf Informationen würde sich dann aus § 147 Abs. 2 i.V.m. § 78 Abs. 1 bzw. § 111 Abs. 2 AktG ergeben.

Zum anderen könnte sich das ordentliche Organ vollständig aus diesem Bereich zurückziehen und der Besondere Vertreter das entstandene Vakuum selbstständig ausfüllen. Bei dieser Variante ist die Anspruchsgrundlage nicht unmittelbar ersichtlich.

#### aa) Keine Übernahme der Positionen von Vorstand und Aufsichtsrat

Abzulehnen ist die erste Möglichkeit einer Übernahme der Position von Vorstand und Aufsichtsrat durch den Besonderen Vertreter. Die Organe Vorstand und Aufsichtsrat haben jeweils ein großes Bündel an Aufgaben. So leitet der Vorstand die Geschäfte der Gesellschaft, ist für das rechtmäßige Handeln der Mitarbeiter des Unternehmens verantwortlich und hat unter anderem auch die Aufgabe, Ansprüche gegen Aktionäre und den Aufsichtsrat geltend zu machen. Der Aufsichtsrat verfolgt nicht nur repressiv mögliche Pflichtverletzungen des Vorstands, sondern achtet im Rahmen seines dauerhaften und umfassenden Überwachungsauftrags auf die Entwicklung der Gesellschaft und soll präventiv Sachverhalte, die zu einer Pflichtverletzung führen könnten, verhindern.[963] Zudem kann er auch Einfluss nehmen auf die Geschäftsführung über Zustimmungsvorbehalte nach § 111 Abs. 4 AktG, bestellt Vorstandsmitglieder gemäß § 84 AktG und widerruft ggf. ihre Bestellung. Anzunehmen, der Besondere Vertreter übernehme diese Ämter, würde entweder bedeuten, dass er das Gesamtorgan übernehme, was jedoch in Anbetracht seines Auftrags in § 147 Abs. 2 S. 1 AktG ausgeschlossen ist. Oder es würde dazu führen, dass ein Teil des Organs Vorstand/Aufsichtsrat von den regulären Organmitgliedern besetzt wäre, und der Teil des Organs, das die Ansprüche geltend macht, vom Organmitglied Besonderer Vertreter. Ein solch zerrissenes Organ kann es jedoch nicht geben, womit eine Übernahme der Position von Vorstand oder Aufsichtsrat nicht in Frage kommt.

962 Ebenso *Stallknecht*, aaO, S. 292. *Böbel*, aaO, S. 77 kommt von der anderen Seite und spricht von „entsprechenden Ermittlungspflichten".

963 Vgl. Fn 940.

*bb) Die Wirkungen der Verdrängung*

Doch wie hat man sich die Dogmatik einer Verdrängung vorzustellen? Zunächst ist eindeutig, dass sich das ansonsten zuständige Organ mitsamt seiner Organmitglieder von diesem Aufgabenbereich zurückzieht. Es entsteht ein Vakuum, das vom Organ Besonderer Vertreter ausgefüllt wird. Eine Verdrängung kann jedoch zweierlei Rechtsfolgen haben: Sie könnte zum einen dazu führen, dass sich das Organ zurückzieht und seine regulären (Hilfs-)Rechte zur Anspruchsverfolgung zurücklässt. Dies hätte weitreichende Konsequenzen: Verdrängte der Besondere Vertreter den Vorstand, so könnte er „einem Vorstand gleich" über § 147 Abs. 2 S. 1 i.V.m. § 78 AktG die notwendigen Informationen direkt im Unternehmen erlangen. Er hätte nicht nur ein Haus-, sondern auch ein Direktionsrecht gegenüber den Mitarbeitern der Gesellschaft.[964] Verdrängte er stattdessen den Aufsichtsrat, so hätte er dessen weitreichende Informations- und Ermittlungsrechte aus §§ 90, 111 AktG.

Für ein solches Verständnis spricht das Telos einer Bestellung von Besonderen Vertretern: Die Eliminierung von Interessenskonflikten der ordentlichen Organe verbunden mit einer effektiven Anspruchsverfolgung. Dennoch spricht eine Erwägung entscheidend gegen eine solche entsprechende Anwendung der Rechte der ordentlichen Organe: Die Befürwortung einer entsprechenden Anwendung verkennt, dass die spezifischen Informationsrechte mit der Gesamtaufgabe der ordentlichen Organe verknüpft sind. Dem Vorstand obliegt die gesamte Leitung der Gesellschaft, er führt das Geschick des Unternehmens. Aus diesem Grund hat er die großen Einwirkungs- und Informationsrechte. Der Aufsichtsrat verfolgt nicht nur begangene Pflichtverletzungen, sondern hat einen umfassenden, auch präventiv-gestaltenden Überwachungsauftrag.[965] Auch seine Informationsrechte dienen damit mehr als nur der Aufgabe eines Besonderen Vertreters.[966] Eine sture entsprechende Anwendung der Rechte der ordentlichen Organe verkennt damit die unterschiedlichen Aufträge.[967] Mit anderen Worten verdrängt der Besondere Vertreter die Organe nur insoweit, wie sein Auftrag reicht und er kann daher auch nur insoweit Informationsrechte haben.[968] Aber auch eine entsprechende Anwendung der Informationsrechte der ordentlichen Organe, begrenzt auf seinen Auftrag, passt nicht,[969] da es keine sinnvolle Abgrenzung gibt.[970]

---

964 So z.B. LG München I ZIP 2007, 1809.

965 Vgl. Fn 940.

966 LG Heidelberg ZIP 2016, 471 (juris Rz 32); *Binder*, ZHR 176 (2012), 380, 392.

967 So auch *Humrich*, aaO, S. 108 ff.

968 Ebenfalls *Binder*, ZHR 176 (2012), 380, 393.

969 So aber Schmidt/Lutter/*Spindler*, § 147 Rn 30.

970 *Binder*, ZHR 176, (2012), 380, 392.

### *cc) Folge für die Anspruchsgrundlage*

Das führt dazu, dass die verdrängten Organe auch ihre Kompetenzen mitnehmen, sodass der Besondere Vertreter ein echtes Vakuum ausfüllt. Das Gesetz regelt unmittelbar nur seinen Auftrag, nicht seine notwendigen Hilfsrechte. Daraus folgt jedoch nicht, dass der Besondere Vertreter sie nicht besitzt.[971] Bei der Auslegung des Gesetzes und damit auch von § 147 AktG ist stets davon auszugehen, dass der Gesetzgeber nur Rechte und Rechtspositionen geschaffen hat, die auch durchsetzbar sind. Mit den Worten des Reichsgerichts kann

> „der Gesetzgeber [...] nicht mit der einen Hand genommen haben, was er mit der anderen Hand gab."[972]

Damit statuiert der Gesetzgeber konkludente Hilfsrechte, die darauf gerichtet sind, den eigentlichen Auftrag ausführbar zu machen. Man spricht auch von einer Annexkompetenz, die ihre Grenzen im Auftrag findet. Eine solche Annexkompetenz muss nicht ausdrücklich normiert sein, sondern ist laut Reichsgericht allgemein anerkannt:

> „Der Satz des preußischen Landrechts,[973] wem die Gesetze ein Recht geben, dem bewilligen sie auch die Mittel, ohne welche daßselbe [sic!] nicht ausgeübt werden kann, ist heutzutage so sehr im allgemeinen Rechtsbewußtsein [sic!] durchgedrungen, daß [sic!] er der Hervorhebung durch eine gesetzliche Vorschrift nicht mehr bedarf."[974]

Die moderne Figur der Annexkompetenzen stammt ursprünglich aus dem Staatsorganisationsrecht und ist in der Rechtsprechung des Bundesverfassungsgerichts anerkannt.[975] Nach der Formel des Bundesverfassungsgerichts kommt eine Annexkompetenz dann in Betracht,

> „wenn die entsprechende Materie verständigerweise nicht geregelt werden kann, ohne daß [sic!] zugleich eine nicht ausdrücklich zugewiesene andere Materie mitgeregelt wird, wenn also das Übergreifen unerläßliche [sic!] Voraussetzung für die Regelung der zugewiesenen Materie ist."[976]

Diese Wertungen und damit die Möglichkeit von Annexkompetenzen werden auch auf das Kapitalgesellschaftsrecht angewandt, da überall dort, wo der Gesetzgeber Zuständigkeiten, Befugnisse und Kompetenzen innerhalb einer Organisation an

---

971 So aber *Humrich*, aaO, S. 170 ff.

972 RGZ 83, 248, 250.

973 Bezogen wird sich auf § 89 der Einleitung des Allgemeinen preußischen Landrechts von 1794.

974 RGZ 83, 248, 252.

975 BVerfGE 98, 265 (juris Rz 157 f.); BVerfGE 3, 407 (juris Rz 117). Vgl. zur Literatur ausführlich Maunz/Dürig/*Uhle*, Art. 70 GG Rn 62 ff., 142 ff.; Sachs/*Degenhart*, Art. 70 GG Rn 29 ff.

976 BVerfG 98, 265 (juris Rz 158), die sich bezieht auf BVerfGE 3, 407 (juris Rz 65).

unterschiedliche Entscheidungsträger verteilt, aufgrund der unvorhersehbaren Komplexität der Lebenssachverhalte und Wechselwirkungen notwendigerweise Kompetenzlücken entstehen.[977]

Damit dienen Annexkompetenzen dem Grunde nach der Lösung zweier[978] Problembereiche:[979] Zum einen ermöglichen sie die Anerkennung von Hilfszuständigkeiten, die der zuständige Entscheidungsträger benötigt, um seine Aufgabe zu erledigen,[980] zum anderen sollen Interessenskonflikte in der Gesellschaft verhindert werden.[981]

Beide Erwägungen finden Anwendung bei der Frage des Informationsrechtes des Besonderen Vertreters: Zum einen benötigt er zwingend Informationen, um seine Aufgabe zu erfüllen, zum anderen dient seine Bestellung offensichtlich der Eliminierung von Interessenskonflikten bei der Geltendmachung.[982]

Damit hat der Besondere Vertreter ein ungeschriebenes Informationsrecht kraft Annexkompetenz, das seine Legitimation aber auch seine Grenze im Auftrag, genauer im Geltendmachungsbeschluss der Hauptversammlung nach § 147 Abs. 1 S. 1 AktG, findet.[983] Er hat ein Recht auf die Informationen, die er zur Ausführung seines

---

977 *Fleischer/Wedemann*, GmbHR 2010, 449, 454 mit Bezugnahme auf *Stettner*, Grundfragen einer Kompetenzlehre, 1983, S. 423 f.

978 Neben den beiden sogleich genannten Problembereichen gibt es auch noch die Annexkompetenz aufgrund Sachzusammenhangs und übergreifender Zuständigkeit. So ist beispielsweise die Gesellschafterversammlung in der GmbH gemäß § 46 Nr. 5 GmbHG zur Bestellung und Abberufung von Geschäftsführern zuständig. Auch wenn die Zuständigkeit bezüglich des schuldrechtlichen Anstellungsvertrags nicht gesetzlich geregelt ist, ist auch hier die Gesellschafterversammlung kraft Sachzusammenhangs zuständig, vgl. allgemein BGHZ 113, 237; 79, 38; BGH ZIP 1987, 293.

979 Vgl. allgemein dazu *Fleischer/Wedemann*, GmbHR 2010, 449, 455 f.

980 Darunter fallen bspw. auch ungeschriebene Kompetenzen des Aufsichtsrats aus § 111 Abs. 1 AktG zur Überwachung des Vorstands, vgl. nur Hüffer/*Koch*, § 111 Rn 34; Spindler/Stilz/*Spindler*, § 111 Rn 61. Zur Annexkompetenz des Aufsichtsrats, einen Hauptversammlungsdienstleister zu bestellen vgl. LG Frankfurt a.M. AG 2015, 252.

981 So vertritt beispielsweise die überwiegende Meinung, die Hauptversammlung sei nicht nur zuständig für die Bestellung eines Besonderen Vertreters oder Sonderprüfers, sondern vertrete auch die Gesellschaft beim Abschluss des Geschäftsbesorgungsauftrags, damit die Bestellung nicht noch aufgrund eines verschleppten Geschäftsbesorgungsvertrags scheitere, so auch BGHZ 113, 237 (juris Rz 7 ff.). Vgl. zum Besonderen Vertreter Großkomm-AktG/*Bezzenberger*, § 147 Rn 54; *Humrich*, aaO, S. 134 ff.; differenzierend KK-AktG/*Rieckers/Vetter*, § 147 Rn 446 ff.

982 Vgl. dazu DI3)a).

983 OLG Köln ZIP 2015, 2470 (juris Rz 35); OLG München ZIP 2008, 73 (juris Rz 54); LG Heidelberg ZIP 2016, 471 (juris Rz 28); LG Duisburg ZIP 2016, 1970 (juris Rz 59); LG München ZIP 2007, 1809 (juris Rz 88 f.); Hüffer/*Koch*, § 147 Rn 9; MüKoAktG/*Schröer*, § 147 Rn 49; KK-AktG/*Rieckers/Vetter*, § 147 Rn 620; wohl auch Spindler/Stilz/*Mock*, § 147 Rn 104 ff.; Heidel/*Lochner*, § 147 Rn 24a; Grigoleit/*Herrler*, § 147

Auftrags benötigt. Man kann auch von einem funktionsbezogenen Informationsrecht sprechen.[984]

### c) *Folge: Auskunftsrechte des Sonderprüfers haben keinen Einfluss auf Informationsrechte des Besonderen Vertreters*

Ein großer Teil des Schrifttums bestimmt den Inhalt des Informationsrechts des Besonderen Vertreters nicht direkt, sondern leitet diesen von den in § 145 AktG normierten Auskunftsrechten des Sonderprüfers ab.[985] Das erscheint auf den ersten Blick durchaus nachvollziehbar, finden sich doch der Sonderprüfer und der Besondere Vertreter beide im selben Unterabschnitt. Eine systematische Nähe ist damit nicht zu leugnen. Auch besteht eine sprachliche Nähe, wird der Besondere Vertreter in der aktienrechtlichen Literatur doch auch teilweise in Anlehnung an den Sonderprüfer „Sondervertreter" genannt.[986] Allerdings unterscheiden sich beide Institute in ihren inhaltlichen Ausgestaltungen fundamental voneinander. Natürlich kann eine Sonderprüfung dazu dienen, die Geltendmachung von Ersatzansprüchen vorzubereiten, jedoch ist eine Sonderprüfung auch mit einer vollkommen anderen Zielrichtung möglich.[987] Der Sonderprüfer ist zudem ein echtes Aliud zu Vorstand und Aufsichtsrat: Zwar führt er mit der Prüfung auch Aufgaben der Verwaltungsorgane aus (sein Auftrag wird sich vor allem mit dem Überwachungsauftrag des Aufsichtsrats aus § 111 Abs. 1 AktG regelmäßig überschneiden), jedoch wechselwirkt der Sonderprüfer anders mit den ordentlichen Verwaltungsorganen als der Besondere Vertreter. Während der Besondere Vertreter Vorstand und Aufsichtsrat in seinem Bereich verdrängt und damit exklusiv tätig wird, sind Vorstand und Aufsichtsrat auch während einer Sonderprüfung nicht daran gehindert und regelmäßig aufgrund ihrer Legalitätspflicht verpflichtet, selbst den Sachverhalt eigenverantwortlich zu prüfen.[988] Freilich hat dies keine Auswirkungen auf die Sonderprüfung.[989] Der Sonderprüfer tritt mit seiner Aufgabe somit neben Vorstand und Aufsichtsrat und verdrängt sie – anders als der Besondere Vertreter – nicht. Mit anderen Worten:

---

Rn 14; *Bungert*, Hdb Managerhaftung, § 13 Rn 72; MüHdbGesR-AG/*Bungert*, § 43 Rn 37; *Hüffer*, ZHR 174 (2010), 642, 671 ff.; *Wirth*, FS Hüffer, 1129, 1143; *Nietsch*, ZGR 2011, 589, 619; *Beneke*, GWR 2016, 487.

984 So beispielsweise *Hüffer*, ZHR 174 (2010), 642, 673.

985 OLG München ZIP 2008, 73 (juris Rz 55); KK-AktG/*Rieckers/Vetter*, § 147 Rn 610 ff.; Bürgers/Körber/*Holzborn/Jänig*, § 147 Rn 14; Grigoleit/*Herrler*, § 147 Rn 14; *Bungert*, Hdb Managerhaftung, § 13 Rn 73; *Nietsch*, ZGR 2011, 589, 620; *Böbel*, aaO, S. 92 f.

986 Vgl. nur exemplarisch *Binder*, ZHR 176 (2012), 380, 381; *Verhoeven*, ZIP 2008, 245; *Böbel*, aaO, S. 44. Zu §§ 134 f. öAktG auch MüKoAktG/*Csoklich*, § 147 Rn 84 ff.

987 *Hüffer*, ZHR 174 (2010), 642, 675. Vgl. dazu ausführlich BIII2)c)aa).

988 KK-AktG/*Rieckers/Vetter*, § 142 Rn 79 f.; Spindler/Stilz/*Mock*, § 142 Rn 26 f.; MüKoAktG/*Schröer*, § 142 Rn 30; Heidel/*Wilsing/von der Linden*, § 142 Rn 1.

989 KK-AktG/*Rieckers/Vetter*, § 142 Rn 81; Spindler/Stilz/*Mock*, § 142 Rn 26.

Der Besondere Vertreter übt Aufgaben aus, die ansonsten Vorstand und Aufsichtsrat ausüben würden.[990] Eine formelle Sonderprüfung nach §§ 142 ff. AktG kann jedoch nie von Vorstand und Aufsichtsrat durchgeführt werden, sondern muss notwendiger Weise einem Dritten überlassen werden, wie sich aus § 143 Abs. 2 S. 1 i.V.m. § 319 Abs. 3 S. 1 Nr. 2 AktG ergibt.

Befürworter der systematischen Ableitung der Informationsrechte des Besonderen Vertreters stellen darauf ab, dass der Gesetzgeber dem Sonderprüfer in den §§ 142 ff. AktG detailliert geregelte Befugnisse zur Prüfung bestimmter Sachverhalte an die Hand gegeben hat.[991] Würde der Besondere Vertreter weitergehende Informationsrechte haben als der Sonderprüfer, wäre dies ein systematischer Bruch, womit die Ermittlungsbefugnisse des Besonderen Vertreters notwendigerweise hinter denen des Sonderprüfers zurückbleiben müssten.[992]

So plausibel dieses Argument ist, so verkennt es doch einen entscheidenden Punkt: Bei der Geltendmachung von Ersatzansprüchen nach § 147 Abs. 1 AktG und der Bestellung eines Besonderen Vertreters nach Abs. 2 handelt es sich – anders als bei der Bestellung eines Sonderprüfers[993] – um zwei unterschiedliche Beschlüsse.[994] Die Bestellung eines Besonderen Vertreters bewirkt lediglich, dass Vorstand und Aufsichtsrat von der Anspruchsverfolgung ausgeschlossen sind. Sollte nur ein Geltendmachungsbeschluss ohne Bestellungsbeschluss gefasst worden sein, wäre die logische Konsequenz des vorgenannten Arguments, dass Vorstand und Aufsichtsrat ihre Ermittlungsbefugnisse verlieren, da es mit der Sonderprüfung ein Institut gebe, das auf die Sachverhaltsermittlung zugeschnitten sei. Das Gegenteil ist jedoch der Fall: Vorstand und Aufsichtsrat behalten all ihre Rechte.[995]

Es ist nicht verständlich, weshalb sich die Informationsrechte des Sonderprüfers nicht auf die Informationsrechte der ordentlichen Organe auswirken sollen, die einen Geltendmachungsbeschluss nach § 147 Abs. 1 S. 1 AktG ausführen, bei der Bestellung eines Besonderen Vertreters nach § 147 Abs. 2 S. 1 AktG, der denselben Geltendmachungsbeschluss auszuführen hat, aber plötzlich von Belang sein sollen.

Untersucht man die Argumentation der Literatur zu diesem Punkt ganz genau, so zeigt sich ein logischer Bruch: Ausgangspunkt der Argumentationskette ist, dass der Sonderprüfer dazu dient, Schadensersatzansprüche vorzubereiten.[996] Daraus wird sodann gefolgert, die Informationsrechte des Besonderen Vertreters müssten

---

990 *Heidel/Lochner*, Der Aufsichtsrat 2016, 34, 35.

991 Beispielsweise KK-AktG/*Rieckers/Vetter*, § 147 Rn 610. Vgl. zu dem Streit um das Verhältnis von Sonderprüfer und Besonderem Vertreter ausführlich BIII2)c).

992 OLG München ZIP 2008, 73 (juris Rz 55 ff.); KK-AktG/*Rieckers/Vetter*, § 147 Rn 613.

993 Zwar kann können die Durchführung der Sonderprüfung und die Bestellung des Sonderprüfers unter zwei unterschiedlichen Tagesordnungspunkten abgehandelt werden (OLG Hamm AG 2011, 90 (juris Rz 172)); jedoch muss dies zwingend in derselben Hauptversammlung geschehen, Spindler/Stilz/*Mock*, § 142 Rn 77.

994 Vgl. dazu schon BIII2)d).

995 MüKoAktG/*Schröer*, § 147 Rn 32; *Verhoeven*, ZIP 2008, 245, 247.

996 So beispielsweise KK-AktG/*Rieckers/Vetter*, § 147 Rn 610, § 142 Rn 16 ff.

hinter denen eines Sonderprüfers zurückbleiben.[997] Diese Folgerung ist jedoch nicht zwingend und im Übrigen falsch.

Wenn man annimmt, der Sonderprüfer diente der Vorbereitung der Geltendmachung von Ersatzansprüchen,[998] so muss sich seine Existenz auf die Beschlussfassung über die Geltendmachung von Ersatzansprüchen auswirken. Dies ist jedoch ein Beschluss nach § 147 Abs. 1 AktG. Nur in diesem Fall kann es zu Wechselwirkungen zwischen § 142 und § 147 AktG kommen, die in dieser Arbeit jedoch abgelehnt werden.[999] Wenn sich also die Sonderprüfung nur auf die Beschlussfassung nach § 147 Abs. 1 AktG auswirken könnte, so kann sie keinen Einfluss auf die Bestellung eines Besonderen Vertreters haben. Eine Auswirkung auf die Informationsrechte des Besonderen Vertreters müsste damit gesondert gesetzlich angeordnet sein. Dies ist jedoch nicht der Fall. Gesetzlich angeordnet ist nur die Verdrängung des Vorstands und Aufsichtsrats bei der Durchsetzung von Beschlüssen nach § 147 Abs. 1 AktG. Wer nicht vertritt, dass die Sonderprüfung Einfluss auf die Ermittlungsbefugnisse der ordentlichen Organe hat, darf ebenfalls nicht behaupten, dass dieser Einfluss mit der Bestellung eines Besonderen Vertreters plötzlich entsteht.[1000]

Die Informationsrechte des Sonderprüfers haben damit keinen Einfluss auf die des Besonderen Vertreters.

Dieses Ergebnis darf jedoch in seinen Rechtsfolgen nicht missverstanden werden. Es trifft keine Aussage über die tatsächliche Reichweite der Informationsansprüche des Besonderen Vertreters.[1001] Es kann durchaus sein, dass der Besondere Vertreter im konkreten Fall deutlich weniger Informationsrechte hat, als dem Sonderprüfer allgemein eingeräumt werden. Bedingt wird dies jedoch nicht durch ein systematisches Verhältnis zwischen Sonderprüfer und Besonderem Vertreter, sondern durch den Auftrag des Besonderen Vertreters, den Geltendmachungsbeschluss nach § 147 Abs. 1 S. 1 AktG auszuführen.[1002]

### *d) Weitergehender Anfangsverdacht nicht erforderlich*

Nach dem Landgericht Stuttgart reicht alleine eine wirksame Beschlussfassung nach § 147 AktG nicht dafür aus, dass der Besondere Vertreter Informationsrechte geltend machen kann. Hinzukommen müsse noch ein „Anfangsverdacht".[1003] Ein solches Erfordernis stellt das Gesetz selbst nicht auf. Auch aus systematischen Erwägungen

997 So KK-AktG/*Rieckers/Vetter*, § 147 Rn 613 ff.; MüHdbGesR-AG/*Bungert*, § 43 Rn 37; MüKoAktG/*Schröer*, § 147 Rn 49.

998 Dass er vor allem andere Aufgabenfelder hat, wurde unter BIII2)c)aa) dargelegt.

999 Dass sich die Beschlussfassung nach § 142 Abs. 1 AktG jedoch nicht auf die nach § 147 Abs.1 AktG auswirkt, wurde unter BIII2)e) erarbeitet.

1000 Vgl. auch *Heidel/Lochner*, Der Aufsichtsrat 2016, 34, 35.

1001 Ebenso *Stallknecht*, aaO, S. 290 f.

1002 Ähnlich auch Spindler/Stilz/*Mock*, § 147 Rn 106. Dazu sogleich ausführlich unter DII.

1003 LG Stuttgart ZIP 2010, 329 (juris Rz 40).

bedarf es keines Anfangsverdachts: Weder das Informationsrecht des Vorstands noch des Aufsichtsrats stehen unter dem Vorbehalt eines Anfangsverdachts. Auch die Prüfrechte des Sonderprüfers können das Erfordernis eines Anfangsverdachts nicht begründen, haben sie doch, wie eben gezeigt, keinen Einfluss auf die Informationsrechte des Besonderen Vertreters.

Einzig könnte sich der Sonderprüfungsbeschluss auf die Bestimmtheitsanforderungen des Geltendmachungsbeschlusses auswirken.[1004] Dies würde jedoch nur dazu führen, dass der Geltendmachungsbeschluss höheren inhaltlichen Anforderungen unterliege. Das Erfordernis eines Anfangsverdachts könnte somit lediglich bei der Wirksamkeit des Geltendmachungsbeschlusses eine Rolle spielen. In dem vom Landgericht Stuttgart entschiedenen Fall war dieser Beschluss jedoch wirksam.

Im Ergebnis würde eine solche Ansicht dazu führen, dass zwar Vorstand und Aufsichtsrat den wirksamen Geltendmachungsbeschluss nach § 147 Abs. 1 S. 1 AktG ausführen könnten, da ihre Informationsrechte nicht von einem Anfangsverdacht abhingen, einem Besonderen Vertreter mangels Anfangsverdacht jedoch die Hände gebunden wären. Dies kann jedoch aus den oben unter 3) genannten Gründen nicht sein. Die Informationsrechte des Besonderen Vertreters müssen äquivalent sein zu den Informationsrechten der ordentlichen Organe. Damit ist das Erfordernis eines Anfangsverdachts neben einer wirksamen Beschlussfassung nach § 147 AktG abzulehnen.[1005]

### 4) Zwischenergebnis: Anspruchsgrundlage für die Informationsrechte des Besonderen Vertreters

Der Informationsanspruch des Besonderen Vertreters ist ein Hilfsanspruch zu seinem eigentlichen Auftrag, den Geltendmachungsbeschluss der Hauptversammlung nach § 147 Abs. 1 S. 1 AktG auszuführen. Er hat damit eine Annexkompetenz aus § 147 Abs. 2 S. 1 AktG, sich diejenigen Informationen zu verschaffen, die er zur Ausführung seines Auftrages benötigt. Dieses Recht steht in keinem Bezug zu den Informationsrechten des Sonderprüfers nach § 145 AktG.

## II Der Umfang des Informationsrechts

Wurde nun bereits die Anspruchsgrundlage des Informationsrechts herausgearbeitet und eine Wechselwirkung mit den Rechten des Sonderprüfers nach § 145 AktG verneint, so ist doch immer noch keine positive Aussage über den Umfang des Informationsrechts getroffen worden. Dies soll im folgenden Abschnitt geändert werden.

---

1004 Vgl. dazu oben unter BIII2)c).

1005 Ebenso LG Heidelberg ZIP 2016, 471 (juris Rz 30).

## 1) Zunächst: Die Verschwiegenheitspflicht des Besonderen Vertreters

Einem Besonderen Vertreter als Externem Informationen zu erteilen, fällt den ordentlichen Organen angesichts mehrerer Entscheidungen zur Durchsetzung des Informationsanspruches des Besonderen Vertreters im einstweiligen Rechtsschutz[1006] anscheinend regelmäßig schwer. Es scheint dabei neben der nachvollziehbaren mangelnden Bereitschaft zur Selbstbelastung auch die Sorge mitzuschwingen, dass ein regelmäßig von der Anteilsminderheit aufgrund von Stimmverboten bestellter Besonderer Vertreter diesen der Geheimhaltung unterliegende Informationen zuspielen könnte und den Aktionären (und eventuell sogar Konkurrenten der Gesellschaft) damit entgegen ihrer limitierten Informationsrechte Zugang zu Informationen verschaffen könnte.[1007]

Es ist jedoch eindeutig: Der Besondere Vertreter unterliegt aufgrund seiner Bestellung und Verdrängung der Organe in seinem Bereich derselben Verschwiegenheitspflicht wie Vorstand und Aufsichtsrat.[1008] Auch eine spätere erfolgreiche Anfechtung des Geltendmachungs- oder Bestellungsbeschlusses ändert daran nichts, da der Besondere Vertreter nach den Regeln des fehlerhaft bestellten Organs in dieser Zeit als wirksam bestellt betrachtet wird.[1009]

Aufsichtsrat und Vorstand können daher aufgrund ihrer eigenen Verschwiegenheitspflicht dem Besonderen Vertreter nicht die Auskunft verweigern, da diese nur im Verhältnis zu Dritten besteht und gerade nicht gegenüber einem Besonderen Vertreter, der denselben Treue- und damit Verschwiegenheitspflichten unterliegt

1006 OLG Köln ZIP 2015, 2470; OLG München ZIP 2008, 73; LG Duisburg ZIP 2016, 1970; LG Heidelberg ZIP 2016, 471; LG Heidelberg ZIP 2016, 1874; LG Stuttgart ZIP 2010, 329; LG München I ZIP 2007, 1809.

1007 Man vergleiche nur die Stellungnahme der Verwaltung der IFA AG (vgl. Abschnitt BIII2)l)cc)(16)) zu der Erweiterung der Tagesordnung der Hauptversammlung vom 21. Juli 2016 um die Wiederbestellung des Besonderen Vertreters durch eine Minderheit, in der die Verwaltung davon ausgeht, dass der Besondere Vertreter der Minderheit geheimhaltungsbedürftige Informationen zugespielt hat. Abrufbar unter https://www.bundesanzeiger.de/ebanzwww/wexsservlet?session.sessionid=718199e76840ca7d8bb753f3758a830e&page.navid=detailsearchdetailtodetailsearchdetailprint&fts_search_list.destHistoryId=57857&fts_search_list.selected=f12c64bda1726389; abgerufen am 04.01.2017 um 12:21 Uhr.

1008 Ganz überwiegende Ansicht, vgl. nur Hüffer/*Koch*, § 147 Rn 10; Spindler/Stilz/*Mock*, § 147 Rn 92; MüKoAktG/*Schröer*, § 147 Rn 57; MüHdbGesR-AG/*Bungert*, § 43 Rn 37; Großkomm-AktG/*Bezzenberger*, § 147 Rn 55; KK-AktG/*Rieckers/Vetter*, § 147 Rn 586 ff.; *Stallknecht*, aaO, S. 318 f. Der Rechtsgrund der Verschwiegenheitspflicht wird dabei unterschiedlich hergeleitet, was jedoch an seiner Existenz nichts ändert.

1009 LG München I ZIP 2007, 1809 (juris Rz 132); *Stallknecht*, aaO, S. 301. Vgl. auch oben unter CI5).

wie die ordentlichen Organe.[1010] Auch können sie die Auskunft nicht verweigern, soweit die Informationen der Gesellschaft nachteilig sind. Unterlagen, die Pflichtverletzungen von Organen und/oder Aktionären belegen, sind zumeist nachteilig für die Gesellschaft. Aufgrund des Geltendmachungsbeschlusses nach § 147 Abs. 1 S. 1 AktG hat die Hauptversammlung jedoch für die Verwaltung verbindlich entschieden, dass das Verfolgungsinteresse das Geheimbedürfnis überwiegt.[1011]

Die Gefahr, dass der Besondere Vertreter geheimhaltungsbedürftige Informationen an Aktionäre herausgibt, ist demnach dieselbe, wie die Informationspreisgabe des Vorstands oder Aufsichtsrats an den Mehrheitsaktionär oder die Weitergabe von Informationen an Mitarbeiter durch Arbeitnehmervertreter im Aufsichtsrat: Die Weitergabe von Informationen ist rechtswidrig,[1012] womit grundsätzlich davon ausgegangen werden muss, dass eine solche nicht erfolgt. Im Falle einer Weitergabe verhält sich das betroffene Organ pflichtwidrig und hat einen eventuell entstehenden Schaden zu ersetzen.[1013]

## 2) Das Informationsrecht in seiner Breite

Der Besondere Vertreter kann Informationen verlangen. Sein Recht auf Information besteht aufgrund einer Annexkompetenz, was bedeutet, dass es seine Grenze in der Ausführung des Geltendmachungsbeschlusses findet.[1014] Daraus folgt zum einen, dass er grundsätzlich nur Informationen bezüglich der Personen sammeln darf, die im Geltendmachungsbeschluss bestimmbar genannt wurden.[1015] Das verhindert jedoch nicht, dass er eventuell Dokumente oder Verhaltensweisen anderer Personen untersucht, die eine be- oder entlastende Wirkung für die Anspruchsgegner haben.[1016] Zum anderen sind seine Informationsquellen darauf beschränkt, den Geltendmachungsbeschluss auszuführen, sein Informationsrecht endet mit der Geltendmachung der Ersatzansprüche.[1017] Gleichzeitig muss es aber auch so ausgeformt sein, dass es adäquat ist zu den Informationsrechten der regelmäßigen

---

1010 KK-AktG/*Rieckers/Vetter*, § 147 Rn 583, 660. Zum Verhältnis Vorstand und Aufsichtsrat BGHZ 20, 239, 246; 135, 48, 56.

1011 KK-AktG/*Rieckers/Vetter*, § 147 Rn 658.

1012 Vlg. zu den Arbeitnehmervertretern nur Spindler/Stilz/*Rieckers*.

1013 Unstreitig. Vgl. für Vorstand Hüffer/*Koch*, § 93 Rn 35; Spindler/Stilz/*Fleischer*, § 93 Rn 172; für den Aufsichtsrat ergibt sich die Haftung direkt aus §§ 116 S. 2 i.V.m. 93 Abs. 2 S. 1 AktG.

1014 Vgl. aus der jüngeren Rechtsprechung nur OLG Köln ZIP 2015, 2470; LG Duisburg ZIP 2016, 1970; LG Heidelberg ZIP 2016, 471; LG Heidelberg ZIP 2016, 1874.

1015 Ebenfalls KK-AktG/*Rieckers/Vetter*, § 147 Rn 625.

1016 Ebd.

1017 *Binder*, ZHR 176 (2012), 380, 398. Vgl. zu der oftmals problematischen Grenzziehung sogleich unter DII3) bezüglich des Ermessens des Besonderen Vertreters.

Organe.[1018] Im Folgenden sollen beispielhaft und ohne Anspruch auf Vollständigkeit die wohl häufigsten Informationsquellen herausgearbeitet werden.

### a) Einsichtsrechte

Dem Besonderen Vertreter stehen Einsichts- und Ermittlungsrechte bezüglich verkörperter Informationen zu, soweit sie seinen Auftrag betreffen. Beispielhaft sind hier zu nennen Vorstands- und Aufsichtsratsprotokolle bzw. Protokolle gebildeter Ausschüsse zu dem relevanten Lebenssachverhalt,[1019] die Einladung nebst Tagesordnungspunkten zu den Sitzungen,[1020] jegliche Kommunikation der Gesellschaft bzw. der Beteiligungsgesellschaften mit Wirtschaftsprüfern,[1021] Abhängigkeits- und deren Prüfberichte, soweit sie in den geltend gemachten Zeitraum fallen, mitsamt Entwürfen,[1022] Berichte des Abschlussprüfers,[1023] Due-Diligence-Berichte und Bewertungsgutachten, soweit es um Ansprüche aus einem Kauf oder Verkauf von Unternehmensteilen geht,[1024] die Kaufverträge zusammen mit allen Entwürfen und Änderungen.[1025] Dabei wurde bislang gerichtlich stets die Grenze gezogen, Informationen nur zu erteilen, soweit sie den Lebenssachverhalt des Geltendmachungsbeschlusses unmittelbar betreffen. Zu der unter Umständen notwendigen Möglichkeit, zudem noch weitergehende Informationen zu fordern, wird unter 3) b) noch nachgegangen.

Diese Unterlagen sind ihm zu kopieren oder in einen digitalen Datenraum einzustellen.[1026] Für einen Haftungsprozess müssen zudem die Originale herausgegeben werden.

### b) Auskunftsrecht gegenüber Vorstand und Aufsichtsrat

Manche Informationen liegen jedoch nicht in schriftlicher Form vor, sondern basieren auf persönlichen Eindrücken oder mündlicher Kommunikation. Da auch solche Informationen zweifellos eine erhebliche Aussagekraft haben können und in einem späteren Haftungsprozess mittels Zeugenbeweis eingeführt werden können, besteht ein unbestreitbares Interesse des Besonderen Vertreters, auch Vorstands- und

1018 In diese Richtung auch *Stallknecht*, aaO, S. 294.
1019 Vgl. jeweils den Tenor von OLG Köln ZIP 2015, 2470; OLG München ZIP 2008, 73; LG Heidelberg ZIP 2016, 471.
1020 LG Heidelberg ZIP 2016, 471.
1021 OLG München ZIP 2008, 73; LG Duisburg ZIP 2016, 1970.
1022 OLG Köln ZIP 2015, 2470; OLG München ZIP 2008, 73.
1023 OLG Köln ZIP 2015, 2470.
1024 Ebd.; LG Duisburg ZIP 2016, 1970.
1025 OLG Köln ZIP 2015, 2470.
1026 Ebd.; OLG München ZIP 2008, 73; LG Heidelberg ZIP 2016, 471.

Aufsichtsratsmitglieder um Auskunft zu ersuchen. Aufgrund dessen geht auch die ganz überwiegende Ansicht zu Recht von einem solchen Auskunftsrecht aus.[1027]

### c) *Auskunftsrecht gegenüber Abschlussprüfer*

Umstritten sind Auskunftsersuchen gegenüber anderen Personen als Vorstand und Aufsichtsrat. Der Besondere Vertreter hat einen Auskunftsanspruch gegen einen eventuell zuvor bestellten Sonderprüfer, wobei sich die Auskunft aufgrund der schriftlichen Berichtspflicht des Sonderprüfers gemäß § 145 Abs. 6 S. 1 AktG grundsätzlich auf die Herausgabe des Prüfberichts beschränkt.[1028] Darüber hinaus soll dem Besonderen Vertreter kein weiteres Auskunfts- und Nachfragerecht zustehen, da auch Vorstand und Aufsichtsrat ein solches nicht hätten.[1029] Dies überzeugt jedoch nicht gänzlich: Der Sonderprüfer bzw. sein Bericht dienen dem Besonderen Vertreter (wie auch jede andere Informationsquelle) nicht zum Selbstzweck, sondern der Geltendmachung von Ersatzansprüchen. In einem etwaig geführten Haftungsprozess kann er den Sonderprüfungsbericht jedoch nicht ohne weiteres als Beweismittel einführen, da er als Privatgutachten der Gesellschaft kein Beweismittel nach §§ 355 ff. ZPO darstellt.[1030] Jedoch kann der Sonderprüfer selbst im Prozess als Zeuge gehört werden.[1031] Damit einhergehen muss auch ein vorprozessuales Auskunftsrecht, das auch Vorstand und Aufsichtsrat zusteht.[1032]

### d) *Auskunftsrecht gegenüber Mitarbeitern der Gesellschaft*

Umstritten ist, ob der Besondere Vertreter von Mitarbeitern der Gesellschaft unmittelbar Auskunft verlangen darf. Dies wird teilweise bejaht, während andere diese Möglichkeit ausschließen.[1033] Mitarbeiter direkt zu befragen, kann ebenso wie die

---

1027 LG München I ZIP 2007, 1809 (juris Rz 117); Großkomm-AktG/*Bezzenberger*, § 147 Rn 57; MüKoAktG/*Schröer*, § 147 Rn 50; Spindler/Stilz/*Mock*, 147 Rn 105; *Bungert*, in: Hdb Managerhaftung, § 13 Rn 72 f.; Schmidt/Lutter/*Spindler*, § 147 Rn 29; Heidel/*Lochner*, § 147 Rn 24a; KK-AktG/*Rieckers/Vetter*, § 147 Rn 644 f.

1028 KK-AktG/*Rieckers/Vetter*, § 147 Rn 646; Spindler/Stilz/*Mock*, § 147 Rn 105.

1029 KK-AktG/*Rieckers/Vetter*, § 147 Rn 646; Heidel/ *Wilsing/von der Linden*, § 145 Rn 7; aA MüKoAktG/*Schröer*, § 147 Rn 50.

1030 Spindler/Stilz/*Mock*, § 145 Rn 61; Bürgers/Körber/*Holzborn/Jänig*, § 145 Rn 14.

1031 Spindler/Stilz/*Mock*, § 145 Rn 61; Bürgers/Körber/*Holzborn/Jänig*, § 145 Rn 14; zum Verhältnis zur Verschwiegenheitspflicht vgl. Spindler/Stilz/*Mock*, § 144 Rn 13 ff.

1032 Im Ergebnis ebenso *Böbel*, aaO, S. 93.

1033 Dafür LG München I ZIP 2007, 1809 (juris Rz 118); Heidel/*Lochner*, § 147 Rn 24a; Spindler/Stilz/*Mock*, § 147 Rn 104; MüKoAktG/*Schröer*, § 147 Rn 50; Schmidt/Lutter/*Spindler*, § 147 Rn 29; Großkomm-AktG/*Bezzenberger*, § 147 Rn 57; *Schneider*, ZIP 2013, 1985, 1987; *Verhoeven*, ZIP 2008, 245, 248; offen gelassen bei *Stallknecht*, aaO, S. 291 f.; *Böbel*, aaO, S. 94.
Dagegen OLG München ZIP 2008, 73 (juris Rz 70 ff.); KK-AktG/*Rieckers/Vetter*, § 147 Rn 642; Hüffer/*Koch*, § 147 Rn 9; *Bungert*, in: Hdb Managerhaftung, § 13

Befragung von Vorstands- und Aufsichtsratsmitgliedern erforderlich sein, um die Geltendmachung von Ersatzansprüchen durchzusetzen und zu erkennen, ob Mitarbeiter unter Umständen auch Zeugen im Haftungsprozess sein können. Daher muss dem Grunde nach eine Befragung von Mitarbeitern durch den Besonderen Vertreter möglich und von der Annexkompetenz gedeckt sein. Dass der Vorstand im Rahmen seiner Geschäftsführungskompetenz auch bei der Verfolgung von Pflichtverletzungen die Mitarbeiter befragen kann, ist vollkommen unstreitig.[1034] Gegner eines solchen Rechtes des Besonderen Vertreters merken jedoch an, dass eine Befragung nur mit Zustimmung und vermittelt durch den Vorstand zulässig sei, da weder der Aufsichtsrat, noch der Sonderprüfer das Recht zu direkten Befragungen von Mitarbeitern hätten, und damit selbiges für den Besonderen Vertreter zu gelten habe.[1035]

Der Vergleich mit den Rechten des Sonderprüfers greift jedoch nicht durch, da dessen Rechte nach richtiger Ansicht keine Auswirkungen auf die Rechte des Besonderen Vertreters haben.[1036] Damit bliebe noch das Argument, der Aufsichtsrat habe ebenfalls kein Recht zur unmittelbaren Befragung von Mitarbeitern. Vorausgesetzt, diese Aussage wäre richtig, würde es sich um ein starkes Argument handeln, da der Besondere Vertreter (zumindest im Falle der Verfolgung von Pflichtverletzungen des Vorstands) den Aufsichtsrat verdrängt, und es nicht einleuchten würde, warum ein Besonderer Vertreter, der lediglich einen Teilbereich der Aufsichtsratskompetenzen übernimmt, weitergehende Informationsrechte als dieser haben sollte. Denn schließlich hat der Besondere Vertreter im Vergleich zu den ordentlichen Organen lediglich adäquate Informationsrechte.

Bevor also eine Auseinandersetzung mit den Rechten des Besonderen Vertreters erfolgen kann, muss zunächst geklärt werden, ob dem Aufsichtsrat ein solches unmittelbares Auskunftsrecht zusteht.

#### *aa) Allgemeines Auskunftsrecht des Aufsichtsrats*

Ob der Aufsichtsrat ein unmittelbares Auskunftsrecht gegenüber Mitarbeitern der Gesellschaft hat, ist ebenso ungeklärt und umstritten wie das Auskunftsrecht des Besonderen Vertreters. Die Diskussion wird beim Aufsichtsrat im Rahmen seiner allgemeinen Überwachungsinstrumente nach § 111 Abs. 1, 2 AktG geführt, nicht direkt bei der Frage, welche Rechte er bei der Geltendmachung von Ersatzansprüchen hat. Diese inhaltliche Diskrepanz soll zunächst außer Acht gelassen werden und erst dann Einzug in die Diskussion erhalten, wenn es um die Rechtsfolgen für das Auskunftsrecht des Besonderen Vertreters unter cc) geht.

---

Rn 73; wohl auch Happ/*Möhrle*, 11.16 Rn 9.6; Grigoleit/*Herrler*, § 147 Rn 14; *Binder*, ZHR 176 (2012), 380, 391 ff.; *Nietsch*, ZGR 2011, 589, 620; *Westermann*, AG 2009, 237, 246.

1034 Aus der jüngeren Literatur bspw. *Fuhrmann*, NZG 2016, 881, 888.

1035 Exemplarisch nur KK-AktG/*Rieckers/Vetter*, § 147 Rn 642.

1036 Vgl. dazu DI3)c).

### (1) Stimmen gegen ein Auskunftsrecht des Aufsichtsrats

Nach einer verbreiteten (und wohl noch überwiegenden) Ansicht im Schrifttum ist der Aufsichtsrat grundsätzlich an die Informierung durch den Vorstand gebunden und kann nur bei begründetem Verdacht schwerwiegender Pflichtverletzungen ausnahmsweise ohne Zustimmung des Vorstands Mitarbeiter befragen.[1037] Begründet wird dies unter anderem mit dem Informationsmonopol des Vorstands,[1038] einem sonst nicht gerechtfertigten Eingriff in die Geschäftsführungsbefugnis des Vorstands,[1039] sowie einem daraus folgenden Verstoß gegen die Trennung von Geschäftsführung und Überwachung gemäß § 111 Abs. 4 S. 1 AktG. Zudem zerstöre eine solche Kontrolle das Vertrauen zwischen Vorstand und Aufsichtsrat.[1040] Der Vorstand könne jedoch aufgrund der Kooperationspflicht und nach dem Rechtsgedanken des § 90 Abs. 2 AktG verpflichtet sein, Mitarbeiter anzuweisen, dem Aufsichtsrat Auskunft zu erteilen.[1041]

### (2) Vorstoßende Ansicht für ein solches Recht

Eine vordringende Auffassung im Schrifttum qualifiziert die Befragung von Mitarbeitern als Standardrecht des Aufsichtsrats, das er nutzen kann, soweit er dies für erforderlich hält.[1042] Der herrschenden Meinung wird entgegnet, eine Befragung stelle keinen Eingriff in die Geschäftsführungsbefugnis des Vorstands dar. Schließlich diene eine solche Befragung der Überwachung und gerade nicht der

---

1037 Hüffer/*Koch*, § 111 Rn 21; *Marsch-Barner*, FS Schwark, S. 219, 222, 224; Spindler/Stilz/*Spindler*, § 111 Rn 36; *Hoffmann-Becking*, ZGR 2011, 136, 152 f.; KK-AktG/*Mertens/Cahn*, § 111 Rn 55; Henssler/Strohn/*Henssler*, § 111 Rn 11; Hölters/*Hambloch-Gesinn/Gesinn*, § 111 Rn 47; *Arnold*, ZGR 2014, 76, 91 f.; *Reichert/Ott*, NZG 2014, 241, 249; *Börsig/Löbbe*, FS Hoffmann-Becking, S. 125, 137 ff.; *Fuhrmann*, NZG 2016, 881, 888; aA lediglich Godin/*Wilhelmi*, § 90, Anm. 9, der ein solches Recht komplett ablehnt.

1038 *Arnold*, ZGR 2014, 76, 91; Spindler/Stilz/*Spindler*, § 111 Rn 36; *Marsch-Barner*, FS Schwark, S. 219, 222; Hüffer/*Koch*, § 111 Rn 21; *Börsig/Löbbe*, FS Hoffmann-Becking, S. 125, 135.

1039 *Arnold*, ZGR 2014, 76, 91.

1040 *Börsig/Löbbe*, FS Hoffmann-Becking, S. 125, 135 f.; *Marsch-Barner*, FS Schwark, S. 219, 225 f.; Hölters/*Hambloch-Gesinn/Gesinn*, § 111 Rn 49.

1041 Hüffer/*Koch*, § 111 Rn 21 mwN.

1042 MüKoAktG/*Habersack*, § 111 Rn 68; Großkomm-AktG/*Hopt/Roth*, § 111 Rn 511; Schmidt/Lutter/*Drygala*, § 109 Rn 11 f.; Wachter/*Schick*, § 111 Rn 7, *Habersack*, FS Stilz, S. 191, 199 f.; *ders.*, AG 2014, 1, 6 f.; *Leyens*, Information, S. 191; *Dreher*, FS Ulmer, S. 87, 92 ff.; *ders.* FS Goette, S. 43, 48 f.; *Korte*, Die Information des Aufsichtsrats durch die Mitarbeiter, S. 151 ff.; *Schneider*, Informationspflichten, S. 107; *Fuhrmann*, Der Aufsichtsrat 2017, 24 f.; ebenfalls Henssler/Strohn/*Henssler*, § 111 Rn 8, der dieses Recht jedoch auf leitende Angestellte beschränkt.

Geschäftsführung, womit auch kein Verstoß gegen § 111 Abs. 4 S. 1 AktG vorliege.[1043] Zudem wird eine Parallele zu § 109 Abs. 1 S. 2 AktG gezogen, in dessen Rahmen der Aufsichtsrat Auskunftspersonen anhören kann, sodass dies entsprechend auch in diesem Fall gelten solle.[1044] Auch auf die Rechte des Aufsichtsrats im Rahmen von § 84 AktG wird hingewiesen.[1045] Schlussendlich gehöre eine Befragung von Mitarbeitern zu den Instrumentarien einer effektiven Überwachung.[1046]

### (3) Minderansicht: Befragung nur de lege ferenda

Einer letzten, wenn auch nur vereinzelt vertretenen Ansicht nach sei eine Mitarbeiterbefragung wünschenswert, jedoch im geltenden Recht nicht verankert und somit unzulässig.[1047]

### (4) Stellungnahme

Der gesamte Streit basiert auf der Frage, ob, wann und wie der Aufsichtsrat im Rahmen seiner Überwachungstätigkeit vorstandsunabhängige Informationen erlangen darf.[1048] Das Argument der noch überwiegenden Ansicht, die in einer Befragung von Mitarbeitern einen Eingriff in die Geschäftsführungsbefugnis des Vorstands sieht, geht fehl, da die Befragung nicht einer etwaigen Geschäftsführung des Aufsichtsrats, nämlich der Überwachung von Mitarbeitern, sondern der Effektuierung der Vorstandsüberwachung an sich dient.[1049] Auch eine Weisung würde nicht im Rahmen der Geschäftsführung, sondern der Überwachung erfolgen. Eine unmittelbare Mitarbeiterbefragung verstößt somit nicht gegen das Trennungsprinzip nach § 111 Abs. 4 S. 1 AktG.[1050] Ebenso wenig verstößt der Aufsichtsrat gegen ein „Informationsmonopol" des Vorstands, da es ein solches in seiner Absolutheit nicht gibt, wie schon das Prüfrecht in § 111 Abs. 2 AktG zeigt.[1051] Auch mag der Einwand, eine solche Befragung könne zu Misstrauen zwischen Vorstand und Aufsichtsrat führen, zwar in manchen Situationen berechtigt sein, jedoch ist insofern anzumerken, dass der Aufsichtsrat kraft Gesetzes die Überwachung des Vorstands zu übernehmen hat. Will er diese effektiv gestalten, darf er auf ein Empfinden des Vorstands, darin ein

1043 MüKoAktG/*Habersack*, § 111 Rn 68; Großkomm-AktG/*Hopt/Roth*, § 111 Rn 514; *Habersack*, FS Hopt, S. 191, 199; *ders.*, AG 2014, 1, 7.

1044 MüKoAktG/*Habersack*, § 111 Rn 68; *Dreher*, FS Goette, S. 43, 49; *ders.*, FS Ulmer, S. 87, 97 f.

1045 *Dreher*, FS Ulmer, S. 87, 100 f.

1046 *Habersack*, AG 2014, 1, 7.

1047 *Korte*, Information des Aufsichtsrats durch Mitarbeiter, S. 168 ff.; *Baums*, ZIP 1995, 11, 17.

1048 *Leyens*, Information des Aufsichtsrats, S. 159; *Theisen*, ZGR 2013, 1 ff.

1049 Großkomm-AktG/*Hopt/Roth*, § 111 Rn 507, 514; MüKoAktG/*Habersack*, § 111 Rn 68; *Habersack*, FS Stilz, S. 191, 199; *ders.* AG 2014, 1, 7; *Schneider*, aaO, S. 103.

1050 *Habersack*, FS Stilz, S. 191, 199; *ders.* AG 2014, 1, 7.

1051 *Kropff*, NZG 2003, 346, 348. Siehe dazu später ausführlich DIII2).

über die Maßen hinausgehendes Misstrauen des Aufsichtsrats gegenüber seiner Arbeit zu sehen, keine Rücksicht nehmen.[1052] Eine effiziente Überwachung geht der Wahrung eines Vertrauensverhältnisses oder Schonung der Unternehmensreputation vor.[1053]

Weiterhin fraglich ist jedoch, auf welcher Grundlage der Aufsichtsrat Mitarbeiter befragen könnte. Ein Großteil der Literatur sieht – unabhängig davon, welcher Ansicht er nahe steht – § 111 Abs. 2 AktG als dogmatischen Ausgangspunkt.[1054] Wenn dem so wäre, gäbe es kein Problem: § 111 Abs. 2 AktG stellt ausdrücklich keine Rechtfertigungsanforderungen an den Aufsichtsrat,[1055] vielmehr übt er dieses Recht nach pflichtgemäßem Ermessen aus.[1056] Fraglich ist daher, ob sich eine Mitarbeiterbefragung unter § 111 Abs. 2 S. 1 AktG subsumieren lässt. Zwar ist der Wortlaut veraltet und nur exemplarisch, fordert jedoch eindeutig verkörperte Informationen.[1057] Eine Befragung fördert jedoch unverkörperte Informationen zutage, die vom Wortlaut nicht gedeckt sind.[1058] Lediglich möglich bleibt ein Kontakt zu Mitarbeitern mit dem Ziel, sich von diesen die Unterlagen erklären zu lassen, quasi als Annexkompetenz zum Prüfungsrecht von Unterlagen.[1059] Gerade dies wäre jedoch keine Befragung, bei der unverkörperte Informationen erlangt werden, sondern nur eine Erläuterung schon vorhandener, verkörperter Informationen. Eine Befragung von Mitarbeitern lässt sich somit nicht unter § 111 Abs. 2 S. 1 AktG subsumieren, der eindeutige Wortlaut sperrt diese Auslegung.[1060] Damit bleibt noch die Möglichkeit, den Mitarbeiter als „Sachverständigen" im Sinne von § 111 Abs. 2 S. 2 AktG zu sehen.[1061] Dies ist jedoch nicht zielführend, da Sachverständige schon vom Begriff her nur Hilfestellung bei der Gewinnung bzw. Systematisierung von Informationen geben und nicht selbst die Informationsquelle sind.[1062] Zudem spricht gegen eine solche Auslegung auch der Wortlaut von § 109 Abs. 1 S. 2 AktG, der zwischen Sachverständigen und Auskunftspersonen unterscheidet.[1063] Zwar lässt

---

1052 Großkomm-AktG/*Hopt/Roth*, § 111 Rn 512; *Kropff*, NZG 2003, 346, 348; *Schneider*, aaO, S. 105.

1053 Hüffer/*Koch*, § 111 Rn 19; MüKoAktG/*Habersack*, § 111 Rn 61; *Habersack*, AG 2014, 1, 7; *ders.*, FS Stilz, S. 191, 198.

1054 Hüffer/*Koch*, § 111, Rn 21; MüKoAktG/*Habersack*, § 111, Rn 68; *Habersack*, AG 2014, 1, 6; *ders.*, FS Stilz, S. 191, 199; *Reichert/Ott*, NZG 2014, 241, 249; Hölters/*Hambloch-Gesinn/Gesinn*, § 111, Rn 46; Spindler/Stilz/*Spindler*, § 111 Rn 36; *Fuhrmann*, Der Aufsichtsrat 2017, 24 f.

1055 Vgl. nur Hüffer/*Koch*, § 111 Rn 19.

1056 Heidel/*Breuer/Fraune*, § 111 Rn 16.

1057 *Marsch-Barner*, FS Schwark, S. 219, 224; *Korte*, aaO, S. 161; *Dreher*, FS Ulmer, S. 87, 97; *Leyens*, aaO, S. 171 ff.

1058 So auch *Marsch-Barner*, FS Schwark, S. 219, 224.

1059 *Leyens*, aaO, S. 175 f., 185.

1060 *Dreher*, FS Ulmer, S. 87, 97; aA *Kropff*, NZG 2003, 346, 350.

1061 *Korte*, aaO, S. 162 f.; *Dreher*, FS Ulmer, S. 87, 95.

1062 *Korte*, aaO, S. 163 f.

1063 *Leyens*, aaO, S. 185; *Dreher*, FS Ulmer, S. 87, 95.

sich aus § 111 Abs. 2 S. 2 AktG eine Mitarbeiterbefragung herleiten, jedoch nur ihm Rahmen von Hilfs- und Erklärungstätigkeiten und nicht als eigenständige Quelle weiterführender Informationen.

Auch ergibt sich ein solches Recht nicht direkt aus § 109 Abs. 1 S. 2 AktG. Diese Norm befasst sich nicht mit der Frage, ob der Aufsichtsrat Mitarbeiter am Vorstand vorbei anweisen kann, ihm Auskünfte zu geben, sondern stellt lediglich klar, dass in Aufsichtsratssitzungen auch Nicht-Aufsichtsratsmitglieder teilnehmen können.[1064] Somit liefert diese Vorschrift keine Antwort bezüglich einer vorstandsunabhängigen Befragung.[1065]

Zuletzt könnte eine solche Kompetenz aus der Personalverantwortung des Aufsichtsrats gemäß § 84 AktG folgen.[1066] Im Rahmen seiner Personalhoheit ist der Aufsichtsrat nach allgemeiner Meinung berechtigt, auch Mitarbeiter zu befragen, sei es in Bezug auf den Führungsstil des amtierenden Vorstands oder aufgrund der Tatsache, dass dieser Mitarbeiter als potentieller Nachfolger im Vorstand gilt.[1067] Doch § 84 AktG kann als Rechtsgrundlage sachlich nur dann dienen, wenn es um die Fähigkeit des Vorstands geht, das Unternehmen zu leiten.[1068] Davon kann bei der Frage, ob der Aufsichtsrat regelmäßig, ohne besonderen Anlass Mitarbeiter befragen kann, nicht die Rede sein.[1069] Insofern kommt auch § 84 AktG als Rechtsgrundlage nicht in Betracht.[1070]

Die Tatsache, dass das AktG die Mitarbeiterbefragung durch den Aufsichtsrat nicht regelt und eine solche Befragung auch nicht auf § 111 Abs. 2 AktG gestützt werden kann, bedeutet nicht, dass es ein solches Recht nicht gibt.[1071] Die aktienrechtlichen Regelungen sind offen gehalten und nicht als numerus clausus der Informationsmöglichkeiten zu sehen.[1072] Auszugehen ist vielmehr vom Sinn und Zweck des Aufsichtsratsmandats: Der Aufsichtsrat soll den Vorstand überwachen und im Ernstfall Schadensersatzansprüche geltend machen. Kommt er dieser Aufgabe nicht nach, so haftet er selbst gemäß §§ 116, 93 Abs. 2 AktG.[1073] Der Einwand von *Arnold*, ein Verbot des Aufsichtsrats Mitarbeiter zu befragen, sei im Sinne des Aufsichtsrats, da er mangels Befragungsrecht nicht pflichtwidrig handeln könne,[1074] verfängt schon

---

1064 *Kropff*, NZG 2003, 346, 349; *Dreher*, FS Ulmer, S. 87, 98; *Marsch-Barner*, FS Schwark, S. 219, 223 f.

1065 *Leyens*, aaO, S. 184 f.; *Kropff*, NZG 2003, 346, 349; aA *Korte*, aaO, S. 165 f.; *Dreher*, FS Ulmer, S. 87, 98.

1066 *Dreher*, FS Ulmer, S. 87, 100 f.

1067 *Dreher*, FS Ulmer, S. 87, 100; *Leyens*, aaO, S. 186.

1068 *Korte*, aaO, S. 167.

1069 *Korte*, aaO, S. 167; aA *Dreher*, FS Ulmer, S. 87, 101.

1070 *Korte*, aaO, S. 167.

1071 Großkomm-AktG/*Hopt/Roth*, § 111 Rn 507.

1072 So auch Großkomm-AktG/*Hopt/Roth*, § 111 Rn 507; aA *Korte*, aaO, S. 156 f.; *Baums*, ZIP 1995, 11, 17.

1073 *Dreher*, FS Goette, S. 43, 48.

1074 *Arnold*, ZGR 2014, 76, 92 f.

im Ansatz nicht, da er übersieht, dass der Aufsichtsrat neben dem Besonderen Vertreter das einzige Organ ist, das Schadensersatzansprüche der Gesellschaft gegen den Vorstand geltend machen kann, seine vornehmste Aufgabe somit eine effektive Überwachung des Vorstands ist. Dass er dabei primär auf Informationen des zu überwachenden Organs angewiesen ist,[1075] ist wie *Hopt/Roth* zutreffend feststellen, eine Eigenart des deutschen Aktienrechts und führt dazu, dass sich der Vorstand selbst belasten müsste.[1076] Eine rein anlassbezogene Prüfung bei dringendem Verdacht auf erhebliche Pflichtverletzungen würde bedeuten, dass der Aufsichtsrat nur Mitarbeiter befragen dürfte, wenn der Vorstand derart unachtsam war, dass seine Pflichtverletzungen aufgefallen sind. Das kann nicht richtig sein.[1077] Zudem wäre der Aufsichtsrat dem Vorstand gegenüber hinsichtlich des Umstands darlegungs- und beweispflichtig, dass er einen solchen Verdacht habe und worauf sich dieser gründe. Regelmäßig werden jedoch erst die Befragungen der Mitarbeiter zu diesen Erkenntnissen führen. Eine von der Zustimmung des Vorstands unabhängige Befugnis des Aufsichtsrats ist insofern zur effektiven Überwachung unumgänglich.[1078] Dieses Recht des Aufsichtsrats ergibt sich aus seiner Funktion als Überwacher des Vorstands und Verfolger von Schadensersatzansprüchen gemäß §§ 112, 111 Abs. 1, 2 AktG.[1079] Es gilt entsprechend zum Informationsrecht des Besonderen Vertreters die Aussage: „Wenn der Gesetzgeber einem Gesellschaftsorgan bestimmte Aufgaben zur eigenverantwortlichen Wahrnehmung zuweist, schließt dies im Zweifel die erforderlichen Mittel zur Aufgabenerfüllung ein."[1080] Dieses Recht darf der Vorstand selbstredend nicht torpedieren, vielmehr ist er auch im Rahmen einer vorstandsunabhängigen Informationsgewinnung zur Kooperation mit dem Aufsichtsrat verpflichtet und hat eine Befragung zu dulden und gegebenenfalls den Mitarbeiter anzuweisen, die Fragen des Aufsichtsrats zu beantworten.[1081]

Somit ergibt sich Folgendes: Der Aufsichtsrat hat aus seinem Überwachungsauftrag gemäß § 111 Abs. 1 AktG heraus *de lege lata* einen Anspruch auf Ladung und Befragung der Mitarbeiter auch ohne Zustimmung des Vorstands nach pflichtgemäßem Ermessen. Diesem Ansinnen müssen die Mitarbeiter nachkommen.[1082]

---

1075 *Winter*, FS Hüffer, S. 1103, 1113.

1076 Großkomm-AktG/*Hopt/Roth*, § 111 Rn 505; ebenfalls *Theisen*, ZGR 2013, 1, 8 unter Verweis auf *Lutter*, Information und Vertraulichkeit im Aufsichtsrat, 1. Aufl., 1979, S. 120.

1077 So auch *Kropff*, NZG 2003, 346, 348.

1078 *Leyens*, aaO, S. 198; ebenso *Schneider*, aaO, S. 107.

1079 So auch *Leyens*, aaO, S. 188 ff.; Großkomm-AktG/*Hopt/Roth*, § 111 Rn 514.

1080 *Fleischer/Wedemann*, GmbHR 2010, 449, 457, die sich augenscheinlich auf RGZ 83, 248, 252 beziehen.

1081 *Schneider*, aaO, S. 103; *Habersack*, FS Stilz, S. 191, 199; vgl. auch 3.4.1 DCGK; zum besonderen Vertreter RGZ 83, 248, 249 f.

1082 *Leyens*, aaO, S. 195; *Fuhrmann*, Der Aufsichtsrat 2017, 24, 25.

### *bb) Auskunftsrecht des Aufsichtsrats bei der Geltendmachung von Ersatzansprüchen*

Der Streit, ob der Aufsichtsrat ein Auskunftsrecht gegenüber Mitarbeitern im Rahmen seines allgemeinen Überwachungsauftrags hat, spielt auf einem anderen Feld als die Frage, ob ihm ein solches Recht bei der Geltendmachung von Ersatzansprüchen zusteht. Dennoch ist die Streitdarstellung wichtig, da die Informationsrechte des Aufsichtsrats im Rahmen der allgemeinen Überwachung ein Mindestmaß der Rechte darstellen, die bei der konkreten Verfolgung von Ersatzansprüchen bestehen.

Selbst die überwiegende Ansicht im Schrifttum gesteht dem Aufsichtsrat dem Grunde nach ein solches Befragungsrecht zu, fordert aber einen Verdacht (erheblicher) Pflichtverletzungen.[1083] Ob ein solcher Verdacht vorliegt, bestimmt grundsätzlich der Aufsichtsrat nach pflichtgemäßem Ermessen. Im Falle eines isolierten Geltendmachungsbeschlusses nach § 147 Abs. 1 S. 1 AktG jedoch bestimmt nicht mehr der Aufsichtsrat, ob Ersatzansprüche geltend gemacht werden, sondern die Hauptversammlung. Diese hat eine bindende Entscheidung für den Aufsichtsrat getroffen. Insofern hat sie auch die Wertung vorgenommen, dass ein Verdacht auf Pflichtverletzungen vorliegt.[1084] In einem solchen Fall ist der Aufsichtsrat sogar nach der restriktiven überwiegenden Ansicht befugt, unmittelbar Mitarbeiter zu befragen, sofern er dies für erforderlich erachtet. Damit ist ein Recht des Aufsichtsrats, Mitarbeiter im Rahmen der Verfolgung von Ersatzansprüchen gemäß § 147 Abs. 1 S. 1 AktG unmittelbar zu befragen, mit der nahezu einhelligen Ansicht im Schrifttum zu bejahen.

### *cc) Folgen für den Besonderen Vertreter*

Der Besondere Vertreter verdrängt mit seiner Bestellung die ordentlichen Organe, die ansonsten den zwingenden Geltendmachungsbeschluss der Hauptversammlung auszuführen hätten. Sowohl der Vorstand als auch – wie soeben festgestellt – der Aufsichtsrat haben in dieser Situation das Recht, Mitarbeiter direkt zu befragen. Wird ein Besonderer Vertreter bestellt, stellt sich die Frage, ob nun eine direkte Mitarbeiterbefragung nicht mehr möglich sein soll. Das Wesen der Annexkompetenz ist, dass dem Besonderen Vertreter Befugnisse erteilt werden, derer er für die Auftragsbewältigung bedarf und die den Befugnissen der verdrängten Organe entsprechen. In Anbetracht der Tatsache, dass sowohl Vorstand als auch Aufsichtsrat diese Kompetenzen zur Geltendmachung von Ersatzansprüchen haben, ist eine solche Kompetenz auch dem Besonderen Vertreter zuzusprechen. Man könnte noch erwägen, ob eine direkte Befragung wirklich erforderlich bzw. notwendig für die Geltendmachung von Ersatzansprüchen sei. Eine weniger in das Organisationsgefüge eingreifende Befugnis könnte sein, dass der Besondere Vertreter sich an den Vorstand wenden müsste, um, vermittelt über ihn, den Mitarbeiter zu befragen. Eine

1083 Exemplarisch Hüffer/*Koch*, § 111 Rn 21.
1084 Vgl. BIII2)n)aa).

solche Variante ist jedoch nicht gleich effektiv, da der Besondere Vertreter nun nicht mehr ungezwungen mit dem Mitarbeiter sprechen kann, sondern der Mitarbeiter unter noch stärkerem Druck des Vorstands steht, der eventuell eigene Pflichtverletzungen begangen hat bzw. Anspruchsgegner des Geltendmachungsbeschlusses ist. In diesem Falle noch brauchbare Informationen zu erhalten ist mit den Worten *Uwe H. Schneiders* „lebensfremd".[1085] Damit dient die Befugnis zur direkten Befragung von Mitarbeitern der Geltendmachung von Ersatzansprüchen und ist notwendig. Sofern der Besondere Vertreter eine direkte Befragung nach pflichtgemäßem Ermessen für erforderlich hält,[1086] ist diese auch von der Annexkompetenz gedeckt.

### *dd) Kein Direktionsrecht des Besonderen Vertreters*

Teilweise wird neben einem Befragungsrecht zudem noch ein Direktionsrecht des Besonderen Vertreters angenommen, um einen Mitarbeiter zur Kooperation anweisen zu können.[1087] Begründet wird dies damit, dass der Besondere Vertreter an die Stelle des Vorstands trete.[1088] Das ist jedoch kein durchschlagendes Argument, da der Vorstand nicht insgesamt, sondern nur in Teilbereichen verdrängt wird, und nur insofern, als er die Gesellschaft bei der Geltendmachung der Ersatzansprüche gemäß § 78 Abs. 1 S. 1 AktG vertreten hätte. Wie unter I3)b)bb) festgestellt, nimmt der verdrängte Vorstand seine Kompetenzen mit und überlässt sie nicht dem Besonderen Vertreter.

Ob der Besondere Vertreter eine Direktionsbefugnis gegenüber Mitarbeitern hat, bestimmt sich alleine danach, ob eine solche Befugnis von der Annexkompetenz gedeckt ist. Die primäre Frage lautet, ob eine Direktionsbefugnis der Geltendmachung von Ersatzansprüchen dient und zudem erforderlich ist.[1089] Die Direktionsbefugnis des Vorstands gegenüber den Mitarbeitern rührt aus seiner Leitungskompetenz gemäß § 76 Abs. 1 AktG her.[1090] Sie dient primär der Koordination der täglichen Geschäfte, nicht der Verfolgung von Ersatzansprüchen.

Für den Besonderen Vertreter diente ein Direktionsrecht nicht unmittelbar der Verfolgung von Pflichtverletzung, sondern der Sanktionierung unkooperativer Mitarbeiter. Selbst eine Direktionsbefugnis führt jedoch nicht zwangsläufig dazu, dass der Mitarbeiter nun wahrheitsgemäß Auskunft erteilt. Es ist damit ungewiss, ob die Drohkulisse der Direktionsbefugnis überhaupt der Durchsetzung von Informationsrechten im Sinne von Mitarbeiterauskünften dient. Schon mit dieser Überlegung scheint es zweifelhaft, ob ein Direktionsrecht von der Annexkompetenz gedeckt ist.

---

1085 *Schneider*, ZIP 2013, 1985, 1986.

1086 Zum Ermessen des Besonderen Vertreters sogleich noch ausführlich unter DII3).

1087 So z.B. LG München I ZIP 2007, 1809 (juris Rz 118); *Verhoeven*, ZIP 2008, 245, 248; *Böbel*, aaO, S. 94.

1088 LG München I ZIP 2007, 1809 (juris Rz 118).

1089 Ebenso MüKoAktG/*Schröer*, § 147 Rn 52.

1090 Spindler/Stilz/*Fleischer* § 76 Rn 65.

Eigene Direktionsbefugnisse des Besonderen Vertreters sind aber jedenfalls nicht erforderlich, da insofern die Befugnisse des Vorstands, der kraft seiner Treuepflicht zur Unterstützung des Besonderen Vertreters verpflichtet ist, ausreichen, den Mitarbeiter zur Auskunft (mit ggf. arbeitsrechtlichen Konsequenzen) anzuweisen. Die Erwägung, eine Teilnahme des Vorstands an einer Mitarbeiterbefragung sei kontraproduktiv, da der (grundsätzlich auskunftswillige) Mitarbeiter nun unter erhöhtem Druck stehe, greift hier nicht durch: Um einen unwilligen Mitarbeiter zur Auskunftserteilung anzuweisen, ist es irrelevant, ob dies durch den Vorstand oder den Besonderen Vertreter geschieht, beide Arten der Anweisung sind gleich (in)effektiv.

Auch Folgeüberlegungen sprechen eindeutig gegen ein Direktionsrecht: Angenommen, der Mitarbeiter weigerte sich vehement, Auskunft zu erteilen. Soll der Besondere Vertreter ihn dann abmahnen können und ihm sogar kündigen dürfen? Eine Kündigung würde ersichtlich nichts daran ändern, dass er die Informationen, die er zur Ausführung seiner Aufgabe benötigt, immer noch nicht hat. Sie wäre eindeutig nur eine Sanktionierung eines Verhaltens und diente schwerlich der Geltendmachung von Ersatzansprüchen. Eine Kündigungsbefugnis kann in keinem Fall von der Annexkompetenz gedeckt sein. Und ein Direktionsrecht ohne Pönalisierungsmöglichkeit hat keinen Wert.

Damit steht fest, dass eine etwaige Direktionsbefugnis nicht erforderlich ist zur Geltendmachung von Ersatzansprüchen und insofern auch nicht von der Annexkompetenz des Besonderen Vertreters gedeckt ist. Die Direktion von Mitarbeitern obliegt weiterhin dem Vorstand, der im Rahmen der Kooperationspflicht diese aber auch ausüben muss.

#### *e) Zutrittsrecht*

Umstritten ist schließlich, ob dem Besonderen Vertreter ein eigenes Zutrittsrecht zu den Räumlichkeiten des Unternehmens zu gewähren ist. Da das Zutrittsrecht isoliert betrachtet keinen Sinn ergibt, sondern systematisch mit der Frage verknüpft ist, ob der Besondere Vertreter eigeninitiativ Informationen im Unternehmen erlangen kann, soll die Problematik in diesem Kontext sogleich unter III2) besprochen werden.

### 3) Das Ermessen des Besonderen Vertreters bei der Auswahl der Informationen

Da das Informationsrecht des Besonderen Vertreters aufgrund einer Annexkompetenz besteht, ist erforderlich, dass die verlangten Informationen in einem Zusammenhang mit den geltend gemachten Ersatzansprüchen stehen. Ob eine Information der Geltendmachung dient, weiß der Besondere Vertreter oftmals nicht genau, da er, anders als der Vorstand, den genauen Inhalt der Informationsquelle noch nicht kennt. Damit stellt sich die Frage, ob der Besondere Vertreter für die Erforderlichkeit jeder einzelnen Information die Darlegungs- und Beweislast trägt, oder ob ihm aufgrund der immanenten Unsicherheit ein Ermessen eingeräumt wird, welche Informationen er fordert. Durch ein Informationsermessen verschöbe sich die Darlegungs- und Beweislast der objektiven Nichterforderlichkeit und damit Missbräuchlichkeit des Informationsbegehrens auf den Vorstand.

Durch die Bestellung eines Besonderen Vertreters hat die Hauptversammlung den ordentlichen Organen die Kompetenz zur Anspruchsverfolgung entzogen und dem Besonderen Vertreter übertragen. Aufgrund dieses Kompetenzverlustes können Vorstand und Aufsichtsrat auch keinen Einfluss nehmen auf die Art und Weise der Anspruchsverfolgung, sie besitzen keine Weisungsbefugnis bezüglich des *Wie* der Anspruchsverfolgung.[1091] Jede andere Deutungsweise würde die Wirkungen des Bestellungsbeschlusses ad absurdum führen.

### *a) Unmittelbar der Anspruchsverfolgung dienende Informationen*

Das Informationsrecht ist als Annex der Geltendmachungskompetenz ausgestaltet. Daraus folgt, dass der Besondere Vertreter auch hinsichtlich der Forderungen von Informationen, die der Anspruchsverfolgung dienen, ein weitreichendes Ermessen hat. So wenig er sich gegenüber Vorstand und Aufsichtsrat bei der Anspruchsverfolgung rechtfertigen muss, muss er dies bei der Informationserlangung.[1092] Es obliegt damit nicht dem Vorstand, zu bestimmen, welche Informationen zur Anspruchsverfolgung notwendig sind.[1093] Daher kann der Vorstand grundsätzlich keine Informationen mit dem Hinweis verweigern, sie dienten nicht der Anspruchsverfolgung. Der Besondere Vertreter hat bezüglich der Notwendigkeit und Zweckmäßigkeit von Informationen ein weites Ermessen, das nur den Grenzen des Rechtsmissbrauchs unterliegt.[1094] Das Ermessen wird dem Besonderen Vertreter ebenso wie das Informationsrecht nur fremdnützig im Interesse der Gesellschaft gewährt und ist daher vom Besonderen Vertreter pflichtgemäß auszuüben.

Das weite Ermessen gilt zunächst für alle Informationen, die der Anspruchsverfolgung unmittelbar dienen. Das ist beispielsweise der Fall bei Verträgen und Vertragsentwürfen mitsamt eventuell vorhandener Bewertungsgutachten, um Ansprüche aus einem Rechtsgeschäft des Vorstands mit dem Mehrheitsaktionär

---

1091 Unstreitig, vgl. nur KK-AktG/*Rieckers/Vetter*, § 147 Rn 551; Großkomm-AktG/*Bezzenberger*, § 147 Rn 56; Heidel/*Lochner*, § 147 Rn 24a; Spindler/Stilz/*Mock*, § 147 Rn 98; MüKoAktG/*Schröer*, § 147 Rn 58; Schmidt/Lutter/*Spindler*, § 147 Rn 27; *Schneider* ZIP 2013, 1985, 1991; *Westermann*, AG 2009, 237, 240; *Verhoeven*, ZIP 2008, 245, 248; *Mock* AG 2008, 839, 844; *Humrich*, aaO, S. 146; *Stallknecht*, aaO, S. 320.

1092 KK-AktG/*Rieckers/Vetter*, § 147 Rn 626.

1093 Heidel/*Lochner*, § 147 Rn 24a.

1094 OLG Köln ZIP 2015, 2470; zustimmend LG Duisburg ZIP 2016, 1970 (juris Rz 59); LG München I ZIP 2007, 1809 (juris Rz 89); Henssler/Strohn/*Liebscher*, § 147 Rn 10; *Beneke*, GWR 2016, 487; *Hippeli*, jurisPR-HaGesR 11/2016 Anm. 5; im Ergebnis anscheinend auch *Linnerz*, BB 2016, 338.

geltend machen zu können.[1095] Dass in solch klaren Fällen der Vorstand nicht einwenden kann, die Informationen seien zur Anspruchsverfolgung nicht notwendig, ist offensichtlich. Jeder objektive Dritte erkennt das Bedürfnis, den Vertrag und seine Geschäftsgrundlage zu kennen, bevor eine substantiierte und durch Beweise angereicherte Klageschrift verfasst werden kann. Auch wenn die Gerichte in den vorgenannten Entscheidungen immer hervorgehoben haben, dem Besonderen Vertreter stehe ein nur auf Missbrauch zu kontrollierendes weites Ermessen bezüglich der Informationen zu, so wurde dieses in den Entscheidungen gar nicht relevant, da die verlangten Informationen schon einen eindeutigen Bezug zu den Ansprüchen aus dem Geltendmachungsbeschluss hatten, sodass sich die Gerichte durch die Anerkennung eines weiten Ermessens nur die Begründung sparten, weshalb die einzelnen Positionen des Informationsverlangens der Anspruchsverfolgung dienten.

### *b) Mittelbar der Anspruchsverfolgung dienende Informationen*

Erst wirklich relevant und damit strittig wird ein weites Ermessen des Besonderen Vertreters dann, wenn er Zugriff auf Informationen verlangt, die auf den ersten Blick keinen unmittelbaren Bezug zu seiner Aufgabe haben. Die Bedeutung eines solchen Ermessens wird anhand einer Entscheidung des Landgerichts Heidelberg offenbar:[1096]

Bei der Gelita AG wurde ein Besonderer Vertreter bestellt, um Ersatzansprüche gegen Vorstand und Aufsichtsrat geltend zu machen.[1097] Zur Prozessvorbereitung und späteren Substantiierung der Klage verlangte der Besondere Vertreter im Wege einer einstweiligen Verfügung Informationen vom Vorstand heraus, der zudem Anspruchsgegner des Geltendmachungsbeschlusses war. Das Landgericht Heidelberg verurteilte den Vorstand in einer ersten einstweiligen Verfügung, dem Besonderen Vertreter unter anderem die Vorstands- und Aufsichtsratsprotokolle zur Verfügung zu stellen, die in einem unmittelbaren Zusammenhang mit der Anspruchsdurchsetzung standen.[1098] Der Vorstand sortierte die Dokumente vor und stellte sie dem Besonderen Vertreter in einem virtuellen Datenraum zur Verfügung. Der Besondere Vertreter erstellte auf Grundlage der Informationen eine Klageschrift und erhob schließlich Haftungsklage. Während des Prozesses verteidigte sich der Vorstand überraschend mit einem zentralen Dokument, das er dem Besonderen Vertreter, also dem durch die Hauptversammlung bestellten zuständigen Verfolgungsorgan der Gesellschaft, zuvor nicht zugänglich gemacht hatte.[1099] Auch hatten die Prozessbevollmächtigten des Vorstands vollständige Dokumente zur Verfügung, die der Besondere Vertreter nur in geschwärzter Form erhalten hatte.[1100] Aufgrund dieser

1095 Vgl. nur OLG Köln ZIP 2015, 2470.
1096 LG Heidelberg ZIP 2016, 1874 mit Anm. *Beneke*, GWR 2016, 487.
1097 Vgl. ausführlich dazu BIII2)l)cc)(13).
1098 LG Heidelberg ZIP 2016, 471 (vgl. den Tenor unter 1 b).
1099 LG Heidelberg ZIP 2016, 1874 (juris Rz 6).
1100 Ebd.

selektiven Vorgehensweise des Vorstands beantragte der Besondere Vertreter nun in einem weiteren einstweiligen Verfügungsverfahren, „sämtliche Protokolle der Vorstands- und Aufsichtsratssitzungen, einschließlich Ausschuss- und Arbeitsgruppensitzungen, der G. AG jeweils nebst Präsentationen und sonstigen Anlagen seit Januar 2005 bis Mai 2012"[1101] vorgelegt zu bekommen.

Das Landgericht Heidelberg wies den Antrag mit der Begründung zurück, diese Informationen seien nicht mehr von seinem Auftrag gedeckt, und es lägen keine konkreten Anhaltspunkte dafür vor, dass nach wie vor Informationen ausstünden oder ihm weiterhin unzulässig „zensierte" Protokolle vorgelegt worden seien.[1102]

### *aa) Nochmals: Grenze des Informationsrechts ist der Auftrag*

Das Landgericht hat vollkommen zu Recht festgestellt, dass die Grenze des Informationsrechts des Besonderen Vertreters von seinem Auftrag festgelegt wird, da es aufgrund einer Annexkompetenz zur Geltendmachung der Ersatzansprüche besteht.[1103] Das ist auch das Ergebnis dieser Arbeit.[1104] Dies bedeutet negativ, dass jenseits der Grenze grundsätzlich kein Recht auf Informationen besteht, und positiv, dass innerhalb der Grenzen grundsätzlich auf jede Information zugegriffen werden kann, die dem Besonderen Vertreter notwendig erscheint. Doch die Grenze ist gar nicht das Problem des Falles.

### *bb) Vorstand ist primärer Informationsschuldner*

Das Problem besteht darin, dass der Besondere Vertreter seine Informationen vom (hier mitverklagten) Vorstand erhält und nicht weiß, ob die erteilten Informationen vollständig sind.[1105] Wie der Besondere Vertreter seinen Informationsanspruch befriedigen kann, war in der Vergangenheit umstritten. Das Landgericht München I hat in einer aufsehenerregenden Entscheidung im Jahre 2007 dem Besonderen Vertreter das Recht zugesprochen, einem Vorstand gleich die Informationen unmittelbar im Unternehmen zu erlangen.[1106] Diese Entscheidung hat sowohl Kritik wie auch Zuspruch erhalten,[1107] wurde jedoch vom Oberlandesgericht München als Berufungsinstanz in weiten Teilen aufgehoben. Das Oberlandesgericht urteilte unter anderem entgegen der Vorinstanz, der Besondere Vertreter habe kein eigenes

---

1101 AaO (juris Rz 19).

1102 AaO (juris Rz 22 ff., 29).

1103 LG Heidelberg ZIP 2016, 1874 (juris Rz 23); LG Heidelberg ZIP 2016, 471 (juris Rz 28).

1104 Vgl. dazu DI3)b)bb).

1105 So auch *Beneke*, GWR 2016, 487.

1106 Vgl. den Tenor von LG München I ZIP 2007, 1809.

1107 Dafür Spindler/Stilz/*Mock*, § 147 Rn 105; *Verhoeven*, ZIP 2008, 245; *Mock* DB 2008, 393; wohl auch *Schneider*, ZIP 2013, 1985, 1987; *Nietsch*, ZGR 2011, 589, 610 ff. Dagegen Hüffer/*Koch*, § 147 Rn 9; MüKoAktG/*Schröer*, § 147 Rn 49 ff.; *Hüffer*, ZHR 174 (2010), 642, 671 ff.; *Wirth*, FS Hüffer, S. 1129, 1143; *Kling*, ZGR 2009, 190, 2016.

Ermittlungsrecht im Unternehmen, sondern nur einen Informationsanspruch gegen die Gesellschaft, vertreten durch den Vorstand.[1108] Ob diese Lösung dogmatisch korrekt ist, soll zunächst dahinstehen,[1109] denn jedenfalls hat sich diese Ansicht in der Praxis durchgesetzt.[1110]

Hier offenbart sich eine Schwachstelle im System der Anspruchsverfolgung durch den Besonderen Vertreter: Der Besondere Vertreter ist zwar allein verantwortlich für die Anspruchsverfolgung im Namen der Gesellschaft und hat freies Ermessen bei der Auswahl seiner notwendigen Informationen, ist jedoch bei der Informationserlangung auf die Kooperation und Ehrlichkeit des Vorstands angewiesen. Jedenfalls sobald der Vorstand bzw. einzelne Mitglieder Anspruchsgegner des Geltendmachungsbeschlusses sind, besteht die Besorgnis, dass der Vorstand aufgrund der nachvollziehbaren Aversion, sich selbst zu belasten, nicht jede objektiv notwendige Information herausgibt. Im Gegenteil wird er tunlichst vermeiden wollen, die zentralen Dokumente, die seine Pflichtverletzung belegen könnten, herauszugeben. In einem Prozess, in dem der Vorstand als Anspruchsgegner Informationen der Gesellschaft nutzt, die er nicht dem von der Hauptversammlung gewählten Verfolgungsorgan, das im Interesse der Gesellschaft tätig wird, mitteilt, herrscht keine Waffengleichheit und die Informationsasymmetrie perpetuiert sich.[1111]

Alle Informationen, die Vorstands- und Aufsichtsratsmitglieder erlangen, besitzen[1112] sie im Interesse der Gesellschaft. Die Anspruchsverfolgung durch den Besonderen Vertreter geschieht ebenfalls im Gesellschaftsinteresse. Daraus folgt, dass der Vorstand dem Besonderen Vertreter zur Anspruchsverfolgung notwendige Gesellschaftsinformationen nicht vorenthalten darf.

#### *cc) Darlegungs- und Beweislast für die Notwendigkeit von mittelbaren Informationen*

Dass der Vorstand sich eventuell über dieses Verbot rechtswidrig hinwegsetzt, zeigt der Fall des Landgerichts Heidelberg. Wenn der Besondere Vertreter das Recht hat, seiner Meinung nach notwendige Informationen einzusehen, er aber nicht die Möglichkeit hat, dieses Recht selbstständig im Unternehmen durchzusetzen, sondern auf die Kooperation des Vorstands angewiesen ist, dann müssen ihm auch solche Rechte zustehen, die es ihm ermöglichen, zu verifizieren, dass der Vorstand ihm alle relevanten Informationen zugänglich gemacht hat. Das Problem des Falles war damit nicht die Grenze des Informationsrechts, sondern die Überprüfbarkeit,

1108 OLG München ZIP 2008, 73 (juris Rz 70 f.).
1109 Dazu sogleich unter DIII2) mehr.
1110 Vgl. nur OLG Köln ZIP 2015, 2470; LG Duisburg ZIP 2016, 1970; LG Heidelberg ZIP 2016, 471; LG Heidelberg ZIP 2016, 1874.
1111 *Beneke*, GWR 2016, 487.
1112 Zu der Figur des Organbesitzes gleich ausführlich unter DIII1).

ob dem Besonderen Vertreter alle notwendigen Informationen innerhalb seines Auftrags und damit seines Informationsrechts erteilt worden waren.[1113]

Um diese Überprüfbarkeit zu gewährleisten, besitzt der Besondere Vertreter zwei Möglichkeiten: Zum einen ist es ihm möglich, dass er seinen Informationsanspruch nicht direkt bezüglich einzelner Dokumente geltend macht, sondern stattdessen ein Bestandsverzeichnis gemäß § 260 Abs. 1 BGB vom Vorstand anfordert, in dem dieser alle Informationsquellen, die mit dem Auftrag aus dem Geltendmachungsbeschluss nach § 147 Abs. 1 AktG zusammenhängen, aufzulisten hat.[1114] Zum anderen gewähren ihm die Gerichte und eine verbreitete Literaturansicht ja grundsätzlich ein weites Ermessen in Bezug auf die Auswahl seiner Informationen.[1115]

Doch welchen Wert hat ein „weites Ermessen" des Besonderen Vertreters, wenn ihn bei ersten Zweifelsfällen wieder die Darlegungs- und Beweislast für die Notwendigkeit spezifischer Informationen trifft? Ob der Vorstand dem Besonderen Vertreter alle relevanten und notwendigen Informationen verschafft hat, weiß weder ein Gericht, noch der Besondere Vertreter, sondern allein der Vorstand. Dass das Landgericht Heidelberg dem Besonderen Vertreter die Darlegungs- und Beweislast für das Fehlen von Informationen auferlegt, leuchtet in Anbetracht der Informationsasymmetrie und dem Bekenntnis auch des Landgerichts Heidelberg zu einem weitreichenden Ermessen des Besonderen Vertreters nicht ein.[1116]

Die Anerkenntnis eines weiten Ermessens des Besonderen Vertreters schützt die Gesellschaft davor, dass der eventuell mitverklagte Vorstand eine erfolgreiche Geltendmachung der Ersatzansprüche durch zurückbehaltene Informationen verhindert. Auch die Einsicht in Dokumente, durch die überprüft werden soll, ob der Vorstand seiner Informationsverschaffungspflicht nachgekommen ist, dient der Ausführung des Geltendmachungsbeschlusses und ist daher auch vom weiten Ermessen des Besonderen Vertreters umfasst. Das Ermessen unterliegt einzig der Grenze des Rechtsmissbrauchs.

Dieses Ermessen darf freilich nicht so weit führen, dass der Besondere Vertreter sogleich jedwede Information verlangen kann, die nicht nur seinem Auftrag unmittelbar dient, sondern zugleich schon überprüft, ob der Vorstand seiner Informationsverschaffungspflicht nachkommt. So weitführend ist das Informationsrecht nicht, da ein solches Vorgehen zunächst nicht notwendig ist für die Anspruchsverfolgung. Ein solches Verhalten ohne jeden Anhaltspunkt auf unzureichende Informierung durch den Vorstand überspannt die Annexkompetenz.

Ein Ermessen dahingehend, die Vollständigkeit von Informationen zu überprüfen, muss dem Besonderen Vertreter jedoch dann zugestanden werden, wenn

1113 *Beneke*, GWR 2016, 487.
1114 Vgl. dazu LG Duisburg ZIP 2016, 1970 (insbesondere juris Rz 64 ff.).
1115 OLG Köln ZIP 2015, 2470; LG Duisburg ZIP 2016, 1970; LG Heidelberg ZIP 2016, 471; LG Heidelberg ZIP 2016, 1874.
1116 LG Heidelberg ZIP 2016, 1874 (juris Rz 24) zum weiten Ermessen. Ebenso schon *Beneke*, GWR 2016, 487.

anhand objektiver Kriterien erkennbar ist, dass unmittelbar der Geltendmachung dienende Informationen trotz Verlangens vorenthalten worden sind, oder aber in dem Bestandsverzeichnis nach § 260 Abs. 1 BGB nicht aufgeführt wurden. Das ist beispielsweise dann der Fall, wenn der Besondere Vertreter bei der Geltendmachung von Ersatzansprüchen mit relevanten Dokumenten konfrontiert wird, die ihm bislang vorenthalten worden waren. In einem solchen Fall ist es nicht fernliegend, dass auch weitere Informationen (die der Vorstand aufgrund der Nachteiligkeit für seine Position nicht anführt) noch unerkannt sind.

Dokumente zu verlangen, die zwar nicht unmittelbar Aussagen zum geltend zu machenden Anspruch treffen, die jedoch die Überprüfung der Vollständigkeit der relevanten Informationen ermöglichen, dienen als mittelbar notwendige Informationen ebenfalls der Geltendmachung der Ersatzansprüche und sind daher von der Annexkompetenz gedeckt.[1117]

### *dd) Vergleich zum Aufsichtsrat*

Der Überprüfung der Vollständig- und Richtigkeit von Informationen des Vorstands kann auch nicht entgegen gehalten werden, sie stelle einen Fremdkörper im Organisationsgefüge der Aktiengesellschaft dar. Der Aufsichtsrat bekommt im Rahmen seines Überwachungsauftrags vom Vorstand nach § 90 Abs. 1 AktG regelmäßig Informationen, die im Normalfall auch ausreichend sind, soweit der Bericht nicht unklar, unvollständig, widersprüchlich oder erkennbar falsch ist.[1118]

Jedenfalls sobald der Bericht nicht vollständig bzw. ausreichend ist, darf sich der Aufsichtsrat nicht mit den Informationen begnügen, sondern muss Nachforschungen anstellen und den Sachverhalt selbstständig erfassen.[1119] Das gilt selbstverständlich gerade dann, wenn er etwaige Ersatzansprüche gegen den Vorstand verfolgt. Dabei hat auch der Aufsichtsrat ein weites Ermessen in Bezug auf die Informationen, das er pflichtgemäß auszuüben hat.[1120]

Da nun der Vorstand qua seiner Leitungsbefugnis alle Informationen der Gesellschaft abrufen und überprüfen kann und auch der Aufsichtsrat Informationen des Vorstands nachprüfen kann, muss dies aus Äquivalenzgesichtspunkten ebenfalls für den Besonderen Vertreter gelten, dem von der Hauptversammlung berufenen Verfolgungsorgan.

---

1117 *Beneke*, GWR 2016, 487; ebenfalls wohl KK-AktG/*Rieckers/Vetter*, § 147 Rn 664.

1118 Spindler/Stilz/*Spindler*, § 111 Rn 25; *Reichert/Ott*, NZG 2014, 241, 245 f.; *Hoffmann-Becking*, ZGR 2011, 136, 146; *Bezzenberger/Keul*, FS Schwark, S. 121, 136; *Thielbeer*, Unternehmensplanung, S. 230; Hauschka/Moosmayer/Lösler/*Sieg/Zeidler*, § 3 Rn 31.

1119 BGH ZIP 2012, 2438; OLG Stuttgart 2012, 625; *Rubner/Fischer*, NZG 2015, 782, 789; *Reichert/Ott*, NZG 2014, 241, 245 f. Vgl. auch die neugefasste Nr. 3.4 Abs. 1 DCGK, nachdem der Aufsichtsrat sicherstellen muss, dass er ausreichend informiert wird. Der Kodex stellt dabei nur die geltende Rechtslage dar.

1120 Vgl. dazu auch DI2)b).

## III Informationsbeschaffung durch den Besonderen Vertreter

Es trat schon an einigen Stellen fragmentarisch auf und soll nun abschließend untersucht werden: Dass der Besondere Vertreter Informationsrechte mit einem gewissen Umfang aufgrund seiner Annexkompetenz innehat, sagt noch nichts darüber aus, wie er diese Informationen tatsächlich erlangen kann. Einerseits bestünde die Möglichkeit, dass der Vorstand der primäre Informationsschuldner ist, an den sich der Besondere Vertreter zu richten hat, andererseits, dass sich der Besondere Vertreter selbst die Informationen in der Aktiengesellschaft beschafft.

### 1) Informationsbeschaffung über den Vorstand

Der Vorstand wird in der überwiegenden Literatur als originärer Informationsschuldner gesehen, mit der Begründung, er habe das „Informationsmonopol" in der Gesellschaft inne.[1121] Für die Beziehung des Vorstands zum Aufsichtsrat wird dies zumeist aus § 90 Abs. 1 AktG abgeleitet, da der Aufsichtsrat primär Informationen aus unaufgeforderten Berichten des Vorstands erhält und gemäß § 90 Abs. 3 AktG vom Vorstand weitere Berichte verlangen kann. Dass ein solches Informationsmonopol gegenüber dem Aufsichtsrat nicht besteht, wurde schon oben unter II2)d) aa)(4) dargelegt. Schon § 111 Abs. 2 S. 1 AktG gesteht dem Aufsichtsrat zu, Bücher der Gesellschaft „einzusehen und [zu] prüfen" und es ergibt sich aus dem Wortlaut nicht, ob der Vorstand diese Bücher bereitzustellen hat oder der Aufsichtsrat befugt ist, sich die Bücher selbst zu beschaffen.[1122] Im Übrigen schweigt das Gesetz hinsichtlich des hier relevanten Verhältnisses von Vorstand und Besonderem Vertreter gänzlich.

Dogmatisch aufzuhängen ist die Informationsbeschaffung bei der Frage, wer Herrschaftsgewalt über die relevanten Informationen ausübt, wie die (jedenfalls verkörperte) Information sachenrechtlich zugeordnet wird. Nach ständiger Rechtsprechung und ganz überwiegender Ansicht im Schrifttum kann die Aktiengesellschaft

1121 Hüffer/*Koch*, § 90 Rn 11; KK-AktG/*Mertens/Cahn*, § 90 Rn 52; MüKoAktG/*Spindler*, § 90 Rn 39; Schmidt/Lutter/*Krieger/Sailer-Coceani*, § 90 Rn 39; *Arnold*, ZGR 2014, 76, 91; zweifelnd Spindler/Stilz/*Fleischer*, § 90 Rn 43 f.; ablehnend *Kropff*, NZG 2003, 346, 348; *ders.*, FS Raiser, S. 225, 238 f.

1122 Der Verweis, die Durchsetzung des Informationsrechts könne gemäß § 407 Abs. 1 S. 1 AktG nur mit Zwangsgeld erreicht werden, woraus folge, dass das Informationsmonopol beim Vorstand liege (so KK-AktG/*Mertens/Cahn*, § 111 Rn 57), ist nicht zwingend, da § 407 Abs. 1 S. 1 AktG nur die „Nichtbefolgung" ahndet. Diese kann einerseits darin bestehen, Informationen nicht zu erteilen, andererseits aber auch darin, die selbstständige Informationsbeschaffung des Aufsichtsrats zu verhindern.

als juristische Person selbst Besitzerin sein.[1123] Damit ist die Gesellschaft Besitzerin der verkörperten Informationsquellen, die der Besondere Vertreter benötigt und damit Informationsschuldnerin.

Da eine juristische Person jedoch nur durch ihre Organe handeln kann, üben diese die Herrschaftsgewalt aus, ohne jedoch selbst Besitzer zu werden.[1124] Man spricht insofern von „Organbesitz".[1125] Dieser Begriff ist jedoch nicht ganz glücklich gewählt, da das Organ selbst nicht besitzt, sondern schon die Inbesitznahme unmittelbar der juristischen Person zugerechnet wird.[1126] Damit richtet sich der Informationsanspruch immer gegen die juristische Person, vertreten durch ihren Organbesitzer.

Bei mehreren Organen (Vorstand, Aufsichtsrat, Hauptversammlung, Besonderer Vertreter) kommt es für den Organbesitz darauf an, welches Organ geschäftsführungsbefugt ist.[1127] Dies ist in der Aktiengesellschaft grundsätzlich der Vorstand aufgrund § 76 Abs. 1 AktG. Insofern übt der Vorstand die Herrschaftsgewalt über die (verkörperten) Informationen der Gesellschaft aus,[1128] womit er tatsächlich als Hüter der Gesellschaftsinformationen angesehen werden kann; er hat aber kein Informationsmonopol.[1129] Damit richtet sich der Anspruch auf Information grundsätzlich gegen die Gesellschaft, vertreten durch ihren Vorstand.

Soweit der Aufsichtsrat Informationen im Rahmen seines allgemeinen Überwachungsauftrags anfordert, erfüllt er seine Aufgabe aus § 111 Abs. 1 AktG und greift nicht in die Geschäftsführung des Vorstands ein.[1130] Die Informationsherausgabe obliegt damit weiterhin dem geschäftsführenden Organ Vorstand.

Ob es dabei auch bleibt, wenn der Aufsichtsrat oder ein Besonderer Vertreter gemäß § 147 Abs. 1 S. 1 AktG (ggf. i.V.m. Abs. 2 S. 1) Ersatzansprüche gegen den Vorstand geltend zu machen haben, ist eine andere Frage. Nach § 112 S. 1 AktG und § 147 Abs. 2 S. 1 AktG vertreten an Stelle des Vorstands Aufsichtsrat und Besonderer Vertreter die Gesellschaft nach außen und haben damit insoweit die Geschäftsführungsbefugnis inne. Die generelle Geschäftsführungs- und Vertretungsbefugnis verbleibt freilich beim Vorstand, aber es ist fraglich, ob Aufsichtsrat bzw. Besonderem Vertreter in solchen Konstellationen ein „Mitorganbesitz" an den

---

1123 BGHZ 156, 310 (juris Rz 26); BGHZ 56, 73 (juris Rz 19); BGH WM 1967, 938 (juris Rz 6); BGH, Urteil vom 17. Dezember 1953 – IV ZR 39/53; Bamberger/Roth/*Fritsche*, § 854 Rn 50; MüKoBGB/*Joost*, § 854 Rn 17; Jauernig/*Berger*, § 854 Rn 13. Zur OHG BGH WM 1967, 938 (juris Rz 6); BGH WM 1963, 580.

1124 BGH WM 2016, 1131 (juris Rz 11); BGHZ 156, 310 (juris Rz 26); BGHZ 56, 73 (juris Rz 22); MüKoBGB/*Joost*, § 854 Rn 19.

1125 Statt aller BGH WM 2016, 1131 (juris Rz 11); MüKoBGB/*Joost*, § 854 Rn 17.

1126 BGHZ 56, 73 (juris Rz 19).

1127 BGH WM 2016, 1131 (juris Rz 11); BGHZ 57, 166 (juris Rz 6); Bamberger/Roth/*Fritsche*, § 854 Rn 51; MüKoBGB/*Joost*, § 854 Rn 17.

1128 So auch *Stallknecht*, aaO, S. 296.

1129 Ebenso *Kropff*, NZG 2003, 346, 348.

1130 Vgl. nur MüKoAktG/*Habersack*, § 111 Rn 61, 68.

Informationsquellen eingeräumt wird, ob die Vertretungsbefugnis auch eine partielle Geschäftsführungsbefugnis bezüglich der notwendigen Informationsquellen einräumt. Es läuft auf die Frage hinaus, ob Aufsichtsrat oder Besonderer Vertreter einen Anspruch gegen die Gesellschaft, vertreten durch sich selbst, haben, ob sie sich also die Informationen selbst beschaffen können. Der Übersichtlichkeit halber soll die Frage im Folgenden nur noch für den Besonderen Vertreter beantwortet werden, selbiges gilt jedoch auch für den Aufsichtsrat.

Der Besondere Vertreter hat die Aufgabe, Ersatzansprüche geltend zu machen und verdrängt (nur) insoweit die gesetzlichen Vertreter. Nur in diesem Verhältnis vertritt er die Gesellschaft nach außen und ist im Innenverhältnis geschäftsführungsbefugt.[1131] Lediglich eine Hilfsaufgabe stellt die Informationsbeschaffung dar, sodass eine Verdrängung im Organbesitz gesetzlich nicht zwingend ist. Im Übrigen hat er nur ein Recht auf Informationen im Rahmen seiner Aufgabe. Ein Organbesitz von Informationsquellen käme damit lediglich für diese Informationen in Betracht. Das würde zu gespaltenen Verfügungsbefugnissen über Informationsquellen führen. Überdies wäre die eigentümliche Folge, dass der Besondere Vertreter Organbesitzer der Informationsquellen wäre, aber nicht wüsste, wo sich diese im Unternehmen befinden. Entweder fragte er den Vorstand um Hilfe oder er müsste anfangen, im Unternehmen zu suchen und würde infolgedessen zwangsläufig auch Informationsträger durchsuchen, die mit seiner Aufgabe nichts zu tun hätten. An diesen hätte aber der Vorstand wiederum Geschäftsführungsbefugnis und Organbesitz und könnte sich gegen verbotene Eigenmacht des Besonderen Vertreters erwehren. Schon diese Folgeüberlegungen zeigen, dass der Vorstand in Bezug auf die Informationsquellen stets geschäftsführungsbefugt bleibt, sodass der Besondere Vertreter sein Informationsgesuch an die Gesellschaft, vertreten durch den Vorstand, zu richten hat. Ein Wechsel im Organbesitz und damit in der Geschäftsführungsbefugnis ist abzulehnen.

## 2) Unmittelbare Informationsbeschaffung durch den Besonderen Vertreter mitsamt Betretungsrechten

Abgesehen von den verkörperten Informationsquellen, an denen der Vorstand den Organbesitz ausübt und damit die Gesellschaft als primären Informationsschuldner vertritt, existieren auch unverkörperte Informationsquellen, wie z.B. das Zeugnis eines Mitarbeiters. Wie unter II2)d)cc) gezeigt, kann es notwendig und erforderlich sein, dass der Besondere Vertreter ohne Beisein des Vorstands von dem Mitarbeiter Auskunft verlangt. Dies ist von seiner Annexkompetenz gedeckt und ein Musterbeispiel für eine direkte Informationsbeschaffung des Besonderen Vertreters am Vorstand vorbei. Der Besondere Vertreter ist damit befugt, einen Mitarbeiter unmittelbar zu befragen. Der Vorstand muss diesen Eingriff in seine grundsätzliche Geschäftsführungsbefugnis dulden.

---

1131 KK-AktG/*Rieckers/Vetter*, § 147 Rn 514.

Es sind auch weitere Konstellationen denkbar, in denen eine Informationsvermittlung über den Vorstand keinen Erfolg verspricht, z.B. wenn der Besondere Vertreter ein (kontaminiertes) Grundstück, (mangelhaftes) Bauwerk oder eine Betriebsstätte besichtigen muss, um sich ein eigenes Bild von etwaigen Pflichtverletzungen zu machen. In diesen Fällen hat der Besondere Vertreter ein eigenes Informationsbeschaffungsrecht und einen Anspruch gegen den Vorstand, dies zu dulden.

Wenn sich der Besondere Vertreter solche Informationen selbst beschaffen darf, benötigt er auch notwendigerweise anlassbezogene Zutrittsrechte zu den Räumlichkeiten der Gesellschaft.[1132] Diese Zutrittsrechte bestehen jedoch nicht allgemein kraft Annexkompetenz, sondern nur insoweit, als der Zutritt der rechtmäßigen Beschaffung von Informationen dient.

## IV Durchsetzung des Informationsanspruchs

Trotz des Informationsrechtes des Besonderen Vertreters ist er damit immer noch auf die Kooperation des Vorstands angewiesen, der entweder die Informationen bereitzustellen oder die Beschaffung zu dulden hat. Diese Kooperation wird – wie zahlreiche Gerichtsurteile zeigen – selten gewährt.[1133] Damit rückt die Frage nach der gerichtlichen Durchsetzung der Informationsrechte in den Mittelpunkt.

### 1) Parteien des Rechtsstreits: Informationsschuldner

Bevor auf die klageweise Durchsetzung eingegangen wird, ist zunächst die prozessuale Situation zu klären. Die Frage, wer gegen wen die Informationsrechte geltend machen kann, wird in Rechtsprechung und Literatur unterschiedlich beurteilt. Dabei sind grundsätzlich folgende Konstellationen möglich: (1) Zum einen könnte der Besondere Vertreter gegen die Gesellschaft, vertreten durch den Vorstand, klagen, (2) zum anderen die Gesellschaft, vertreten durch den Besonderen Vertreter, gegen den Vorstand. Überdies könnte auch (3) die Gesellschaft, vertreten durch den Besonderen Vertreter, gegen die Gesellschaft, vertreten durch den Vorstand, klagen. Zuletzt möglich erscheint auch ein (4) Interorganstreit zwischen Besonderem Vertreter und Vorstand.

1132 Allgemein für ein Zutrittsrecht LG München I ZIP 2007, 1809; Spindler/Stilz/*Mock*, § 147 Rn 105; *Verhoeven*, ZIP 2008, 245, 248; *Böbel*, aaO, S. 94. Dagegen OLG München ZIP 2008, 73; KK-AktG/*Rieckers/Vetter*, § 147 Rn 634; MükoAktG/*Schröer*, § 147 Rn 50; Hüffer/*Koch*, § 147 Rn 9; Grigoleit/*Herrler*, § 147 Rn 14; *Binder*, ZHR 176 (2012), 380, 393; *Kling* ZGR 2009, 190, 218; *Fabritius*, GS Gruson, S. 133, 147.

1133 OLG München ZIP 2008, 73; LG München I ZIP 2007, 1809; OLG Köln ZIP 2015, 2470; LG Duisburg ZIP 2016, 1970; LG Heidelberg ZIP 2016, 471. So auch *Stallknecht*, aaO, S. 295.

Die Variante (3) scheidet schon deshalb aus, weil die Gesellschaft nicht zugleich Klägerin und Beklagte sein kann.[1134]

Für Variante (1) spricht, dass der Besondere Vertreter Informationen verlangt, deren Quellen sich im Besitz der Gesellschaft befinden und für die der Vorstand den Organbesitz ausübt.[1135] Infolgedessen gehen die bislang überwiegende Rechtsprechung und Teile der Literatur von dieser prozessualen Konstellation aus.[1136] Dagegen spricht jedoch die Eigentümlichkeit, dass der Besondere Vertreter unstreitig die Haftungsklage im Namen der Gesellschaft erhebt, sein Informationsrecht (und damit Annexkompetenz) jedoch im eigenen Namen gegen die Gesellschaft geltend machen soll und es zu einer Umkehr der prozessualen Situation kommt.[1137] Die Prozesssituation suggeriert, dass der Besondere Vertreter die Informationen gegen den Willen der Gesellschaft fordert, obwohl er in ihrem Willen handelt.

Insofern haben Gerichte in der jüngeren Vergangenheit sowohl Variante (1) als auch (2) nebeneinander für statthaft erklärt und damit alternativ die Gesellschaft entweder durch den Besonderen Vertreter oder Vorstand vertreten lassen.[1138] Diese Entwicklung ist zu begrüßen, kristallisiert sie doch die komplexe Situation heraus, in der sich der Besondere Vertreter, der Vorstand und die Gesellschaft befinden: Das Informationsrecht des Besonderen Vertreters ist, ebenso wie die Geltendmachungskompetenz, ein fremdnütziges Recht, das er im Interesse der Gesellschaft ausübt. Ebenso ist der Vorstand nur fremdnütziger Organbesitzer der Informationsquellen, da er für die Gesellschaft und in ihrem Interesse die Herrschaftsmacht ausübt. Auf beiden Seiten stehen damit Gesellschaftsorgane, die fremdnützige Rechte und Pflichten haben und einem einheitlichen Gesellschaftsinteresse unterliegen. Verweigern Vorstandsmitglieder die Herausgabe verkörperter Informationen der Gesellschaft an den Besonderen Vertreter, werden sie nicht mehr im Gesellschaftsinteresse tätig und maßen sich Eigenbesitz an.[1139] Überdies verletzen sie gegenüber der Gesellschaft ihre Treuepflichten aus dem Dienstvertrag.[1140] Dieses gleichwertige Nebeneinander der beiden Varianten geht einen Schritt in Richtung der Anerkennung der Zulässigkeit eines Interorganstreits (4). Ob ein Interorganstreit im Aktienrecht möglich ist, ist hoch umstritten und soll an dieser Stelle auch nicht entschieden werden, da es keinen Einfluss darauf hat, dass der Besondere Vertreter dem Grunde nach seine

---

1134 LG Heidelberg ZIP 2016, 471 (juris Rz 45). Vgl. auch *Stallknecht*, aaO, S. 296.

1135 Vgl. dazu DIII1).

1136 RGZ 83, 248; OLG München ZIP 2008, 73 (juris Rz 70); LG München I ZIP 2007, 1809 (juris Rz 125); OLG Köln ZIP 2015, 2470 (juris Rz 35); Hüffer/*Koch*, § 147 Rn 9; Heidel/*Lochner*, § 147 Rn 24a; Henssler/Strohn/*Liebscher*, 147 Rn 10; *Verhoeven*, ZIP 2008, 245, 255.

1137 *Böbel*, aaO, S. 109; *Lochner*, EWiR 2016, 169, 170.

1138 LG Heidelberg ZIP 2016, 471 (juris Rz 38, 43); zustimmend *Lochner*, EWiR 2016, 169, 170; LG Duisburg ZIP 2016, 1970 (juris Rz 83, 102); zustimmend *Hippeli*, jurisPR-HaGesR 11/2016 Anm. 5; *Lochner*, EWiR 2016, 625, 626.

1139 LG Heidelberg ZIP 2016, 471 (juris Rz 43).

1140 LG Heidelberg ZIP 2016, 471 (juris Rz 44).

Informationsrechte gerichtlich durchsetzen kann.[1141] Ein nicht unerheblicher Teil des Schrifttums befürwortet jedoch diese Variante mit den soeben angeführten Argumenten.[1142] Insgesamt scheint ein Interorganstreit die stimmigste dogmatische Lösung für den eben beschriebenen Konflikt zu sein.

## 2) Stufenklage nach § 254 ZPO

Nach einigen Stimmen in der Literatur soll der Besondere Vertreter seine Informationsansprüche im Wege einer Stufenklage nach § 254 ZPO geltend machen können.[1143] Diese Ansicht übersieht indes, dass die Voraussetzung einer Stufenklage ist, dass sie sich gegen denselben Beklagten richtet.[1144] Das ist grundsätzlich bei der Informationserlangung des Besonderen Vertreters nicht der Fall. Eine solche Situation könnte zufälligerweise nur dann eintreten, wenn der Besondere Vertreter im Namen der Gesellschaft gegen die Vorstandsmitglieder die Herausgabe von Informationen verlangt und zudem Ersatzansprüche gegen alle Vorstandsmitglieder geltend zu machen hat. Daher ist die Stufenklage grundsätzlich unzulässig.[1145]

Diese Unzulässigkeit ist nicht zu verwechseln mit der Entscheidung des Landgerichts Duisburg, im einstweiligen Rechtsschutzverfahren sei ein Stufenantrag des Besonderen Vertreters auf Erteilung eines Bestandsverzeichnisses gemäß § 260 Abs. 1 BGB und sodann auf Herausgabe der in diesem Verzeichnis konkret bezeichneten Unterlagen zulässig.[1146] Denn bei einem Stufenverhältnis innerhalb des einstweiligen Rechtsschutzverfahrens sind die Parteien identisch.

## 3) Einstweiliger Rechtsschutz

Damit kristallisiert sich neben einer zeitintensiven und daher praktisch unbrauchbaren Leistungsklage als einzig nützliche und anerkannte Art und Weise der Durchsetzung des Informationsrechts der einstweilige Rechtsschutz in Form einer Leistungsverfügung gemäß §§ 935, 940 ZPO heraus.

### *a) Verfügungsanspruch*

Der Verfügungsanspruch des Besonderen Vertreters auf Herausgabe von Informationen ergibt sich aus dem Geltendmachungsbeschluss nach § 147 Abs. 1 S. 1

---

1141 Ebenfalls KK-AktG/*Rieckers/Vetter*, § 147 Rn 691.

1142 KK-AktG/*Rieckers/Vetter*, § 147 Rn 693; Spindler/Stilz/*Mock*, § 147 Rn 107; *Binder*, ZHR 176 (2012), 380, 403 f.; *Nietsch*, ZGR 2011, 589, 624 f.; *Böbel*, aaO, S. 111 f.; *Stallknecht*, aaO, S. 297 f.

1143 MüKoAktG/*Schröer*, § 147 Rn 52; Spindler/Stilz/*Mock*, § 147 Rn 107; *Kling*, ZGR 2009, 190, 216.

1144 Vgl. nur BGH ZIP 1994, 1121 (juris Rz 12); MüKoZPO/*Becker-Eberhard*, § 254 Rn 6.

1145 Ebenso *Nietsch*, ZGR 2011, 589, 624 (Fn 153); *Stallknecht*, aaO, S. 298 f.

1146 LG Duisburg ZIP 2016, 1970 (juris Rz 108 f.) mit Zustimmung *Hippeli*, jurisPR-HaGesR 11/2016 Anm. 5.

AktG und dem Bestellungsbeschluss nach § 147 Abs. 2 S. 1 AktG, die die rechtliche Grundlage seiner Annexkompetenz darstellen.[1147] Weitere Anforderungen, wie etwa ein „Anfangsverdacht“[1148], sind nicht erforderlich.[1149]

*aa) Einwand der Unwirksamkeit der Hauptversammlungsbeschlüsse*

Zumeist wird der Beschluss über die Geltendmachung von Ersatzansprüchen durch die Hauptversammlung (zumindest vom Anspruchsgegner) für rechtswidrig erachtet und angefochten. Eine erfolgreiche Anfechtung des Geltendmachungsbeschlusses würde gleichzeitig der Bestellung des Besonderen Vertreters die Grundlage entziehen und seine Bestellung unwirksam machen.[1150] Teilweise wird daher vertreten, das Informationsverlangen setze eine wirksame Beschlussfassung nach § 147 Abs. 1, 2 AktG voraus.[1151] Mit anderen Worten müsste das Gericht im einstweiligen Rechtsschutz inzident die Anfechtungsklage prüfen. Dass dies zu einer erheblichen Verzögerung der Entscheidung im einstweiligen Rechtsschutz führen und zudem die Entscheidung über die Anfechtungsklage praktisch vorwegnehmen würde, ist offensichtlich und spricht gegen ein solches Vorgehen. Eine solch inzidente Prüfung ist im Übrigen auch nicht geboten, da die Anfechtungsklage keine Suspensivwirkung entfaltet und selbst bei einer später stattgegebenen Anfechtungsklage und Nichtigkeitserklärung der Beschlüsse die Rechtshandlungen des Besonderen Vertreters nach den Grundsätzen des fehlerhaft bestellten Organs für wirksam erachtet werden.[1152]

Dennoch hat die frühere Rechtsprechung die Wirksamkeit der Beschlüsse inzident im Rahmen des einstweiligen Rechtsschutzes geprüft.[1153] In der jüngeren Rechtsprechung hat sich jedoch zu Recht durchgesetzt, die Wirksamkeit der Beschlüsse nicht mehr zu prüfen, und sich auf die Frage zu beschränken, ob der Beschluss so konkret ist, dass erkennbar ist, ob die geforderten Informationen in

1147 OLG Köln ZIP 2015, 2470 (juris Rz 35); LG Duisburg ZIP 2016, 1970 (juris Rz 46, 59); LG Heidelberg ZIP 2016, 471 (juris Rz 24 ff.); OLG München ZIP 2008, 73 (juris Rz 38 ff.); LG München I ZIP 2007, 1809 (juris Rz 88 ff.).

1148 So LG Stuttgart ZIP 2010, 329 (juris Rz 40).

1149 Vgl. auch LG Heidelberg ZIP 2016, 471 (juris Rz 30).

1150 Vgl. dazu ausführlich CI.

1151 Vgl. jeweils die Ausführungen der Beklagten im HVB-Prozess LG München I ZIP 2007, 1809 (juris Rz 81) und im Strabag-Prozess LG Köln, Urteil v. 22.09.2015 – 91 O 38/15 (juris Rz 28).

1152 Vgl. dazu CI5).

1153 OLG München ZIP 2008, 73 (juris Rz 40 ff.); LG München I ZIP 2007, 1809 (juris Rz 91 ff.). Völlig daneben lag insoweit LG Stuttgart ZIP 2010, 329 (juris Rz 33 ff.), das zwar einen wirksamen Geltendmachungs- und Bestellungsbeschluss annahm, aber dennoch Informationsrechte ablehnte, da der Beschluss mangels „Anfangsverdacht“ so nicht hätte gefasst werden dürfen.

Zusammenhang mit seinem Auftrag stehen.[1154] Diese sehr oberflächliche Prüfung ist und bleibt notwendig, da das Informationsrecht als Annexkompetenz nur insoweit besteht, als es diesen Zusammenhang zwischen (erkennbarem) Auftrag und Informationsgesuch gibt.[1155]

### *bb) Einwand des § 83 Abs. 2 AktG*

Andere Stimmen in der Literatur wollen eine Rechtmäßigkeitsprüfung der Beschlüsse im einstweiligen Rechtsschutz über § 83 Abs. 2 AktG herleiten.[1156] Sie argumentieren, der Informationsanspruch des Besonderen Vertreters richte sich gegen die Gesellschaft, vertreten durch den Vorstand, und der Vorstand sei nach § 83 Abs. 2 AktG verpflichtet, nur rechtmäßige Hauptversammlungsbeschlüsse auszuführen. Auch Gerichte sahen sich diesem Einwand gegenüber, ließen die Frage jedoch mit der Begründung offen, dass der Vorstand in den entschiedenen Fällen die fraglichen Beschlüsse selbst nicht angefochten und damit das Schicksal der angeblich rechtswidrigen Beschlüsse aus der Hand gegeben habe.[1157]

Auch wenn die Entscheidungen im Ergebnis Zustimmung verdienen, ist doch die Begründung problematisch. Die Gerichte werfen dem Vorstand widersprüchliches Verhalten vor, wenn er die Beschlüsse nicht anficht, aber dann Informationen verweigert. Der Vorstand hat aber bei Beschlüssen, die er für rechtswidrig erachtet, keine unbedingte Pflicht zur Anfechtung, soweit sie schon von anderen (z.B. dem Mehrheitsaktionär) angefochten worden sind.[1158] Alleine die formale Nicht-Anfechtung durch den Vorstand enthält damit keine Aussage darüber, dass er den Beschluss für rechtmäßig hält. Infolgedessen kann ihm später schwerlich widersprüchliches Verhalten vorgeworfen werden.[1159]

Die Argumentation mit § 83 Abs. 2 AktG verfängt indes aus einem anderen Grund nicht. Zunächst ist es schon umstritten, ob sich – entgegen dem Wortlaut von § 83 Abs. 2 AktG – die Befolgungspflicht des Vorstands nur auf rechtmäßige Beschlüsse der Hauptversammlung bezieht.[1160] Diese Frage muss jedoch nicht beantwortet werden, da sich § 83 Abs. 2 AktG unstreitig nur auf Beschlüsse bezieht, die *der Vorstand* auszuführen hat.[1161]

---

1154 OLG Köln ZIP 2015, 2470 (juris Rz 38 ff.); LG Duisburg ZIP 2016, 1970 (juris Rz 50, 55 f.); zustimmend *Hecker/Bertling*, jurisPR-HaGesR 3/2016 Anm. 2.

1155 So auch *Stallknecht*, aaO, S. 304. Zum Ermessen des Besonderen Vertreters vgl. DII3).

1156 So beispielsweise KK-AktG/*Rieckers/Vetter*, § 147 Rn 655.

1157 OLG Köln ZIP 2015, 2470 (juris Rz 37); LG Duisburg ZIP 2016, 1970 (juris Rz 82 ff.).

1158 Siehe dazu auch CI1)a).

1159 AA aber wohl *Noack*, DB 2014, 1851, 1853.

1160 Vgl. dazu nur MüKoAktG/*Spindler*, § 83 Rn 16 ff.

1161 Vgl. nur Hüffer/*Koch*, § 83 Rn 5; MüKoAktG/*Spindler*, § 83 Rn 18; Spindler/Stilz/*Fleischer*, § 83 Rn 7 f.

Die Existenz eines Besonderen Vertreters in einer Gesellschaft bedeutet, dass die Hauptversammlung einen Geltendmachungsbeschluss nach § 147 Abs. 1 S. 1 AktG und einen Bestellungsbeschluss nach § 147 Abs. 2 S. 1 AktG gefasst hat, bzw. eine gerichtliche Bestellung eines Besonderen Vertreters gemäß § 147 Abs. 2 S. 2 AktG vorliegt. Durch die Bestellung eines Besonderen Vertreters werden Vorstand bzw. Aufsichtsrat von der Geltendmachung der Ansprüche, genauer von der Ausführung des Hauptversammlungsbeschlusses, ausgeschlossen und verdrängt.[1162] Die Ausführung des Geltendmachungsbeschlusses obliegt damit dem Besonderen Vertreter und gerade nicht mehr dem Vorstand. Die Verteidigung des Vorstands, er habe nur rechtmäßige Beschlüsse auszuführen und müsse daher den Geltendmachungsbeschluss inhaltlich überprüfen, verfängt nicht, da er bezüglich dieses Beschlusses nicht (mehr) ausführungsbefugt ist, und damit der Anwendungsbereich von § 83 Abs. 2 AktG nicht eröffnet ist. Wird er mit einem Informationsgesuch des Besonderen Vertreters konfrontiert, so führt der Vorstand keinen Hauptversammlungsbeschluss aus, sondern wird mit dem Begehren eines anderen Gesellschaftsorgans konfrontiert. Ein Informationsgesuch des Aufsichtsrats kann der Vorstand ebenfalls nicht aufgrund von § 83 Abs. 2 AktG ablehnen.

Der Vorstand kann sich einem Gesuch nur dann verweigern, wenn der Besondere Vertreter überhaupt nicht bestellt wurde, also gar nicht existiert (ansonsten greifen zumindest die Grundsätze des fehlerhaft bestellten Organs),[1163] oder das Informationsbegehren offensichtlich nicht einmal mittelbar einen Bezug zum Geltendmachungsbeschluss aufweist und damit nicht von der Annexkompetenz gedeckt sein kann.[1164]

### *b) Verfügungsgrund*

Neben dem Verfügungsanspruch ist der Verfügungsgrund das vorherrschende Tatbestandsmerkmal im einstweiligen Rechtsschutz, in dessen Rahmen darzulegen ist, warum eine Eilbedürftigkeit besteht. Dazu bedarf es besonderer Umstände. Dies gilt insbesondere bei einer Leistungsverfügung, bei der grundsätzlich die Hauptsache vorweggenommen wird.

#### *aa) Die Sechs-Monats-Frist*

Nach der ganz überwiegenden Ansicht in Rechtsprechung und im Schrifttum ergibt sich die Eilbedürftigkeit schon aus der Sechs-Monats-Frist in § 147 Abs. 1 S. 2 AktG.[1165] Auch wenn die Frist eine Soll-Vorschrift sei, diene sie doch dem Schutz der

---

1162 Unstreitig. Vgl. zu den Rechtsfolgen im Einzelnen DI3).

1163 Vgl. dazu CI5).

1164 So auch KK-AktG/*Rieckers/Vetter*, § 147 Rn 664. Vgl. aber das weite Ermessen des Besonderen Vertreters unter DII3).

1165 OLG Köln ZIP 2015, 2470 (juris Rz 42 f.); LG Duisburg ZIP 2016, 1970 (juris Rz 85); LG Heidelberg ZIP 2016, 471 (juris Rz 49); OLG München ZIP 2008, 73 (juris

Interessen der Aktionäre, die Ersatzansprüche zügig geltend zu machen und eine Beweisverschlechterung zu verhindern. Auch greife das Argument der Vorwegnahme der Hauptsache nicht durch, da einerseits das Informationsrecht nicht das Haupt- sondern lediglich das Hilfsrecht zur Geltendmachung der Ersatzansprüche sei und zudem eine andere Art des Rechtsschutzes nicht gegeben sei.[1166]

Diese Ansicht verdient Zustimmung, da sie die Besonderheit der Geltendmachung von Ersatzansprüchen gemäß § 147 Abs. 1 S. 1 AktG verdeutlicht: Die Hauptversammlung hat entschieden, dass Ersatzansprüche geltend zu machen sind. Selbst kann sie jedoch die Ansprüche nicht durchsetzen, sondern ist auf die Tätigkeit von Vorstand, Aufsichtsrat oder Besonderem Vertreter angewiesen. Diese dürfen die Geltendmachung nicht verschleppen, sodass sich die Eilbedürftigkeit aus dem Hauptversammlungsbeschluss heraus ergibt und nicht zur Disposition der Parteien im einstweiligen Rechtsschutz steht.[1167] Die Sechs-Monats-Frist dient damit dem Schutz des Hauptversammlungswillens vor nachlässiger Verfolgung und setzt die zuständigen Organe unter einen dauerhaften Druck der zügigen Geltendmachung. Die Geltendmachung der Ersatzansprüche und damit das Informationsgesuch sind daher von Gesetzes wegen immer eilbedürftig.

#### *bb) Die besonderen Anforderungen des § 940 ZPO*

Einen Sonderweg ist das Landgericht Köln in einer Entscheidung gegangen, die später von der Berufungsinstanz verworfen wurde.[1168] Es verneinte eine Leistungsverfügung, da die Voraussetzungen des § 940 ZPO nicht gegeben seien.

Nach § 940 ZPO ist eine Leistungsverfügung statthaft,

> „sofern diese Regelung, insbesondere bei dauernden Rechtsverhältnissen[,] zur Abwendung wesentlicher Nachteile oder zur Verhinderung drohender Gewalt oder aus anderen Gründen nötig erscheint."

Nach dem Landgericht Köln kann ein anderer Grund nur ein solcher sein, der eine „existenzielle Bedeutung" für die Anspruchsdurchsetzung habe.[1169] Solche Bedrohungen werden bei der Informationserlangung des Besonderen Vertreters wohl

Rz 59); LG München I ZIP 2007, 1809 (juris Rz 108); KK-AktG/*Rieckers/Vetter*, § 147 Rn 696; Hüffer/*Koch*, § 147 Rn 9; MüKoAktG/*Schröer*, § 147 Rn 52; Spindler/Stilz/*Mock*, § 147 Rn 107; *Lochner*, EWiR 2016, 625, 626; *Nietsch*, ZGR 2011, 589, 624; *Westermann*, AG 2009, 237, 246; *Verhoeven*, ZIP 2008, 245, 254; *Stallknecht*, aaO, S. 301. Ähnlich Schmidt/Lutter/*Spindler*, § 147 Rn 34, der die Eilbedürftigkeit aus der Eigenart der Tätigkeit ableitet.

1166 Statt aller OLG Köln ZIP 2015, 2470 (juris Rz 45 f.).

1167 Ebenso OLG Köln ZIP 2015, 2470 (juris Rz 41 ff.).

1168 LG Köln, Urteil v. 22.09.2015 – 91 O 38/15.

1169 LG Köln aaO (juris Rz 35).

kaum bestehen, da die Frage der Geltendmachung von Ersatzansprüchen die Gesellschaft nahezu nie an den Rand ihrer Existenz drängt.[1170]

Die strengen Kriterien, die § 940 ZPO anlegt, erklären sich aus einer „normalen" Prozesssituation, in der die Prozessparteien unterschiedliche, jeweils diametral entgegengesetzte Interessen verfolgen und eine Leistungsverfügung einseitig in die Interessen einer Partei eingreift, ohne dass es bereits zu einem Urteil im Hauptsacheverfahren gekommen ist. Aus diesem Grund ist eine solch strenge Interessensabwägung vorzunehmen.

Im Falle des Informationsgesuchs des Besonderen Vertreters besteht die Sondersituation, dass nicht zwei verschiedene Interessen aufeinandertreffen, sondern nur das Gesellschaftsinteresse relevant ist. Der Besondere Vertreter wird bei der Geltendmachung der Ersatzansprüche und damit auch bei der Informationsbeschaffung nur im Interesse der Gesellschaft tätig. Der Vorstand gibt im Gesellschaftsinteresse als Organbesitzer die Informationen heraus, die die Gesellschaft schuldet. Beide werden damit fremdnützig im selben Interesse tätig.[1171] Anderweitige Beweggründe des Vorstands, wie z.B. die Verhinderung der Sachverhaltsaufklärung oder die (seiner Ansicht nach) Sinnlosigkeit des Begehrens, spielen bei der Interessensabwägung keine Rolle, da es kein rechtlich relevantes Interesse des Vorstands an der Nichtverfolgung gibt: Die Hauptversammlung hat gemäß § 147 Abs. 1 S. 1 AktG für die Gesellschaft entschieden, dass die Ansprüche geltend zu machen sind.

Auch besteht kein Geheimhaltungsinteresse der Gesellschaft gegenüber dem Besonderen Vertreter, da dieser genau wie Vorstand und Aufsichtsrat der Verschwiegenheitspflicht unterliegt und zwar nach den Regeln über das fehlerhaft bestellte Organ auch im Fall einer späteren Nichtigkeitserklärung des Geltendmachungs- oder Bestellungsbeschlusses.[1172]

Das einzige Interesse, das relevant werden und gegen einen Verfügungsgrund sprechen könnte, wäre die Vermeidung unnützer Kosten, falls die Ansprüche nicht bestünden. Die Geltendmachung von Ersatzansprüchen und damit auch die Erlangung von Informationen stehen jedoch immer vor dem Vorbehalt, dass die zur Geltendmachung aufgewendeten Kosten nicht zu einem Erfolg führen und damit unwirtschaftlich sind. Nach allgemeiner und richtiger Ansicht ist es für die Beschlussfassung nach § 147 Abs. 1 S. 1 AktG nicht erforderlich, dass die Ansprüche wirklich bestehen.[1173] Damit kann die Wirksamkeit eines solchen Beschlusses auch nicht davon abhängen, ob die Geltendmachung zu einem „Gewinn" bei der Gesellschaft führt. Folglich hat der Gesetzgeber das Kosteninteresse schon bei der Beschlussfassung nach § 147 Abs. 1 S. 1 AktG berücksichtigt, sodass es grundsätzlich nicht mehr in die Abwägung im einstweiligen Rechtsschutz einfließen kann.

1170 Ebenfalls *Stallknecht*, aaO, S. 300.
1171 Ebenso *Lochner*, EWiR 2016, 625, 626.
1172 Vgl. dazu DII1).
1173 Vgl. Fn 70.

Im Übrigen ist zu berücksichtigen, dass der Besondere Vertreter das Informationsrecht und sein Ermessen bei der Informationsbeschaffung immer nur im Interesse der Gesellschaft ausübt und daher selbst eine Kosten-Nutzen-Prognose aufstellen muss.[1174] Ein Besonderer Vertreter, der in unvertretbarer Weise Kosten verursacht und nicht mehr im Gesellschaftsinteresse handelt, verhält sich pflichtwidrig und kann der Gesellschaft zum Schadensersatz verpflichtet sein.[1175]

## 4) Zwischenergebnis:

Der Besondere Vertreter kann sein Informationsverlangen mittels einstweiliger Verfügung gemäß §§ 935, 940 ZPO geltend machen. Der Verfügungsanspruch ergibt sich aus § 147 Abs. 1 S. 1, Abs. 2 S. 1 AktG unabhängig von einer anhängigen Anfechtungsklage. Der Verfügungsgrund folgt schon aus der Sechs-Monats-Frist in § 147 Abs. 1 S. 2 AktG, die aus sich heraus eine Eilbedürftigkeit begründet.

---

1174 Ebenso *Stallknecht*, aaO, S. 302.
1175 Vgl. dazu BIII2)l)bb).

# E Zusammenfassung der wesentlichen Ergebnisse

Die in dieser Arbeit behandelte Auseinandersetzung mit dem Institut des Besonderen Vertreters zeigt, wie umstritten und immer noch unklar die Voraussetzungen seiner Bestellung und seiner Rechte sind. Auf die vielfältigen Probleme bei der Beschlussfassung (C) und im Prozess (DIV) soll nicht nochmals eingegangen, sondern lediglich verwiesen werden. Der Schwerpunkt der Zusammenfassung soll bei der umstrittensten und problematischsten Thematik gesetzt werden; den Anforderungen an den Geltendmachungsbeschluss nach § 147 Abs. 1 S. 1 AktG.

Zur Entwicklung eines stringenten Lösungsvorschlags wurde das Problem „Besonderer Vertreter" gedrittelt: Zunächst wurden allein die Voraussetzungen eines Geltendmachungsbeschlusses nach § 147 Abs. 1 S. 1 AktG herausgearbeitet. Dann die Anforderungen an die Bestellung eines Besonderen Vertreters nach § 147 Abs. 2 S. 1 AktG und im Anschluss erst seine Informationsrechte.

Diese Herangehensweise führte vom Allgemeinen zum Speziellen, da erst ein Geltendmachungsbeschluss vorliegen muss, um einen Besonderen Vertreter zu bestellen, und erst nach seiner Bestellung Fragen des Informationsrechts überhaupt bedeutsam sind. Andererseits ist der Geltendmachungsbeschluss unabhängig von der Bestellung eines Besonderen Vertreters und die Bestellung eines Besonderen Vertreters unabhängig von dessen Informationsrechten. Wird man sich dessen bewusst, so wird deutlich, dass nur vom Allgemeinen zum Speziellen argumentiert werden kann, keinesfalls in die entgegen gesetzte Richtung.

Besonders augenfällig wird dies bei dem Informationsrecht des Besonderen Vertreters als Annexkompetenz: Die Annexkompetenz gilt nur insoweit, als sie der Geltendmachung der Ersatzansprüche dient. Die Reichweite des Informationsrechts ist damit abhängig von dem Geltendmachungsbeschluss. Es ist gerade nicht so, dass der Geltendmachungsbeschluss sich in ein Korsett vorher festgelegter Informationsrechte zwängen muss. Das bedeutet, dass auch nicht argumentiert werden kann, der Geltendmachungsbeschluss müsse einer bestimmten Anforderung unterliegen, da nur insoweit Informationsrechte gegeben seien.

Genau so verhält es sich mit dem Geltendmachungsbeschluss im Verhältnis zur Bestellung eines Besonderen Vertreters: Es wäre falsch, die inhaltlichen Anforderungen des Geltendmachungsbeschlusses argumentativ von der Bestellung eines Besonderen Vertreters abhängig zu machen. Der Geltendmachungsbeschluss regelt unstreitig einzig, dass Ersatzansprüche geltend zu machen sind, nicht von wem. Ein Geltendmachungsbeschluss ist entweder von Vorstand, Aufsichtsrat oder auch Besonderem Vertreter auszuführen. Das ergeben die Regelungen der § 78 Abs. 1 S. 1, § 112 und § 147 Abs. 2 S. 1 AktG. Das bedeutet, dass der Inhalt eines Geltendmachungsbeschlusses nicht davon abhängig ist, ob ein Besonderer Vertreter bestellt wird. Die inhaltlichen Anforderungen müssen immer identisch sein.

Aus der einseitigen Argumentationsrichtung ergibt sich damit, dass die inhaltlichen Anforderungen an einen Geltendmachungsbeschluss isoliert von einem Besonderen Vertreter und seinen Befugnissen herauszuarbeiten sind.

Unter dieser Prämisse wurde festgestellt, dass der Beschluss zur Geltendmachung von Ersatzansprüchen ein Mehrheitsrecht der Hauptversammlung ist und der Wortlaut des § 147 Abs. 1 S. 1 AktG, abgesehen von der Beschlussfassung, keine weiteren Anforderungen aufstellt.

Beschlüsse einer Mehrheit unterliegen in der Aktiengesellschaft grundsätzlich keiner Pflicht zur sachlichen Rechtfertigung. Das gilt auch dann, wenn (Mehrheits-) Aktionäre gemäß § 136 Abs. 1 S. 1 Var. 3 AktG vom Stimmrecht ausgeschlossen sind, da im Aktienrecht die Mehrheit grundsätzlich gemäß § 133 Abs. 1 AktG die Mehrheit der abgegebenen Stimmen darstellt. Es herrscht damit im Aktienrecht ein relativer Mehrheitsbegriff, der nichts am Inhalt des spezifischen Mehrheitsrechts ändert. Damit ist klar, dass die inhaltlichen Anforderungen an den Beschluss auch nicht davon abhängen, ob er von hundert Prozent des stimmberechtigten Kapitals gefasst wird oder von fünf Prozent.

Damit verbleibt einzig das Verhältnis zum Sonderprüfungsbeschluss, das auf den Geltendmachungsbeschluss Auswirkungen entfalten könnte. Ein Vergleich von Sonderprüfer und Besonderem Vertreter ist dagegen nicht zulässig. Da die Fassung eines Geltendmachungsbeschlusses unabhängig ist von der Bestellung eines Besonderen Vertreters, kann auch ein Sonderprüfer keinen Einfluss auf den Geltendmachungsbeschluss haben. Ein Stufenverhältnis kann nur zwischen Geltendmachungsbeschluss und Sonderprüfungsbeschluss bestehen. Ein zwingendes Argument für ein Stufenverhältnis zwischen Sonderprüfungs- und Geltendmachungsbeschluss existiert jedoch nicht, sodass auch unter diesem Aspekt keine Modifikation des Beschlussinhalts angenommen werden kann. Geht man dennoch davon aus, die Sonderprüfung stelle grundsätzlich die notwendige Vorbereitungshandlung dar, so muss auch bei der Beschlussfassung nach § 142 Abs. 1 S. 1 AktG § 136 Abs. 1 S. 1 Var. 3 AktG Anwendung finden.

Folgt man damit diesem Weg, so ergibt sich, dass der Geltendmachungsbeschluss einzig so konkret sein muss, dass er ausführbar ist. Das bedeutet, dass das ausführende Organ seinen Auftrag erkennen können muss, und das Gericht einer späteren Haftungsklage erkennen kann, ob die Geltendmachung der Ersatzansprüche durch einen Besonderen Vertreter von dem Beschluss gedeckt ist.

Die Grenze der Beschlussfassung ist der Rechtsmissbrauch, der jedoch nur ausnahmsweise vorliegt. In der Praxis wurde bislang gerichtlich kein Rechtsmissbrauch des Instituts des Besonderen Vertreters festgestellt.

Auch aufgrund der Beschlussvoraussetzungen sind die Gefahren eines Missbrauchs ausgesprochen gering, da vor einer Beschlussfassung nach § 147 AktG die Tagesordnung gemäß § 122 Abs. 2 AktG ergänzt werden bzw. eine außerordentlich Hauptversammlung nach § 122 Abs. 1 AktG einberufen werden muss. Für ein solches Vorgehen sind signifikante Anteile an der Gesellschaft erforderlich. Des Weiteren verschafft auch der Einigungsprozess mehrerer Aktionäre bei der Beschlussfassung ein Korrektiv gegen missbräuchliche Anträge. Zudem wird die Ausführung des

Geltendmachungsbeschlusses nicht in die Hände der beschlussfassenden Aktionäre gelegt, sondern es werden Vorstand, Aufsichtsrat oder ein Besonderer Vertreter verpflichtet. Diese drei sind alle gleichermaßen dem Gesellschaftsinteresse verpflichtet und machen sich bei pflichtwidrigem und vorwerfbarem Handeln gegenüber der Gesellschaft ersatzpflichtig.

Die Bestellung eines Besonderen Vertreters kann nur erfolgen, wenn auch ein Geltendmachungsbeschluss gefasst worden ist. Die Bestellung eines Besonderen Vertreters führt einzig dazu, dass Vorstand bzw. Aufsichtsrat von ihrer Vertretungsbefugnis partiell verdrängt werden. Zum Besonderen Vertreter können natürliche, aber auch juristische Personen bestellt werden. Der Besondere Vertreter hat stets im Gesellschaftsinteresse zu handeln. Auch wenn die Beschlüsse rechtskräftig für nichtig erklärt worden sind, sind seine zwischenzeitlichen Handlungen nach den Grundsätzen über die fehlerhafte Bestellung von Organen wirksam.

Seine Informationsrechte bestehen aufgrund einer Annexkompetenz aus § 147 Abs. 1 S. 1, Abs. 2 S. 1 AktG, soweit sie für die Geltendmachung der Ersatzansprüche erforderlich sind. Informationsschuldnerin ist die Gesellschaft, die grundsätzlich vom Vorstand vertreten wird, da dieser im Innenverhältnis geschäftsführungsbefugt ist und daher auch Organbesitzer der Informationsquellen ist. Vom Umfang her muss der Besondere Vertreter im Vergleich zu Vorstand und Aufsichtsrat äquivalente Informationsrechte haben, da er an ihre Stelle tritt, und die Bestellung eines Besonderen Vertreters nur die Vertretungsregeln ändert, nicht jedoch die Geltendmachung der Ersatzansprüche erschweren, sondern vielmehr erleichtern soll.

Ein wirksam gefasster Geltendmachungsbeschluss ergänzt um einen Bestellungsbeschluss muss auch praktisch ausführbar sein. Die Informationsrechte des Besonderen Vertreters sind damit ein Spiegelbild des Geltendmachungsbeschlusses. Der Besondere Vertreter darf daher die notwendigen Unterlagen der Gesellschaft einsehen und Mitglieder des Vorstands und Aufsichtsrats und auch Mitarbeiter der Gesellschaft unmittelbar befragen. Das Informationsrecht umfasst neben sämtlichen der Geltendmachung unmittelbar dienenden Informationen auch solche, die überprüfen, ob der Vorstand seiner Informationsverschaffungspflicht nachgekommen ist. Bezüglich der Notwendigkeit der Informationen besitzt er ein weites, nur auf Missbrauch zu kontrollierendes Ermessen. Sein Informationsrecht kann er im Wege des einstweiligen Rechtsschutzes in eigenem Namen gegen die Gesellschaft, vertreten durch den Vorstand, geltend machen, sowie im Namen der Gesellschaft gegen Vorstandsmitglieder selbst.

**Schriften zum Gesellschafts-, Bilanz- und Unternehmensteuerrecht**

Herausgegeben von Barbara Grunewald und Joachim Hennrichs

Band 1 Moritz Pöschke: Eigenkapital mittelständischer Gesellschaften nach IAS/IFRS. 2009.

Band 2 Ulrike Lehmann: Gesellschaftsrechtliche Gestaltungen im Erbschaft- und Schenkungsteuerrecht. Eine Untersuchung der Erbschaft- und Schenkungsteuersubjektivität der Personengesellschaft sowie der mittelbaren Anteilsschenkung. 2009.

Band 3 Christian Graw: Das Konzept der Anteilseignerbesteuerung nach § 22 UmwStG 2006 – insbesondere im Vergleich zu § 21 UmwStG 1995. 2009.

Band 4 Christopher M. Picot: Die Rechte der Aktionäre beim Delisting börsennotierter Gesellschaften. 2009.

Band 5 Pascal Alexander Salomon: Regelungsaufträge in der Societas Privata Europea. Einführung in eine neue Rechtsform unter besonderer Berücksichtigung des Gesetzgebungs-instruments des Regelungsauftrages. 2010.

Band 6 Anna Sabrina Cryns: Gesellschafterfremdfinanzierung in Frankreich und Zinsschranke – ein Rechtsvergleich. 2011.

Band 7 Björn Karst: Das Marktmanipulationsverbot gem. § 20a WpHG. Unter besonderer Berücksichtigung der „Safe-Harbor"-Regelung. 2011.

Band 8 Ulrike Petig: Verdeckte Sacheinlagen im GmbH- und Aktienrecht. Die Veränderungen durch MoMiG und ARUG. 2012.

Band 9 Jochen Möller: Vorteilsanrechnung bei nützlichen Pflichtverletzungen im Kapitalgesellschafts- und Kartellrecht. 2012.

Band 10 Alexander Kersten: Zinsschranke und IFRS. Rechtssystematische Einordnung einer punktuellen Maßgeblichkeit der IFSR im Steuerrecht am Beispiel der Zinsschranke. 2012.

Band 11 Tobias Strohmeier: Special Purpose Acquisition Companies. SPACs im Spannungsfeld von deutschem Aktien- und Kapitalmarktrecht. 2012.

Band 12 Ruth Winter: Die steuerliche Behandlung von Scheinauslandsgesellschaften. Eine Untersuchung zur doppelansässigen Kapitalgesellschaft. 2013.

Band 13 Daniel Krey: IFRS und Ausschüttungsbemessung. 2013.

Band 14 Gabriel Jakob Litzenberger: Sanierungspflichten in der Krise von AG und GmbH. 2014.

Band 15 Franziska Neumann: Rechtliche Probleme von PIPE-Transaktionen. 2014.

Band 16 Jan Winzen: Vorzugsaktie und KGaA. Instrumente zur Kontrollerhaltung bei der Eigenkapitalfinanzierung. Unter besonderer Berücksichtigung der Vereinheitlichung von Aktiengattungen. 2014.

Band 17 Andreas Gerten: Angemessenheit und Steuern. Verdeckte Einkommensverwendung bei Kapitalgesellschaften im internationalen Vergleich. 2014.

Band 18 Isabel Kristin Fischer: Die Partnerschaftsgesellschaft mit beschränkter Berufshaftung. Rechtliche Einordnung und Haftungsverfassung unter Berücksichtigung der englischen LLP. 2015.

Band 19 Leif Klinkert: Probleme der neuen Ansatzrechte im Sinne des § 268 Abs. 8 HGB und der entsprechenden Ausschüttungssperren. Zugleich ein Vergleich zur kalifornischen Ausschüttungsregelung. 2016.

Band 20 Kai Sofia Loth: Die Haftung der Organe einer Aktiengesellschaft bei Entscheidungen unter Rechtsunsicherheit. De lege lata et ferenda. 2016.

Band 21 Nikolaus Moench: Die Societas Unius Personae (SUP). 2016.

Band 22 Moritz Evertz: Unternehmensstrafrecht aus gesellschaftsrechtlicher Sicht. Eine Untersuchung am Beispiel des nordrhein-westfälischen Gesetzesentwurfs zur Einführung eines Verbandsstrafgesetzbuchs. 2016.

Band 23 Gudrun Dorothea von der Laage: Handelsbilanzielle und körperschaftsteuerliche Aspekte der Sitzverlegung einer Europäischen Aktiengesellschaft (SE). Profili contabili e fiscali (dell'IRES) del trasferimento di sede di una Società Europea (SE). 2017.

Band 24 Christina Schröter: Rechtliche Grundlagen und normzweckadäquate Unternehmensbewertung bei Kapitalgesellschaften. 2017.

Band 25 Eric Becker: Unternehmerische Freiheit in deutscher KGaA und britischer PLC. Eignet sich die PLC als Rechtsformalternative für börsenwillige Familienunternehmen in Deutschland? 2017.

Band 26 Benedikt Statz: Die Haftungsverfassung der Partnerschaftsgesellschaft mit beschränkter Berufshaftung. 2017.

Band 27 Moritz Beneke: Der Besondere Vertreter nach § 147 AktG. 2018.

www.peterlang.com